井筒俊彦

英文著作翻訳コレクション

東洋哲学の構造

エラノス会議講演集

TOSHIHIKO IZUTSU

The Structure of Oriental Philosophy: Collected Papers of the Eranos Conference

澤井義次――監訳

金子奈央・古勝隆一・西村玲――訳

慶應義塾大学出版会

東洋哲学の構造 ＊ 目次

凡　例

一、本書は Toshihiko Izutsu, *The Structure of Oriental Philosophy: Collected Papers of the Eranos Conference*, edited by Yoshitsugu Sawai, 2 vols., Keio University Press, 2008 の全訳である。

二、原著の引用符は「 」、強調のイタリックは傍点、大文字は基本的に〈 〉と「 」で表記した。（ ）と［ ］は原著どおりである。〔 〕内は訳者による補足である。

三、原著における引用出典の注は、本翻訳では引用の下に（ ）で示した。

四、原著で井筒が英語に訳している古典古代文献の引用は、井筒の理解を示すためにその英文に基づいて訳した。

五、「4　東アジアの芸術と哲学における色彩の排除」には編集部が図版を挿入した。

東洋哲学の構造——エラノス会議講演集

1　老荘思想における絶対的なものと完全な人間

第三六回エラノス会議（一九六七年）※

I

私がこれから扱おうとする主要な問題は、「老荘（道家《どうか》）思想における絶対的なものと完全な人間」という題目に明示されています。しかし、この題目における「タオイズム」の語は実際、極めて曖昧です。と申しますのは、その語が多くの異なったものを意味しているからです。すなわち、少なくとも相互に識別しなければならない二つの歴史現象を示しています。一つは、老子と荘子という二人の偉大な人物に代表される老荘思想の学派です。もう一つはずっと後になって、後漢時代に起こった庶民的宗教運動です。前者の場合、「タオイズム」の語は、中国語の「道家」(tao chia) とか「道徳家」(tao tê chia) に対応しますし、後者の場合は「道教」(tao chiao) を表します。

前者の「道家」の概念は、漢代（紀元前二〇二―紀元後二二〇）の初頭、すなわち前二世紀の前半に成立しました。道家とは老子をその学派の創始者とみなす思想家たち、あるいは老子の教えに感化されたと考えられる思想家たちの学派――厳密に言えば、諸学派――を示しています。『老子道徳経』と呼ばれる聖典はおそらく、この学派の人々によって今知られているような明確な形式に確立されたのでしょう。

後者の「道教」の語は、これとは全く異なったものを示しています。それは二世紀になって張道陵《ちょうどうりょう》という人物とともに歴史上に現れた人々による大変活潑な社会的・宗教的運動のことです。張道陵は魔術・呪術的な方法で病気を癒すことで人心を掌握し、社会の下層にあった貧しい人々を救済するために強力な社会運動を組織することに成功しました。この運動は急速に人々のあいだで、人々のための庶民宗教としての性格をもつようになり、五世紀には、道教教団とでも呼べるような組織形態をもつようになりました。この意味における「タオイズム」(道教)は、長寿法すなわち不死に到達する技法、瞑想法、魔除け、占いさらに魔術と呪術から成る一つの宗教体系です。それは性格上、数多くの風変わりで迷信的な要素をもっていましたが、それはまた部分的に、ごく初期から神格化されていた老子の教えにもとづいて、大変興味深い哲学的な世界観も展開しました。[1]

さて、この講演の関心は、後者の類型の道教にあるのではなく、前者の道家にあります。私のおもな目的は、道家という前者の類型の主要な概念を分析し、「絶対的なものと完全な人間」の見地から、その世界観の基本構造を明らかにすることにあります。誤解を避けるために、まず冒頭で、この講演における私のアプローチが純粋に哲学的なものであることを述べておきたいと思います。タオイズムは極めて複雑な現象であり、それは当然、多くの異なる立場からのアプローチが可能です。さらに、すでに示唆しましたように、ちょうど説明した第一の意味における道家は、歴史的に統一されてはいませんでした。つまり、それは多様な学派から成っていたのです。しかし、私のアプローチは純粋に哲学的なものですので、道家の一つの特定な学派、すなわち老子と荘子の学派に注目を限定したいと思います。

私はちょうど今、老子と荘子の学派という表現を用いました。しかし、この「学派」ですら、当初から纏まったものではありませんでした。むしろ老子の学派と荘子の学派は最初、互いに独立して発展したようです。それが前漢の前二世紀になって初めて、それらがある種の纏まりをもつようになり、単一の思想の学派として感じられ始めました。たとえそうであったとしても、歴史上初めて、老子と荘子を老荘(学派)という形式で一括りにしたことが確認できるのは、この時代の『淮南子《えなんじ》』においてです。[2] 意義深いことに、すでに紀元前一世紀に、歴史家の司馬遷は『史記』の中で、荘子の思想は「その本質的な部分では、老子の言葉に遡ることができる」し、荘子の著作は「孔子の弟子たちを非難し、老子の教えを明らかにするものである」と明確に記述しています（司馬遷『史記』「老子韓非列伝」）。それ以後ずっと、この考えは老子と荘子の関係に関する史実を示すものとして、何世紀ものあいだ支配的でした。

　現代の文献学的な研究は、そうしたことが全くなかったことを明らかにしています。今日、多くの人々が、老子という人物の歴史的実在を疑っていますし、きっぱりとその歴史的実在を否定している人もいます。たとえ老子が実在していたとしても、今日、私たちが知っている『老子道徳経』という題目の書物の作者ではあり得なかったことを、今や私たちは知っています。『老子道徳経』が『荘子』よりも先に成立していたのか否かについてさえも不確かです。しかし、この問題については、これ以上、詳しく論じる必要はないでしょう。ここでの目的に関して、こうしたことは全て、ただ二次的な重要性しかもっていないからです[3]。かつて老子という人物が存在したのか否か、また彼が『老子道徳経』を著したのか否かはさておき、その思想は現に存在し、明確に表現されています。この講演において、関心があるのはその思想なのであって、それ以外の何ものでもありません。

　荘子に関しては、幸いなことに、遥かにしっかりした根拠があります。荘子は老子のように、伝説的あるいは半ば伝説的な人物ではありません。彼は確かに歴史上の人物で、紀元前四世紀半ば頃、実在したことが分かっています。大雑把に言って、アリストテレスと同時代人であったということは興味深いことです。中国それ自体の中では、荘子は三人の傑出した人物、すなわち、孟子《もうし》、楚国の屈原《くつげん》、恵施《けいし》と同時代人であったということは、もっと興味深いことですし重要です。

　孟子は儒教の展開における最初期において、儒家を代表する最も偉大な人物でした。荘子と孟子は個人的に互いに知り合いであったようには思えません。荘子は自分の書物の中で、孟子について語ってはいません。孟子の書物にも、荘子については全く言及がなされておりません。しかし、荘子が孔子とその弟子たちが主要な徳目とみなしたもの、とりわけ、「仁」と「義」を容赦なく非難したという点で、またこれら二つが厳密に、孟子のしきりに弁護した最高の倫理的価値であったという点で、荘子は孟子と特別な関係にあったと言えるかもしれません。

前述しました三人のうち、二人目の屈原は傑出したシャマン的詩人で、中国文学史上、このジャンルにおける最も優れた人物であったことは疑い得ません。明らかに、荘子は個人的にこの詩人を知りませんでしたが、精神面で彼と多くの共通点をもっていました。それは荘子自らが、ある意味において、哲学するシャマンであったからです。彼の神話創造的イマージュは、シャマニズム的起源をもっていたと私は思います。さらに私の意見では、荘子の世界観とその底流をなすエクスタシー体験は、正確に言いますと、シャマニズム的思考様式と呼ぶものの哲学的な精緻化そのものでした。そうしたシャマニズム的思考様式は、古代中国文化の伝統において、長年にわたって存在していたのです。(4)

三人目の恵施は、その当時の優れた弁論の達人でした。荘子は恵施と極めて密接かつ親密な個人的な関係をもっていました。論理的・概念的思惟の領域において、恵施は荘子にとって極めて侮りがたい最良の論敵でした。二人の友人はしばしば哲学的な問題に関して、活潑な議論を戦わせたようです。また、『荘子』に現れる恵施は、いつも荘子にみじめに論破されますが、荘子が恵施から多くを学んだことは否定できません。後で触れますが、たとえば、恵施の相対主義的な見方は「方生説《ほうせい》」として有名ですが、おそらく「万物斉同《せいどう》」という荘子の命題の哲学的な精緻化に大いに寄与しました。

さて、今日まで伝承されてきた『荘子』は、三つの主要部分から構成されています。最初は内篇と呼ばれ、七篇から成ります。第二は外篇と呼ばれ、十五篇から成っています。さらに第三の部分は雑篇と呼ばれ、十一篇から成り立っております。これら三つの部分の中で、哲学的な視点から最も重要で興味深いのは、荘子自身の思想を表現しており、おそらく真作であると思われる最初の内篇です。外篇と雑篇は様式やイマージュ、思想において明らかに劣っています。それらの大部分は、荘子の後代の多くの弟子たちによって、主要テクストに付け加えられた解釈や解説です。荘子の弟子たちはいくつかの派に分かれ、それぞれが自分たちの解釈に固執していましたので、これら二つの部分には、思想の統一性は見られません。そこで外篇と雑篇を引用するとき、この講演ではそれらの文章を、内篇における荘子の真の思想を表現するものと識別するために、『荘子』外篇とか『荘子』雑篇という表現を用いることにいたします。

ここでの考察の歴史的背景に関して、まさに要約して最小限の知識を提示しましたので、すぐに主題に入ることにしましょう。私の目的は、繰り返しますと、「道《タオ》」の哲学を分析すること、すなわち、老子と荘子が提示した老荘思想の世界観の根本的な思想構造を明らかにすることにあります。

II　儒教の意味論

老子と荘子の思想を明確に分析的に理解するためには、何よりもまず、彼らの哲学化の過程が、儒教の哲学への意識的な敵対の精神によって活気あるものになったことを認識しておかなければなりません。その非難と批判のおもな標的は、儒教の本質主義でした。私たちは特にこの点を説明することから、議論を始めなければなりません。

孔子自らが構築した本質主義的な見地は、まず一見したところ、哲学的な本質主義とは無関係であるように見える大変独特な形式で現れます。このことで私が言及しようとしておりますのは、「名を正すこと」（「正名」）という有名な教説です。

孔子の本質主義がその具体的な表現を見いだしたこの独特な形式は、孔子が彼の生きた社会の道徳的な改革と刷新に、常に関心を持ち続けた思想家であった事実によると説明されるでしょう。彼の主要な問題は、社会的かつ倫理的な問題でした。その思想全体は、こうした中心的な関心に従って枠づけられ形成されました。「正名」の主題は、こうした基本的態度の直接的な表現です。

しかしながら、より抽象的で哲学的な思考次元では、「正名」の教説は本質主義以外の何ものでもありません。あるいは、同じことをやや違う仕方で表すと、「正名」とは本質主義という哲学的基盤に立脚しております。

この本質主義はその基本構造において、極めて単純なものです。それが単純なのは、私たちの日常生活において働いていて、常識や理性にとってごく自然で固有な一種の哲学であるからです。理性はさまざまな事物を識別し、それらを独立した存在として確立するとき以外には、その適切な機能を果たすことができないような性格をもっています。

理性の見方からすれば、あらゆるものはそれ自体の境界線によって、他のものから識別されますし、また識別されなければなりません。馬は馬であり、それ以外の何ものでもありません。馬は犬ではないし、犬になることはできません。同様に犬は犬であり、それ以外の何ものでもないのです。それは猫と混同できませんし、また混同すべきではありません。事物のあいだのこうした自然な区別は、あらゆるものが変わることなく、その「本質」(essence)とか「何性」(quiddity)によって固定されている、という大変単純な哲学的な事実に根ざしています。この意味における「本質」とか「何性」とは、ある事物がそれであるところのものであるということです。また本質に永続性を与えることは、言語のもつ最も基本的な機能です。言いかえると、「名」が物に付けられるとき、「名」はある事物に隠れている本質を摑み固定し安定させます。さらにそうすることで、その事物は、それを取り巻き、他のものと混同しないような特定の境界線を持った特定の客体へと姿を変えるのです。

儒者は物とその名のあいだに、最初から自然な結びつきがあるという素朴な立場を採りません。私たちがいま「猫」と呼ぶことに慣れている特定の種類の動物は、当然「犬」と呼ぶことも可能です。要するに、名を付けることは便宜や慣習の問題です。しかし、名がいったん設定されると、変更されてはなりません。名が設定されたものを指示するように、いつも永続的に用いられなければならないからです。

言語のもつ慣習的な本質は、荀子[5]によって、次のように厳密に示されています。

ある対象に自然と相応しい名などない。名を付けることは全て、慣習によって行われる。しかし、いったん慣習が確立されて、またそれが慣習として一般的に受容されると、(こうして確立された) 名が、(物を) 適切に指示するものとして、……さらには、その真の名とみなされることになる。

(『荀子』正名篇)

全ての名は、このように本来的に慣習的です。名は社会的な同意という行為の結果です。しかし、いったん同意されると、名は言語的な習慣になり、変更できない関係がそれと対象のあいだに確立されます。したがって、関係の変更不可能性は、部分的には言語的な習慣によって保証されます。それは名によって指示される対象が存在論的にその「本質」によって固定されるという事実でもって、いっそう強い保証をもつことになります。名は、対象の「本質」を物質的で確実な形象で具体化するというものの見方から同意された象徴なのです。

孔子自身はこうした考えを特別なやり方で形式化しています。ここに一見、とてもつまらない、取るに足らないように見える一つの具体例があります。次の文章に出てくる語「觚《こ》」は、元来、供犠《くぎ》儀礼に使用するために作られた、四角いかどのあるさかずきを意味していたようです。しかし当時、觚には、かどがありませんでした。こうした事実に対して、孔子は痛烈に言うのです。

觚には、もはやかどがない。そうしたものが觚なのだろうか。そうしたものが觚なのだろうか。

(『論語』雍也篇、第二十三章)

儒教の「正名」の論題に精通していない人々は、どうして孔子がそんなに誇張した――そうした人々には、そのように思えるでしょう――悲壮な態度で、さかずきが四角いかどを失った事実を嘆き悲んでいるのかを理解することが難しいと思うでしょう。しかしながら、孔子の目には、このように一見すると取るに足らない具体例は、重大な結果のことがらです。それは、なぜなら、社会に流行する道徳の堕落や知の無秩序の徴候であるからです。

　孔子が示したかった点を深く理解するために、前述した文章について、私たちにもっと馴染みのあるもう一つ別の具体例を用いて再検討することにいたしましょう。「觚」の代わりに、具体例として「テーブル」の概念を用いたいと思います。「テーブル」の語が本来的に、四角いテーブル、すなわち、ただ唯一、四角い種類のテーブルを示すものと慣習的に制度化されていると考えてみてください。同じ語がいま実際に、丸いテーブルを示すものとして、人々によって用いられていると考えてみてください。こうした意味論的な変化は何を意味するのでしょうか。孔子の視点から見ますと、それは単純に言語がテーブルの「本質」に関わりなく、いま用いられていることを意味しています。つまり、語とその対象のあいだに、ひそかに意味論的なずれが入り込んでいることを意味しています。

　さて、まさに同じ状況を道徳的かつ政治的な生の領域へと移してみましょう。そのとき、こうした意味論的なずれの重大な結果は一目瞭然でしょう。たとえば、支配者は支配者の「本質」をなす必要な資質をもつことなく、「支配者」であることを主張します。父はその語によって示される現実の資格をもっていなくても、「父」と呼ばれます。親孝行をしない息子も「息子」と呼ばれます。さらに同じことが「兄（弟）」「夫」「妻」などのように、全てのその他の名についても当てはまります。荀子が言うように、実際に何を行っているのか、また、彼らが実際どのように日々をすごしているのかについて、もし調べさえすれば、いわゆる「君主」の多くは「泥棒」と全く異ならないことが分かるでしょう。彼らが今あるがままの状態であれば、彼らは「君主」や「統治者」の代わりに「泥棒」と率直に呼ばれるべきでしょう。それが言葉の適切な用法なのです。

　孔子は彼が生きた時代の社会の至る所で、こうした種類の意味論的なずれを観察しています。彼の考えは、まず、全ての名が表すと思われるものを表現するように、言葉の用法を「正すこと」によって、社会の構造全体を立て直すことにあります。孔子が考える理想社会は、「君主」と呼ばれるに値する人々だけが「君主」と呼ばれるような社会、現実に「父」の名に相応しい人々だけが「父」と呼ばれるような社会です。また、だれもが現実に、その名が元来、示すように制度化された「本質」を具現化している場合、またそうした場合にのみ、その名で呼ばれるのに相応しいのです。こうしたことは、彼の次の言葉が意味するところです。すなわち、

君は君たり。臣は臣たり。父は父たり。子は子たり。

（『論語』顔淵篇、第十一章）

名とそれが当てられる対象のあいだのずれは、すぐに人間関係に広くみられる道徳的な無秩序とか、国王殺しや親殺しという数多くの実例に、極めて明白に現れる社会構造の徹底的な崩壊の原因と帰結でもあります。荀子は自らの師〔孔子〕の代わりに、次の文章において、理論的にそうした状況を説明しています。

今日、理想的な王はすでにいない。名の正しい慣習は弱まった。あらゆる種類の奇妙な言葉が生起した。その結果、名と対象のあいだの関係が全く混乱し、善いことと悪いことの区別も曖昧になった。こうした混乱は、法や秩序の遵守を託されている高官たちや、儒教の聖典を学ぶ教養のある学者たちにさえも影響を与えている。……

（ここで語られる言語学的な混乱の有害な結果は、次のように理解されよう。）（世界に存在する）事物は無限に多様である。人間の心も同じように、互いに異なっている。したがって、（もし事物とその名のあいだの正しい関係が維持されないとすれば）異なる心は、異なる仕方で、異なる事物を理解するであろう。その結果、名と事物は、取り返しのつかない混乱に陥るであろう。つまり、価値のあるものと価値のないものが、もはや明確にお互いに識別されなくなるであろうし、同じものと異なるもののあいだの差異もつかなくなってしまうであろう。

もしこうした状況が生起すれば、心は絶えず誤解されるという不運を避けることができないであろうし、客観的な実在の働きが確かに妨げられたり、破壊されたりする災難に苦しむであろう。

〔『荀子』正名篇〕

荀子がこの章の中で提示している命名の過程に関する分析は、それ自体、一つの意味論として極めて興味深いものです。さらに、それは儒教的な本質主義の言語学的な側面への優れた洞察を与えてくれますので、ここでは、彼の議論の主要なポイントを要約して提示してみたいと思います。

荀子によりますと、命名の過程は、人間の心が諸感官をとおして、さまざまな事物に触れることから始まります[6]。この認知レベルにおける人間の心は、事物のあいだの類似点や相違点を感知し始めます。五感にはそれぞれ特定の対象があります。五感は諸事物を比較して、事物のいくつかが相互に類似していること、さらにそれ以外のものは互いに異なっていることを明らかにします。

第二段階は、心のより高度な機能の行為によって構成されます[7]。この段階では、諸感官の気づく相違点と類似点が、総合的にかつ一層明確に理解されます。こうした心の機能は、荀子によって「澄知《ちょうち》」すなわち「明瞭な認識」と呼ばれます[8]。

感覚的な諸印象は、事物の外的な形態や性質だけを伝達します。それらは「これらの事物が何であるか」は知らせてくれません。事物が何であるかは、「明瞭な認識」によってのみ理解されるのです。明瞭な認識とは、基本的に心の「分類的な」行為のことであり、そのことを荀子は「諸感覚が気づいたものを、それ以前の経験の中で、心が理解したものに付託すること」として説いています。五感は形態や形式に注目することはできますが、それらを分類することはできません。様々な印象が一つの事物として理解されるようになるのは、心の分類的な行為をとおしてだけなのです。言いかえますと、「分類的な認識」とは、「それが実際、何であるのか」によって、すなわち、その本質によって、一つの事物を知るようになる、人間の心の行為のことです。このように一つの事物を規定する本質を、荀子は「事《じ》」すなわち実在あるいは現実と呼んでいます。

第三段階は命名の段階です。このように一つの事物がその「本質」によって理解されるとき、それに名を付けることになります。

（前述した分類をとおして、そのようなものとして理解される）類似の事物には、同じような名が付けられる。一方、異なる事物には異なる名が付けられる。……全く同じ「本質」を共有する事物には、異なる名が付けられるべきではないように、異なる「本質」をもつ事物には、全く同じ名が付けられるべきではない。

〔『荀子』正名篇〕

本質はそれにしたがって事物に適切な名が与えられる原則として働きます。しかし、本質は人間の心の分類的な行為の結果ですし、また分類が多様な一般化の次元で行われますので、本質も普遍性と特殊性によって、それら自体の中で変化します。こういうわけで、「普遍的な名称」（「共名」）[9]と「個別的な名称」（「別名」）[10]が存在することになります。最も普遍的な名称（「大共名」）[11]は「もの」（「物」）です。

万物[12]は限りなく多様であるが、私たちにはときどき、それら全てを一括りにして、一般的に語りたいときがある。そうした場合、私たちは「もの」という語を用いる。「もの」とは最も普遍的な名称である。（私たちがこの最も普遍的な名称に到達する過程は、以下のとおりである。）私たちは一般化を推し進めて、（個別的な名称を）普遍的な名称の中へ入れ込んでいく。それから、私たちはこれらの普遍的な名称を（いっそう）普遍的なものの中へと引き続き押し込んでいき、ついには、それ以上、普遍的なものがない段階に到達する。そして、そこで立ち止まる（最も普遍的なものは、そうした一般化の過程の結果である）。

これに反して、ときどき、私たちには多かれ少なかれ、特別に事物に言及したいということが生起する。そうした場合、私たちは「鳥」とか「獣」のような語を用いる。「鳥」も「獣」も、大きな（すなわち、より高度な）区別する名称（すなわち、個別的な名称）である。こうした方向で、私たちは引き続き程度を区別していき、ついには、もうこれ以上、区別することができない段階に到達する。そして、そこで立ち止ま

る。　〔『荀子』正名篇〕

このように存在する事物の世界全体は、最も普遍的なものから最も個別的なものにまで及ぶ、存在論的な階梯へと巧みに分類されます。ここで、だれもが荀子とプラトン・アリストテレスのあいだに驚くべき類似性があることを認識せざるを得ない、と私は思います。

いずれにせよ、これまで儒家の本質主義的な立場について、信頼できる確実な知識を提示するために、荀子の意味論を詳細に論じてきました。しかし、こうした儒家の背景に対して、老荘思想の反本質主義こそが私たちの眼前にその現実的な意義を開示することになるでしょう。

III　老荘思想の意味論

これまで分析しました儒教の命題によりますと、あらゆるものは、その本質によって現実に在るものです。「正しい」ものは本質的にあるいは本来的に「正しい」し、「美しい」ものは本質的に「美しい」のです。孔子とその弟子たちは、あらゆる名には、存在の客観的で永続的な部分——荀子の「事」——が対応しているという立場を採ります。こうした意味では、儒教の立場は哲学的に「本質主義」であると同時に「実在論」と呼ぶに相応しいのです。こうした脈絡における実在論は、西洋の哲学伝統における唯名論とは対立します。

私たちが分析的に検討しようとする老荘思想の立場は、率直に言って反本質主義であり、また反実在論でもあります。しかしながら、老荘思想の反実在論は、それを唯名論とは根本的に異なるものへと転換するような特殊な形態を採ることになりますが、それを銘記しておくことは重要でしょう。

儒教の実在論に対して、道家はまず、本質と呼ばれるような、何か確実で絶えず固定的なものの現実的な存在を否定します。荘子は次のように言います。[13] 世界において最も美しい女性は、確かに自らの美によって、世界の全ての男性の心を魅了するでしょう。それは、その女性が男性たちにとって美しいからです。しかし、もし魚がその女性を見たならば、魚はただ水の中へ深くもぐってしまうでしょう。鳥は空へ飛び立つでしょうし、野獣はあらゆる方向へと走り去ってしまうでしょう。それでは、これら四者のうち、すなわち人間、魚、鳥さらに野獣の中で、だれが美の本当の基準を知っているのだろうか、と荘子は尋ねます。

　私たち人間にとって美しいように見えるものは、他の動物にとっては醜く見えたり、恐ろしくさえ見えたりします。逆に申しますと、私たちには醜くて不快に思うものが、他の動物にとっては、大変美しくて魅力的なように見えたりします。猿は猿に、鹿は鹿に心を奪われますし、泥鰌は泥鰌と一緒にいるのが楽しいのです。

　荘子は続けて言います。人間は牛肉や豚肉を食べたいと思いますし、鹿は草を食べたいと思います。ムカデにとっては蛇が美味しいし、鳶や鳥は鼠を喜んで食べます。これら四者の中で、どれが優れた味の本当の基準を知っているのでしょうか。

　これとよく似た例は、『荘子』のここかしこに述べられていますが、それは世界のどこにおいても、普遍的妥当性をもつと証明できるような判断基準が存在しないことを示すためです。[14] このように言うことで、ただ、どこにも本質のようなものが存在しないことを言おうとしているのです。

　諸事物のあいだに存在するとふつう考えられている区別は、「本質的な」ものではありません。もし野生動物が「美しい」女性に心を奪われる代わりに、その女性を見て怖れて走り去るとすれば、そのことは単純に、儒家が「事」と呼ぶものによって、すなわち本質によって、美しいのではないことを意味しています。世界には、客観的にかつ本質的に美しいものは存在しません。それと同様に、世界には、客観的にかつ本質的に醜いものも存在しません。「美しさ」と「醜さ」のあいだの区別は、主観的な視点の問題なのです。このことは自然に、リアリティの相対的な見方すなわち存在論的な相対主義へと導くことになります。そのことは、老子が次のように述べているところです。

世界における全ての人々が、美しいものを「美しい」と理解すれば、それは「醜い」（ものが存在する）からである。全ての人々が善いものを「善い」と理解すれば、それは「悪い」（ものが存在する）からである。

（『老子道徳経』第二章）

別の表現をしますと、何かあるものは「醜い」ものとか「悪い」ものとの対比においてのみ、「美しい」のであり、あるいは「善い」のです。概念的に言いますと、もし「醜さ」とか「悪」の概念が存在しなければ、「美」とか「善」の概念も存在しないのです。絶対的に「美しい」ものとか、絶対的に「醜い」ものは存在しません。つまり、あらゆるものは相対的なのです。私たちが住んでいる世界は相対的な区別の世界、相対的な対立の世界です。人々の大半は、しばしば、こうした単純な事実を無視して、自分たちが「善い」とか「正しい」と考えるものを維持するために、自分の人生を賭けるという極端に走ることがあります。人々がこうしたことをするのは、それはただ、彼らが「善い」ものが本来的に「善い」ものであり、「正しい」ものが本来的に「正しい」ものだと思い込んでいるからなのです。

儒家は「仁」（人間性）と「義」（正しさ）を最も優れた人間の徳の二つとみなし、それらを擁護するために、進んで自分の人生を投げ出そうとしますが、荘子はそれら二つの徳に言及しながら、その一節の終わりで、次のように論じています。

これらの考察から、仁と義のあいだの境界も、「正しさ」と「誤り」のあいだの範囲も、極めて不確かで混乱しており、全く解決できないほど混乱しているので、私たちはそれらのあいだを識別する仕方を知ることができないと私は結論づける。

（『荘子』斉物論篇、九三頁）

さて、道家の反本質主義の言語論的あるいは意味論的な側面に目を向け、その観点から、その問題全体を再検討してみたいと思います。前述しましたように、儒家は名称と対象の関係について、その慣習的な性格を容認します。彼らはこの関係それ自体が本質的なものであるとは主張しません。しかし、彼らが大変強調するポイントは、この関係がいったん慣習をとおして確立されますと、それ以後は、そのままにして変えてはならないということです。しかも、名称と対象の関係を変えることができないということは、以下の事実にもとづいています。その事実とは、名称の側面からみれば、社会的習慣以外に、その関係を不変なものにするものは存在しないけれども、対象の側面からみれば、永遠に変えることができないもの、すなわち「本質」が存在するということです。この命題に対して、道家は、名称と対象の関係が全く恣意的で変わりやすいという立場を採ります。それは名称の側面からみても、また対象の側面からみても、いかなる固定性も安定性も存在しないからです。

私はまず、言語の側面における本質的な安定性の欠如について、老荘思想の立場を説明したいと思います。言語は本来的に変わりやすい、と荘子は主張します。それは風とか波に喩えられるようなものです。荘子は言います。

言語とは風や波のようなものである。……風や波は、容易に動く。（『荘子』人間世篇、一六〇頁）

ちょうど風や波が本来的に流動的であるのと同じように、言葉も絶えず動きかつ変化するという性格をもっています。なるほど、言葉とそれが指示する対象のあいだには、常にずれが生起しています。しかしながら、このことで言語の性格が語り尽くせているわけではありません。人間の言語を特徴づけてはいますが、儒家も気づかないままになっている、もう一つ別の重要かつ大変独特な特徴があります。儒家はそのことに気づかなかったので、彼らは事物の存在論的構造を完全に歪曲し、その形状を損なうような本質主義的な立場へといざなわれました。

ここで語られている人間の言語の重要な特徴は、本来的に言語に内在する本質主義的な傾向です。言語は生来、至る所で、それらがあたかも事物間の「本質的な」境界であるかのように思える、いろいろな区別を創出していますが、荘子によりますと、実際には、どの区別も実体はありません。[15] 言語によって描写されるリアリティは、言語が何も存在しないところに創出する「境界」のために、全くその形状が損なわれています。『荘子』雑篇の一節には、次のような記述がみられます。

言語が用いられないかぎりは、全ての事物は（「本質的な」境界によって区分されなければ）、本来の斉一性のままである。斉一性は平穏に言語とは共存できない。言語は全ての事物が「一」であるところでは、存在することができない。したがって、私は言う、「言葉なし」と。

（『荘子』雑篇、寓言篇、九七九頁）

この言明が意味することは、より理論的に次のように説明できるでしょう。言語は本質を創出するという本来的な傾向をもっています。ある事物が特定の名を与えられますと、そのことによって、その事物は本質を獲得します。仮にその事物がXと名づけられるとしましょう。それはすぐにX性、すなわちXであることの本質を獲得します。さらに、それがいまや「本来的に」Xですので、それはX以外の何ものでもあり得なくなります。リアリティの「広くかつ限りない領域」の一部は、恣意的に存在から切り取られて、厳格で普遍的な固定性を与えられるのです。荘子は次のように言います。

絶対的リアリティ（「道」）は「境界」をもたない。言語も永遠性をもたない。しかし、（両者のあいだに、対応関係が確立されるや否や）現実の「境界」が生起する。

（『荘子』斉物論篇、八三頁）

したがって、言語は本質主義をはぐくみ、積極的にそれを支えます。また、荘子の視点から見ますと、儒家はあらゆるものは変わることなく、それ自らの自然的かつ「本質的」な境界によって、それが何であるかが決定され、また予定されていると確信していますが、そうした儒家の考えはただ単に言語の本質主義的傾向によって生じる幻妄の犠牲なのです。

さて、私たちはその問題の客体的な側面、すなわち、言葉によって指示される諸々の客体にとっては、実体的かつ不変の区別が存在しないという問題に目を向けることにいたしましょう。

後ほど、より詳しく論じるつもりでおりますが、老子や荘子が考える事物の存在は、ある特殊な種類の神秘体験において獲得された非日常的な直観に根ざしております。彼らの霊的な目に現れる存在世界は、事物が無定形で夢のような存在様態の中で、お互いに自由に溶け合い、常に相互に変形し合うような、広くて限りない空間です。それは事物が互いに明確に識別することができ、それぞれが明確に変わることなく描写され決定されているような、ふだんの世界ではありません。この無定形で夢のような世界では、何も厳密には、いわゆる「本質」あるいは「何性」によって固定されてはいません。存在論的な流動性、それがこの世界の顕著な特徴です。これは実際、老荘思想の存在論における最も中心的かつ基本的な部分です。しかし、ここでは、この問題をこれ以上、論じることは差し控えたいと思います。この点については、後の脈絡の中で立ち戻って、特別な論題として取り扱うことにしたいと思います。

さらに、ただ神秘体験によってのみ到達できるリアリティの形而上学的な深みに入らなくとも、私たちは相対主義的なものの見方について見てきたことによって、日常的経験レベルにおいてさえも、世界の諸事物が流動性の状態にあることをすでに知っています。私たちはすでに「美しい」と「醜い」、「正しい」と「誤っている」などがただ単に相対的なことであることを論じました。ある人が「正しい」と信じる一つの全く同じものが、ほかの人から見れば、当然「誤っている」ということもあります。それでは、だれが知っているのでしょうか。一人の全く同じ人物でさえも、突然あるいは徐々に自分の意見を変え、そのことが「正しい」と信じることを止めて、そのことが「誤っている」と確信し始めるかもしれません。端的に申しますと、外見以外には、不変の本質をもっているものは存在しないのです。

老荘思想の適切な理解のためには、私たちの日常的経験レベルにおけるこうした事物の流動的な状態が、ちょうど言及しましたリアリティの形而上学的な流動性を反映したものにすぎないということに気づくことは大変重要です。ともあれ、荘子の世界観では、あらゆるものはふつう「本質」と呼ばれる、固定的な存在論的中核を剥奪されているようにみえます。さらに本質をもたないままで、全ての事物は、いわば夢のような不確かさや不確定の中で浮動しているのです。

存在世界には、いかなる意味においても、絶対に境界線が存在しないというわけではありません。ある意味では、確かに境界線はあるのです。しかし、これらの境界線それ自体は、流動性によって特徴づけられています。それらは変わり得るものであり、常に変化しているのです。私たちの理性のおもな機能は、これらの流動的で浮動的な「境界」を把握し、それらを固定させて、不動の存在と結合させることにあります。その結果、明確に描写され、かつ厳密に固定された区別が生起することになります。したがって、私たちの心には、いわゆるリアリティの像が創出されます。しかし、道家にとっては、いわゆるリアリティはうわべの存在、現れ、現象にすぎません。それは深みに隠されており、ふつうの人々の目には隠された真のリアリティの全く歪曲された像にすぎないのです。

さて、こうした理性の営みにおいて、言語は決定的な役割を果たします。それはすでに見ましたように、言語が本来的に本質を創出するからです。理性は言語の助けがなければ、その識別する機能を遂行することができません。

この本質を創出する言語は、絶えず浮動する境界線を固定させ安定させます。境界線は、それがいったん言語の作用によって安定しますと、本質になってしまいます。しかし、境界線がこのように本質へと変形しますと、それは死物、生命を欠いた化石にすぎなくなります。

こうした点で理性と言語は、荘子によって、円を描こうとする意志をもちながらも、実際には、ほとんど正方形のような大変不完全な円を描く人に喩えられます（『荘子』斉物論篇、八三頁）。

このように私たちは根本的なジレンマに直面することになります。理性と言語の両方の意味におけるロゴスは、本質が存在しないところでは機能できません。一方、存在は「無本質的」であり、「本質」によっては何も固定されていません。そのために、事物の真の存在は、ロゴスの範囲を超えた彼方にあります。そうは言っても、ロゴスを欠いては、私たちは何も考えることもできなければ、何も語ることもできません。ロゴスの使用をとおして、事物について考えたり語ったりすることによって、私たちはその存在を歪曲したり、そのあり方を損なうことにならざるを得ないのです。

このジレンマから免れる唯一の方法は、——前述した「無言のままでいること」の原則をたとえ採用しなくとも——、「本質」の背後には、またその彼方には、表現できないリアリティが隠されているという事実を、私たちが理解することであり、その事実を見失わないことです。言葉は意味されるものの記号あるいは象徴であることは、だれもが知っています。しかし、意味それ自体——すなわち、言葉によって喚起される「本質」——は、それ自体がまさにロゴスの範囲を超えたものの象徴なのです。そのことを理解しなければなりません。その「何か表現することができないもの」とは、あらゆるものに開示されている「道《タオ》」なのです。『荘子』の外篇には、興味深い一節があります。

〈道〉を求めようとして、人々は書物を重んずる。[16] しかし、書物は（纏められた）言葉にすぎない。したがって、（書物に価値を置くことによって）彼らは実際、言葉に価値を置いている。さて、言葉を価値あるものとするのは、それが伝える意味である。しかしながら、意味は（究極的なものではなく、それは）何か（より深遠な）ものに従っている。[17] 意味に続いて出てくるその「何か」は表現することができない。

しかしながら、人々は言葉だけを重んずる。そのために、彼らは世代を超えて書物を伝える。しかし、たとえ人々が言葉を重んずるとしても、言葉は実際、重んじられる価値はない。価値があると人々が考えているものには、全く価値がないのである。

（実際、価値があるものは、知覚できる形態の中には見いだせない。）目に見えるものは、ただ（物理的な）形態や色彩にすぎない。聞くことのできるものは、ただ言葉や音にすぎない。ああ、人々が形態、色彩、言葉さらに音が、〈リアリティ〉の実在に到達するのに十分であると思っているのは、何と悲しいことだろう。

（『荘子』外篇、天道篇、四八八―四八九頁）

たとえどれほど多くの言葉を次々と積み重ねたとしても、リアリティの実在に到達することはできません。なぜなら、「本質」を積み重ねていったからといって、「無本質的なもの」に到達することはできないからです。したがって、道家が常に絶対的なものの言語的象徴として用いる「道」の言葉それ自体でさえ、現実を指示するものというよりは、むしろ単に障害になります。ただ例外は、人々がそれによっては伝えられない「何か」という言葉が、伝える意味を超えて見ることができるような場合です。そういうわけで、老子は道の言葉が一種の代用語、「強いられた表現」すなわち「仮名」であることを強調したのです[18]。こうした意味で、『老子道徳経』の有名な冒頭の文章は理解しなければなりません。

まさに「道」と呼ばれるに値する「道」は、本当の道ではない。まさに「名」と呼ばれるに値する「名」は、本当の名ではない。

（『老子道徳経』第一章）

「まさに「道」と呼ばれるに値する道」という表現は、ふつうの脈絡における「道」の言葉が伝える日常的な意味のことです。老子が言おうとしているのは、「道」の語のこうした日常的意味を、同じ語によって実際に意味するものに当てはめるべきではないということです。「まさに「名」と呼ばれるに値する「名」は、本当の名ではない」。つまり、このことは日常的意味をもっているどの日常的な名も、絶対的なものに適合していないことを意味しています。もし絶対的なものをその真の名によって示すことができるとすれば、それは逆説的に聞こえるかもしれませんが、「無名」という名によって示さなければならないのです。

〈道〉は聞かれることができない。それが聞かれた瞬間、それは道ではなくなる。〈道〉は見られることができない。それが見られた瞬間、それは道ではなくなる。〈道〉は言語では表現できない。それが言語で表現された瞬間、それは〈道〉ではなくなる。

あなたには分からないのか。形態に形態を与えるものは、それ自体、形態をもたない。（厳密に言って、〈形態をもたない〉〈道〉）、それはどのような名によっても示すことができない。

（『荘子』外篇、知北遊篇、七五七頁）

これまで再三、指摘したように、絶対的なものがいかなる名によっても示されることを拒むということは、全ての事物の絶対的リアリティが「無本質的」であるということと同じことです。さらに事物の絶対的実在が無本質的であるので、事物それ自体も、その究極的な存在論的状態において無本質的なのです。このことは以前、事物の流動的な状態という表現によって言及したことがらです。

このように見てみますと、いかなるものも明確な分割線によって他のものと識別されることはありません。荘子が常に用いる平明な例を挙げますと、生と死は一般的に、二つの全く異なるものであると考えられています[19]。これら二つのあいだの相違は、だれもが生を愛し死を嫌うという共通の事実の中に極めて明白に現れています。だれもが生と死を混同することはありません。しかしながら、道家の視点から見ますと、生と死に対するこうした態度は、生と死の現実から人間の目を覆い隠す無知によるものなのです。生はその本質によって存在するものではありません。死も本質によって、死であるわけではありません。両者はお互いに対立しているように見えます。しかし実際、それらは全世界に滲透しかつ全世界を貫いている「道」という一つの全く同じ創造的な過程の二つの異なる現象形態に過ぎないのです。こうした意味において、存在のより深いレベルでは、両者は全く同じ一つのものです。生と死ばかりでなく、全ての事物も一つなのです。つまり、全ての事物はリアリティそれ自体なのです。

事物をそうした深みで見ることができない一般的な人々は、容易に事物の表層的な現象に惑わされて、あらゆるものがそれぞれの本質によって厳密に変わることなく固定されていると信じがちです。比較的に洗練された人々のあいだでは、道家によれば、事物に関するこうした皮相的な見方をする典型的な代表は儒家です。孔子とその門弟は、自らの道徳哲学の基盤を厳密にこの種類の本質主義に置きます。道家の見解によれば、儒家の哲学は存在論的な本質主義の倫理的洗練化です。「仁」や「義」などの儒家の主要な徳目は、ただ多くの人工的に分節されたものにすぎませんが、儒家はそうした分節化を流動的で無定形なリアリティへと任意に押しつけて、これらの分節されたものが本来的に、本質的にリアリティの中にあるという誤った見解に惑わされています。

リアリティそれ自体がそうした分節されたものをもっているわけではありません。しかし、儒家は何もないところに、これらの区別を確立します。さらに、それらの中から人間の行動を規制しようとする厳密で固定的な、永遠に妥当な倫理的カテゴリーを組み立てるのです。

『荘子』には、しばしば、孔子と老子のあいだの架空の対話が記されています。それらのうちの一つは、私たちがいま考察している問題と連関していて、特に興味深いものです。

かつて、孔子は老子に会いに行き、「仁」と「義」について語った。老子は次のように孔子に忠告した。穀物からもみ殻を吹き飛ばしているあいだに、もみ殻が目に入ったならば（あなたはそのことで目が見えなくなってしまうので）、全ての方角が分からなくなる。蚊や虻が肌をさすならば、一晩中、睡眠や休息を奪われることになるだろう。

全く同じように、「仁」や「義」は私たちの心をイライラさせる。いや、それ以上の悲惨な騒ぎはないだろう。

世界の人々が自然の純朴さを失わないようにするのがよい。それから、あなたの動きの中で、風がそうであるように、あなた自身は自由で自然なままになるだろう。さらにあなたは、自らの中に道の全ての顕現を結びつけることで、独り立ちできるだろう。[20]

（『荘子』外篇、天運篇、五二三頁）

私たちは、自己や他者を人間が作った倫理的カテゴリーに結びつけて、自分たちの行動をそれらの倫理的カテゴリーをとおして規制しようとする代わりに、あらゆるものをごく自然に自然的な純朴さにおいて存在するようにしなければなりません。それは後述するように、無為が人間の行動の最高原理であり、「道」それ自体が永遠にこの原理に沿って働いているからです。

器や道具を作るために、未加工の木を切り刻むことは、職人の悪事である。「仁」と「義」を実践するために、道とその自然な現象を傷めることは、聖人の悪事である。[21]

（『荘子』外篇、馬蹄篇、三三六頁）

ここで激しく批判される儒家の倫理的な考え方は、すでに指摘しましたように、存在に関する彼らの本質主義的な見解と直接的に関係していますし、またその見解に根ざしています。これに対して、道家は反本質主義的なテーゼを提示しますが、これまでその意味論的側面を講演の中で分析してきました。しかしながら、道家の反本質主義の真の構造はその哲学的あるいは形而上学的な側面も探究しなければ、明らかにできないでしょう。以下では、その問題のこうした側面に注目したいと思います。

Ⅳ　形而上学的な渾沌

儒教の意味論によって例証され、またその代表者によって倫理的な価値体系へと展開された本質主義は、人間の心にとって最も自然なように見える一つの哲学的な立場です。

日常的な常識的思考レベルでも、哲学的思考のより高度なレベルでも、本質論的な立場は、全ての事物が「本質」を与えられ、万物のそれぞれは明確にまた明らかに、その本質によって全ての他者から区別されるという見解を主張します。これらの「本質」は、言語学的な記号すなわち「名」によって固定化される概念によって具体化されます。さらに哲学的思考は大いに、これらの概念を操作する理性の事柄です。したがって、私たちの心には、それらが本質的に実際、無限な数の事物から成る固定的で不変なものとして、いわゆるリアリティの像が創出されます。さらに、こうした存在世界の像は、本質主義の代表者たちによって、リアリティに関する真の究極的な像であると考えられています。

これに対して、道家はこれがリアリティに関する唯一かつ究極的な像ではないと主張します。彼らは言います、より高い存在論的な段階が存在しており、その段階では、これらの本質がその見せかけの固定性を失って溶解されるようになり、ついには無化される、と。このより高いレベルでは、あらゆるものが本質と呼ばれる堅固で固定的な存在論的中核によって、変わることなく固定され安定化されることはなくなってしまいます。全ての事物はその本質を奪われ、溶解して「無区別」という広く限りない大海へと流入します。ここでは、もはや人間と馬のあいだ、あるいは世界と指のあいだには観察できるようないかなる明確な境界線も存在しません。ある意味では、あらゆるものはいまだにそれ自体ですが、それと同時に、数えきれない他の事物でもあります。たとえば、指は確かに指です。しかし、その本質を奪われますと、それは同時に、必ずしも指というわけではないのです。それはそのほかのいかなるものでもあり得るからです。馬も変わることなく馬であるというわけではありません。

したがって、この存在論的レベルでは、全世界が指一つであるとか、全世界が馬一頭であるとかを自由に言うことができるのです。

天と地[22]は一指である。万物は一馬である。
（『荘子』斉物論篇、六六頁）

このレベルでは、本質は存在しませんので、全ての事物は互いに、いかなる妨げもなく相互滲透しており、無限に互いに変形していきます。本質的な区別が消失するので、全ての事物はここでは、無区別な全体として存在しています。

存在する事物のそれぞれは、その本質のうえに固定的に確立されていますので、まさにそれであって、それ以外の何ものでもない、という存在論的な区別のレベルの存在を、道家が否定しているというわけではありません。道家が主張するポイントは、このことがリアリティの表層的な現象にすぎないということです。本質主義は、彼らが「万物」の存在論的レベル、すなわち多様性のレベルとしてみなす、この表層レベルにおいてのみ、妥当性をもっています。しかし、多様性のレベルの背後に、またそのレベルを超えて、道家はもう一つ別の存在論的レベル、すなわち合一性のレベルを見ています。その合一性のレベルでは、全ての事物は「事物」であることを止め、相互に融解し合い、また互いに混合し合い、究極的に根源的で形而上学的な基盤へと遡っていきます。

「生」と「死」を、多様性のレベルにおいて変わることなく相対峙する「対立するもの」の例として取り上げ、この状況を合一性のレベルにおける事態と対比するとき、『荘子』外篇の筆者の一人は、こうした点を次のように説明します。

「生」の視点からみれば、「死」は「生」と同じではあり得ない。また「死」の視点からみれば、「生」は「死」と同じではあり得ない。「生」と「死」は相互依存しているのだろうか[23]。それぞれが、自ら固有の一体をなしている。

しかしながら、その存在が〈天〉と〈地〉にさえも先行するような〈何か〉がある。[24] それは「事物」なのだろうか（そうではない。それは全ての「事物」に事物性を与えるものであるので、「事物」ではあり得ない）。全ての「事物」を「事物」として存在させているものは、それ自体「事物」ではあり得ない。いかなる特定の存在する「事物」も、（絶対に）その他の「事物」に先行することはできない。それは（「事物」のレベルでは、たとえ私たちが一続きの「事物」を遡って辿ったとしても）、さらに先行する「事物」が存在するからである。より先行する「事物」は、さらにその他の「事物」によって先行されている。こうした一続きの「事物」には、究極的な終わりが存在しない（しかし、こうした無限の「事物」の連鎖は、絶対的にそれ自体、「事物」ではないような〈何か〉によって先行されている）。

（『荘子』外篇、知北遊篇、七六三頁）

したがって、多様性のレベルでは、限りなく事物が存在しており、それらのそれぞれは、それ自体とかこの特定のレベルで考えますと、「生」が「死」とは区別され、「死」が「生」と区別されているように、互いに明確に区別されている独立した自存的な存在です。しかし、これらの無限に多様な事物の全体は、それ自体はこの全体の一部ではない「何か」、言いかえれば、これら全てを超越している「何か」によって先行されている、すなわち統轄されています。この超越する「何か」という存在論的なレベルは、存在論的な合一性のレベルです。

この「何か」、それは「道」以外の何ものでもありませんが、それが「事物」の範疇には属していないと強調されることに留意するのは極めて大切です。それは「事物」ではありませんので、それと「事物」のあいだに、実際の対立はあり得ません。したがって、多様性のレベルと合一性のそれは、概念的に互いに識別することはできますが、これら二つの関係は、現実の区別とか分離の関係ではありません。実際、両者は一つの同じリアリティの二つの異なる側面にすぎません。後者（すなわち事物）が、いわば「下から」見られるとき、それは無数の異なる「事物」として現れます。一方、「上から」見られるとき、それはこれら全ての「事物」の唯一の形而上

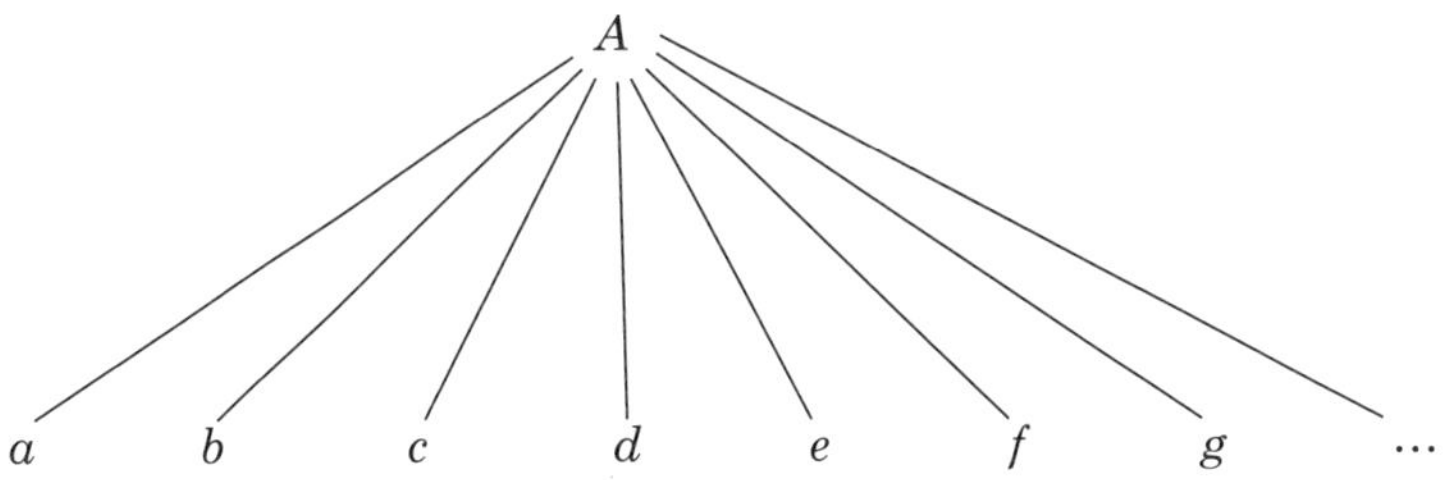

学的「基盤」として現れ、その中では、事物はその本質的な区別を奪われて、それらの原初的な無区別へと融合します。このことは『荘子』の次の一節に明白に記されています。

「事物」に事物性を与えるものは（それ自体は「事物」ではないので）、それは「事物」から「境界」によって分離されることはない。しかしながら、「事物」のあいだには、互いに分離し合う「境界」が存在する。この事物の状況は「事物のあいだの区別」という表現によって言われている。したがって、それ自体、「境界」をもたないもの（〈道〉）は、（もし私たちがそれを「事物」のレベルで見るならば）「境界」をもっているように現れる。そのことは「境界」（によって、お互いに分離し合っている「事物」）が（もし私たちがそれらを〈絶対的な道〉という視点から見るならば）、「境界」をもたないように現れるのと同じことである。

（『荘子』外篇、知北遊篇、七五二頁）

そうした状況は、簡単な図によって明らかになるでしょう。この図において、Ａはその根源的な絶対性における「道」を表現しています。これは存在論的な合一性のレベルです。さらにａ、ｂ、ｃ、ｄ、ｅなどは万物を表現しています。これは多様性のレベルです。私たちがこの多様性のレベルに留まっているかぎり、また専らこのレベルで「事物」を観察しているかぎり、それらのそれぞれがそれ自体、自らの「境界」をもっていて、残りからは区別された自立した存在であることを私たちは認めなければなりません。この状況において、たとえば、ａは本質的にａであり、bと混同されることはありません。一方、bはその側に立てば、専らbであり、それ以外の何ものでもありません。これは私たちが日常経験において出会う、いわゆるリアリティの図式的な像です。

しかしながら、その像は、私たちがこの存在論的なレベルをより高い合一性のレベルと相互連関させて、a、b、c、dなどをその共通の形而上的な「基盤」すなわちAへ遡って言及した瞬間、きっと根本的に変わるにちがいありません。それから、私たちがそれらのあいだに確立した区別は、最初に想像したような絶対的なものでは決してありません。その本質は――私が以前に用いた表現を繰り返すことになりますが――溶融します。あらゆるものはその本質が溶融して、その固定的な輪郭を失います。「事物」のあいだの区別は、たとえ完全に消失しないとしても、ぼんやりとして不明瞭になり、また混乱します。aと呼ばれる「事物」はもはや固定的にあるいは専らaではありません。それはまた同時にbにもcにも、あるいは実際、それ以外の何ものにもなることができます。それは、Aに関しては、aはつまり、b、c、dなどと同じであるためです。それらのあいだの区別は相対的なものになります。このことは、すでに論じました事物の相対主義的見解の存在論的根拠です。ちょうど見てきたことに照らして言いますと、いわゆる対立するものはもはや対立していないために、相対主義が採用されなければなりません。「美しい」と「醜い」、「善い」と「悪い」、「正しい」と「誤っている」――これらの対立物、また数えきれないその他の対立物は、多様性のレベル以外で事物を見ることができない人々にとってのみ、現実に対立するものなのです。

そして、全ての事物がその原初的な未分化へ引き戻された、こうした存在論的な状況は、荘子が「渾沌《こんとん》」と呼ぶものです。

渾沌の概念あるいはイマージュは、シャマニズムに起源をもっている、と私は確信しています。その歴史的な起源では、渾沌は一群のシャマニズム神話に属しています。『山海経』という書は、顔に識別できる特徴をもたない奇妙な怪鳥というかたちで、山や海に住むと考えられる神話的な怪物、「渾沌」のことを詳しく記しています㉕。さらに、たとえば、前述した『淮南子』に記録されている古代中国の宇宙創成神話では、同じ渾沌が、天と地の誕生に先行する存在の原初的な状態――「形なき流動性の状態、すなわち、安定したものもなければ、定まったものもない状態㉖」として表現されています。

ちょうど見ましたように、荘子において、この渾沌は存在の存在論的な状態、夢想的な様態へと高められ、また洗練化されています。その中では、全ての事物はその隙のない区分から解放されて、無定形の全体へと融合しています。全ての事物のこうした存在論的な均一化を、荘子は「天倪《てんげい》」とか「天鈞《てんきん》」などと呼んでいます㉗。事物の真の実在を見るために、私たちは「天鈞」によって、終わりのない対立や区別を調和し、それら全てを「渾沌の合一性」の状態へ引き戻さなければならない、と荘子は言います。

荘子の多くのキータームと同じように、渾沌の語は次の二つの側面、主観的・客観的な側面、あるいは心理学的・存在論的な側面に関して理解されなければなりません。これに留意しておくことは大変重要なことです。さらに、これら二つの側面は、たいてい互いに密接に連関し合っています。表現の仕方を変えれば、存在論的な渾沌は、ひとが自らの心そのものを渾沌にしなければ理解できません。全ての事物の均一化すなわち「天鈞」は、ただ単に知的な見地に立つという事柄ではありません。それは基本的に、道家が「明」と呼ぶ形而上学的直観の事柄なのです。この照明的な直観の構造については、次に分析したいと思います。ここでは、私たちは渾沌の客観的な側面の分析を続けることにいたします。

存在論的な多様性のレベルは、人間の心がふつうの役割を果たす存在のレベルです。それが存在世界の常識的なものの見方の基盤です。ふつうの感覚認識能力やふつうの理性をもつ者のだれもが、当然、このように事物を認識することができますし、また認識しています。それに反して、合一性のレベルは、私たちの日常的経験内には存在しません。ちょうどいま述べましたように、こうした存在の深みは、特定の種類のエクスタシー的直観をとおしてのみ認識されます。この種の直観あるいは霊的な照明は「異常な」体験です。それは享受したいと思ったとしても、だれもがそのようにできるわけではありません。

このことは、存在論的な渾沌が知的で理論的な論題として以外には、ふつうの人間の心の把握を超えていることを意味しているように思われます。私たちは知的にその論題を理解することはできますが、個人的にかつ密接に、私たちの日常生活レベルで、それを体験することはできません。しかし、私たちがそれを体験しなければ、すなわち、私たちがそれを内側から見なければ、渾沌はその実際の意義を私たちの目のまえに明らかにすることはありません。

しかしながら、日常的経験の範囲内でさえも、私たちが渾沌を偶然、垣間見ることができる一つの小さな場があります。それは夢の世界です。根源的で「無本質的」な状態において、事物を見ることがどのような種類の経験であるのかに関して、少なくとも一つの考え方を提示するために、荘子はしばしば夢の象徴に頼ります。荘子自らが胡蝶になるという物語は大変有名です（『荘子』斉物論篇、一一二頁）。ここでは、同一の書から二つの別の一節を翻訳したいと思います。

人は夢の中で、飲酒を楽しむかもしれないが、朝になって（目を覚ますと）、泣いて悲しむかもしれない。人は（悲しい）夢の中で泣くかもしれないが、朝が来ると、陽気に狩りに出かけるかもしれない。

人が夢を見ているあいだ、その人は自分が夢を見ていることを意識していない。（夢の中で）夢を解釈しようとさえする。その人は眠りから覚めて初めて、その全てが夢にすぎなかったことを理解するようになる。

それと同様に、人は大覚（ta chüeh）を体験してはじめて、この全て（すなわち、この生において実際に体験してきたこと）が大夢（ta mêng）にすぎなかったことを理解するようになる。しかし、愚かな者は自分が目覚めていると思い込んでしまう。彼らは自分の劣った知性に惑わされて、自分自身が賢明であると思い、高尚なことを劣悪なものから識別することができると考える。[28] 彼らの愚かさは、何と根深くて矯正できないものなのだろう。

しかしながら、実際、私もあなたも夢である。ああ、私があなたは夢を見ているとあなたに話している事実それ自体が、まさに夢なのだ。
（『荘子』斉物論篇、一〇四頁）

この一節に対して、荘子はこれらの言葉の真理が、存在の神秘を見通すことができる完全な「人間」によって、はじめて理解されることを付け加えています。それ以外の全ての者にとっては、これらの言葉は、無邪気な心に衝撃を与えるために意図された、ただの無駄な詭弁、あるいは神秘化のように聞こえることでしょう。

荘子は次の一節において、まさに同じ考えを繰り返し述べています。

あなたが鳥であるという夢を見ているとしよう。（その状態で）あなたは空へと舞い上がる。あなたが魚であるという夢を見ているとしよう。あなたは小池の中へ深くもぐっていく。（あなたが夢の中で、この全てを実際に体験しているあいだ、あなたが体験していることは、あなたの「現実」である。）

この事実に照らしてみると、実際に会話をしているあなたと私が目覚めているのか、あるいは、ちょうど夢を見ているのかどうかを、だれも確信することはできない。
（『荘子』大宗師篇、二七五頁）

このことは、「我」と「汝」とのあいだの区別を取り消すばかりでなく、私自身の「自我」を根拠のないものにし、また大変懐疑的なものにします。私自身の「自我」は、デカルトがずっと後代になって、私がそれ以外のあらゆるものの存在を疑うときでさえも、唯一絶対的に疑うことのできない存在として確立するものですが、このように、それは存在の固定的な核という地位を一撃で奪われてしまい、夢想的で非現実的なものへと変形します。荘子は尋ねます、「私が「私」として考えているこの「私」が、実際に私の「私」であることを、私はどのようにして確かに知ることができるのでしょうか」、と（『荘子』大宗師篇、二七五頁）。さらに、私の「自我」がその存在の固定性を失うとき、私が認識するそのほか全ての事物も、それらの固定性と定着性を失います。それは、「自我」が全てのそれ以外の事物を統合する中心点であるからです。

夢において、事物を特徴づける「本質的」区別のくっきりとした境目は弱められ、像がぼやけて混乱します。いわゆるリアリティの固定的な基盤から切り離されて、全ての事物は弱くなり浮動するようになります。そうは言っても、眠って夢を見ている人にとっては、これは厳密にリアリティなのです。その人が目を覚まして周りを見渡すとき、自らが全く異なる状況にいることに気づきます。この異なる状況は現実にリアリティなのでしょうか。夢の体験は、これが大変疑わしいということを示唆しているように思われます。その人がちょうど目覚めてリアリティの世界へ戻るという夢を見ているのは、もっともなことでしょう。

これらの全ては問題の象徴的な表現にすぎません。それは存在論的な渾沌それ自体の直接的な記述ではありませんが、ここで夢の体験は渾沌の印象、その生《なま》の感覚を伝達するように表現されます。それまで形而上学的な照明を体験したことのない人々でさえも、そのことによって閉じられた神秘の扉を開ける鍵を与えられ、少しはより深く理解して、少なくとも荘子が渾沌について言おうとすることに耳を傾ける準備が整うことになるでしょう。

さて、存在論的な渾沌は荘子によって、二つの異なる方法で記述されます。すなわち、荘子によって理解される渾沌は、次の二つの異なる側面をもっているのです。その一つは動的あるいは時間的な側面であり、もう一つは静的あるいは超時間的な側面です。前者の側面を説明することで議論を始めることにいたしましょう。

動的で時間的な側面における渾沌は、荘子が「事物の変化」(「物化《ぶっか》」)と呼ぶ存在論的な過程として開示されます。事物の変化とは、全ての事物が連続的な時間単位の秩序の中で、次々と変化していく過程です。たとえば、ａという事物は当然、それに割り当てられていた「時間」が到来し、ａであることを止めるまでは、ａとして生起して、しばらくのあいだ存在します。それから、それはそれ以外のもの、たとえばｂに変化あるいは変形します。荘子は「生」と「死」という時間的連続の中に、ここで論じた変化の典型的な例を見てとっているのです。

観察者がまず、自らを多様性のレベルに据え、それから合一性のレベルに関して、このレベルに存在するさまざまな事物を見るとき、こうした渾沌の見方が生起することに留意すべきです。以前にも説明しましたように、多様性のレベルでは、あらゆるものはそれ自身の存在論的な境界によって、他のものから識別されます。aという事物はaであり、それ以外の何ものでもありません。それがaであるかぎり、それはその本質を保っています。しかし、合一性のレベルに関しては、それは実際、無本質的ですので、それがbに変化するということには、全く困難なことも不自然なこともありません。しかしながら、この場合、変化は時間的な過程の形式において生起します。言いかえれば、aは時間が到来すると、bに「なる」のです。

合一性のレベルに照らして、aが「無本質的」であると言うことは、aが道家によって「道」と呼ばれる絶対的リアリティによって引き受けられた特定の現象形態であると言うことと同じことです。したがって、aという事物がbに「なる」ということはただ単に、しばらくの間、aという現象形態に開示し続ける絶対的で独特のリアリティが、ある瞬間、この特定の形態を脱ぎ捨て、bという異なる現象形態を引き受けるようになることを意味しています。つまり、絶対的リアリティはこのように限りなく多様な現象形態の中に自らを開示し続けていくのです。

さらに、絶対的リアリティそれ自体は、始まりもなければ終わりもないという意味で永遠ですので、時間の中で展開する事物の世界的な「変化」のこうした過程は、だれもその始まりも終わりも知らない、永遠に回転する円環として描写せざるを得ません。荘子が言うように（『荘子』大宗師篇、二六八頁）、その過程全体は、「終わりと始まりという永遠回帰の波」によって構成され、「あらゆるものは、現実の始点もなければ究極的な終点もない円環の中で、回転し続けている」のです。こうした宇宙の動きにおけるあらゆるものは、円環における中間の段階です。また全ての事物は絶対的リアリティの特定の現象形態です。時期が来ると、これらの特定の現象形態は一つずつ円環から消えてなくなり、後になって初めて、全く異なる現象形態として再び現れてきます。しかし、この過程全体を貫いて、円環それ自体すなわちリアリティそれ自体は、いつもそこに、変わることなく永遠に一者として留まっています。これが以前にも言及しました「存在論的な流動性」の時間的な側面なのです。

さて、次に渾沌の超時間的あるいは無時間的な側面へと移ることにいたします。すでに見ましたように、私たちが実際、多様性のレベルで観察するものに基づいて存在世界を見ますと、渾沌の時間的な側面が前面に出てまいります。それに反して、私たちが秩序を逆転させて、形而上学的な合一性の立場から、同じ存在世界にアプローチしますと、渾沌の超時間的あるいは無時間的な側面が私たちの見方を支配することになります。

前者の場合、実際に観察されるのは、それぞれの事物の自由で時間的な変化です。こうした状況を表現する基本的な範式は、aがbに「なる」ことです。それらを専ら多様性のレベルで見るかぎり、aとbは明らかに互いに異なっております。しかし、両者の共通の存在論的基盤である合一性のレベルに照らしますと、aとbのあいだの区別はぼんやりし曖昧になります。すなわち、それらのどれもがその本質を奪われているようにみえます。また無本質的ですので、それらは自由に互いに数え切れないその他の事物に変化します。これらの無本質的な事物の全体は、限りなく多様な形態において現れては消え、また再び現れるというように、互いに変化しながら、存在論的な渾沌の時間的な側面を構成しています。

無時間的な観点から見ますと、aがbに「なる」という問題は存在しません。それは、aがaであるというまさにその事実によって、すでにbであるからです。ここでの事実は、aがaであることを止めて、bへと変形するようになるということではありません。まさに当初から、aはbであり、bはaである。すなわち、そのことに関しては、まさに当初から、いかなるものも同時にそれ以外のものであるのです。正確に申しますと、絶対的に、事物間の区別は、それがどのようなものであれ存在しないのです。

しかしながら、その像は多様性のレベルを考慮に入れることによって、少し複雑になります。そのことに関する時間的な見解においては、私たちが多様性のレベルにおける事物の相違から始めて、その根源的な合一性へ遡って、それらの事物に言及するのとちょうど同じように、ここで再び、合一性のレベルから始めて、それを多様性のレベルと相互連関させなければなりません。そうでなければ、存在世界に関する統合的な見解をもつことができないでしょう。しかし、合一性の構造をそれ自体が多様化する様々な現象形態によって検討し始めると、すぐに存在世界の中に、特別な種類の存在論的な緊張が生起するのを観察せざるを得なくなります。

絶対的リアリティすなわち「道」は一なるもの、すなわち絶対的に一です。しかし、それは静的ではなく、動的な合一性です。それは言わば、「統一化」と「多様化」のあいだの動的なバランスです。それは多様性の合一性であり、また合一性の多様性です。荘子は次のように言っています。

もし「区別」の視点から見れば、（ほとんど同じものである二つの事物の例として、しばしば用いられる）肝と胆でさえも、極北にある国と極南にある国のように、異なるものであり、遥かに別々のものである。しかしながら、「統一化」の視点から見れば、全ての事物は一つで同じものである。

（『荘子』徳充符篇、一九〇頁）

「全ての事物は一つで同じものである」という表現が、この論題の中心点をなしています。全ての事物は「一」ですが、合一性は限りなく多様な事物によって形成される合一です。それら多様な事物は無本質的な流動性の状態において、相互滲透し合っており、未分化の全体へと融合されます。同じ状況は逆の側面から、次のように言うことによって記述することができます。それは究極的リアリティがそれ自体の中に、限りない多様化と区別の可能性を内包する合一性であるということです。

このように創造される存在論的な緊張は、ここで問題になっている「区別」が「対立」の形態を呈する場合に、最も著しく示されます。絶対的なものの形而上学的な合一性は、「対立の一致」（coincidentia oppositorum）のような場合に現れます。

「天鈞」の状態において、絶対的一者はそれ自体の中で、全ての対立と矛盾を均等化します。この状態において、最も小さな事物は同時に最も大きな事物であり、最も小さな時間の単位は永遠性に等しいのです。ここで観察できる事態は、常識や理性の把握を超えています。常識や理性の視点から見ると、毛の尖端は小さい事物の例であり、一方、大きな山は大きな事物の例です。瞬間は最も短い時間の単位であり、一方、永遠は最も長い時間の持続です。しかし、私たちが自らを「天鈞」の状態に位置づけますと、こうした常識的な事物の像は根本的に変化し、完全に無意味にさえなります。荘子は次のように言っています。[29]

世界には、秋の動物の毛の尖端より大きいものはない。一方、泰山は極めて小さい。大人になるまえに亡くなる子供は、他のだれよりも長く生きたと言えるかもしれない。一方、八百歳を生きた人は、若くして亡くなったと言えるかもしれない。

天地は私がするのと同じ時間の長さのあいだ続く（すなわち、宇宙の永遠の持続は、この世界における私個人の存在の瞬間的な持続に対応している）。

また、万物も私自身と全く同じである。

（『荘子』斉物論篇、七九頁）

この議論の要点は、全ての区別や相違、さらに対立がその意義を失う、ある存在論的な段階があるということです。それらは「事物」の視点から見ると、私たちの日常的経験のレベルにおいてのみ、意義または意味をもつにすぎません。

次の言葉は、「事物それ自体に内在している「貴い」と「賤しい」のあいだに、区別があるのだろうか。あるいは、それら全ては外側からみれば、事物に課されているのだろうか。「大きい」と「小さい」は互いに、どのように区別されるのだろうか」という質問に対する返答として語られます。

〈道〉の視点から見れば、事物には「貴い」ものもなければ「賤しい」ものもない。しかし、事物それ自体の視点から見ると、〔区別が生起して〕それぞれが自らを「貴い」とみなし、他のものをさげすむ。しかしながら、一般的な人々に関しては〔これが真実だというわけではないが、それは、彼らのものの見方では〕、「貴い」と「賤しい」のあいだの区別が、事物それ自体に依存していないからである〔つまり、区別は社会的階層や家柄などのように、より外的な事柄によってなされるからである〕。

たとえ私たちが「区別」の視点から〈多様性〉のレベルで〕、そのことを見たとしても〔注意深く考えると、そうした区別が実際の基盤をもっていないことを、私たちは理解できるであろう〕。〔たとえば〕あらゆるものは、それ自体よりも小さいその他の事物と比較して、「大きい」と判断することができる。それゆえ、世界には、「大きく」ないものは全く存在しない。それと同様に、あらゆるものは、それ自体よりも大きいその他の事物と比較して、「小さい」と判断することができる。それゆえ、世界には、「小さく」はないものは全く存在しない。したがって、天地は穀粒と同じ大きさであり、毛の尖端は山と同じ大きさである、と私たちは結論づけなければならない。このことは〔「大きい」と「小さい」のあいだの〕区別の本質を明らかにしている。

（『荘子』外篇、秋水篇、五七七頁）

多様性のレベルにおいてさえ、このように全ての区別や対立が相対的な性格をもつとすれば、もし合一性のレベルの視点からそれらを見ますと、事態はどのようになるのでしょうか。この存在レベルにおいて、全ての区別と対立はその存在――相対性の存在でさえ――を失い、それらの根源的な「無区別」において、互いに「同一」になります。

しかし、厳密にはこのために、「道」は「大きい」――もちろん、ちょうど説明しましたように相対的な意味ではなく、絶対的な意味において――と考えられるだけの価値があります。「道」は形而上的な調和の状態において、全ての相違や区別を内包しているということで絶対的に「大きい」のです。

〈道〉は万物を覆い維持している。何と限りなく広大で大きいのだろう。……それは同じでないもの全てを同一性の状態へと還元するという意味において大きい。……

万物は一体である。「生」と「死」（のような極端な対立でさえも）同じ一つのものである。

（『荘子』外篇、天地篇、四〇六―四〇七頁）

全ての事物は、存在論的な渾沌において一なのです。それが無時間的な側面において考えられる渾沌の理論のまさに要点です。

したがって、時間的な視点からも無時間的な視点からも、「道」すなわち絶対的リアリティは全てを同一にする動的な合一性であることが分かります。しかしながら、これは老荘思想の存在論の究極的な段階ではありません。「道」の究極的な深みに到達するためには、私たちは分析をさらに前へ一段階進めなければなりません。そのことについては、残りの講演の中で議論するつもりです。

しかし、議論をさらに進めるまえに、つまりこの議論を終えるまえに、しばしば触れた相対主義の哲学的立場について簡単に議論しておきたいと思います。この脈絡におけるこの問題の議論は、次の話題への適切な序論を提示することになるでしょう。

荘子の時代に、ある種の哲学的な相対主義が彼の友人で弁証家の恵施《けいし》〔紀元前三七〇頃―三一〇頃〕によって提唱されました。彼の論題は「方生説」[30]として知られ、こうした類の思索に関心をもつ人々のあいだで大変流行したようです。

簡潔に申しますと、それは「相互依存」の理論、すなわち、全ての事物の相対性に関する理論です。「生」が存在するためには、「死」が存在しなければなりません。また「死」が存在するためには、「生」が存在しなければなりません。そのことは次のようにも範式化されます。すなわち、「それ」は「これ」から生起する。そこで、「これ」は「それ」に依存している（『荘子』斉物論篇、六六頁）。「悪い」が存在しなければ、「善い」は存在することができない。「醜い」が存在しなければ「美しい」も考えることができない。このように逆もまた同様です。具体例は限りなく多様です。それは、あらゆるものが例外なく、その対立するものと対比の関係にありますし、またそれと連関しているからです。

表面上は、こうした事物の相対主義的な見方は、荘子の立場からも、それについて間違っていないように見えます。理論としては、これまで見てきたように、荘子も老子も全く同じことを主張しています。

さらに、この相対主義は容易にまたごく自然に、全ての相違や区別がただ相対的なものであり、そのために、全ての事物は究極的に一つで同じであるという論題へと導くことになります。繰り返しますと、このことは全く、荘子が渾沌の無時間的な側面について言っていることです。

恵施の立場は、『荘子』雑篇の最終章において要約されています。それは次のようなものです。

厚さのないものは積み上げることができない。しかし、（極限の小と比較すると）それは千里と同じように大きい。（無限の高さに関しては）天は地と同じように低い。また山は沼地と同じように平たい。

子午線上の太陽はすでに（西の方へ）傾いている（それは、私たちがその位置にある太陽を考えるとき、それがすでに次の位置にあるからである）。（また、よく似た理由で、すなわち、時間が実在でないために）生まれる事物は死んでいく事物と同じである。……

もし全ての事物を普遍的な愛で見るならば、（全ての区別が目から消え去り）全世界は一体になる。

（『荘子』雑篇、天下篇、一一〇二頁）

荘子の基本的な論題は、全ての事物が渾沌において一であり、また、事物間に本質的な区別がないので、aという事物は同時に、bというもう一つ別の事物であるということです。この論題は形式的に詭弁家の公孫龍によって主張された無区別の理論と同じですが、その理論は有名な言明「犬は羊とみなすこともできる」によって要約されます（『荘子』雑篇、天下篇、一一〇六頁）。

表面的な類似性は確かです。しかしながら、実際には広大な隔たりが両者の立場を分けています。論理家の相対主義は知的な立場以外の何ものも表現していません。彼らの言う「無区別」とは、論理的な推測の過程をとおして到達される合理的な「無区別」のことです。言いかえますと、彼らの論題は、リアリティの照明的直観によって裏打ちされているわけではないのです。本節の冒頭で示しましたように、存在論的な渾沌は、自分の心の中に主体的な渾沌をもっている人々以外には、すなわち、老子が言うように、自分自身の心を「渾沌にした」（『老子道徳経』第四十九章）人々以外には、その秘密を明らかにはしません。「渾沌にした」心は、完全に識別・区別する機能を用いることを止めた心、すなわち、全ての区別や対立を超越した心です。さらに、そうした心の状態は、心がそれ自身も含めて、あらゆるものの意識を失うエクスタシー体験の結果です。

普遍的な「無区別」の思想は、もしそれがそうした体験に根ざしていなければ、概念にすぎなくなりますし、単なる合理的な形式にすぎなくなってしまいます。それは概念として、その他の全ての日常的な概念と同じレベルに位置することになります。たとえそれが老荘思想の相対主義によく似ているとしても、それが「的を射ることはない」のです。

恵施は多くの精巧な思想を生み出した。しかも、彼の著作で五台の車が一杯になる。しかし、その教えは統一性を欠き、彼の言葉は的を射ることはない（すなわち、事物のリアリティからはずれている）。

（『荘子』雑篇、天下篇、一一〇二頁）

渾沌の心理的な側面については、次の節における主要なテーマにしたいと思います。

V　エクスタシーと完全な人間

多様性のレベルが、いわゆる「リアリティ」の世界を構成しています。人間が多様性のレベルで存在するような諸事物を見ながら、この世界に限定されて留まっているかぎり、理性は指導的な役割を担うことができます。しかしながら、合一性のレベルに関しては、人間の理性は、ただ「井の中の蛙」にすぎません（『荘子』外篇、秋水篇、五六三頁）。しかも、その活動は「細い管をとおして空をのぞき見すること、あるいは錐の先で大地（の深さ）を示すこと」に喩えられます（『荘子』外篇、秋水篇、六〇一頁）。井戸の外へ飛び出して、天地の限りない広がりを見るためには、全く異なる心の機能を用いて、それをとおして、全く異なる種類の体験をしなければなりません。このように辿る非日常的な体験は「明」すなわち「照明」と呼ばれます。

したがって、〈聖人〉[31]は（〈多様性〉のレベルにおける）事物の見方に基づくのではなく、〈天〉（すなわち、〈合一性〉すなわち〈道〉のレベル）に照らして、それらを明らかにする（すなわち、「照明」をとおして、それらを理解する）。……（そうした立場から見れば）もはや「それ」と「これ」のあいだに、絶対的な区別はない。しかも、「それ」と「これ」のそれぞれが対立する片方を失うようなこの段階は、〈道〉のまさに〈要〉であると考えられるだろう。……こういうわけで、私は「照明」よりも優れたものはないと主張したい。

（『荘子』斉物論篇、六六頁）

したがって、「照明」の重要性は、「完全な人間」の視点からみれば明らかでしょう。しかし当然、次のような問いが起こります。すなわち、人間はいかにそれを体験する望みをもつことができるのか、だれにとっても体験することが可能なのかという問いです。残念ながら、その答えは否です。大半の人々にとっては、それを実際に体験することは不可能です。またそれは、たいていの人々が精神的に盲目で生まれているからです。

盲目の人は美しい色彩やパターンの光景を楽しむことができない。耳の聞こえない人は鐘や太鼓の音を楽しむことができない。しかし、目が見えないことや耳が聞こえないことが身体の器官に限られるとあなたは思うか。答えは否で、それらは認識の領域においても見いだされるのだ。
(『荘子』逍遥遊篇、三〇頁)

身体的には生きているけれども、精神的に死んでいる人々がいます(『荘子』外篇、達生篇、六三〇頁)。「死んだ心をもっていることほど、惨めなことはない」(『荘子』外篇、田子方篇、七〇七頁)。けれども、多数の人々がそうした類であることは明らかに正しいでしょう。

頭と足を持ってはいるが、心も(精神的な)耳も持っていない人々が多い。
(『荘子』外篇、知北遊篇、四二七頁)

こうした意味では、「照明」の扉は、荘子が言うように、「完全な人間」になる「自然な潜在力」(「聖人之才」、『荘子』大宗師篇、二五二頁)を持つ人にだけ開かれています。このように理解して、次にこの体験の内的構造を明らかにしてみたいと思います。

まず、ほとんどの人々は「照明」の体験への通路をほとんどもっていないと荘子が言うとき、彼が何を意味しているのか考察してみましょう。ふつうの人々にとって、どうして渾沌の状態において、事物を見ることがそんなに難しいのでしょうか。道家によれば、それは、それだけで前述した「天鈞」のレベルへ到達することができる絶対的な精神的自由を、「自我」が人から奪ってしまうからです。「無自我」という主体的な状態は、事物の側における客体的な「同一化」と密接に相互連関しています。この相互連関について語りながら、『荘子』外篇の筆者の一人は、次のように言っています。

（〈完全な人間〉は）〈大同〉（すなわち「天鈞」）と完全に合一している。それのみならず、彼は〈大同〉それ自体である。それは、彼が自らの「己」をもっていないからである。彼が「己れ無し」であるので、いかに〈有〉のレベル（すなわち、事物が互いに相違し、対立し合っている存在論的なレベル）に固執することを考えることができるだろうか。目を〈有〉のレベルに固定することは、（いわゆる）昔の優れた人々によって例証されてきた。それに反して、目が〈無〉（すなわち、全ての事物が区別を失い、大きな「無区別」へと融合するようになる存在論的なレベル）に向かう人々は、天地の友である。

（『荘子』外篇、在宥篇、三九五頁）

「自己」は人間の自己実存のまさしく基盤、すなわち個人としての存在の核心です。それは身体的であれ精神的であれ、人格の本質的に異なる全ての側面が合一する、同格化の中心点です。この実存的な軸の周りに、外界における全ての事物は適切な場を見いだします。別の言い方をしますと、「自己」は全ての事物を多くの異なる、また識別することができる事物として確立します。

それが絶え間なき動きの中にあるというのが「自己」の特徴です。また、こうした人間の心の動きは、その遠心的な傾向によって特徴づけられます。事物を知って把握したいというごく自然で制御できない願望によって駆り立てられて、心は注意を引くために、また好奇心をかき立てるために外側から、外的な対象を求めて、自らの外へ出ていきます。身体が座っているときでさえも、心は全方向へと駆けめぐります。こうした心理状態を、荘子は「坐馳《ざち》」と呼びます（『荘子』人間世篇、一五〇頁）。

「己」が固まりますと、それは荘子が言う「成心《せいしん》」（『荘子』斉物論篇、五六頁）になりますが、それは老子の言う「常心《じょうしん》」（『老子道徳経』第四十九章）に対応しています。「成心」とか「常心」は、人間に対して圧制的な支配を行います。それに強いられて、人間は事物のあいだを区別・識別し、それらを分類し、さらに結果的に「善い」と「悪い」、「正しい」と「誤っている」などを、「本質的」な相違に根ざした永遠で不変のカテゴリーとして確立します。このようにして、人間は全ての事物の根源的な合一性からますます遠ざかるようになります。こうした状態にいる人間は、「風によって煽られた波のような人々」（「風波之民」『荘子』外篇、天地篇、四三六頁）とみなすことができるでしょう。彼らはまた「逆さまになった人々」（「倒置之民」『荘子』外篇、至楽篇、五五八頁）とも呼ばれます。それは「彼らが事物の中に、自分の真の己を失い、俗悪の世界において、自分の真の性を失っている」からです。

ここで述べた真の「己」と真の「性」は、これまで論じてきた「自己」ではありません。それは人間の中に開示される「道」すなわち絶対的リアリティです。この真の「己」を再び獲得するためには、心の自然の遠心的な傾向を抑制して、反対の方向へ向かわなければなりません。言いかえれば、心の動きは、求心的にならなければなりません。

道家によりますと、こうした思い切った方向の転換は、「身体の全ての門扉を閉じること」（『老子道徳経』〔第五十二章〕）によって、すなわち、五感のふつうの機能や理性の区別する営みを停止することによって効果的になります。したがって、心の遠心的な傾向のために、全ての可能な出口を塞いで、人は心の深みへ沈潜していって、最後に老子の言う「極小の事物」（「小」）に出会います。それは人間の真の実存的な核というかたちで個人化された、「道」そのもの以外の何ものでもありません。それは「小さい」と言われます。それは、このかたちの「道」が超感覚的、すなわち、言わばあまりに「小さい」ので、目で認識することができないからです。こうした個人化された形態における「道」は、ある意味において、それが多様化し始める前の「道」そのものとは違っています。しかし、それが「道」そのものと全く異なっているとも言えません。それは、詰まるところ、それが「道」そのものの特別な顕現にすぎないからです。こうした関係について、老子は母子関係の見地から記しています。「子」は確かに「母」そのものではありませんが、母子は互いに極めて親密な種類の連関によって関わり合っています。ある意味において、「子」は「母」の複製です。それゆえ、こうした特別な関係に関して、「子」のことを知っている者は、そうしたまさに知識によって「母」そのものを知っていると言うことができます。「子」をとおして「母」をこのように知ることが「照明」です。こうした思想を、老子は次の一節において明確に表現しています。


〈天〉下の全ての事物には、その〈始源〉がある。それは万事の〈母〉としてみなされる。もし〈母〉を知るならば、それによってその〈子〉を知ることになる。そして、もし〈子〉を知って、〈母〉に立ち返って、それをしっかりと守っていくならば、人生の終わりまで誤りに陥ることはない。

もし全ての穴を塞いで、全ての扉を閉じていけば、（彼の精神的エネルギーは）一生のあいだ、使い尽くすことはない。（自分自身の内的な深みへ入っていくことによって）「微小の事物」を認識することは、まさに「照明」と呼ぶことができる。

柔らかで融通のきく立場を守っていくこと（すなわち、事物間の「本質的」な区別によって不変的に固定化された心の硬直さを捨てること）は、真の（精神的な）強さと呼ぶことができる。

もし人が自分の（生来の）〈光〉を洗練させ、そのことによって「照明」の状態へ立ち帰っていくならば、もはやいかなる災害に苦しむこともない。そういう状態は、私が「永遠に真であるものに踏み込むこと」（「襲常」）と呼ぶものである。

（『老子道徳経』第五十二章）

「照明」の経験がここで、人間の自分自身に関する知識と直接的に連関していることは注目すべきことです。人間が自らの真の「自己」を知ることによって、「道」に関する直接的で直観的な認知へと直接、導かれることになります。また、人が自分自身に立ち戻ることにより、これが成し遂げられます。このように考えますと、「道」はまさに最初から、人間の内的な深みの中にあると言わなければなりません。こうした意味では、「道」を知らない者はだれもいないのです。「道」とはまさに当初から、――もちろん、まさに特別な意味において――本来的に、人間が知っているものです。したがって、少なくとも理論的には、だれもが「道」を自らの内に直観する位置にあります。人は自分自身を「道」の顕われとして意識できるようになるにちがいありません。

これに反して、理の当然として、外的な諸事物を自らの内に直観することはできません。それらは人間自身にとって「外的」であり、また永遠に「外的」なままです。こうした意味において、それらは永遠に人間には「知られていない」のです。しかしながら、いかにも奇妙なことに、人間の本質は、極めて親密に「知られた」対象――すなわち、自分自身の内的な「己」――を完全に無視しながら、「知られていない」事物を求めて、常に「外へ出て行く」ものです。

全ての人々は、彼らが知らないものを求める仕方は知っているが、すでに知られているものを求める仕方を、だれも知らないように思われる。

（『荘子』外篇、胠篋篇、三五九頁）

日常的な状況において、「良い耳をもつこと」は、五つの基本的な音符のあいだを厳密に識別できることを意味します。また「良い目をもつこと」は、さまざまな色や形を厳密に明らかにすることです。しかしながら、このことは老荘思想的な意味において理解される真の明敏性からはかけ離れています。

私が「良い耳をもつ」という表現によって意味するのは、外的な対象を聞く能力のことではない。ただ自ら「己」を聞くことだけだ。
私が「良い目をもつ」という表現によって意味するのは、外的な対象を見ることを言おうとしているのではない。ただ自らの「己」を見ることだけだ。（『荘子』外篇、駢拇篇、三二七頁）

この文脈においては、「自らの「己」を見ること」（「自見」）すなわち自己直観は、禅仏教徒が「自分の（真の）本生を見ること」（「見性」）と呼ぶものに対応しています。このことについては、宋代（九六〇―一二七九）の有名な学者、林希逸《りんきいつ》（一一九三―一二七一）が『荘子』の注解書（『荘子口義』）の中で、次のように明記しています。すなわち、「この表現「外的な対象を見ることではなく、自らの己を見ること」は、仏教経典全体の教えを要約している」。

「自らの「己」を見ること」は大変重要です。それは自らの「己」を直観するだけのことではありません。人が自分の内的な深みにおいて見る「己」は、以前にも注目しましたように、人間の「内部」において、感知できないぐらい「小さな」点として開示される〈道〉です。しかし、「対立の一致」の原理に従って、「最小の」点はここでは「最大の」事物と同じです。この小さな点を自らの内に直観することによって、またそれと完全に合一して同一化することによって――それは、「直観」と合一がこの場合、全く「一」で同じものであるからです――、人間は存在世界全体に浸透する道を直接、自らの内に直観して、それと合一します。全ての事物は偉大な「道」それ自体の多くの異なる現象形態ですので、今や人間は限りなくさまざまな形で現れては消え、また再び現れる万物のそれぞれと完全に同一化します。さらに、「道」はこの普遍的な変化の過程を貫いて、ずっと「一」ですので、「道」と合一した人間の心もまた「一」です。さらに、無時間的な側面における「道」もまた「一」ですから、そうした人間の心は、この点に関しても、完全に「一」なのです。

さて、人間が「道」を直観することにおいて、そうした重要な役割を担う「自らの「己」を見ること」は、荘子が「心の浄化」と呼ぶもの――あるいは、より字義的には、「心の断食」(心斎)によって準備が整います。「心の浄化」は実際、ふつうの人間の状態から「完全な人間」の状態への人間の進展における要点です。ふつうの人はこうした転換点を通過しなければ、真人《しんにん》(完全な人間)になるという希望をもつことができません。容易に分かりますように、「心の浄化」とは、端的に言いますと、以前にも言及したとおり、人間の心が遠心的な方向から求心的な方向へ向かう道において、当然ながら深刻な障害になる「自我」を取り除くことです。荘子自らは次の一節において、心の浄化のプロセスに関する優れた説明を提示しています。

まず第一に、あなたは自分の心の動きを統合しなければならない。あなたの耳で聞くのではなく、(このように統合して集中した)心で聞くようにせよ。(それから、さらに進んで)心で聞くのを止めよ。純粋な魂《たましい》〔気〕で聞くようにせよ。耳(あるいは、より一般的には、感覚認識)は、聞くことに制限される(32)(すなわち、それぞれの感覚はただ特定の種類の身体的な質のみを把握する)。心は外的な対象に対応するイメージ(を形成すること)に制限される。

それに反して、純粋な魂はそれ自体、(自らの適切な対象をもたない)「虚」であり、事物(の普遍的な〈変化〉)に従って、限りなく変化し続ける。さらに〈道〉はその全体性において、この「虚」に到達する。心をこのように「虚」にすることが、「心の浄化」によって私が意味することである。

(『荘子』人間世篇、一四七頁)

純粋な魂の段階における人間の心は「虚」すなわち「無我」です。しかし、絶対的リアリティすなわち「道」は、その側では偉大な「虚」です。この偉大な「虚」が、いかなるさまたげもなく精神的な「虚」になります。あるいはむしろ、私たちは次のように言うべきでしょう、すなわち、二つの「虚」は完全に互いに同一になる、と。すでに論じました事物の普遍的な変化は、ここでは、人間の主体的な状況、すなわち人間の内面において生起する何かです。彼自らは普遍的な変化の主体です。言いかえますと、彼は道の数多くの顕現としての万物と完全に一つです。こうした点は、荘子によって、次のように明らかにされています。

その閉じた部屋を調べて、その空っぽの「内部」がそれ自体、どのように明るい白さを生み出すのかを見よ。世界の全ての恵みは、その静けさに存在することになる。

それに反して、もし（あなたの心が）静かでないならば、あなたは私が「坐馳」と呼ぶ状態にいることになる。

しかし、もし人間が耳目を「内部」の方へ向けて、心知の働きを捨て去れば、人は言うまでもなく、鬼神でさえも、その中に住むために、（こうした人間の無-自我な「内部」へと）自由にやって来るだろう。これが万物の（主体的な）〈変化〉である。

（『荘子』人間世篇、一五〇頁）

同じ思想は『荘子』を貫いて、さまざまな形で表現されています。その重要性を考慮して、私はここでもう一つの一節を取り上げることにします。その中では、「心の浄化」は「心の涵養」〔心養〕と呼ばれます。

重要なのは、あなたが「自分の心を涵養す」べきだということである。もしあなたが〈無為〉[33]の範囲に、自分自身を位置づけさえすれば、全ての事物はそれらのそれぞれへと互いに[34]変化するだろう。もしあなたが自分の身体や形を解消して、自分の聴覚や視覚（すなわち、感覚）の力の働きを妨げ、さらにあなたの種（すなわち人間）や事物を忘れるならば、あなたは完全に〈渾沌〉と一体になるであろう。もしあなたが自分の心を解き、あなたの霊を緩め、あたかもあなたが魂をもっていないかのように、静かで平穏になれば、万物はその自然な豊かさにおいて、それぞれその根元へと立ち戻るであろう。

（『荘子』外篇、在宥篇、三九〇頁）

これは「己なき」状態です。また、そうした状態が人間の中で現実になるとき、ここに真人（完全な人間）が誕生します。

議論の前半で論じた「坐馳」と対比して、「心の浄化」もまた、荘子によって独自に「坐忘」と呼ばれます。「坐忘」とは「己なき」状態になった人の外的な様相を記述した表現です。しかし、その内容は「心の浄化」と全く同じです。荘子自らが「坐忘」について与えている定義を検討することによって、最後の点が明らかになるでしょう。

「坐忘」とは何か。
それは身体の全ての部分が解消し、耳目の活動（すなわち、全ての感覚器官の活動）が廃されることを意味する。それゆえ、人は自ら形からも心からも（すなわち、身体と心という自己のアイデンティティの意識から）自由になり、全てに滲透しているもの（〈道〉[35]）と統合し合一するようになる。これが私の「坐忘」と呼ぶものである。

（『荘子』大宗師篇、二八四頁）

外的には、身体の全ての部分が「解消して」忘却されています。内的には、認識の全ての活動が「撤廃されて」います。人間の外的かつ内的な存在の中心としての「自我」の意識は全く消えています。「私」の内側も外側もこのように全く忘却することの結果として、前述した「虚」の状態が生起します。林希逸が言っていますように（『荘子』斉物論篇への林希逸注）、「私」が存在しませんので、「対象」も存在しません。「自我」の消失は当然、結果として意識から全ての「対象」が消失することになります。事物はある意味では、いまだそこに存在します。

しかし、その「本質的」な境界によって互いに識別される「対象」としては、それらは完全に意識からは消失します。それらは今やそこに、全てに滲透する「合一者」へと完全に変容して存在しています。しかし、全てに滲透する「合一者」は、「大いなる虚」以外の何ものでもありません。

そうした忘却の状態における人間の外見は「枯れ木のよう」であり、その心は「死者の亡骸のよう」なのです（『荘子』斉物論篇、四三頁）。『荘子』に記述されている老子との架空の談話の中で、孔子は老子の奇妙な様子に驚きます。

> 老子はちょうど髪を洗ったところで、髪を乾かすために、髪を乱して垂れ下げていた。完全に不動で、人間ではないように見えた。
> 孔子はそばに立って待っていた。しばらくして、（老子がふつうの意識に戻ったとき）孔子は言った、「私は目が眩んだのでしょうか。それとも実際、あれはあなただったのでしょうか。ちょうど今、あなたの身体は枯れ木のように、全く動かないように見えました。あなたは事物を忘却し、人間から離れて、絶対的な孤独の中、そこに立っていました。それが私の受けた印象でした」。
> これに対して、老子は答えた、「私は全ての事物の〈はじまり〉において、心を自由にさまよわせていた」。
> （『荘子』外篇、田子方篇、七一一頁）

「全ての事物の〈はじまり〉における自由なさまよい」は、荘子が最も好む考えの一つであり、『荘子』の至る所で、そのことを様々なかたちで表現しています。それは第一に、人間と絶対的なものとのエクスタシー的合一体験を意味します。さらに第二に、それはエクスタシーが彼を離れた後に残存する心の特殊な状態を意味します。そうした人の目には、全世界はこの体験の前に、彼に現れていたものとは全く異なる形態を帯びることになります。彼は全く異なる光で、全ての事物を見始めます。彼は今や真人（完全な人間）です。さらに、老子と荘子の哲学的世界観は、真人が「道」とのエクスタシー的合一からふつうの意識状態へと立ち戻った後、そうした人間によって見られ、かつ解釈された世界像なのです。

『荘子』の重要な一節において、荘子は「心の浄化」について、より詳細な説明を行っています。心が完全に浄化されて「照明」を体験するまで、そのプロセス全体が段階に沿って分析的に記述されています。その一節は、老荘思想における最高の極致へと向かう、人間の心の漸次的な進展の過程としての「坐忘」の内的構造を描写していますが、そういう点で、この一節は私たちの目的にとって重要です。

この一節において、女偊《じょう》という名の真人は、かつて、そもそもの初めから、真人になるという優れた潜在力をもっていた人に、どのように教えたのかを物語ります。彼はそのとき、何が起こったのかに関する説明を次のように始めます。

私は続けてその人に教えた。三日後、彼は自分自身の外側へ天下を置く方法を学んだ。

（『荘子』大宗師篇、二五二頁）

世界の存在を忘却することは、「坐忘」の第一段階を示しています。「天下」は本来的に、人間から比較的に離れて存在します。そのため、それは彼にとって、忘れることは最も容易なことです。

彼が自分自身の外側へ世界を置いた後、私は続けて彼に教えた。そして七日が経って、彼は自分自身の外側へ「物」を置く方法を学んだ。

（『荘子』大宗師篇、二五二頁）

これは「坐忘」の第二段階です。ここで言う「物」とは、もちろん、彼と親しくしている男性や女性も含めて、日常生活において人間を取り巻く馴染みのあるものという意味です。この第二段階において、これらの全ての「物」は意識から消えてしまいます。そして、それから、

彼が自分自身の外側へ「物」を置いた後、私はさらに彼に教え続けた。そして、九日が経って、彼は自分自身の外側へ「生」を置く方法を学んだ。（『荘子』大宗師篇、二五二頁）

これは第三段階を表現しています。それは人間が自分の意識から、自らの「生」すなわち自らの個人的存在を消すことから成っています。このことは、私たちが「自我」の除去として、講演の前半で議論したことに対応しております。さらに「自我」の消滅に伴って、世界全体は、その内的側面においても外的側面においても、意識から消失することになります。

この段階の後には、すぐに「照明」の曙の突然の到来である次の第四段階が続きます。

彼が自分自身の外側へ「生」を置いた後、突然、最初の曙光が現れた。（『荘子』大宗師篇、二五二頁）

この後には、もはや来るべき段階は存在しません。次の「段階」として記述されているのは実際、「状態」ではありません。それは「照明」が精神的な目を開いた瞬間、それらがすぐにまた同時に起こるからです。こうした「段階」の最初のものは、絶対的合一を見ることです。

夜が明けた瞬間、彼は〈合一〉〔独〕を見た。（『荘子』大宗師篇、二五二頁）

全ての事物は、絶対的合一の中に、それらを包摂する根源的な渾沌の真只中で見られます。もはや主体と客体

の対立は存在しません。それは、「見る」主体と「見られる」客体が完全に合一しているからです。全ての事物は一です。さらに、事物間の区別がもはや存在しませんので、時間の順序に関しても、「前」と「後」、「過去」、「現在」さらに「未来」というように、全く区別はありません。

さらに、彼が〈合一〉を見た後には、（彼の意識において）「過去」も「現在」も存在しなかった。

（『荘子』大宗師篇、二五二頁）

もはや「時間」の意識は存在しません。その人は「永遠の今」の中にいるのです。また、時間の意識がありませんので、その人は今や「生」と「死」を超越した領域にいます。

「過去」と「現在」を取り消した後、彼は「不死不生」の状態に入ることができた。

（『荘子』大宗師篇、二五二頁）

「不死不生」の状態とは、真人が「天鈞」の領域において、心ゆくまでさまよう絶対的な精神的自由の象徴的表現です。彼は「生」と「死」を超えているばかりではありません。彼はあらゆるものを超えています。それは、彼が今や完全に合一して一体化している「道」それ自体があらゆるものを超えているからです。

しかしながら、この「超越」が単純で直線的な「超越」ではないことに注目することが重要です。それは大変特殊な種類の「超越」です。それが同時に——もう一度言及しますと、「対立の一致」の原則によって——「内在」であるからです。それは、すでにお分かりのように、彼が完全に「道」と合一して一体化しているというまさにその事実によって、彼が絶対的なものの多様な現象形態にすぎない万物とも合一し一体化しているからです。彼は万物を超えることによって、万物とともにあり、かつ万物の内部にあるのです。

Ⅵ　老荘思想の形而上学

以前にも指摘したように、老荘思想の哲学的世界観は、前述したエクスタシー的直観において、実際に体験されたものの理論的な洗練化の結果です。それは真人の目に現れる世界像です。この存在論の構造の中では、ごく自然に、渾沌が中心的な位置を占めています。この存在論は、事物の「カオス的」な視座から出発し、その視座にもとづきますが、その中では、それら全てが究極的な存在論的「基盤」の内部に横たわっています。

（〈真人〉は）精神的エネルギーを天上の高みへ浮上させて、（世界において自由にさまようために）光に乗る。彼が身体の制約を絶対的に超えているこの状態は、適切に〈境界なき照明〉（照曠）と呼ばれるべきものである。こうした人間は、完全に事物の一定の過程を理解し、この上なく諸事物の存在を知っている。それゆえに、彼の目には、〈天〉と〈地〉が溶け合って、万物は全く消滅する。したがって、万物はそれらの真の〈基盤〉へと遡る。これは私が〈混冥〉（すなわち、根源的な無区別、すなわち〈渾沌〉）と呼ぶものである。

（『荘子』外篇、天地篇、四四三頁）

この一節において、ふたたび、存在論的な渾沌が、渾沌の状態に心を置いた真人によってのみ直観される何かとして記述されていることは注目に値します。対象的な渾沌と主体的な渾沌のあいだには、完全な対応関係が存在します。「主体的な渾沌」は、「坐忘」のプロセスによって到達されたエクスタシー的な心の状態以外の何ものでもないことは言うまでもありません。

しかし、これまで見ましたように、真人のエクスタシー体験がいくつかの心理段階から成っていますので、老荘思想の存在論がエクスタシー体験の理論的な洗練化であるということは、それがまた、多くの段階から構成されているということと同じことなのです。以下では、「坐忘」のプロセスにおいて、特定の主体的な段階にそれぞれ対応している存在論的な段階について、分析的に記述したいと思います。

これまですでに、エクスタシーにまで到る心理的な段階は、心の上昇的な動きであると申しました。そこでは、心は最低次の段階、すなわち、ふつうの日常的意識の次元から始まり、次第に事物の忘却を深化させていき、ついには、エクスタシーの極限において、全ての事物が「虚」の完全な状態で、心を離れて意識から完全に忘れ去られます。

このように到達される「虚」という最高次の心理的な段階は、老荘思想の形而上学の体系において、最高次の存在論的な原理に対応しています。この形而上学は、「坐忘」の向上的な過程の順序を逆転させることによって形成されます。したがって、老荘思想の形而上学的体系が形成される過程は、向下的な順序において、完全な「忘却」の段階から心のふつうの認知的活動の次元に至るまで、心のエクスタシー的な動きに従っています。すなわち、絶対的合一のレベルから始まって、それは段階を経て下降し、最終的に「本質的」多様性のレベルに到達するのです。

最初の、すなわち最高次の存在論的段階は、言うまでもなく、絶対的合一の段階です。しかし、この脈絡における合一とは、心理学的に、心から全く忘れ去られた万物によって生起する合一のことです。全くの「忘却」とは、人間の意識の中に、絶対的に何も残してはおりません。こうした意味において、それは「非-有」すなわち「無」です。エクスタシーの最高次の段階において、現象的な事物の全ての痕跡は意識から消し去られます。意識それ自体さえも消えてしまうのです。

今や、私たちは絶対的に何も見ていない、私たち自身ですら見ていない奇妙な形而上的領域に位置しています。そこには見られるべき対象は存在しませんし、見る主体も存在しません。さらに、見るという行為も存在しません。象徴的に荘子はこの非日常的な形而上的領域を「何も存在しない村」（「無何有之郷」）とか「限りない広がりの荒野」（「広莫之野」）と呼びます。

存在論的に、荘子はまたそれを「そもそも、何も存在しなかった」段階として記述しています。

認知の究極的な限界とはなにか。それはそもそも、何も存在しなかったというものの見方によって表現される段階である。それを超えてはもはや段階が存在し得ない（認知の）最も遠い限界である。

（『荘子』斉物論篇、七四頁）

この最高の次元における「道」が、絶対的に全ての推論や概念化を超えているということは、これまで述べたことから明らかでしょう。それはもちろん、感覚的認識の把握も超えています。こうした点を理解するためには、ただ、それをエクスタシーの極限においてのみ、自らの内に直観することができるという事実を想起しなければなりません。この段階における「道」は、絶対的な超越者です。老子は「表現できない」「無名の」「無定形の」「形のない」「見えない」「聞こえない」などの形容辞を集積することによって、この点を表現しようとします。

絶対的リアリティにおける〈道〉は無名である。

（『老子道徳経』第三十二章）

〈道〉は隠されており無名である。

（第四十一章）

私たちがそれを見ようとしても、それは見ることができない。そこで、それは「形のない」と呼ばれる。私たちがそれを聞こうとしても、それは聞くことができない。そこで、それは「聞こえないぐらい、かすかな」と呼ばれる。

私たちがそれを捉えようとしても、それは触ることができない。そこで、それは「極めて微小な」と呼ばれる。

これら三つの側面において、それは「測ることができない」。さらに、三つの側面は一つに混ざり合っている。（第十四章）

老子は「無物」の語によって、「道」のこうした側面に言及しています[36]。しかしながら、「無物」あるいは非-有の語は、この種の脈絡において、すでに私たちに全く馴染みのあるもう一つ別の意味をもっています。すなわち、それは、全ての事物がそれらの本質的な区別を失い、広大な「無区別」へ融合することになるということです。「無区別」とは、事物の視点から見るとき、無と同一化されます。

無の概念に関して気づくべき、もう一つ別の大変重要な点があります。このことによって、無が反対方向へと向かう二つの側面、すなわち肯定的な側面と否定的な側面、をもっているという事実のことを言おうとしているのです。老荘思想の存在論的構造を正しく理解するためには、これら二つの側面を互いに区別することがどうしても必要なのです。

肯定的な側面における「道」は、創造された世界へと向けられます。この側面のために、「道」は「万物の〈奥〉」とみなされます（『老子道徳経』第六十二章）。その背後にある思想の内的構成を理解することは容易です。私たちはすでに、この段階における「道」が、無区別の全体に万物が融合している絶対的合一であることを知っています。逆の側から見ますと、このことはただ単に、「道」がそもそも潜在性の状態において、万物を包摂していることを意味しています。この点において、「道」は全ての事物のまさに存在論的な源泉なのです。老子が言うように、それは「衆妙の門」です（第一章）。後で見るように、「道」の創造的な活動は果てしなく、尽きることがありませんので、事物は限りなく、この「門」から「多様性」の世界へと出ていきます。

厳密に申しますと、老子が「道」は「無名」であると言うとき、彼が言っているのは、「道」のこうした肯定的な側面のことなのです。

〈名無き〉は〈天地〉の始めである。　（第一章）

「天地」とは、より哲学的な用語で言いますと、有に等しいのです。肯定的な側面における「道」は、まだ実際に「天地」ではありません。しかし可能性として、それはすでに「天地」です。これは「〈天地〉の始め」という表現によって意味されるところです。

同じことは、その曖昧さは認めなければなりませんが、「無」の語にも当てはまります。それが曖昧であるのは、その肯定的な側面と否定的な側面のあいだの区別を顧慮することなく、存在論的な合一レベルに関して、漠然とした意味において用いられるからです。しかし少なくとも、より厳密な語法では、「無」はちょうど説明しました意味で理解されるような「無名」の語と同義的です。

〈天〉下の万物は〈有〉より生じ、〈有〉は〈無〉より生じる。　（第四十章）

この一節において、有が「無から生じる」と言われているのは意義深いことです。このことは、ここでの無が絶対的リアリティの創造的な、すなわち肯定的な側面に言及していることを意味しています。

次の一節においては、それと同じ「無」の語が、否定的な側面における「道」へと一歩、接近させるような仕方で用いられています。しかしながら、その一節の終結部では、老子がさらに否定的な、すなわち全く絶対的な側面における「道」へと帰されるべき段階のことを念頭に置いていることが明らかに示されています。

永遠の〈無〉において、(〈完全な人間〉は)〈道〉の神秘的〈リアリティ〉(「妙」)を見る。一方、永遠の〈有〉において、彼はその制約の側面(「徼」)を見る。

これら二つの側面は(根本的に)一つで同じものである。しかし、いったん外面化されると、それらは異なる名(すなわち、〈無〉と〈有〉)をもつようになる。「同一性」(の始源的な状態)において、(〈道〉は)〈神秘〉(「玄」)と呼ばれる。それは実際、〈神秘〉の中の〈神秘〉(「玄之又玄」)である。さらに、それは(その肯定的な側面において)無数の不思議さの〈門〉である。

(第一章)

真に絶対的な側面における「道」は、神秘以外に名をもつことができません。それが全ての決定を、さらに否定そのものの決定さえも、超越しているからです。厳密に言いますと、それを「否定的」として考えることさえも、ただメタファー的な思考方法にすぎないのです。私たちはそれについては、何も言うことができません。それは絶対に表現することができないのです。したがって、老子はそれがただ仮の名にすぎないことを理解したうえで、それを「神秘」と呼びます。それは、この側面における「道」が永遠に知られない、また永遠に知ることができないものであることを示唆するために付けられた名です。

したがって、概念的思考のレベルにおいて、可能なかぎり最大限、この表現不可能な「何か」にアプローチする試みにおいて、老子は無の領域を超えていきます。無については、ちょうど引用した一節において、老子は「永遠の無」(「常無」)と言っていますが、それは老子自らも認めるように、「道」の「神秘的リアリティ」(「妙」)を表現しています。この意味においては、それは彼が「神秘」の語によって示すもの、すなわち、「道」という究極的で最も深遠な形而上学的リアリティ以外の何ものでもありません。しかし、それが概念的に有と対立しているという点で、神秘と全く同じというわけではありません。概念的には、無は有に対立するものです。その点に関して、それは最終的なものではありません。この概念的な対立それ自体は、「推測できない」神秘、すなわち、「〈神秘〉の中の〈神秘〉」に到達できるように超越されなければなりません。神秘の中の神秘は、有と無でさえも、まだ相互に識別されていない形而上的な状態なのです。

こうした全てのことから、「無」の語が曖昧であることが明らかになります。また、曖昧さはより危険なものです。それは問題が老荘思想の世界観の構造全体における大変繊細な点に関わっているからです。私たちはここで、正確に言いますと、言語が役に立たない形而上学的領域について、言語を用いていることを想起しなければなりません。私たちは全ての概念化を超越しているものを概念化しようとしているのです。問題にしている曖昧さは、究極的な段階における「道」が、極端に繊細で微妙な仕方で相互に異なる二つの意味において、すなわち絶対的な意味と相対的な意味において、無であるという事実から生起しています。しかしながら、ポイントは次のとおりです。つまり、日常的な概念的思考のレベルとは違って、「絶対的な」ものと「相対的な」ものが明確な境界線によって分離してはいないということです。

こうした微妙な状況は、以前に引用しました一節の最後の文章、すなわち、「さらに、それは無数の不思議さの〈門〉である」[37]に示されていますが、その文章はすぐに、有と無を超えた段階における「道」が「〈神秘〉の中の〈神秘〉」であるとの文章に続きます。このことよりも興味深いのは、「神秘」の言語学的象徴として、「玄」の語それ自体が選択されているということです。この語は本来、黒を意味します。しかし、それは赤とかすかに混ざり合った特殊な種類の黒です。この語の選択は、絶対的な無性における「道」が真っ黒であること、すなわち、絶対的に不可視であり推測不可能ではあるけれども、この「神秘」という全くの暗闇の中に、現象的な事物の出現のかすかな予感——それは赤の混合によって象徴されます——に気づくことができることを示唆しているように思われます。したがって、「神秘」の段階においてさえ、「道」は「対立の一致」であると示されます。

この問題について、荘子はさらに徹底して論理的な態度を主張します。概念的レベルで、絶対的な意味における無を相対的な意味における無から識別するために、彼は「否定の否定の否定」（無[3]-無[2]-無[1]）というかたちで、それぞれ積み上げられた三つの無から成る論理的装置に頼ります。

この範式は明らかにまた簡潔に、多様性のレベル、すなわち有の具体的に多様化された形態のレベルから、最終的に絶対に超越的なものの実現に到達するという論理的過程の諸段階を示しています。その連鎖における最後の無[1]は、有の概念の否定によって形成される無の概念を表現しています。それは絶対的リアリティが多様性のレベルで存在する事物ではないことを意味しています。

このように構成される無の最初の概念は、有の単なる否定の結果です。言いかえますと、それは〈有〉の概念という根拠のうえに位置しています。またそれ自体、それはただ相対的な概念にすぎません。もし私たちが絶対的な立場に到達すべきであれば、この相対性は除去されなければなりません。したがって、最初の無（無[1]）が否定されます。その結果は第二の無であり、その内的構造が範式の無[2]-無[1]によって、すなわち、「否定の否定」によって獲得される無によって示されます。この第二の無は、このように全ての相対性の否定によって獲得されますので、その場合の本質において、それは「絶対的」です。より入念な厳密さが要求されない日常的な状況においては、第二段階の無すなわち「無-無」[38]は、形而上的な無の究極的段階をとてもよく表現しています。事実、私たちは時々、このように用いられる表現に出会うことがあります。この用法の良い例が、次の一節に見られます。それは「光曜」と呼ばれる人[39]と「無有」と呼ばれる人[40]のあいだで、かつて交わされた会話を再現したという設定です。

光曜は「あなたは存在するのですか、それとも存在しないのですか」と言って、無有に尋ねた。

彼は答えがなかったので、そこで無有の姿をじっと見ながら、そこに留まった。無有は限りなく深遠で空虚のように見えた。一日中、光曜ははっきりしたものを見ることができないままに、相手を見ようとした。彼ははっきりしたことを聞くことができないままに聞いた。彼は何も摑むことができないままに、彼に触れようとした。

ついに、光曜は次のように言った、「これは本当に（極致の）最大限度です。だれがそういう状態に到達することができたのでしょうか。私ができることは、何か存在するものとして無を考えることだけです。[41] 私には、無それ自体を無にすること（「無無」）はできません。このように私が有を無にする（「無有」）段階にいるかぎり、どのようにそういう状態に到達することができるのでしょうか。」（『荘子』外篇、知北遊篇、七六〇頁）

次の一節は特に興味深いものです。それは老子の「無数の不思議さの〈門〉」（「衆妙之門」）に関して、同じ思想を表現していますが、ここでは、〈天上の門〉（「天門」）と呼ばれます。その一節は「無数の不思議さの〈門〉」、すなわち全ての事物の究極的な存在論的源泉としての「道」が、絶対的な無の肯定的な側面にすぎず、否定的な、すなわち真に絶対的な無それ自体は、ただこの肯定的な無の否定によってのみ、到達することができるという考え方を明らかにしています。

〈天上の門〉は、存在するものではない（「無有」）。また、万物はこの〈無〉から生起する。（これは）〈有〉それ自体が〈有〉によって〈有〉にされることができない（すなわち、〈有〉を〈有〉にするものは、〈有〉と異なる何かであらざるを得ない）という（事実のためである）。それは〈無〉から生起せざるを得ない。しかし、「絶対的に存在するものがない」というこのまさに状態は、実際には存在しない（すなわち、〈無〉である〈天上の門〉はそれ自体、私たちが絶対的な〈無〉に到達することができるように、否定されなければならない）。

（『荘子』雑篇、庚桑楚篇、八〇〇頁）

しかしながら、荘子はこの第二段階の無では満足しません。荘子にとっては、それは絶対否定的な無の概念をいまだ十分に正当に扱ってはいないからです。第二段階の無は、それが有と無の両方の否定によって獲得されたという点で、絶対的なものとしては認められますが、いまだそれ自体の中に、有と無に関して否定された根源的対立の痕跡とか反映を保持しています。それ自体はまだ、絶対に「絶対的」ではありません。こうした相対性のかすかな痕跡までも消し去るために、「無-無有」それ自体が再び否定されなければなりません。したがって、最終的に無[3]-無[2]-無[1]すなわち「無-無-無有」の概念(42)が、絶対的無条件の超越性における「道」を表現するものとして確立されます。「無条件の超越性」とは、この段階における「道」が無条件であるという条件さえも超越していることを意味すると理解されなければなりません。

「無-無-無有」の概念が絶対無条件に確立される、ここで分析された論理的なプロセスは、荘子によって極めて簡潔かつ端的に記述されています。そのことが記されている文を理解することは大変難しいですが、それは次のようなものです。

(1)〈有〉が存在する(「有有」)という命題がある。(2)(次の)命題は〈無〉が存在する(「有無」)というものである。(3)(その次は)太初から、〈無が存在するということ(43)〉も存在しなかったというものである。(4)(その次は)もともと(以前の命題によって主張されるもの、すなわち)、「太初から、無が存在するということも存在しなかったことも存在しなかった」(44)というものである。

(『荘子』斉物論篇、七九頁)

純粋に論理的な視点から見ますと、ちょうど記述しましたプロセスは、たとえば、第四の命題が第五の命題によって否定され、さらに第五の命題は第六の命題によって否定されるというように際限なく続くことでしょう。しかしながら、この地点で、「無-(無-[無有])」という範式が、絶対的リアリティの究極的な形而上的状態の象徴にすぎないことを想起しなければなりません。このように到達したプロセスによってこそ、概念的に有と無の矛盾的対立が解消され、その対立のごくかすかな痕跡さえも残存していない領域、正確に言えば、無について語ることさえ無意味であるような、形而上的な領域へ踏み込んだことが明らかになります。範式をこのような意味で理解すると、さらに、それが「道」の究極的な段階を表現するのに十分に有益なことが分かります。それに反して、このように範式を解釈しなければ、たとえ多くの「否定」を積み重ねていったとしても、「道」をその現実の否定性において表現することは全く無力なものになってしまうでしょう。「無-(無-[無有])」という範式は、心理学的な側において、エクスタシー的あるいは神秘的な直観の極限で体験されるものに対応する形而上的状態を論理的かつ概念的に記述するためのものであることを想い起すとよいでしょう。

実際にエクスタシーにおいて直観されるものは、本来的にロゴスの把握を超えています。したがって、最高次のエクスタシー段階に対応する存在論的な段階は、本来的に全ての言語学的かつ概念的な理解を超越するのです。それにもかかわらず、荘子が行うようにそれに概念的にアプローチしようとすると、どこかの地点において、自らの概念的思考を超えて、エクスタシー的直観に入らなければなりません。そうでなければ、それに関する論理的な推論は全て、ただ無用で無益なものになるでしょう。

ここで再び、絶対的超越性の状態における「道」の肯定的な側面に立ち戻ると、そのときすぐに、それが純粋に否定的な意味における「ないこと」ではないことに気づきます。私たちはまだ、「道」それ自体の領域に留まっており、それはいまだ明らかに無です。しかし、この無において、すでに見たように、有を予示する、また生起する万物を間接的に予示するような、それと分かる何かが存在しています。それは「無名」であり、いまだ記述することができず、また表現することもできません。しかし、「無名」はすでに「天地」すなわち「有」の始まりです。また、「天地」は「有名」とも呼ばれ、創造性の原理として働く段階における絶対的なものです。[45]

〈無名〉は〈天地〉の始まりである。
〈有名〉は万物の〈母〉である。
（『老子道徳経』第一章）

否定的な無から肯定的な無への移行については、次の一節において、老子によって象徴的な記述が提示されています。その記述は必然的に象徴的にならざるを得ません。それが言語の記述力を超えているものを言葉で描写しようとしているからです。

その絶対的リアリティにおける〈道〉は、全く曖昧で不明瞭である。全く不明瞭で曖昧であるが、その真ん中に、（おぼろげな）〈イマージュ〉がある。全く曖昧で不明瞭であるが、その真ん中に、〈何か〉がある。全く深遠で暗いが、その真ん中に〈リアリティ〉がある。この〈リアリティ〉は本当に永遠で不変である。それゆえ、昔から今日まで、その〈名〉[46]はそれを離れることはなかった。この〈名〉をとおして、それは全ての存在者の原理を支配している。

（第二十一章）

さらに、もう一つ別の箇所において、老子は次のように言います。

深くて底なしであり、それは万物の始源で原理のようである。……何も存在しないが、〈何か〉があるように思える。

（第四章）

このように私たちは、次第に「道」の第二の存在論的な段階、すなわち有の段階へ下降していくことになります。

〈天〉下の万物は〈有〉より生じ、〈有〉は〈無〉より生じる。

（第四十章。前述の引用文〔六一頁〕を参照）

これは「有名」の段階であり、すでに見ましたように、それを老子は「万物の〈母〉」とみなしています。それは実際に、多様性の存在論的レベルにおいて、無数の具体的な形態で展開し始める以前の有の段階です。それはもちろん、人間の側に対応する心理的な状態です。

エクスタシー体験の現象学的な記述という点から見ますと、それはエクスタシー的「忘却」の極限とふつうの意識のあいだの中間段階であるということで説明できるかもしれません。エクスタシーの主体さえも含めて、あらゆるものの完全な「忘却」の状態から見ますと、エクスタシーの状態にある人間は、自己自身および世界に関する十分な意識へと戻り始めます。これら二つの心理的な段階――すなわち、完全な主体的「虚」と心の平常の機能のきらめく輝き――の真ん中にあって、薄暗くおぼろげな光の中で、その人は「事物」が曖昧にかつ融合して、ぼんやり見え始める、特別な意識の状態へと落ち込んでいきます。これは、すでに詳しく論じた渾沌の存在論的な状態です。主体的な渾沌には、客観的で存在論的な渾沌が対応しているのです。

この段階について、荘子は次のように言います。

> 次は「事物」が存在するという意識が生起する段階である。しかし、(このレベルでは、) 事物間の「境界」は当初からは存在しなかった。
>
> (『荘子』斉物論篇、七四頁)

このレベルにおいて、荘子は事物の存在について、ぼんやりと曖昧な意識が存在すると言います。しかし、事物は絶対的に「境界」をもってはいません。ここでの「境界」の語が事物を明確に互いに識別し区別する本質とか「実体」を意味することは言うまでもありません。おぼろげに「葆光《ほうこう》」(47)によって照らされて、全ての事物は「渾沌」の状態で示されます。すでにお分かりのように、事物のこの「渾沌の状態」は、合一が全ての区別を「平らにし」、全ての対立や矛盾を「均一にする」段階を意味する、いわゆる荘子が言う「天倪」とか「天鈞」です。

渾沌は無区別で融合した全体ですので、それは合一の存在論的な段階です。しかし他方、それは潜在性の状態において、全ての事物を包摂していますので、こうした特殊な意味において、それはすでに多様性です。言いかえますと、それは多様性の完全な合一、すなわち、対立の一致としての合一です。この段階における「道」は「一」であると同時に「多」であり、「多」であると同時に「一」なのです。

この存在論的な状況を、老子は万物のそれぞれによって「包摂される」あるいは「獲得される」「一」として記しています。つまり、全ての事物は「一」としての「道」を分有しているのです。あらゆるものによって「獲得される」、すなわち分有されることによって、「一」はあらゆるものの存在論的な中核を形成します。また、あらゆるものは「一」を分有することによって、それであるものになって存続します。こうした意味において、「一」は〈道〉が創造的な活動を示し始める「道」の――より厳密に言葉を付け加えますと、有の段階における――側面です。さらに、このことは老子が「〈有名〉（すなわち「有」）は万物の〈母〉である」と言うとき、老子が意味していることです[48]。全ての事物による「一」の「獲得」は、老子によって次のように示されます。

〈天〉は〈一〉を獲得することによって清澄である。〈地〉は〈一〉を獲得することによって安泰である。〈神々〉は〈一〉を獲得することによって神聖である。谷川は〈一〉を獲得することによって充満している。万物は〈一〉を獲得することによって生じる。……これらのもの全ては、〈一〉のために、それらが存在するものになる。

（『老子道徳経』第三十九章）

この「一」の概念は、全ての事物の内在的な存在論的な原理としての「道」を示しています。それは、「道」が万物のそれぞれによって「獲得される」ということは、「道」が実際、それらのそれぞれの中で、存在論的な根拠として現前しているからです。「一」としての「道」を分有することによって初めて、あらゆる事物が存在しています。したがって、「道」は一つの例外もなく、最高次の事物から最低次の事物に至るまで、全ての事物に現前しているのです。

東郭子はかつて荘子に尋ねて言った。「あなたが〈道〉と呼ぶものはどこにあるのですか。」

荘子は答えた。「至る所にあります。」

東郭子は言った。「もしあなたが私を納得させたいのであれば、特定の場所を具体的に言ってください。」

荘子は答えた。「螻蟻の中にあります。」

東郭子は言った。「本当ですか。そんな下等なものの中にあるのですか。」

荘子は答えた。「稊稗の中にもあります。」

東郭子は言った。「それでは、もっと下等なものです。」

荘子は答えた。「瓦甓の中にもあります。」

東郭子は言った。「それでは、ますます下等なものです。」

荘子は答えた。「糞尿の中にもあります。」

そこで東郭子には、それ以上、もはや言うことがなかった。


（『荘子』外篇、知北遊篇、七四九—七五〇頁）

「高い」とか「低い」という事物は、ただ人間の視点からのみ決定されています。「価値」の出現は、有の世界の存在論的構造の第四段階に特有のことがらですが、この点については、後で論じることにしたいと思います。「一」の視点から見ますと、全ての事物は平等です。「一」は等しく全ての事物によって獲得されています。また、こうした意味における「道」は、あらゆるものの中に「内在して」います。

したがって、「道」は超越性と内在性を結びつけています。その絶対的否定性——それは「無-(無-[無有])」の範式によって表現される——において、「道」は絶対的にあらゆるものを超越しています。一方、「一」の形態において、「道」は例外なく全ての事物に内在しています。さらに「内在性」とは、私たちが多様性のレベルで観察する事物が、「道」それ自体によって引き受けられる同数の現象形態であること以外の何ものも意味してはいません。このことが、「道」は「万物の〈母〉」であるということの意味なのです。

「道」の内在性という考え方は、老荘思想の最も基本的な概念の一つ、すなわち「徳」を存在させます。ここでは仮に「道徳」と訳しておきたいと思います。この語が極めて重要であることは、老子の名で今日まで伝承されてきた書物が、『道徳経』すなわち「〈道〉と〈徳〉の経典」という題目になっているという、まさにその事実によってお分かりでしょう。その概念それ自体は、すでに明らかですので、それほど長い説明を必要とはしないでしょう。それはあらゆるものによって「獲得される」ような、「一」としての「道」です。このことと連関して、「徳」の語の本来的な意味が「獲得すること」であることにも留意しておきたいと思います。

あらゆるものは、「一」としての「道」を分有しています。「道」を分有することによって、あらゆるものは自らの実存的な中核を「獲得する」ことになります。さらに「道」は、いったん事物によって「獲得される」と、その「徳」というかたちで事物において作用し始めます。あらゆるものはそれであるものであり、あらゆるものはこの内在する実存的な原理によって、それになります。

〈道〉は（万物を）生み出す。また（いったん、それらが生じると）、〈徳〉がそれらを養う。事物は形をとっていく（すなわち、それらは「事物」として成長するが、それぞれは明確な形をとっていく）。さらに、自然の原動力はそれらの発展を結実させる。……

〈道〉はそれらを生み出す。〈徳〉がそれらを養い、成長させ発育させ、結実させ成熟させ、安定させ育て、さらに保護する。

このように〈道〉は（全ての事物を）生み出すが、それらが自分のものであるとは主張しない。それは働いていても、そのことを誇ることはない。それは（事物を）成長させるが、権威を行使することはない。これは私が〈神秘的な徳〉（「玄徳」）と呼ぶものである。

（『老子道徳経』第五十一章）

あらゆるものは生まれ、「道」の創造的活動によって、それがなるべきものになります。しかし、「道」は「事物が自分のものであるとは言わない」。それは「誇ることもない」し、「権威を行使することもない」。すなわち、あらゆるものの成長と完成は、究極的に「道」の創造的活動にもとづいていても、「道」はこの過程において、直接にそれ自体を示すことはありません。その働き全体は、いわば、事物のまさに実存的な中核である「徳」の名で行われます。それは、まるであらゆるものが行うことを行えるかのようです。またそれ自らの力によって全く自然に、それがそれ自体になることができるかのようです。

こうした意味において、「道」はいかなるものの妨害もしません。それはあらゆるものをその自然な成り行きにまかせます。これは老荘思想の世界観を特徴づける「無為」という優れた普遍的原理です。

永遠の〈道〉は〈無為〉（の原理に従って）働く。ところが、それが何も行わないということはない。

（『老子道徳経』第三十七章）

老子のこの主張は、『荘子』外篇の次の一節において説明されますが、その中では、「道」が「天地」すなわち有の段階で考えられているということに注目したいと思います。

〈天〉は〈無為〉（の原理にもとづいて）働いている。そのために、それは澄んでいる。〈地〉は〈無為〉（の原理にもとづいて）働いている。そのために、それは静かである。(49)

〈無為〉のこれら二つの形態の合一をとおして、万物は生まれ、自然なやり方で成長していく。実際、認識することができず曖昧なのが、これ（自然な過程）である。それはあたかも源がなくて生起したかのようである。

実際、曖昧で認識することができないのが、これ（自然な過程）である。それはあたかも形態をもっていないかのようである。
ところが、この（目に見えない不明瞭な）〈無為〉の中からみれば、万物は限りなく生み出され続けている。こういうわけで、次のように言われる。「〈天地〉は〈無為〉（の原理に従って）働くが、それがあらゆることを行う。」

（『荘子』外篇、至楽篇、六一二頁）

したがって、あらゆるものは生起し展開し、ついに、「道」の全てに滲透する活動をとおして、存在論的な結実に到達します。しかし、この場合、「道」は各事物の内在的な原理として働きますので、「道」の創造的活動は事物それ自体の活動です。そのために、事物は自然に決定される成り行きに従いますが、そのことに対して、外側から全く何も強制されることはありません。事物を生み出し、それが成長するようにそれを成長させる活力が、それ自らの存在の深みから湧き出てきます。これは普遍的な「無為」の秘密です。

万物によって分有される「一」としての「道」の概念について語りますと、私たちはすでに第三の存在論的段階にまで降りてきたことになりますが、その段階は、荘子によって与えられる説明によりますと、渾沌の段階にすぐに続くものです。第三の存在論的段階は、荘子によって次のように記されます。

次は（事物のあいだに、）「境界」〔封〕が認識される段階である。しかしながら、「正しい」と「誤っている」のあいだには、まだ絶対的な区別はない。

（『荘子』斉物論篇、七四頁）

心理学的には、この段階は平常の意識の回帰を示しています。瞑想者がエクスタシーの精神的な「虚」を離れて、この段階へ降りてきますので、彼は日常的で馴染みのある形態で、事物を見始めます。存在論的な渾沌は消滅します。その代わりに、それ以前の段階で、その存在が曖昧にかつ混乱して感じられた万物は、今や明るい日光の中で自らを明らかにし、それぞれが自らの境界線をもって、他者からは明確に識別されます。

存在論的に言いますと、これは本質の段階です。本源的な合一性が失われて、多様性がその位置を占めることになります。

多様性の領域の構造については、儒家の本質論的立場と連関させて、すでに詳しく論じました。したがって、ここではこれ以上、議論する必要はないでしょう。ただ、ここで言及しておきたい点は、ちょうどエクスタシーの状態から「戻ってきた」瞑想者の目には、見たところ永遠の本質によって区分される無数の事物が、ただ「道」の同数の現象形態にすぎないということだけです。それらは全て、「道」の多様な形態にすぎませんので、こうした特定の観点から見ますと、それらは、それらがそこから生じるまさに源泉と同様に「現実」です。ただし、多様性のレベルが唯一の実在であり、それ以前の全ての段階が全くの想像あるいは概念的抽象化の産物であると考えられるときにこそ、重要な問題が生じます。道家が本質主義に反対するのはこうした点です。本質主義は本質を何か恒常的で、永遠に不変なものとみなすために、本質主義を論破しなければならないのです。このように、私たちの心に生み出される本質の覆いは、私たちとより高度な存在論的レベル、すなわち渾沌のレベルのあいだに介在して、渾沌のレベルを私たちの目から隠してしまいます。老荘思想の視点から見ますと、多様性のレベルは絶対的リアリティの自己開示的な活動の最終段階を表現しています。さらに、そういうものとして、それが存在論の図式全体の中で、正しい位置に保たれているかぎり、また本質が実際に存在するように観察されるかぎり、それについておかしい所はありません。

道家の立場から見ますと、ことがらの正しい見方はこういうことになります。つまり、「本質」とか「境界線」は「道」の現象形態です。しかし、「道」それ自体は実際の「境界線」をもっていませんので、万物が究極的リアリティの現象形態として「境界線」をもっているとしても、究極的リアリティの現象形態としての万物は「境界線」をもっていないのです。

それ自体、「境界」をもっていないもの〈道〉は、（もし私たちが「事物」のレベルで、それを見るならば)、「境界線」をもつものとして現れる。それはちょうど「境界線」(によって互いに分離されている「事物」は)、(もし私たちが絶対的な〈道〉の視点から、それらを見るならば)、「境界線」をもたないものとして現れるのと同様である。

(『荘子』斉物論篇、七四頁)

したがって、「境界」とか「本質」の概念は、老荘思想の鍵概念の多くと同じように、静的な性格をもつものでないことが分かります。私たちの側で、ものを見る視角を変えますと、その意味論的な価値を変化させるという意味で、それは動的な性格をもつことになります。

正確に言いますと、第三の存在論的段階が最後のものであり、それ以下の段階は存在しません。しかしながら事実上、ちょうど述べた「本質」の間違った見方によって幻惑される人間の心は、もう一つの事物レベル、すなわち「価値」レベルを創造することになります。荘子の世界観の構造では、これは第四の存在論的レベルを成しています。

しかしながら、「正しい」と「誤っている」が現れるや否や、〈道〉は傷つけられる。また、〈道〉がこのように傷つけられるや否や、〈愛〉が生まれる。

(『荘子』斉物論篇、七四頁)

第三段階まで、あらゆるものは、言わば「道」の中で起こっている出来事でした。第三段階それ自体でさえもちょうど論じましたように、「道」の自己展開における段階です。その三段階は全て、真に存在論的な段階です。それに反して、第四段階はリアリティの客観的な構造とは関係がありません。それは人間の心の産物です。この意味において、それは擬似存在論的な段階です。

この(擬似)存在論的な段階においては、その前の段階で完全に硬直して不変の形態へと固定化した「本質」

は、さらに価値的なカテゴリーに、すなわち「正しい」と「誤っている」、「善い」と「悪い」、「美しい」と「醜い」などに分類されます。それによって「道」の「渾沌とした」リアリティは、傷つけられて損なわれます。
このことは結果として、「愛」を誕生させます。すなわち、愛と憎しみ、好き嫌いなどのように、人間の情緒を出現させます。こうした問題の側面は、すでにこの講演の前半部分において分析しました。

私たちは老荘思想の世界観の構造を、「道」の「向下的な」動きによって記述しようとしてきました。こうした世界観の側面は、まさに「道」の「創造的な」過程としてみなされるでしょう。その段階は、瞑想者が完全な「忘却」の状態を自らの背後に残したままで、次第に平常の意識状態へと戻ってくる心理学的な過程の段階に対応しています。

しかし、このように平常の心的活動へと戻ってくる瞑想者は、再びエクスタシーの状態へと戻っていきます、すなわち「向上する」のです。同じように、無数の「事物」として広がる「道」は、その本源的な合一性へと戻っていきます。「向下」の後に、その反転すなわち「向上」が続くのです。現象形態は、しばらくの間、豊富な色彩や形態を誇った後、その前現象的な起源へ向けて、向上の道を採ります。これは「回帰」(「復」)の概念です。老子は次のように言っています。

万物は全てともに生長している。しかし、私がそれらを眺めていると、それらは再び〈その〈根源〉へ〉「回帰していく。」
したがって、事物は盛んに繁茂して成長するが、(時期が来れば、)それらは全て、それらの「根元」へと「回帰していく。」
「根元」への「回帰」は「静止に入ること」と呼ばれる。また再び、これは〈(天)命〉への「回帰」と呼ばれる。〈天命〉への「回帰」は永遠の〈リアリティ〉と呼ばれる。またこの永遠の〈リアリティ〉を知ることは「照明」と呼ばれる。

（『老子道徳経』第十六章）

究極的な状態における「道」は、絶対的な「静止」と「平静」の中にあります。宇宙的な動きは、この「静止」の深みから生じます。また溢れるほどの多様な形態以外に観察すべきものがないという極限に達した後、それは根源的な形而上学的「静止」へと戻っていくのです。

これは全て、「道」の連続的な活動です。したがって、それは周期的あるいは循環的な過程を構成しています。循環的ですので、それには、始めもなければ終わりもありません。

本当に深くて、それは海のようである。本当に聳え立っていて、それは山のようである。それが終わりに達するまさにその地点で、それは再び、動き始める。

（『荘子』外篇、知北遊篇、五八二頁）

したがって、ここにヘラクレイトスの万物流転《パンタ・レイ》に対応する東洋の思想が存在します。実在それ自体は、永遠に絶えず動いています。そのために、全ての事物は流転の状態にあります。「道」の動きは、無始から無終に至る、無限の事物の存在論的な流れを形成しています。あらゆるものは絶えざる動きの中で変化しているのです。しかし、事物の普遍的な流れを貫いて、永遠にそれ自体であり続けるものが存在します。それは変化していますが変化しませんし、動いてはいても静かなのです。

〈道〉には、始まりもなければ終わりもない。（しかし、この永遠の循環的な流れの過程の中で）、個別の事物は死んで、また生まれる。（これらの絶えず流れる事物の）完成は当てにならない（すなわち、絶対的な完成ではない）。今、空虚であるが、次の瞬間、充実しているように、一瞬のあいだでさえも、一つの状態に留まるものはない。

歳月は制止することができない。時間を止めることができないからだ。今、朽ちているけれども、次に生まれる。今、満ちているけれども、次に空っぽになる。終わりの後には、すぐに始まりが続く。（このように、全ての事物には、終わりなき流れが存在する。）人がこの真理を理解するときにのみ、その人は〈大義〉（すなわち絶対的に「正しい」〈道〉）の理法[50]について語り、また万物の過程を支配する原理について議論する立場にある。

事物の生（すなわち、この世界における存在）は、全速力で駆けて突進してくる馬のようである。動きごとに、それらは変化する。瞬間ごとに、それらは変わる。（事物のこうした普遍的な変化に対して）あなたは一体、何ができるのだろうか。（たとえあなたがどのようなことをしても）あらゆるものは自然に変形し続けていくだろう。

（『荘子』外篇、秋水篇、五八五頁）

注

＊　第三六回エラノス会議（一九六七年開催）のテーマは「生の両極性」（Polarität des Lebens）。『エラノス会議年報』第三六号、一九六八年所収。

（1）この第二の類型の道教に関する詳細な議論については、アンリ・マスペロによる優れた説明（Henri Maspero, *Le taoisme: mélanges posthumes sur les religions et l'histoire de la Chine*, Paris, 1950）、またその他の著書の中でも東洋のものとしては、大淵忍爾『道教史の研究』岡山大学共済会書籍部、一九六四年、特に一―四〇頁を参照されたい。

（2）『淮南子』は中国思想史における重要な書である。それはその当時、存在していた全ての主要な思想の学派を、道家思想をその基盤に据えながら、一つの統一的な世界観へと意識的に体系化しようとした書物である。それは淮南王の劉安によって宮廷に招かれた学者たちによって書かれたものである。

(3) このように理解したうえで、今後は、老子が『老子道徳経』という著書を著した歴史的人物であったかのように、老子に言及する。

(4) この点については、拙著『スーフィズムと老荘思想における哲学的鍵概念』(*A Comparative Study of the Key Philosophical Concepts in Sufism and Taoism*, Tokyo: the Keio Institute of Cultural and Linguistic Studies, 1967) 第二巻における第一章と第二章を参照されたい。

(5) 荀子(前三世紀)は、孟子の死後、儒教の最も偉大な思想家であった。『荀子』正名篇において、彼は儒家の正名論に関する大変厳密な理論的形式化を行っている。以下に引用している全ての文章は、この篇からのものである。

(6) 荀子はそれらを「天官」、字義的には「天に与えられた器官」すなわち「生来の器官」と呼んでいる。

(7) それは荀子が「天君」と呼ぶもの、すなわち「天に与えられた、すなわち生来の君子」である。

(8) 「澄」の語は元来、水が清く透明になることを意味する。

(9) 字義的には「共通の名」。

(10) 字義的には「特殊な名」。

(11) 字義的には「(最も)すぐれた共通の名」。

(12) 「万物」とは、「世界に存在する全ての事物」を示すふつうの表現である。その表現は、以下の箇所でも常に出てくる。

(13) 『荘子』斉物論篇、九三頁。この講演では、『荘子』から引用する際には、郭慶藩『荘子集釈』の最新の北京版(一九六一年)の頁数を記す。

(14) たとえば、『荘子』外篇、天地篇、四五三頁、至楽篇、六二一頁などを参照。

(15) 私たちはこの点をここで説明しよう。荘子の見解によれば、全ての事物は「等しい」のであって、「本質的に」他のものから識別できるようなものは存在しない。老子が言うように、「「善」と「悪」のあいだには、実際にどれぐらいの違いがあるだろうか。……存在は茫漠とした果てしないひろがりであり、(そこには、明白な境界によって区切られたものは存在しない)」(『老子道徳経』第二十章)。

(16) 儒家のこと。
(17) すなわち、それに由来すること、示すこと。
(18) たとえば、『老子道徳経』第二十五章「私はその名を知らない。しかし、仮にそれを道と呼ぶ」を参照のこと。また第三十二章「道はその絶対的存在において、名をもたない」も参照されたい。
(19) たとえば、『荘子』大宗師篇、二六七—二六八頁を参照。
(20) 元来の語は、未加工の木の自然な純朴さを意味する「朴」である。それは老子のキータームの一つである（『老子道徳経』第二十八章を参照）。心理学的には、それは人間が完全に絶対的なものと合一した、狼狽していない心の状態を意味する。存在論的には、それは全ての事物が絶対的なものと本来的に合一しており、何物も「本質的」境界によって識別され区分されていない、「無区別」あるいは「同一性」の究極的状態のことである。
(21) ここでいう「聖人」とは、老子の「聖人」ではなく、儒家たちによって考えられた理想的な人物を意味する。
(22) すなわち、全世界のこと。
(23) 直後の文章が明らかにするとおり、このことは、多様性のレベルでは、私たちが基本的に言うように、「生」はそれ自体「生」であり、「死」はそれ自体「死」であることを意味する。
(24) このことは合一性のレベル、すなわち絶対的なもの、あるいは「道」に言及している。「天と地」とは「多様性」の世界を意味する。
(25) 詳しくは、拙著『スーフィズムと老荘思想における哲学的鍵概念』第二章を参照されたい。
(26) 同右書。また『荘子』雑篇、寓言篇、九四七頁、九五〇頁も参照されたい。
(27) 『荘子』斉物論篇、七〇頁。雑篇、庚桑楚篇、七九三頁。『荘子』外篇には、全く同じ存在論的な状況を意味する「混芒」や「芒芴」のような表現もある。
(28) これは本書の一二頁で検討したような、儒家の意味論に対する皮肉を込めた議論である。
(29) 「対立の一致」に関するより詳細で理論的な説明に関しては、『荘子』外篇、至楽篇、五六八—五七五頁を参照されたい。
(30) もっと厳密に言えば、方生方死説である。
(31) 明らかなように、「聖人」とは、理想的な人間の概念を示す老荘思想的な表現の一つである。

(32)テクストにおける「聴止於耳」の代わりに、私は兪樾のように、「耳止於聴」と読む。兪樾（一八二一―一九〇六）は有名な十九世紀の言語学者で、彼の『諸子平議』は独創的な示唆に満ちている。

(33)無為とは、老荘思想の最高の原則の一つである。それはあらゆるものをそれがあるがままにしておいて、事物の自然な過程を邪魔しないことから成っている。

(34)すなわち、存在の時間的なレベルでも無時間的なレベルでも。

(35)大通、字義的には「偉大な滲透者」。

(36)『老子道徳経』第十四章。「それはいかなる名によっても、適切に名づけることができないので、それは究極的に無物の名に遡る」。

(37)「無数の不思議さ」は「万物」と同じものを意味する。

(38)このことが、「無[無有]」として分節されなければならないことは言うまでもない。

(39)その名は明らかに、理性の「光曜」を象徴している。

(40)あるいは、「存在がないということ」。

(41)このことは、人間の理性が無でさえも、何ものかとして、すなわち一種の有として表現するということを意味する。このように考えられる無は、せいぜい、有と同じレベルにおける無である。それは有と対立するものであり、それ自体、相対的である。

(42)それは「無-(無-[無有])」として分節される。

(43)これは命題(2)の否定、すなわち無の否定である。それは「無無」の立場、すなわち第二段階の否定である。

(44)これは命題(3)の否定である。その結果、「無-無-無」すなわち「無-(無-[無有])」が確立される。

(45)「有名」は「道」の向下過程における第二段階を成す。そのことについては後述する。ここでは、いまだこの過程の第一段階に留まっている。

(46)創造性の段階における「道」は「有名」である。その前の文章は、純粋な否定性の「暗闇」から生起して、それが「有名」へと接近する段階における「道」を記述している。

(47)『荘子』斉物論篇、八三頁。「葆」の語は、成玄英によれば、「覆われた」を意味する。

(48)　すでに引用した『老子道徳経』第一章（本書の六七頁を参照）。
(49)　『老子道徳経』の一節（第三十九章）を参照されたい。一としての「道」の内在性の概念に連関して、先に引用した〔七〇頁〕。
(50)　これは「取るに足らない」種類の「義」にすぎない儒教の「義」の概念を皮肉って論じたものである。

2 禅仏教における自己の構造

第三八回エラノス会議（一九六九年）※

I

今年のエラノス会議の総合テーマは「人間のイマージュ」（Image of Men）です。禅仏教史に精通しておられる方は、「人間のイマージュ」という言葉によって、直ちに唐代の偉大な禅師であった臨済義玄《ぎげん》(1)（八六七年没）の名を思い起こされることでしょう。と申しますのは、禅仏教史全体をとおして、臨済が「人間のイマージュ」を自らの言動の基盤にした人であったからです。臨済の体系では、あらゆるものは人間を軸にしています。したがって、臨済の見方においては、禅の精神全体はまさにこうした厳密な点で理解されるべきでしょう。

仏教それ自体は、歴史的に当初から、専ら人間の問題に関心を注いできたと言えます。真理を追求したブッダの出発点となったのは、身の周りに起こった人間存在を脅かす数々の苦難でした。また、ブッダが悟りに到達した後に説いた教義は、徹底的に人間的、人道的かつ人道主義的なものでした。ブッダの入滅後、まもなく展開し始めた仏教哲学もまた「無我」の概念を最も根源的な問題の一つとして真剣に向き合いましたが、そういう意味では、「人間的」なものでした。ここでもまた、「自我」という問題群の中で、人間が特定の形式で哲学的な考察の対象となっております。

仏教の人間中心的な傾向は、禅宗の成立と展開によって大いに強まりました。悟りという実際の体験を世界観の枢軸点とすることによって、禅は人間の伝統的な問題を絶対的自己の問題として提示しました、すなわち再構築したのです。しかしながら、私たちはこうした連関において、禅が独自の方法で問いを提示していることに気づかなければなりません。アリストテレス的な形式で「人間とはなにか」という人間に関する問いを提示する代わりに、禅者は直接、「私はだれか」[2]と問うことによって議論を始めます。その際、問題となるのは、人間全般の本質という古典的な問いではありません。それは、ある時空体系の中で、今まさにここに存在しながらも、自己について問いを発しているこの人間主体とはだれか、という限りなく個人的かつ密接な問いです。こうした態度にもとづいて得られる人間のイマージュが、最初に「人間とはなにか」を問うことによって、この問いに接近しようとする客観的な観察者の心の中に形成される人間のイマージュとは全く異なってくるのは、ごく当然のことでしょう。

私たち一人ひとりには、人間として自己意識がありますし、自分自身の周りにいる他者を意識しています。こうしたことから、日常的存在の次元において、私たちは全て、人間とはどういうものであるのかに関して、多かれ少なかれ、明確な考えを自然に抱いております。アリストテレスにまで遡る古典的な西洋哲学は、こうした常識的な人間のイマージュを「合理的な動物」として洗練させて規定しています。

禅仏教独特の人間のイマージュは、こうした常識的な人間のイマージュ――それが前哲学的であろうと、また哲学的であろうと――が粉々に壊れるまさにそのときに生起します。私たちの日常生活が基礎を置き、また社会生活の営みの基礎となる通常の人間のイマージュは、典型的な禅の概念によれば、人間の真のリアリティを表してはおりません。それは、そのようなものとして描き出される人間が、ただ単に対象化された人間、すなわち対象としての人間にすぎず、そういう意味において、単なる「もの」でしかないからです。禅によりますと、そうしたものは真の人間像ではあり得ません。それは、人間がその真のリアリティにおいては、絶対的自己であって、また絶対的自己でなければならないからです。

常識や経験的思考の段階においては、純粋な「ありのまま」[3]という根源的なリアリティ体験は、対象化された諸部分――絶対的自我さえも含めて――へと必然的に解体されてしまいますが、禅はこうした常識や経験的思考の段階に留まることなく、「もの」へと対象化される以前の、絶対的自己としての人間を直接、把握することを提唱します。そのときはじめて、人間を人間そのものとして、すなわち、実際の直接的な「ありのまま」として表現する、人間の真のイマージュを獲得する望みをもつことができる、と禅は主張します。

したがって、禅独自の「人間」のイマージュは、人間の知性を特徴づける主体と客体との分岐を完全に超越した次元に由来しております。すぐに容易にお分かりいただけると思いますが、そのような人間のイマージュは、「人間とはなにか」といったかたちの問いを追究するかぎり、決して獲得することはできません。その問いは必然的かつ不可避的に「私はだれか」という形式を取ることになります。言いかえますと、人間とは最も親密な主体性において直観しなければなりません。それは、知的分析の段階において、たとえどれほど深く私たちが自らの「自己」を探究し続けても、「自己」は対象化され続けるからです。私たちがどれほど深くこの方向へと分け入るとしても、結局は、対象として見られる私たち自身の「自己」のイマージュを獲得することで終わるのが常なのです。「自己」そのもの、すなわち、自らを探究し続ける実際の主体的な自己とは、私たちの把握を永遠にかわしながら、常に私たちの手の届く範囲を超え続けます。人間が二元化という知性の営みの範囲を超えて一歩踏み出し、外部から自分自身の「自己」を対象として見ることを止め、直ちに自分自身の「自己」になるときにはじめて、純粋な主体性に到達します。坐禅すなわち「瞑想において足を組んで座ること」は、二分された「自己」――主体としての「自己」と客体としての「自己」へと二分された「自己」――が自分自身の根源的な合一を再び獲得することができるように、主体が自分自身の内面へといっそう探究する目的で特別に考案された方法です。そうした合一性の極限において、人間が真実の自分自身となって純粋かつ絶対的な自己へと変貌するとき、言いかえれば、主体としての「自己」と客体としての「自己」とのあいだの区別が完全になくなるとき、「自己」はそれ自身と完全に同一化して、それ自身と完全に一になるので、それは「自己」であることさえも超えてしまうような認識論的な段階に到達します。こうした絶対的なやり方で、「自己」がそれ「自身」と一になる、まさに厳密な点については、道元《どうげん》（一二〇〇―一二五三）[4]の用語によれば、「身心脱落《しんじんだつらく》」として知られています。このことについては、直ちに次の段階――より厳密に言うと、第一段階が実現するまさにその瞬間に実現する段階――である「脱落身心」が続きます。この第二段階が関係しているのは、身心、すなわち「自己」が無へと落ちていく瞬間に、同じ身心、すなわちこれまで通りの「自己」そのものが無から蘇生するものの、この時点で蘇生した「自己」が完全に絶対的自己へと変容しているという経験的な事実です。このように、死から自分自身へと蘇生した「自己」は、依然として外面的には同じ身心をもっていますが、後者の身心は一度「脱落した」、すなわち自分自身をきっぱりと超越した身心なのです。禅仏教における人間のイマージュとは、こうした絶対的な自己変容をすでにくぐり抜けた人間のイマージュなのです。こうした人間を、臨済は「無位《むい》の真人《しんにん》」と呼んでいます。

ちょうど今、素描した人間のイマージュが、禅仏教史を貫いて、おもに重要な位置を隠在的に占めてきたことは明らかです。このことが明らかなのは、禅がその始まりから、相対的自己から絶対的自己への徹底した人間の変容を中心に据えてきたからです。この独特な人間のイマージュは、禅が悟りの体験を特に強調したことの当然の帰結にすぎませんでした。

ところが、明らかに、また思想史という点で、人間の概念とかイマージュは、臨済の出現以前の禅仏教では、重要な位置を占めてはいませんでした。臨済以前には、「人間」はいつも背後に留まったままでした。そのイマージュは常に隠在的に存在してはいましたが、明示されることはありませんでした。「人間」は臨済以前の禅思想史では、キータームの役割を担っていませんでした。むしろ、実際のキータームは心、性、(超越的)智慧、リアリティ(あるいは絶対、すなわち法《ダルマ》)などの語でした。これらの語は全て、直接的あるいは間接的にインド起源であり、そのために、不可避的にインド形而上学の趣を強く持っていました。

そんな中、臨済の出現に伴って、全体像は全く異なった、前例のない様相を帯び始めたのです。臨済が「人間」を禅思想の中心点に据えて、この中心点の周りに非常に生き生きとしたダイナミックな世界観を構築し始めたからです。これまで見てきましたように、常に隠在的に存在してきた――言わば、水面下に隠されていた――絶対的自己としての「人間」のイマージュが、臨済によって眩しい光の当たる舞台上へと登場したのです。それと同時に、私たちはここに、真に独創的で、中国の土壌に固有の思想の誕生を目撃することになります。人間をあらゆる世界観のまさに中心に置き、さらには、人間の概念がほとんど実用的といってよいほど、極度に現実的であるという点において、臨済の思想は中国的な特徴を持っています。まさにこの場所に存在し、まさにこの瞬間に食べ、飲み、座り、そして歩き、さらに「大小便をし」さえする、極めて具体的な個人として、常に人間を描き出すという意味において、臨済の思想はプラグマティックです。ある説法において、臨済は次のように語ります。

諸君（「道流」）、仏法は造作の加えようはないことを知らなければならない。ただ平常のままでありさえすればよいのだ。大小便をしたり、着物を着たり食事を食べたり、疲れたならば横になるだけである。愚人は私を笑うであろうが、智者は私が言うことの意味を知っている。（『臨済録』三十六、六〇頁）

しかしながら、このプラグマティックな人は、私たちが常識的思考レベルで表現するような通常の「人」ではありません。と申しますのは、その人が絶対的リアリティの次元から、この現象界へと戻ってきた人であるからです。彼は双次元的人格を持っています。具体的に存在するもののあいだで生活する極めて具体的な個人として、彼は超個人的な何かを具体化させています。超個人的な個人、すなわち、一つの単一の人格へと完璧に融合した二つの人格なのです。「君たちは、私たちの祖仏（すなわち〈絶対的なもの〉）がだれであるのかを知りたいと思うか。今ここで、私の説法を聴いている君こそがそれだ」（『臨済録』二十八、四〇頁）。臨済が提示する世界観とは、こうした双次元的な人格の目をとおして見た大変独特な世界観です。しかし、こうした種類の世界観の本質を真に理解するためには、私たちは出発点に立ち戻って、その問い全体をいっそう理論的に分析しようとしなければなりません。そのためには、次の二つの主要な点を強調したいと思います。すなわち、それは(1)こうした双面的性格を持つ人間が生じる過程の認識論的構造と、(2)こうした人間の目に映る世界の形而上学的構造です。

禅が初めに主張する最も基本的で哲学的な主張は、主体と客体、知る者と知られるものが機能的に関わりあっているということです。主体の意識状態と主体が知覚する客体的世界の状態のあいだには、とても緊密な相関関係があることを認識することから、禅は始めます。主体と客体のこうした相関関係は、極めて微妙かつ繊細でダイナミックな性質を持っているので、主体の側がほんのわずかでも動いたら、どれほどかすかな動きであっても、客体の側に変化を引き起こさざるを得ないのです。

こうした点の考察は、一見、つまらないことのように見えるかもしれませんが、実際、禅仏教を正しく理解するためには、それが実践的であれ哲学的であれ、決定的に大切なことです。なぜなら、全体性における禅の実践も、哲学的な精緻化も、ともに主体と客体のあいだのこうした関係に依っているからです。主体と客体、あるいは自我と世界のあいだのこうした相関関係においては、禅は――この点に関しては、仏教全般が――常に前者、すなわち主体あるいは自我を決定的な要因として認識していることに気づくことがやはり重要です。知覚する主体に生じる特定の状態が、知覚される客体の状態や性質を決定します。主体の特定の存在様式が、それに対応する特定の形式において、全世界を現実のものとするのです。現象世界は、観察者の眼前に、その内的な存在様式に対応して生起します。要するに、主体の構造が客体的事物の世界の構造を決定するのです。

結果的に、もし私たちが現実に見ている世界が真実の世界ではなく、それが曖昧であれ明確であれ、私たちが見ている現象的な事物をその真のリアリティにおいて見ていないと感じるとすれば、私たちは自分自身の意識構造そのものについて、何かをしなければならないでしょう。そのことがまさに、禅仏教が私たちになすべきであると提案することなのです。

有名な唐代の禅師、南泉普願《なんせんふがん》（七四八―八三五）は庭に咲いている花を指さして、「ふつうの人々は、この花をまるで夢に見るように見ている」と述べたと伝えられます。もし庭で実際に見ている花が夢で見る花にたとえられるとしますと、その花を実際、あるがままに見るためには、ただ夢から目覚めなければなりません。もし主体が事物のリアリティを見たいとすれば、このことは単純に、主体の側に全的な個人的な変容が要求されることを意味しています。しかし、どのような種類の変容が必要なのでしょうか。さらに、そのような変容を経た後、私たちが見る事物のリアリティとは、どのようなものなのでしょうか。

南泉自身が自分の主張によって伝えようとしていることは全く明らかです。彼はふつうの人々が平常の条件のもとで見る花が、知覚する主体の前に立つ客体である、と言おうとしているのです。このことは厳密に言いますと、南泉の「夢中の花」という表現が指し示していることです。ここで花は、それを見ている人とは異なる何かとして表現されています。しかし、真のリアリティにおけるこの花は、南泉によりますと、それを見ている人、すなわち主体とは区別されない花、また、主体とは区別することができない花なのです。ここで問題となっているのは、主体的でも客体的でもない状態でありながら、しかし同時に、主体的でも客体的でもある状態です。つまり、それは主体と客体、すなわち人と花が、言い表せないぐらいに微妙な方法で、絶対的な合一へと融合する状態なのです。

しかしながら、ここで扱っている問題の核心へとさらに歩を進めるために、私たちは南泉の言葉をその原文の文脈に置き直さなければなりません。それは、禅仏教の有名な書、すなわち『碧巌録《へきがんろく》』[6]に見受けられます。そこには、次のように記されています。

> かつて、高官の陸亘《りくこう》[7]が南泉と話をしたとき、陸は次のように述べた。「僧肇《そうじょう》[8]（三七四—四一四）はかつて「天地（すなわち全世界）は私自身と同根であり、万物は私と一体である」と言いましたが、私にはこれを理解するのがかなり難しいです。」そこで南泉は庭の花を指さし、陸の注意を引いて言った。「ふつうの人々は、この花をあたかも夢の中で見ているように見ています。」
>
> （『碧巌録』公案四十番）

この文脈全体は、南泉の意図を明らかにしています。彼は次のように言っているかのようです。

庭に咲くあの花を見よ。花自体はその存在とともに、究極的リアリティの根本的な合一性において、万物が完全に私たち自身と一体であるという事実を表現している。そこで〈真理〉があるがままに全く明らかになっている。それは、あらゆる瞬間に、また、あらゆる個々の事物において、とても明らかに、かつとても率直に、それ自体を顕わにしている。しかし、悲しいかな、ふつうの人々はありのままのリアリティを見る目を持ってはいない。人々は覆いをとおしてのみ、あらゆる事物を見ているのだ。

このように、ふつうの人々は自分自身の相対的で限定された自我という覆いをとおして、あらゆるものを見ているので、見るものが何であれ、夢のような様式で見ているのです。しかし、人々は自分自身、外界における「客体」として実際に見ているその花がリアリティであると固く確信しています。そのような花の見方は、ありのままのリアリティとあまりにかけ離れていますので、それがほとんど夢であると言えるためには、自らの経験的自我を何か他のものに変容しなければなりません。そういう場合にのみ、人々は確信をもって、「客体が全く主体それ自体である」こと、さらに「客体と主体が言い表せないぐらい微妙かつ繊細に融合し、究極的に無という原初的基盤へと戻っていく」ことを断言できるのです。

僧肇が語る主体と客体の神秘的な融合について本当の意味を開示するには、多くの更なる説明が必要でしょう。それについては、これから詳細に述べることにいたします。差し当たっては、庭に咲く一輪の花でさえも、観察者の心の異なる段階に応じて、異なって見えるということを指摘することで満足しておくことにしましょう。いわゆる客体の全てばかりでなく、観察する主体さえも含めて、全ての事物の形而上的合一性の顕現を一輪の花の中に見るためには、経験的自我は全的な変容、すなわち、それ自体の完全な無化を経ていなければなりません。

つまり、それ自身の「死」と意識の全く異なる次元における再生を経ていなければならないのです。なぜなら、外界から「対象」を観察する自己存続的な「主体」が残っているかぎり、そうした形而上的合一性の実現は全く考えられないからです。そうでなければ、一輪の花が常に今ここで、一つの具体的な個的な花でありながら、みなさま自身であるとか、あるいは何か他のものと同じものでもあるということが、いかにして可能になるのでしょうか。したがって、先ほど述べた単純な表現に戻りますと、みなさまの意識の実状に全く対応して、世界が目の前に開示されてくるのです。

これまで、庭の花に関する南泉の言葉に関連して述べてきましたが、そのような最高度の精神的体験にまでは及ばないとしても、主体と客体のあいだの同じ類型の相関関係は、私たちの日常生活のレベルで容易に観察することができます。そうした目的のために、ごくありふれた観察をすることから議論を始めることにしましょう。世界が、あるいは世界におけるいかなるものも、たまたま事物に関わる人々の異なる視点や関心事に応じて異なるように見えることは、日常的経験の事柄です。この事実には、哲学的意義があります。

たとえば、バートランド・ラッセルは、実際にこの種の観察を、彼の著書『哲学の諸問題』[9]における哲学的な観念を説明する出発点としました。日常生活において、私たちはしばしばテーブルの色を、それがどこでも、まただれにでも分かる一つの明確な色であることを仮定しながら話します。ところが、より詳しく吟味してみると、そうではないことが分かります。ラッセルが言うように、テーブルの色という明確な色は存在しないのです。それは、異なる視点から見ると、明らかに異なる色に見えるからです。二人の人物が全く同じ視点から、それを見ることは不可能なのです。さらに、「所与の視点からでさえ、その色は人工的な光によって、あるいは色盲の人が見るか、青いメガネをかけた人が見るかによっても異なりますし、暗闇では何の色も見えないでしょう」と彼は言います。

禅仏教がまさに最初の段階で、私たちに伝えようとすることは、構造的には、この種の日常的経験とは違わないように見えます。しかしながら、実はこの二つの観点には、根本的な違いがあります。禅者は対象を見る視点や関心事の変化には関心がありませんが、その「主体」は常に日常的経験の同一のレベルに留まっています。むしろ禅者は意識の完全に異なる二つの次元のことを考えています。つまり、知覚する主体における日常的意識から超意識の次元への突然の急な転換に関心をもっているのです。

同一の事物が日常的意識レベルにおいて、異なる視点に応じて違って見えるという事実は、禅者には重要な関心事ではありません。禅者の問題は他のところにあり、あるいは異なる種類のものです。それは存在の経験的レベルにおいて、人間生活の主要な基盤を成している同一律、すなわち「AはAである」の妥当性、あるいは非妥当性に、禅者が関心をもっているからです。禅者は「リンゴはリンゴである」という命題のまさに妥当性を問うのです。

禅者の視点では、事物の感覚的な経験における人格的かつ個人的な差異とずれは、全く同じ認識論的次元で、全てを生起させる事象にすぎず、日々のあるいは全く通常の心的活動にすぎません。さらにこの次元は、私たちの知性や理性が簡単にその自然的機能を行使するもの、すなわち同一化、差異化、結合化です。この次元における私たちの精神活動全体を支配する究極的な原理は「分別」です。仏教では、人間の心のこうした基本的な機能を「分別的認識」(vikalpa)と呼んで、「超越論的あるいは無分別的な認識」(prajñā)と対比しています。

たとえば、同一のリンゴは、異なる人には全く違ったものとして現れるでしょう。しかし、結局のところ、リンゴはリンゴのままです。リンゴは同一律(「AはAである」)に従って、リンゴなのです。それは無矛盾律(「Aは非Aではない」)に従って、リンゴ以外の何ものか、すなわち非リンゴではあり得ません。個人の相違が事物の感覚的経験において、どれほど大きいとしても、その事物がそれ自体の限界的領域を逸脱するとは考えられません。もしある客体の現前で、たとえば、一人がリンゴという視覚的イメージを得る一方で、他の人がネコを見るとしたら、どちらか一人が幻覚を見ているに違いありません。

分別(vikalpa)の自然な機能の行使における最初の段階は、一つの事物をそれ以外の全ての事物(全ての非A)と識別あるいは区別することによって、それをそれ自身として同一化すること、あるいはそのように認識すること（AをAとして認識すること）です。リンゴはリンゴとして認識され、リンゴとして確立されなければなりません。識別にもとづくこうした同一化は、後に続く全ての心的活動の基盤であり出発点です。こうした基盤がなければ、私たちの平常の経験的体験の世界全体はことごとく崩れてしまい、物事は取り返しがつかないぐらい、完全な無秩序に陥ってしまうことでしょう。

しかし、前にもお話しましたように、禅仏教はまさに同一律を疑問視することから始めます。リンゴをリンゴとして見ることは、物事をその発端から、ある特定の限定された状態として見ることです。AをAとして見ることは、それをA性に限定し、A以外にはありえないような仕方で、固定された不変の同一性の状態に押し込めることです。したがって、世界への平常の経験的アプローチは、スコラ哲学的に言えば、端的な「本質主義」にほかなりません。それは、そのアプローチが最も基礎的で自明な事実として、そのA性のために、すなわちAである「本質」のために、AがAであることを認識するからです。

こうした意味に理解されるA性、すなわち、いわゆるAの「本質」は、物事の本質的な限界を変えがたく決定する、堅く固定した存在論的な中核という意味ですが、それは、仏教では一般的に「自性」（svabhāva）、すなわち「自己の本質」とか「自己の性質」として知られてきました。仏教の全ての宗派は、その哲学的展開の最初期から一貫して、世界に対するこうした類型のアプローチと論争してきましたし、それを「世間的慣習」（loka-vyavahāra）[10]として批難してきました。すでに原始仏教において、ブッダの教えの三つの基本教説の一つとして認められた言明は、「諸法無我」（パーリ語 Sabbe dhammā anattā）すなわち「全てのものには自我がない」でしたが、それは全ての存在するものが自性、すなわち自己実在的で永遠に固定的な本質を持たないことを意味しています。

しかし、ここでまた、禅仏教は心の状態の優位性を認めて、知覚する主体に特有の構造の中に、決定的な要因を見るのです。世界の事物のそれぞれは、内的であれ外的であれ、堅く固定的な本質を持っていると見られていますが、それは、心がそのように見るからですし、心がそのように「本質化」するからなのです。本質はどこであれ、心によって知覚されますが、それは本質が客観的にそこにあるからではなく、ただ単に心が生来、本質を生み出すからです。事物にこれとかあれとかいう特有の本質を与えるのは、まさに心なのです。日常的経験の領域においてさえも、実際に同一の事物にさまざまな「本質」を与えているという事実に、私たちは時々気づきます。たとえば、リンゴは必ずしもいつも「リンゴ」として見られているわけではありません。実は、ある時には「果物」として、時には特別な「形」として、あるいは「色の塊」として見られます。時には、私たちはリンゴをただ単に「一つの事物」として扱うことさえあります。

しかしながら、禅の見方は、さらに先へと行くことを主張します。と申しますのは、私たちの目に、一つの事物がどれほど多くの本質を持っているように見えても、それは常に本質主義的な認識の領域に留まっているからです。禅によりますと、リンゴがリンゴとして見られるべきではないというだけでは不十分です。それは何であれ、何かものとして見られるべきではないのです。肯定的に言いますと、リンゴはいかなる限定も抜きに見られるべきなのです。それはその非限定のあり方において見なければなりません。しかし、リンゴをそのように見るためには、知覚する主体としての私たちは、リンゴを無心（文字通り、「無-心」を意味する中国語の用語）に見なければなりません。「無心」に何ものかに近づくときにのみ、事物はその根源的リアリティを私たちの目に開示するのです。全ての否定の極限において、すなわち、リンゴについて考えることができる全ての本質を否定するとき、突然、リンゴの超日常的なリアリティが私たちの心に現れてきます。このことは、仏教において「般若」（prajñā）すなわち超越的意識あるいは無分別的意識の出現として知られているものです。そこで、この体験において、またこの体験をとおして、そのリンゴは再び存在の最も充実した密度において、「天地創造の根源的な新鮮さ」で、一個のリンゴとして顕現します。

これら全ては、私たちが「無心」の状態を実現することをとおしてのみ実現されます。「無心」それ自体の実現が体系全体の基軸点なのです。次節においては、この問題を主題として取り上げることにしたいと思います。

III　意識と超意識

前節の終わりでは、非本質主義的なタイプの世界観のための主体的な源泉あるいは基盤として、「無心」のことに言及しました。「無心」とは、説明の仕方として「無心である心」、「非実在の心として存在する心」あるいは「無の境地にある心」とでも訳せるかもしれませんが、心が不活潑で動きがない、または全くの忘我状態であるといった純粋に否定的な意味で理解すべきではありません。[11] それとは全く逆に、「無心」とは、心が緊張の絶頂にある心理状態、心が最大の強さと輝きをもって働いている状態です。頻繁に使用される禅的表現によりますと、意識はその最大の輝きの中で自らを照らすことになります。こうした状態では、心はその対象を完璧に知っていますので、対象に関する何らの意識ももはや残ってはいません。心は自らがその対象を知っているという意識すらないほどなのです。

事実、「無心」は中国と日本の両国における文化史の中で、極めて重要な形成的役割を果たしてきました。日本では、詩歌や絵画、書道などのように、芸術の主要形態は多かれ少なかれ、「無心」の精神の影響のもとに、その独創的な類型を展開させてきました。本当のことも架空のことも含め、様々な逸話が伝えられてきました。たとえば、ある水墨画家の逸話では、絵師が筆の動きを意識することなく、その筆がひとりでに紙の表面を滑ると伝承されています。また、琴の演奏中に、演奏しているのは自分ではなく、逆にまるで音楽自身が音楽を奏でているかのように感じる名演奏家などの逸話も伝承されてきました。

琴の演奏に夢中になっているこの名演奏家の逸話は、禅仏教が「無心」について語る際に、どのようなことが想定されているのかについて、少なくとも、考え方を引き出すのに十分でしょう。その演奏家は完全に自らの演奏に取り込まれ、琴と音楽そのものと完全に合一していますので、もはや自らの指の動き、自らの演奏している楽器を意識することがありません。ましてや自分自身が演奏に従事しているという事実さえも意識していないのです。そうした状況に関して、比喩的にまたは漠然とした意味でいう場合を除いて、この演奏家が「無意識で」あるとは、だれも言わないでしょう。それは彼が意識しているからです。彼の意識はむしろ自己照明の極限に達しています。演奏家の心の審美的緊張が彼の存在全体を通じて、大変高まっていますので、彼自身が演奏している音楽そのものになります。逆説的に聞こえるかもしれませんが、演奏家は自らが音楽と一体になっていることを十分に意識していますので、語の日常的な意味では、自分自身が演奏している行為を「意識して」いないのです。こうした意識の状態を通常、理解されている「意識」と「無意識」から区別するために、この講演では、「超意識」(supra-consciousness)の語を用いたいと思います。

東アジアばかりではなく、世界のほとんどあらゆる文化でも知られているこれらの、またよく似た「創造的な」活動の場合は、日常生活のレベルにおいて「無心」が現成《げんじょう》しているような事例です。しかし、こうしたレベルでは、「無心」の現成とは、散発的で、むしろ稀な現象にすぎません。禅が目指しますのは、人間が自分自身の中に「無心」の状態を、体系的なやり方で修養できるようにすることです。その際、こうした意識状態の優位な視点から見ますと、「無心」が意識のふつうの状態になり、あらゆるものを、すなわち、存在世界全体を見始めることができることになります。

次に挙げる『金剛般若経』の有名な一節が指し示しているのは、この超意識のことです。それは美的経験に限定的に適用されるものではなく、絶対的自己がふつうとなった状態へと展開したものとして理解される超意識のことです。(12)

固着した心が現れるようにすべきではない。したがって、固着しない心こそが現れるようにしなければならない。

Evam apraṣṭhitaṃ cittam utpādayitavyam

Yan na kvacit-praṣṭhitaṃ cittam utpādayitavyam

（『金剛般若経』）

「固着した心」（praṣṭhitaṃ cittam）とは、何かによって固着している心、すなわち「対象」に執着している心を意味します。『金剛般若経』に記されているように、こういう「本質化する」意識を生起させる代わりに、その本質的な無限定において、いかなる「対象」にも執着しない心を起こすべきなのです。このことは次のように語るのと同じことでしょう。それは、私たちが対象を生み出す意識の生起を抑制したり、そうした意識を無化したりするだけでは十分ではない。より積極的に、外界の事物と同様に、自らを十分に意識してはいるが、それらの事物や心の中に自己実在的な本質を認識しない、ある特定の心を発現させなければならないということです。このことが超意識と呼ぶものです。これこそが、この節において、私たちが議論の出発点とした「無心」にほかならないのです。

ここまでの説明は茫漠とはしていますが、超意識の本質に関する概括的な考え方についてはご説明できたように思います。それでもまだ、人間がこうした意識の状態に到達する、超意識に関する哲学的構造も心理的過程もまだ明らかになったとは言えません。そこでもう一度、日常レベルの存在論的経験に立ち戻り、そのレベルにおいて典型的な認識の構造を分析することから始めることにいたしましょう。その際には、そうした分析を基礎として、超意識の根本的な形而上学的・認識論的な構築を理解することを目指したいと思います。

IV　経験的自我の構造

禅仏教では、経験的自我の「本質主義的」傾向を受け入れることはできません。それは、経験的自我が至る所で、「客体」を永続的で実体的な存在として仮定するからのみならず、とりわけ、経験的自我が自らを実体的自我として仮定しているからです。経験的自我は外的「客体」を他に還元できない数多くのリアリティとみなして、それに執着し固執するばかりでなく、自分自身をこれ以上、他に還元できない自己実在的なリアリティとみなして、自分自身に固執します。これこそが、私たちが「固着した心」として知るようになったものです。一つの世界観全体は、「固着した心」すなわち「主体」とその「客体」とのあいだの際立った対立のうえに構築されます。主体と客体、人間と外的世界というようにリアリティを二分することが、全ての私たちの日常的経験の基礎となっています。もちろん、外的事物や個人的自我を含む現象世界が絶えず流動の状態にあることは、常識でも認められるでしょう。しかし常識では、こうした全ての事物の無常性の中に、あるいはその背後に、永久に不変かつ実体的な要素を見ようとする傾向があります。こうして、自己同一的な客体の領域としての存在世界のイマージュが創出されます。そこでは、厳密に言いますと、いわゆる「主体」さえも、一つの「客体」にすぎません。全く異なる種類の認識論にもとづく別の存在論に置き換えるために、禅仏教がその全てを一度、断固として解体しようとするのは、まさにこうした種類の存在論的見解なのです。

超意識に特徴的な世界観をより良く理解するために、まず、人間の心にごく自然で適した一般的なタイプの世界観を取り上げ、その内的構造を哲学的レベルで分析したいと思います。

そうした世界観の領域では、二つの段階や形態が便宜的に区別されることがあります。第一の段階とは、思惟するもの（res cogitans）と延長するもの（res extensa）という根本的な二項対立に立脚する典型的なデカルト的二元論によって表現されます。哲学としては、それは相互に還元不可能な二つの「実体」のあいだの二元論的な緊張に基づく存在論的体系として説明できるでしょう。世界観としては、それは人すなわち自我が外部から事物を見ており、人自身が観察者の位置にいるという世界観であると説明するのが適切でしょう。人は自分の目の前で多様な事物のあいだで行われる出来事には、主体的に関わっておりません。ここでの人は、外部の客体の世界に対峙している傍観者なのです。人の眼前には、存在論的な風景全体が広がっていて、人は独立した個人的「主体」として、世界という舞台の上の色鮮やかな光景を楽しんでいるにすぎません。これは超意識の目に開示される事物のリアリティとは最もかけ離れたものの見方です。

第二の段階は、特に存在論的な「頽落」（Verfallenheit）の状態において、ハイデッガーの「世界内存在」という考えによって便宜的に表現できるでしょう。先ほど見ました二元的世界観という第一段階の状況とは異なり、ここで人は、主体的に生き生きと自分自身を取り巻く事物の宿命に関わっています。人すなわち自我は、自分自身とは独立したものとしての世界を外部から眺める客観的な観察者に留まる代わりに、世界の只中に自分自身を見いだし、直接に自分自身に影響し、自分自身によって直接的に影響を受けています。人はもはや劇場の舞台上で繰り広げられるものを自己満足的に楽しむ部外者ではありません。人自身が舞台上にいるのであり、世界の中に存在しているのです。ここで人は積極的に上演に関わっており、こうした立場では、当然の結果として、言いようのない実存的な不安を経験します。

この第二段階における常識的な世界観は、第一段階と比べますと、はるかに禅に近いものです。しかし、その経験的世界観は、第一段階であれ第二段階であれ、厳密に言いますと、その根本構造に関しては、全く禅的世界観とは異なるものです。と申しますのは、経験的世界観は知性によって形成される世界観ですが、知性がその機能を適切に用いることができるのは、自我と他我とのあいだに設けられた区別がある場合に限られるからです。そのメカニズム全体は、それが明示的であれ暗示的であれ、外部の実体的な客体に対立して、実体としての自我が独立して存在しているという確信に立脚しています。主体が客体の世界の外部に存在するものとして表現されるにせよ、その内部に存在すると表現されるにせよ、禅の見地から見ますと、この根本的なデカルト的対立は、人が自らのリアリティやいわゆる外部の客体のリアリティを見る前に解体されるべきものなのです。

しかしながら、実際には、こうした事物の経験的なものの見方の只中においてさえ、形而上学的な原理にも似た、隠された何かが存在しています。それは目に見えず、やむことなく働いていますが、いかなる瞬間にも、通常の世界観を全く異なったものへと変容させるべく、人間の心をとおして実現する準備ができているのです。リアリティを形而上学的・認識論的に変容させるというこの隠された原理は、仏教において「如来蔵」（tathāgata-garbha）すなわち「絶対的リアリティの〈子宮〉」と呼ばれます。しかし、その構造全体をこの独特の観点から見るためには、それをより詳細で理論的に分析しなければなりません。[13]

日常的な経験的世界観において、自我と客体の認識論的関係は、次のような範式で表現することができるでしょう。すなわち、s→o（主→客）、これは i see this（私は 見る これを）と読むことができるでしょう。

最初に述べておきたいと思いますが、この範式と次に述べる範式において、i, see, this のように全て小文字のアルファベットで示される語は、日常的意識の次元に属する事物事象のことです。一方、I, SEE, THIS のように大文字のアルファベットで記される語は、超意識の次元のことです。さらに、この SEE の語は、有名な語句「見性」（「本性を見ること」）に出てくる漢字「見」の字義通りの翻訳です。

したがって、ちょうど今述べました範式においては、文法的な主語であるｓは、日常的経験レベルにおける人間の自我意識を表現しています。それは客体的な世界の前で、あるいはその只中で、主体として「そこに存在する」という文字通りの意味における「現存在」（Dasein）としての自己に気づくことです。ここでのｉとは、独立して存在する自我という実体です。経験的自我が経験的次元に留まっているかぎり、その自我は全ての自身の知覚、思考さらに身体的活動の独立した中心としてそこに存在するものとしてのみ、自身を意識しています。それは自身が何かそれ以上の存在であるとは全く気づきません。

しかしながら、どこにおいても、いかなるものにも、如来蔵の働き、すなわち「絶対的〈リアリティ〉の〈子宮〉」を直観する禅の観点から見ますと、それぞれ個人のｉの背後には、その活動が（S→）や（I SEE）という範式によって表現される「何か」を知覚することができます。ところで、この範式における括弧は、こうした行動がいまだ自己意識の経験的レベルにおいて隠されていることを示しています。したがって、実際には、すなわち禅の目から見ますと、経験的自我であるｓの構造とは、次のような範式で適切に表現されなければなりません。

後ほどもっと詳細に述べますが、経験的自我、すなわちｓは、隠された原理としての（S→）が、止むことなくｓをとおして働いているということだけで、その全ての活動の真の中心となることができます。経験的自我は、あらゆる主体的な活動が実のところ、真の自己である「何か」が今ここで現実化している限りにおいてのみ、自己になることができるのです。(I SEE) という活動の本質は、イスラームにおいて類似的思考を示すイルファーン型の哲学と並べるときに、最もよく理解できるでしょう。このイルファーン型の哲学では、『コーラン』における神の言葉として、同様の状態についてのはっきりした言及があります。すなわち、「射殺したのはお前（マホメット）でも、実はお前が射殺したのではない。アッラーが射殺し給うたのだ[14]」。しかしながら、重要な点は、この出来事の状態がこのレベルでは、経験的自我にとっては、まだ完全に隠されており、気づかれないままであるということです。経験的自我は自分自身がただ一人であると思っています。それは、経験的自我が括弧のあいだの部分、すなわち (S→) に全く気づいていないからです。

(S →) s

あるいは

(I SEE) myself

全く同じことが認識論的関係の「客体的」側面にも当てはまります（前述した範式では、小文字の o によって表されます）。ここでもまた、経験的自我は「事物」の存在にしか気づいておりません。事物は自我から独立して存在する自己実在的な存在として、自我の前に現れます。事物は様々な特性によって資格づけられた実体として現れ、またそのようなものとして、事物を外部からそれを観察する知覚主体とは対立しています。しかしながら、前述しました「般若」すなわち「超越的認識」の立場から見ますと、事物が経験的自我の眼前にこれやあれとして生じるのは、私たちが見てきましたように、ただ、自我を自我として確立させる全く同じ「何か」、すなわち (S→) の活動に基づいているのです。事物 o は、この「何か」が具体的に現成したものとしての事物 o そのものとして確立されるのです。これは次のように理解するのが適切でしょう。つまり、それは全ての事物の現象形態をとおして、永遠かつ恒常的に活動している同じ「如来蔵」すなわち「絶対的リアリティの〈子宮〉」が自己顕現する形態なのです[15]。

したがって o の内的構造を表現する範式は、次の図のようにより分析的な形態を取らなければなりません。

この新しい範式は、ここでもまた、oは外的に現れる唯一の事物ですが、この現象的形態の背後に、経験的自我が依然として気づかない（s→）の活動が隠れている、ということを示すために考案されたものです。

このようにして、私たちが初めにs→oという範式によって表した、いわゆる主客関係、あるいは（見かけ上の）自己実在的な自我実体が（見かけ上の）自己実在的な客体的実体を知覚する認識論的な過程全体は、それが十分に展開した形態で与えられると、次のようなものになります。

(S →) o

あるいは

(I SEE) this

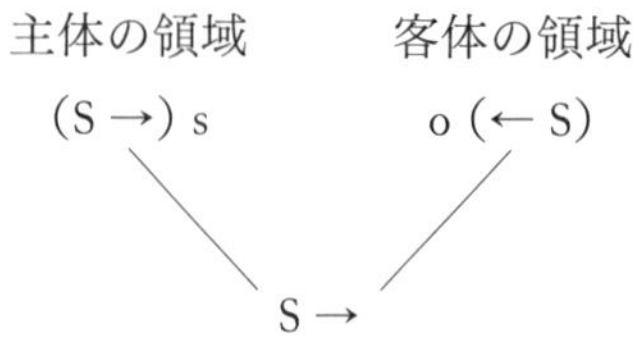

この最後の範式化においては、sすなわち経験的自我――それは（s→）の限定的な実現にすぎません――は、「客体」すなわちo――これもまた同様に（s→）の限定的な実現です――との特別な能動‐受動の関係に組み込まれています。さらに、その過程全体は、括弧なしのI SEE、あるいはS→が具体的に実現したものとして理解されるべきものです。しかし、I SEEにおいてさえ、依然として自我意識の痕跡がかすかに消えずに残っています。禅が強く要求するのは、こうした量の自我意識さえも、心から消去すべきであり、その結果、事物全体が純粋で単純なSEEという単なる行為へと究極的に還元されるべきであるということです。これまで言及してきた「無心」の語はまさに、無媒介で直接的な現成の状態におけるSEEの純粋な行為、すなわち、括弧なしの永遠の「動詞 SEE」を示しています。

ここで気づくことは、少なくとも経験的自我という観点から分析的に説明しますと、i see thisという範式によって表現されてきたもののリアリティが、きわめて複雑な構造を持っているということです。s→oという範式によって暗示的にひそかに示される現実の形而上学的・認識論的な状況は、私たちが文章の表面的な文法構造から通常、理解するものとは全く異なった何かであることが分かります。また、存在論的二分法という呪術的な輪に閉じ込められて、s→oとかi see thisの統語法的な構造（「主体」→「行為」→「客体」）によって示唆される表面的な意味を超えて見通すことができない人々がいますが、禅の第一の、あるいは最も基本的な目的は、こうした人々の心から二元論という呪文を打ち破って、それを人々の心から除去しようとすることにあります。その結果、私たちが「動詞 SEE」によって象徴的に指示したものに、人々は直接的に向き合うことができるようになるのです。

こうした点で、仏教全般が哲学的に「縁起」（pratītyasamutpāda）の概念に立脚していることを想起することができるでしょう。ところで、縁起の概念とは、あらゆるものがそのものとして生起して存在しているけれども、それは他の事物との無数の関係に依っているからですし、また、これらの「他の事物」の各々が、一見したところ、自己実在的な存在であるように見えるのもまた、他の事物に依っているからです。この点において、仏教は哲学的には「関係」（relatio）のカテゴリーにもとづく体系であり、いわば「実体」（substantia）のカテゴリーにもとづくプラトン・アリストテレス的な体系とは対照的です。

「実体」のカテゴリーに立脚して、実体の中に最も基本的な存在論的要素を認識する哲学体系は、ほとんど不可避的に本質主義の形態をとる傾向にあります。

本質主義が意味することについては、前述した脈絡の中でざっと概観いたしましたが、禅仏教の立場の本質を解明する目的のために、それと対照的な本質主義の議論の要点を繰り返し述べておきたいと思います。本質主義の立場は、s→oという類型の状況において、「主体」と「客体」の両側面に自己実在的な実体を見ており、さらに、その「本質」によって変更できないように固定され規定された境界を見ていると言えるでしょう。ここでo、たとえばリンゴは、多かれ少なかれ、厳格に境界づけられた存在論的な圏域を持つ自己実在的な実体であり、こうした境界は、それ自らの「本質」すなわちリンゴ性によって与えられます。それと同じように、主体としてリンゴを知覚する自我は、この場合、たまたまその私性である「本質」を備えた、同じく自己実在的な実体なのです。禅仏教は、「山は山であり、川は川である」と簡潔な言葉をとおして、本質主義的な見方を要約しています。

「縁起」の立場は明らかにこうした見方とは対立しています。そうした見方は、リアリティの現象的なうわべを反映しているにすぎない、と仏教では断言します。仏教の見方によりますと、外的世界において、「リンゴ」と呼ばれる、いくつかの性質をもつ実体が存在するというわけではありません。むしろ「何か」が現象的に主体にとって「リンゴ」として現れるというのが真実なのです。「リンゴ」が現象的に「リンゴ」として現れることは、主体の側における積極的な態度に依拠しています。しかしながら逆に、「リンゴ」が現象的に主体の目にそのようなものとして見えるという事実は、知覚する自我として人間を措定しています。主体と客体のあいだのこうした相互関係あるいは確定について、禅は「人は山を見る。山は人を見る」と言うことによって説明します。

そのために、この語の真の意味におけるリアリティは、主体と客体それぞれの背後にあって、これは主体として、あれは客体として、特定の形態でそれぞれを生起させる「何か」なのです。その構造全体を支配する究極的な原理とは、主体・客体の関係を貫いて、この関係が現出するのを可能にする「何か」です。範式S→によって、あるいはむしろ、「動詞 SEE」というその究極的な形式で示したいのは、こうした全てに滲透する活潑な原理なのです。

しかし、「何か」とか「(究極的な) 原理」という語によって、現象という覆いの背後に、ある形而上的で超感覚的な実体が存在していて、現象世界のメカニズムを支配しているのだと考えて、人々が誤った考えに導かれることがあってはなりません。と申しますのは、禅によりますと、実際には、現象世界を超えたもの、あるいは現象世界以外のものは存在しないからです。禅は感覚的世界とは別に存在するような、事物の超越的かつ超感覚的な秩序の存在を認めません。この問題について、禅が指摘する唯一の点は、現象世界とは日常的な経験的自我に現れるような、ただ単に事物の感覚的な秩序ではないということです。むしろ、禅的意識に開示される現象世界は、「動詞 SEE」によって便宜的に示される特定の動的な力に満ちているのです。

したがって、SEE が意味するものは、現象世界から完全に切り離されている絶対的で超越的な存在ではありません。むしろ、禅仏教において、SEEが真に意味するのは、その全面性と全体性における動的な力の場であり、専ら主体的でも客体的でもなく、これら二つの用語へ二分化される以前の特殊な状態において、主体と客体の双方を包摂する全一的な場なのです。SEEという動詞の形式それ自体は、それが「絶対的な」事物であれ「超越的な」実体であれ、一つの事物である代わりに、動的なエネルギーをもって場全体を満たしている「現実態」(actus)であるという事実を、少なくとも漠然と示唆しています。以前に紹介した基本的範式の観点からすれば、i see thisの全過程は、それ自体が「SEEの行為」の場であると言えるでしょう。しかしながら、こうした説明の本当の意味は、こうした動的な場の基本的な内的構造をより詳細に分析することによって、はじめて明らかになります。このことが以下における課題です。

V　「全世界は一心である」

これまで見てきましたように、知覚する主体と知覚される客体のあいだの認識論的な関係を図式的に表現しようとした基本的な範式s→oあるいはi see thisは、実は一見したところよりもはるかに複雑なメカニズムを隠しています。それは、典型的に仏教的な分析によりますと、sの背後には(S→)が隠されており、oの背後にも(S→)があるからです。さらに、事物全体は(外見的には)大変単純ですが、(内面的には)全てに滲透し、全てを包括するSEEという行為へと究極的に還元されるものなのです。

このSEEは、禅の理解においては、絶対的あるいは究極的リアリティにほかなりませんが、それは存在の経験的次元で生きている人間の心の中に、SEEそれ自体を感じさせることがしばしば起こります。究極的リアリティが経験的次元に入ってくるという最初の徴候については、人がそうした状況において、実際に見ているリアリティの本質に不安を感じ始めるという事実の中に観察することができます。人はいまだ二分的な世界観に完全に閉じこめられてはいますが、自分自身と外界の事物との真のリアリティが、全く異なる性質の何かにちがいないという、ぼんやりした感覚を何となく抱き始めることになります。それと同時に、自分がそのように見るべきであるのに、リアリティを見ることができていないからこそ、人間存在の全ての苦難や悲惨を実際に経験しているのだ、ということにぼんやりと気づき始めます。こうした現象は、宗教的にも哲学的にも決定的に重要なものであり、中国仏教では「発心《ほっしん》」と呼ばれています。これは字義通りには、心を起こすこと、すなわち、ブッダの悟りへ向けて、深く強い志を起こすことを意味しています。哲学的には、それは形而上学的なS→の最初の自己顕現として理解されるべきものです。

いったん、この初めの段階が実現しますと、自然に与えられたものとしての「現存在」は、主体的にも客体的にも、その見かけの堅固さを失います。経験的な形態における「現存在」は、存在の真の形態ではなく、それは偽のリアリティにすぎないと感じられます。偽のリアリティから、自分が真のリアリティであると考えるもの——それがどのようなものであれ、またどこにあるにせよ——へ押し出す抗しがたい衝動に促されて、人はあれこれ可能な救済の方法を試みることになります。ここで禅仏教は、「坐禅」(瞑想中に足を組んで坐ること)をその原初のあるがままの状態において、実際にあるリアリティを見る特別な目を養うのに最も確実な方法として提唱します。

「坐禅」は身体的・心理的な姿勢ですが、それによって、中心から離れようとする心の生来の傾向が矯正され、最終的にS→という範式で示した真の「自己」実現において、偽の自我が失われるまで、逆の方向、つまり、中心へと向かうようになります。

禅はこの種の身体的・心理的な姿勢が、真の自己、すなわち絶対的主体性の状態を実現するためには、絶対に必要なものであると主張します。それは表象であれ、想像であれ、思考であれ、純粋に精神的な過程をとおしては、真の自己に到達することができないからです。それは単なる認識の問題ではないからです。問題は、自分自身の真の自己を「知ること」ではなく、むしろそれに「なる」ことなのです。もし自分自身の自己に「なる」ことがなければ、どれほど自己認識の連続的な段階を辿っていっても、自己は決して絶対的な自己に転換することはないでしょう。それは、真の自己がさらに遠くへ退却していくからです。つまり、それが知られる対象であれ、また知られるべき対象であれ、永遠に「対象」であり続けるからです。知られる対象としての自己は、認識がどれほど高い段階にあるとしても、本来的に、純粋な主体性であることはできません。純粋で絶対的な主体性における自己を実現するためには、単にそれを「知る」代わりに、それに「なる」必要があります。しかし、このことを達成するためには、「心と身体」の統一全体が――前述した道元の表現が示唆しておりますように――「脱落」しなくてはなりません。「坐禅」は、禅が見るところ、まず「心と身体」の統一を成し遂げ、次にその統一体の「脱落」を成し遂げるために、唯一ではないにせよ、可能な最善の方法なのです。

「身心脱落」という表現は、より伝統的な仏教用語では、自分の全存在をかけて無（サンスクリット語 śūnyatā. 中国語・日本語の「空」）の認識論的・形而上学的状態の体験を意味しています。しかし、禅仏教で用いられる「無」の語は、非常に特殊な意味で理解しなければなりません。

この脈絡における「無」とは、まず初めに、禅意識を実現する最終的かつ究極的な段階を指しています。その段階では、自己は自分の「客体」として自分を立てることを止めて、自己自身に「なる」のです。また、それが徹底していますので、もはや自己自身でさえもないのです。あるものが――それが何であるにせよ――、可能性の極限まで徹底的かつ完璧にそれ自身になるとき、結局、それ自身の限界を突破して、その限定を超えて行くということは、実際、禅仏教の最も根本的で哲学的な教義の一つです。この段階では、AはもはやAではありません。つまり、Aは非Aなのです。あるいは、禅特有の用語を使いますと、「山は山にあらず」ということです。しかしながら、この言葉に、禅は付け加えます――これが最も決定的な点なのですが、ある事物が徹底的にそのもの自身になることによって、その限界と限定を突破するとき、逆説的に、それは最も現実的で絶対的な意味において、それ自身の「自己」になるのです。

こうした過程は、伝統的な論理の言語では、次のように表現されるでしょう[16]。このように表現される禅の論理は、禅における最も特徴的な思考形態を大いに明らかにする、注目すべき独創性を開示することに気づきます。

伝統的なアリストテレスの論理の場合、出発点は、すでに見ましたように「AはAである」という同一律によって与えられますが、それが形而上的な本質主義の論理的基礎を構成しています。同一律は禅仏教にとりましても、一つの事物が、それが何であれ、それ自身と同一であることを示しています。この経験的事実を表現するために、禅は「山は山である」と言います。

このように、少なくとも表面的には、アリストテレスの論理体系と禅の論理のあいだには、目立った違いはありません。しかしながら、暗黙のうちに、すでにこの最初の段階で、禅はアリストテレスの立場とはかなり異なる見方をしています。と申しますのは、同一律（AはAである）の中に、禅が通常の「良識《ボン・サンス》」の自己満足に特徴的な徴候を認識しているからです。禅の視点から見ますと、「AはAである」という範式は、リアリティの構造に関する十分に根拠のある説明である代わりに、それは「幻妄」（Māyā）のヴェールをとおして見られたリアリティの幻妄的光景の論理的な提示にすぎないのです。ところで、幻妄のヴェールは、弁別する知性の狭小なスポットライトを、人が世界の事物それぞれに投げかけている自然な結果です。

しかしながら、日常的な類型の論理と禅の論理との基本的な違いは、次の段階では否定しがたく明らかになります。それは、日常的な論理では、同一律を無矛盾律（Aは非Aではない）へと展開しますが、一方、禅の論理はそれを紛れもない矛盾へと展開して、「Aは非Aである」と主張します。禅はこの矛盾的な段階を「山は山ではない」という表現で示します。しかしながら、禅がこの種の主張をする際、それは「AはAである」と同じ認識論的次元で主張しているわけではないということを心に留めておかなければなりません。人が「AはAである」のレベル、つまり日常経験の次元に留まっているかぎり、気が変にでもならないと「Aは非Aである」とは決して言えないでしょう。この事実は、「橋は流れるが、川は流れない」[17]というような、さらに奇妙な表現に出会うと、何の疑いもなくはっきりしてくるでしょう。別の表現をしますと、この種の表現をすることは、人間の側に意識の全的変容を実現することを前提としています。そのことで、Aがそれ自身のA性を突破するほどにまで、Aそのものに「なり」、さらに、形態もなく本質もなく「様相」もない様相をその人に開示し始めるのを目撃するのです。

このように理解しますと、「Ａは非Ａである」という範式は、「Ａが大変徹底的にＡそのものであるので、それはもはやＡではない」とより分析的に言いかえなければならないでしょう。形而上学的には、これは「真空」すなわち「真の無」の段階です。ここでＡがＡではないというのは、積極的な意味においてです。それはＡ性の確定と限界を絶対的に超えており、単なるＡ以上の無限の何かであるということなのです。

「Ａは非Ａである」の段階の後にすぐに続く第三の段階は――あるいはむしろ、それと同時に確立されると言うべきでしょうが――、再び「ＡはＡである」というものです。つまり、最終の段階で、一見したところ、最初の段階に戻ってくるのです。「山は（再び）山」です。あるいは、より一般的な禅の格言が言うように「花は紅、柳は緑」です。しかしながら、形式的には同じであっても、両者の場合における「ＡはＡである」の内的構造は全く異なっています。と申しますのは、最終の段階において、「ＡはＡである」とは「Ａは非Ａである、ゆえにそれはＡである」を表す凝縮された表現にすぎないからです。すでに参照しました『金剛般若経』は、この状況を「世界は世界ではない。ゆえに世界と呼ばれるに値する」、あるいは「あるものは、それが何であれ、あるものではない。ゆえに、それはものと呼ばれるに値する」と表現しています。この段階は、大乗仏教においては術語的に「妙有」、「並外れた〈存在〉」として知られています。中国語の「妙」は、文字通りには「微妙な」「並外れた」「驚異的に良い」を意味しており、それは、存在世界がここでは格別に高められた次元で見られたり経験されたりしていることを示唆しようとしています。またそれは表面上、すなわち、日常的経験の限定的な圏域に閉じ込められた日常的な人の目をとおして見られており、「空腹を感じたときに食べ、喉が渇いたら飲み、眠くなったら寝る」という私たちの旧い世界といまだ同じであるけれども、私たちの相対的な知性による分別行為によって把握されるような存在世界ではないことを示唆しようとしています。なぜなら、それは無の深淵の中にいったん消滅し、それから再び、現象形態の中に生起したふつうの日常的な世界であるからです。

「Ａは非Ａである」の段階とその次の「Ａは（再び）Ａである」という段階のあいだで、人間の意識に実際に起こることは、禅仏教の本質をはっきりと決定づけます。事物全体は、無における全ての個的事物の全面的な無化と、具体的な個人として無の底から再び、経験的リアリティの領域への再生に集中していますが、完全にその内的構造においては変容しています。さらに、具体的な個人の心におけるこの種の意識の生起は、仏教では「般若」として知られており、「超越的認識」や「無分別的認識」あるいは「至高の知識」と訳されています。この翻訳語がどのように作られたにせよ、このような場合には、単なる間に合わせにすぎません。と申しますのは、「無分別」がこうした類型の認識の一側面にすぎないからです。「超越的」ということもそのリアリティにはそぐいません。それはすでに見ましたように、その究極的形態におけるそのリアリティが、日常生活の次元で実現される最も具体的で日常的な経験であるからです。

「般若」の生起について注目すべき最も重要な点は、それが主体の自我構造に生じる完全で全体的な変容にあるということです。「AはAである→Aは非Aである→AはAである」と範式化された全過程は、世界の客体的構造を純粋に示しているかのように見えるかもしれません。しかし実際には、少なくとも主として直接的には、それはリアリティの主体的な側面に関わっています。確かに、これらの主体的な各段階はそれらに対応する存在論的な次元も暗示していますが、三つの論理段階は、「般若」型の認識の誕生と確立の過程における三つの基本的段階を反映しています。

したがって、この文脈におけるキーワードの「無」は、まずは何よりも、自己実在的な存在として考えられ表現される自己すなわち自我の無化を示しています。これまで自身と他の全てのものを区別してきた自我の核は、今や壊されて無化されるのです。しかし、禅仏教が捉える経験的自我の無化は、意識の全面的な否定によって成し遂げることはできません。禅が語る認識論的な無は、全くの無意識の状態と混同されるべきではないのです。

確かに、先に紹介しました（I SEE）myselfという範式に現れる「私自身」（myself）の意識は、もはやそこにはありません。この意味において、またこの意味においてのみ、認識論的な無は無意識の領域なのです。しかしながら、経験的自我の意識の場において、ここで絶対的な「覚知」そのものが実現されます。それは先に範式

S→、あるいはSEEで表現したものであり、経験的自我の範囲では実現されなかったものです。禅はしばしばそれを「どこまでも明瞭な〈覚知〉」（「了了常知」）と呼びますが、それは禅仏教の二祖慧可《えか》（四八七―五九三）に帰せられる言葉です。厳密に言いますと、この絶対的な覚知には、「私」の痕跡すらありませんので、S→あるいはI SEEという範式は、すでに見ましたように、究極的にはただSEEへと還元されなければなりません。言葉の否定的な意味における無とはかけ離れて、それは極めて激しい――ほとんど暴力的な――意識であり、あまりの激しさに全ての言語的記述を超越しています。[18]

主体の全面的な変容に全く対応して、「客体」の側でも徹底的な変化が起こります。そのために、それは「客体」として実在することを止めてしまいます。しかし、それは当然のことです。それは「客体」に相対する「主体」がないところでは、「客体」が存続できないからです。この段階においては、全ての事物がその本質的な境界を失います。もはや存在論的な限界によって妨げられなくなり、無の際限なく広大なフィールドにおいて、全ての事物は互いを映し出すとともに、互いに映し出されながら、互いに流入し合います。[19]ここで、山はもはや山ではありませんし、川はもはや川ではありません。それは、これらに対応する主体の側で、「私」がもはや「私」ではないからです。

いくらか似たような例が、西洋哲学では、ジャン＝ポール・サルトルの『嘔吐』における存在の経験に関する微妙で生き生きとした描写に見られます。ロカンタンが初めて、その独自の裸性において存在と直面する決定的な瞬間に、マロニエの木はそのマロニエ性を失い、そのために、もはやマロニエの木ではなくなります。また、その木の根っこはその根性《ね》――仏教なら「根性」というのでしょうが――を失い、もはや根ではなくなります。それは、全ての本質的決定から切り離された純粋な存在の具体的な顕現として、怯える男の眼前に立っています。ここには、もはや木を見て、木と認識するいかなる自我もありません。また、そのように見られ、あるいは、そのように認識されるいかなる木もありません。主体と客体を含む事物全体は、全ての限定を剥奪されているのです。

こうした意味で、この段階における存在全体は、限定的な何かとして把握されるものがない、広大で無限定の「空」（すなわち無）へと転換しています。人はそのような状況において、サルトルが言うように「裸で猥褻な」何かとして、「存在」を直接に経験するのです。

しかし、このまさに無の表現は、このように経験される無が、その語が考えられがちな純粋に否定的な意味における無では決してないことを私たちにはっきりと語りかけています。「主体的な」側面においては、――もしまだ主体と客体の区分にこだわるならば――無の体験は、私たちの意識がまったく空白で空っぽになるということを意味しているわけではありません。全く逆に、ここでの意識は、その素朴な純粋性にある意識そのものであって、自分自身によって照らされ、また自分を照らしている純粋な「光」、あるいは完全な「照明」なのです。それはしばしば言及してきたSEEなのです。

しかし、この「照明」は、自分自身を照らすことをとおして、それと同時に、存在の世界全体を照らします。このことは「客体的な」側面においても、事物が単純に語の否定的な意味における無へとただ還元されるわけではないということを意味しています。確かにこの段階では、個的存在者は自己実在的には存在しないのです。しかし、このことは、それらが単に無であると言うことと同じではありません。それと反対に、それらは具体的な個物として存在し、その一方で同時に、絶えず活溌で常に創造的な行為の、無限定で「様相」なき様相を数多く実現するものなのです。しかし、この行為は、禅的意識にとっては、無の体験の「主体的」側面として、すでに確立したSEE自体の「照明」以外の何ものでもありません。

「光」や「照明」としてSEEを表現する代わりに、禅ではよく「心《しん》」の語によって、この単純な「動詞SEE」を示します。また禅では、全ての事物は「心」の産物である、としばしば言います。こうした主張やその他の似たような主張が、あらゆることを「思考」や「概念」に還元するという観念論的な見方にもとづいていないことは、これまでにもご理解いただけたと思います。それは、禅で理解される「心」が個人の心ではないからです。「心」の語が意味するものは、いわゆる「心」と「事物」へと分かれる以前のリアリティのことで、「主体」と

「客体」の基礎的二分化以前の状態なのです。ここで注目すべきことは、おもしろいことに、この文脈における「心」の語は、以前の文脈の中で出会いました「無心」の語と全く同じ意味であるということです。この意味で理解される「心」は、しばしば「心法」すなわち「心のリアリティ」と呼ばれています。

後ほど説明しますが、日常的な意味で理解される「心」は、禅の見方では、単なる抽象概念にすぎません。すなわち、心のリアリティの「主体的」側面が独立した要素として把握され、個の実在的な心理原理として置かれたものなのです。そのために、禅が「全ての事物は唯だ一心である」と主張するとき、日常的に理解される心がそこから全ての事物を生み出したり創り出したりするということを意味するのではありません。それはただ、私たちが主体と客体として日常的に理解しているものが、いかに心のリアリティから生起するのかを示したいだけなのです。こうした禅の見方では、日常的な意味で理解された「心」は、その「客体的」な対と分けがたく融合して、全体性としての心のリアリティの統一体となる一要素にすぎません。

しかしながら、仏教史の流れにおいては、心のリアリティが「心」と混同されることがしばしば起こってきました。たとえば、偉大な禅師で法眼宗の祖であった法眼文益《ほうげんもんえき》（八八五―九五八）の有名な逸話を見てみましょう。彼は非凡な哲学的な心を持ち、悟りの体験以前から、「唯識」理論として一般的に知られる観念論の立場を支持したことで有名でした。その理論は、一言でいえば、存在世界の全体がただ一つの「心」の大いなる顕現にすぎず、存在する全ては「認識[20]」というただ一つの行為が数多く生み出したものにすぎないという考えです。

かつて、法眼は二人の仲間とともに、「真理」を求めて旅をしました。たまたま雨宿りのために、その当時、偉大な禅師であった地蔵桂琛《けいちん》（八六七―九二八）の庵に立ち寄りました。しかしながら、法眼たちは、地蔵がだれであるのかを知りませんでした。

霧雨が降る中で、三人の若者は自負心と自己満足にあふれて、僧肇の有名な言葉すなわち「天地（つまり世界全体）は私自身と同一の根のものであって、全ての事物は私と一つである[21]」によって引き起こされる問題を熱心に議論していました。一方、地蔵は彼らが言うことを静かに聞いていました。そのとき突然、地蔵が尋ねました、

「山や川や大地は、自己と同一のものなのか、それとも違うのか」と。法眼は「同一です」と答えました。そうすると、年老いた禅師は何も言わないで、二本の指を突き出して彼らを強く凝視し、それから自分の部屋に戻っていきました。

雨が止んで、三人の若者が出発しようとしたとき、唐突に桂琛禅師は庭の石を指差しながら、法眼に言いました、「私はお前が、全世界はただ一つの心であるという教えを信じていることは分かっている。それでは、この石は心の内側にあるのか、外側にあるのか」。法眼は「もちろん心の中です」と答えました。そうすると地蔵は「なんと厄介な重荷を心の中に持っているんだ！　どういう因果で、心の中にこんな重い石を持ち運ばなくてはいけないのかね」と言いました。

何と言っていいのかが分からなかった法眼は、そこに留まって地蔵の精神的指導を仰ごうと決めました。そこで法眼は、もし最も究極的な実存的な問いに対して、最終的な究極の答えを得たいと思っても、学んできた全ての哲学的な概念と理論は全く役に立たないことを学びました。一月ほど経ったある日、地蔵によって論理的な袋小路へと追いつめられた法眼は、ついに「ああ師よ、私は今、言語が沈黙に還元されて、思考がこれ以上、全く続かない状況にあります」と告白しました。それに対して師が語るのを聞きました。「もしお前がまだ、究極の〈リアリティ〉について語ろうとするならば、あらゆる事物と事象にそれがどのように、あるがまま現れているのかを見なさい！」そこで法眼は悟りを得たと言われています。

地蔵のこの最後の言葉は、「〈存在〉世界全体はただ一心にすぎない」という命題に関する禅の理解を示しています。この理解では、この命題はまずなによりも、自己――この段階では「自己」と書くほうがより適切でしょう――が、「一物の影すらあいだになく、互いに向かい合った二枚の鏡」のように、直接かつ無媒介に全ての事物に映し出されているのを見ることを意味します。

したがって、地蔵のような禅師にとって、「全ての事物はただ一心にすぎない」という言明が示しているのは、ただ単に、たとえば山のようないわゆる「客体」と、いわゆる「主体」である人が、両者のあいだには、全く何も存在しないままに、互いを映し合う二枚の鏡のように向かい合って立っているという、ある特殊な覚知の状態のことです。双方は互いに向かい合っている澄んだ鏡のようですから、どちらが能動であり受動であるかを言うことはできません。事実、双方ともに能動であるとともに受動であって、相手を映し出しながら相手に映し出されています。ここで「主体」と「客体」のあいだに設けられた区別は、ここには存在しません。先ほど述べました禅語のように、「人が山を見る、山が人を見る」のです。注意すべきことは、「人が山を見る」と「山が人を見る」のあいだには、「と」の語さえも入る余地がないということです。人すなわち「心」は直接的に、自らのリアリティがその絶対的な客体性において、山に映し出されること——あるいは、より厳密に言えば、山において「現成したこと」と言うべきでしょう——を見るのです。しかし、こうした心のまさに行為によって、山の側は心において現成されたものとして、それ自身のリアリティを認めるのです。さらに、その過程全体をとおして、心であれ山であれ、何一つ客体化されるものはありません。と申しますのは、心と山、「主体」と「客体」を含む事物全体がSEEのただ一つの行為、「心のリアリティ」のただ一つの行為であるからです。しかしながら、このことはSEEの行為が純粋な「主体性」であるということを言っているわけではありません。それは、何ものかの客体化が絶対にないところでは、何ものかの主体化もあり得ないからです。

しかし、このような状況は、確かに日常の経験的体験の次元で実現することを期待できるようなものではありません。もしそれが実現するとしても、それはただ異常な——常識にとっては、そのように見えます——意識の次元においてのみでしょう。こうして法眼自身は、後に「世界全体はただ心でしかない」〔三界唯心〕と題する有名な詩の中で、この点について自分の考えを展開しました。

世界全体はただ〈心〉でしかない。そして、存在するもの全ては一つの〈認識〉にすぎない。〈認識〉以外には何も存在しないのであるから、また、全てはただ心でしかないから、目は音を理解することができ、耳は色を理解することができる。もし色が耳に入ってこなければ、どうして音は目に触れることができようか。

しかし、心のフィールドは無限に広大ですし、また果てしなく柔軟ですので、目が特別に色に反応し、耳が音に応えるということも起こり得ますし、また確かに起こります。そして、それが、経験世界が心の深みから生まれるということです。法眼は続けて言います。

しかし、目が色に適応し、耳が音に応えるとき、存在する事物は全て、分別されて理解される。もし全ての事物がこのように互いに区別されなければ、どのようにこの夢のような存在を見ることができようか。しかし、これら全ての山、川、大地のうち、何が変わるのだろうか。何が変わらないのだろうか。

注意すべき最も重要なことは、二つの異なる次元、すなわち、経験的世界の次元と無の次元が、SEEのこのただ一つの行為の中で、全く同時に現成するということです。あるときに、これを見て、また他のときには、あれを経験するというようなものではありません。むしろ、「真実」の中に「現象」を見、「現象」の中に「真実」を見るのであり、両者のあいだには、全く違いはありません。こういうわけで、有名な禅語や詩や絵画の多くは、あたかもただ単に自然の客観的な描写であるかのように見えるのです。したがって、夾山善会《かっさんぜんね》（八〇五―八八一）という禅師は、「夾山の風景はいかがですか」と尋ねられて、次のように答えました。

猿はもう青い峰の後ろの家に帰った、小猿を胸に抱えて。
鳥は深い碧の岩の前に舞い降りてきた、花びらをくちばしにくわえて。

〔『古尊宿語録』巻四十七〕

わが法眼は、かつてこの詩について、「三十年間、私はこれを外の風景描写と誤解してきた！」と語ったと言われています。

法眼のこの言葉は、この詩が本当は、内的な風景の象徴的表現として受け取られるべきであるということを意味しているのでしょうか。明らかに、そうではありません。法眼は全く違うことを言おうとしているのです。事実、猿や鳥、青い峰や碧《みどり》の岩、花びらなどのような自然の事物は、なにか超越的なものを指し示すための象徴ではありません。それらは数多くの具体的に現実の事物にほかなりません。こうした意味で詩は、外界の自然の具体的な描写です。ここで注意すべき大事なことは、自然の風景がSEEの目で見られているということです。描かれた全ての事象――猿は住処に帰り、鳥はくちばしに花をくわえて舞い降りる――は、時間と空間という経験軸の上に展開している「永遠の今」としてみなされます。「変わるものはなにか、変わらないものはなにか」。

禅的意識においては、「永遠の今」と実存の「時空間」次元の関係は、大変微妙で可動的なものです。可動的とは、二つの次元の相互作用において、一方が他方に及ぼす繊細な均衡が、何かの拍子にどちらかに傾いていくという意味です。したがって、今、より顕著に見えるのが「永遠の今」ですが、次の瞬間には、「時空間」軸が出てきて、「永遠の今」を後ろに隠すかもしれません。こうした特殊な状況を分からせるために、禅はときどき、象徴主義に近いとみなされるような表現に頼ることがあります。外部の自然の一部を言語のキャンバスにただ投げ出す――夾山による山の風景描写のように――代わりに、禅は、自然そのものの描写が、先ほど言及したリアリティの二つの次元のあいだの、微妙で可動的な関わりを絵画的に再創造するような方法で、特殊な相互関係にされた自然の確かな事物を表現しています。次の詩は、無数にある同じような場合の一例にすぎません。

竹の影は階段を掃いているが、埃の一微塵も動かない。
　月光は深い川底を突き刺しているが、水には何の痕跡も残らない。

竹の影は現に階段を掃いています。すなわち、世界の経験的次元には、動きと揺れがあります。しかし、この現象的な動きによって、埃が舞い上がることはありません。すなわち、リアリティの超現象的な次元は、永遠に平穏であり静謐なのです。現象の揺れと真実の静謐さは、実際には互いに分けられないことに注目しなければなりません。両者は同時に現成するのです。言うなれば、リアリティの絶対的次元の静謐さは、厳密には、同じリアリティの現象的次元の揺れをとおして現成しているのです。現象的な揺れと絶対的な静けさは、ただ一つのリアリティの両側面にすぎません。SEEという行為はこのような性質をもっているのです。

SEEという行為における現象と真実、多様性と単一性のこうした繊細な関係は、それを視覚化するために特に工夫された禅語の中に、いっそう明らかに現れています。たとえば、永安善静《えいあんぜんじょう》禅師（八四八―九四六）は「単一の色とは何ですか」と尋ねられたときに、「雪の中の白い小片は分かりやすい。墨の中の煤の黒い（微片）は区別しにくい[22]」と答えました。このことによって彼は、遠くから見るとただ白一色のかたまりに見える雪も、近く寄って詳細に見れば、それぞれ個別で自己完結した存在である無数の白い小片を含んでいることが分かると言いたかったのです。同じように、一見すると黒く堅い原料に見える中国の墨の一塊には、個々の煤の微片が無限にあるのです。

同じように、韶山寰普《しょうざんかんふ》は「絶対的な〈合一〉の相貌は何ですか」と尋ねられて、「白鷺は白い空へと飛び去り、山ははるかに遠く、深い青がその色である[23]」と答えました。

さらに有名なのは、曹洞宗の祖師である洞山良价《とうざんりょうかい》（八〇七―八六九）の次の言葉です。すなわち、「銀椀に雪を盛り、白鷺が月光を浴びて立つ。[24]」

広大な白い平野の真ん中にある一つの白い事物とか無数の白い事物という構図は、感覚的なものと超感覚的なものとの微妙で可動的な関係を視覚化しています。形而上学的に、そのことは多様性と合一性のあいだに存在する「対立の一致」を示しています。すなわち、多様性はそれ自体において合一性であり、合一性はそれ自体において多様性なのです。これこそまさに『般若心経』の冒頭にある世界的に有名な句の意味です。すなわち、「感覚的なものは〈空〉であり、〈空〉は感覚的なものである。感覚的なものは〈空〉に他ならず、〈空〉は感覚的なものに他ならない」(Rūpaṃ śūnyatā, śūnyataiva rūpaṃ. Rūpān na pṛthak śūnyatā, śūnyatāyā na pṛthag rūpaṃ.)。
この句における「空」の語は、これまでお話ししてきました「心」とかSEEの語が意味するものと同じものを指しています。ここで問題になっているリアリティそれ自体は、矛盾した――私たちの常識の視点からは、そのように見えます――性質をもっていますので、それを表現しようとすると、矛盾した言葉や言い回しに頼らざるをえないのです。たとえば、心は感覚的であり感覚的ではない、また超越的であり超越的ではないということになります。

「心のリアリティ」が純粋に感覚的なものであるとは決して言うことはできません。それは経験的自我の限界を超越しているという意味で超越的です。それは、SEEという意味における心が「宇宙的自我」の自己現成的な行為であるからです。しかしまた、それは純粋に超越的であるとも言うことはできません。それは、この宇宙的自我の活動がただ具体的な個人の意識をとおしてのみ現成するからです。さらに、具体的な個人の心の活動は、それ自体、超越的な心の現実態であると言わなければなりません。したがって、正確に言いますと、感覚的なものと超越的なもののあいだには、絶対的な隔たりはないのです。しかし、両者が互いに区別可能である側面があります。つまり、個人の心は最も具体的に個的ですが、一方、宇宙的な心は本当に――すなわち、比喩的にではなく――絶対的で超越的です。心のリアリティは、その現実的な意味において、これら両側面の矛盾的合一なのです。

心のリアリティの特殊な構造について、臨済は次のように述べています。

おまえたちは〈リアリティ〉が何であると考えているのか。〈リアリティ〉とは〈心のリアリティ〉に他ならない。〈心のリアリティ〉は一定の形態をもたない。それは宇宙全体に遍満して貫通している。それはまさにこの瞬間に、まさにこの場にあり、生き生きと現前している。しかし、ふつうの人々の心は、これを見るほど成熟していない。したがって、彼らは至る所で(「絶対的なもの」「聖なるもの」「悟り」などのように）名称と概念を打ち立てて、これらの名称と文字の中に〈リアリティ〉を空しく探し求めている。

（『臨済録』三十三、五五頁）

この「それはまさにこの瞬間に、まさにこの場にあり、生き生きと現前している」という文章は、心のリアリティの個的で感覚的な側面を示しています。心のリアリティは、宇宙的で遍満するものとして、必然的に不変的に個人の個的な心の中に現成しています。こうした点は、臨済の次の言葉によって明らかです。

諸君よ、〈心のリアリティ〉は一定の形態をもたない。それは宇宙全体に遍満し貫通している。目では、それは見えるままに活動し、耳で聞こえるままに活動し、鼻で嗅覚として活動し、口で話し、手で擱み、足で歩く。これら全ての行動は、もとよりただ一つの〈霊的な照明〉に他ならず、〔六つの〕調和的対応へと多様化している。[25] それがあらゆる形態で、これほど自由に活動することができるのは、〈心〉がこのようにそれ自身の一定の形態をもっていないからである。

（『臨済録』三十一、四八頁）

心あるいはSEEの現実態における最も具体的に個人的な現在と、最も超越的に絶対的な永遠との矛盾的な統一については、臨済が次の文章において、非常に独創的に説明しています。

尊敬すべき友人たちよ、（現象的事物の網に捕らえられる代わりに）、君たちは舞台の背後で、影のような現象の紐を引っぱっている〈人間〉を直接に把握すべきだ。もしその〈人間〉[26] が全ての〈覚者〉の究極的な〈源〉であると分かりさえすれば、どこであれ今この瞬間に君たちがいる場所が、諸君よ、君たちにとって究極的で絶対的な場所である（ことがすぐに分かるだろう）。

（君たちは今私の説法を聴いている。）この説法を理解するのは、君たちの物質的な身体ではない。君たちの脾臓、胃、肝臓が説法を理解するのか。違う！　虚空が説法を理解するのか。違う！　それでは、私の説法を実際に理解しているのは何であるのか。私の前にこうして疑いようもなく立っている君たち自身以外にほかならない。私は「君たち」という言葉で、一定の目に見える形態を持たずに、自分自身によって輝き自分を照らしている者のことを言っている。まさにこの者こそ、私の説法を実際に聴いて理解しているのだ。もし君たちがこの点だけを理解したならば、君たちは私たちの霊的な祖仏と同じとなる。そこで、君たちが行うあらゆることは、常に間断なく〈リアリティ〉と完全に一致するだろう。

（『臨済録』三十、四五頁）

このように心の内的構造は、少なくとも分別する知性にとっては、極めて分かりにくいです。さらにその結果として、禅文献で用いられる「心」の語は大変誤解されやすいのです。この語を実際に使うときには、どういう場合であれ、事物の感覚的および超感覚的な秩序の微妙な相互作用がいつも顕著です。この点の有効な例として、六祖慧能《えのう》（六三八―七一三）が中国南部において、禅仏教の世界に登場したことに関する有名な逸話を述べておきたいと思います。

当時、慧能はある政治的な理由で、まだ素性を隠していたと言われています。ある日、彼は広州の寺の一角で、仏典に関する講話を聴くために坐っていました。突風が吹いてきて、山門にある旗がはためき始めました。それがきっかけで、何人かの僧がすぐに熱い議論を始めました。一人が「旗がはためいているのを見ろ！」と言ったため、議論が始まりました。もう一人別の者は「いや、違う」と反論し、「動いているのは旗ではない。動いているのは風だ！」と異議を唱えました。本当に動いているのは何か、それは旗なのか、あるいは風なのかについて、際限のない論争が続きました。ついに、慧能がしびれを切らして言いました。「風が動いているのではない。また、旗が動いているのでもない。諸君よ、はためいているのは君たちの心だ！」

「心」が「はためいている」ことについての慧能の言葉は、このままでは少々誤解を招くでしょう。と申しますのは、それが具体的な人間の個的な心あるいは個的な意識のことを言おうとしていると思いがちであるからです。さらにこの解釈は、事実、その状況によく合っているように見えます。それはまさに禅の世界観の重要な側面について、ある程度、確かな洞察を与えてくれます。人はこの種の説明が興味深いと思い、好奇心をそそられ、満足するかもしれませんし、それ以上は先へ進まないかもしれません。しかし、それでは、禅の世界観を本当に理解するには致命的なのです。

しかしながら、このことに関する真に微妙な点は、ここで問題になっている状況に関するそういう説明が、どちらも全く間違っているわけではないということです。なぜなら、それが全面的に正しいというわけではないのですが、部分的には正しいからです。物事を全体的に理解するためには、私たちは慧能が使うような意味で、つまり禅意識の経験的でありながら超越的である次元に関わる「心」あるいはSEEという意味で、「心」の語を捉えることから始めなければなりません。本当に動いているのは、こうした意味で捉えられた「心」なのです。

この最後の言明は、何よりもまず、経験的な次元において、個人の心が動き始めたことを暗示しています。さらに、経験の日常的レベルにおける具体的な個人の心の動き、あるいは「はためき」は、風の中で旗がはためく動きに現成されます。ここで再び、注意しておくべきことは、正確に言いますと、この運動の三つの要素のあいだには、「と」(and)の語が入る余地が全くないということです。記述によって最大限に言うことができるのは、次のことです。すなわち、心の動きによって、旗=風は動き始めます。これら三者の事物の動きは、事実、ただ一つの動きなのです。

しかしながら、これはまだリアリティの部分的な記述にすぎません。それは、これまで説明してきた典型的な禅的理解によりますと、もし心のはためきが同時になかったとすれば、個人の「心」のはためきはありえないからです。同時的なはためきの動きが、感覚と超感覚の二つの次元で起こります。さらに、合理的な分析以外には、これら二つの次元のあいだを接続する「と」がありませんので、心のはためきが実際、個人的意識のはためきなのです。このような性質の心のはためきは、現象世界において、「風の中ではためいている旗を意識している人」という全体的現象として現成するのです。

旗がはためくとき、宇宙全体がはためきます。このはためきは心の現実態です。しかし、ここで再び、私たちは逆説的な——常識の視点からは「逆説的な」——状況に直面します。それは、こうした理解における「宇宙全体」とは心にほかならないからです。この場合、心は「内部」と「外部」の区別がない絶対的な全体であって、それを超えて、あるいはそれを離れて考えられる「それ以外」のものはあり得ませんので、心のはためきは、全くはためいていないのです。実際、ここには絶対的に動きはありません。すでに見ましたように、「永遠の今」は、もう一つ別の次元における心の全ての動きにもかかわらず、永遠に平穏で静かです。

リアリティのこうした「逆説的な」構造は、龐蘊《ほうおん》(27)（八世紀）の有名な言葉の中に、美しく厳密に描かれています。

可憐な雪片よ！　それは他の場所には落ちていない。

雪が激しく降っています。大きく美しい白片が舞っています。雪片の一つひとつは、個的にまた外界の自然の一部として考えられていますが、確かに空から大地へと降っています。しかしながら、雪とそれを見ている自我が心の根源的合一へと融合していますので、宇宙全体が雪へと転換する形而上学的・認識論的な段階においては、雪片は落ちていく場所がありません。外界の風景として、雪片は落ちています。しかし心の内的風景としては、雪は降っていませんし、動きもありません。それは、宇宙全体がどこか他の場所へ落ちていくことができないからです。動きはただ「相対的」な世界にだけあり得るものです。事物を参照できるような「外部」の参照体系が考えられない次元では、事物の動きについて語ることは無意味です。それでも、降るという「イマージュ」を用いるのであれば、おそらく、雪片すなわち心が、それ自身の場所すなわち心に向かって降っていく、と言わなければならないでしょう。しかし明らかに、そのように降ることは、降るということではないのです。

全く同じ考えを、黄龍慧南《おうりゅうえなん》（一〇〇二—一〇六九）(28)が、よく似た心象風景をとおして、次のように表現しています。

「春の霧雨！　昨夕から夜明けまで、一晩中、降り続いた。一滴一滴と雨が降った。しかし、他の場所には降っていない。できるものなら私に教えてほしい、どの場所に、雨が降っているのか。」答えを待つことなく、彼は自分で答えた。「雨はあなたの目に滴り落ちている！　お前の鼻に滲みとおっている！」

ここで、黄龍が二つの矛盾した言明を結びつけていることは非常に重要です。一方で、彼は雨が降っていないと言いながら、他方では、雨が鼻や目に降っていると述べています。

まず初めに、雨はどこにも降っていません。それは、心の宇宙的な風景では、宇宙全体が雨にほかならないからです。もし宇宙全体が雨であれば、その雨が降るべき「他の」場所がないことは、ごく当然のことでしょう。心（すなわちSEE）に他ならない宇宙の全体が雨降りですから、もし雨があらゆるところに降るとすれば、自分自身の上に降るしかありえないのです。すなわち、この特殊な状況における雨降りは非「雨降り」と同じことなのです。しかし他方で、実際に雨が個人の身体の目に降り、身体の鼻に滲みとおっていることもまた事実です。そうでなければ、心の宇宙的次元において、雨が「降っていて、降っていない」という覚知がなくなるでしょう。具体的な個人の身体の目と鼻は、今ここで、「心の雨」が現成することができる唯一の場所なのです。

これまで述べてきたことは、「一切は〈心〉である」（一切心）という極めて簡潔な格言によって表現される「唯心」理論に関する禅的解釈の長たらしい言いかえであると考えるべきものです。ここまででこの格言が、宇宙全体が「心」の中へ入ってくる、あるいは「心」の中に含まれていることを意味するものではないとお分かりいただけたことでしょう。それは単純に、宇宙全体そのものが、それ自体で心であるということを意味しています。かつてある僧が、有名な長沙景岑《けいしん》（九世紀）に尋ねました、「山、河、大地（すなわち全宇宙）は、どのようにして自分自身に還元できるのだろうか」と。禅師は「山、河、大地は、どのようにして自分自身に還元できるのだろうか」と答えました。この問いと答えは、互いに一字一句同じです。しかし、それらは全く異なる覚知の次元から生じています。質問した僧は、経験的レベルで「一切は〈心〉である」を理解していますが、それがどれほど哲学的に洗練されたものであろうと、宇宙全体をただ一つの心に還元することがいかに可能であるのかと考えています。「心」という語そのものが、経験的自我の意味で扱われていることに注意したいと思います。長沙の答えは修辞的な問いです。彼が言いたいのは次のことです。宇宙全体をただ一つの心に還元することは絶対的に不可能である。それは、宇宙全体が最初から心であり、両者に違いはないからである。この理解では、「外的」自然としての山、河、大地と、「内的」領域としての心とのあいだには、何の対立もありません。外的自然を「内的」合一へ同化させる「心」はないのです。

VI　究極的リアリティのフィールド構造

今や私たちは、禅の認識論の基本構造をより理論的に分析することができます。その目的のために、私たちの解明に「フィールド（場）」という概念を導入することを提案したいと思います。事実、これまで「心」というキータームで議論してきた内容は、哲学的には、特別な種類の動的な「フィールド」として表現することができるでしょう。その動的なフィールドからは、抽象化をとおして、知覚する「主体」が得られ、また抽象化をとおして、知覚される「客体」が得られるのです。このように理解されるフィールドは、全体の原初的で元のままの合一性を指示していますが、それは私たちが現象世界を経験するに際して、認識論的な前提として機能しています。

このような関係性の中では、禅の哲学的思考、もちろん仏教一般の哲学的思考は、実体というカテゴリーの代わりに関係性というカテゴリーに基づいており、そのカテゴリーを中心にしているということを、私たちは心に留めておかなければなりません。あらゆるもの、存在世界全体は、関係性の視点から見られるのです。自己実在的で自己充足的として見なされるものは存在しません。「主体」が「主体」であるのは「客体」と関わっているからです。「客体」が「客体」であるのは「主体」と関わっているからなのです。この体系においては、物自体(Ding an sich)というようなものは存在しません。それ自体というものは断固として否定されます。と申しますのは、物(Ding)とは「主体」という光に照らして、初めて物として確立できるからです。それと同様に、物の領域と関わりを持たない「心」も「主体」も存在しません。このように本質的に「客体」に関わっている「主体」は、前述しましたように、個人的な「心」と普遍的な「心」の双方ですので、事物全体、すなわちフィールドそれ自体もまた、必然的に関係性という性質を帯びたものでなければなりません。そのことは事実、感覚的なものと超感覚的なものとのあいだの「関係」そのものなのです。

こうした見方に照らしてみれば、私たちが通常「心」(または「主体」、「意識」など)と呼び、またそのように見なしているものは、抽象的なものに他なりません。それは意識的であれ無意識であれ、根源的に無分節なフィールドを能動的な領域と受動的な領域へと分節し、それを独立して実在的な存在として確立するときに得られる概念あるいはイマージュです。同様に、「客体」あるいは「事物」は、「受動的」な領域へのフィールドのある種の抽象的な屈折によって、無分節なフィールド全体から取り出された抽象的なものなのです。

しかしながら、禅はこうした考察では満足しません。禅はさらに、私たちに次のような段階にまで到達すべきことを主張します。つまりその段階とは、根源的に無分節なフィールドが、私たちの知性によって「主体」と「客体」のどちらかへ二元化される活動を経ることなく、自由に自発的に自己分節するのを目撃できる段階のことです。こうしたフィールドの自己分節においては、フィールド全体が関わっており、あれこれ特定の領域ではないことに注目することが重要です。こうした場合における「主体」とか「客体」は、抽象的なものである代わりに、フィールド全体の全的な具体化あるいは現成化なのです。そこで、この講演の前半部分で用いた特定の範式体系に戻りますと、根源的な無分節状態におけるフィールド全体を範式 SEE で表現すると、自己分節化される同じフィールド全体は、I SEE THIS と範式化されるでしょう。この I SEE THIS の範式は、フィールド全体が自らを主体として現成させようが、客体として現成させようが、同じものであり続けなければなりません。したがって、こうした特別な文脈では、主体Iは I（= I SEE THIS）を意味します。同様に、客体 THIS は、（I SEE THIS=）THIS ということになります。

この段階では、たとえば、私が「私（I）」と言うとき、そのことによって私の経験的自我を意味しているのではありません。そのことが意味しているのは、むしろフィールド全体の具体的な現成としての「私」です。この段階における「私」とは実際に「私」にほかならないのですが、それはいつでも自由に「これ（THIS）」に転成して、「これ」の形態で現れることができる「私」であるという意味で、限りなくダイナミックで可動的な「私」なのです。それと同様に、「これ」も固定的な「これ」ではありません。それはいつでも「私」と同化することができ、「私」の一側面として、あるいは「私」の形態として働き始めるような「これ」なのです。こうしたこと全てが可能となるのは、ただ、「私」と「これ」の各々が、同じフィールド全体の全面的な現成であるからにほかなりません。

こうした主体と客体のあいだのダイナミックな関係を見事なまでに描写しているのが、歴史的に、禅の公案の中でも最も重要なものとして数えられている次の逸話です。この逸話には、禅仏教の黄金時代における二人の優れた人物が登場します。一人は馬祖道一《ばそどういつ》（七〇九―七八八）であり、もう一人は百丈懐海《ひゃくじょうえかい》（七二〇―八一四）です。百丈は後に最も偉大な禅師の一人になりますが、この逸話では、いまだ馬祖の若き弟子の一人です。『碧巌録』に記録されている逸話は次の通りです。

聴け！　馬祖が百丈を伴って、いずれかへと赴く途上、突然、野鴨が彼らの頭上を飛び去っていった。馬祖は「あれは何だ」と尋ねた。百丈は「野鴨です」と答えた。馬祖は「あれはどこへ飛んで行くのだろうか」と尋ねると、百丈は「もう飛び去ってしまいました！」と答えた。馬祖はいきなり百丈の鼻を摑んでねじり上げた。百丈は痛みに「いて！」と声を上げた。師である馬祖は即座に述べた。「どうして野鴨が飛び去ったと言えるのか。」

（『碧巌録』第五十三則）

ここでは、若き百丈は飛び去る野鴨を見上げています。野鴨は、それを見つめる百丈とは異なる客体として存在しています。百丈の眼には、野鴨はまるでそれ自体で実在しているかのように映っており、さらに自己実在的な野鴨が飛び去って地平の彼方に消えていったかのように映っています。自分の鼻を摑まれてねじ曲げられたそのとき、野鴨は彼の心の動きと独立して存在する「客体」なのではなく、野鴨が彼自身とともに、あるいはむしろ彼自身として、まだそこにいるということが、彼の心に閃光のように生じるのです。彼の眼には、彼自身と野鴨を包摂するフィールド全体が生き生きとして、それ自身を露わに開示していると映ります。この時、百丈は悟りに到達したと言われています。

この逸話は、フィールドの「客体的」側面（野鴨によって表現される）から、その「主体的」側面（百丈自身によって表現される）への強調点の転換という興味深い例を示しています。このように結果として、フィールド全体の力動性が即座に理解されるのです。

次の逸話は禅の公案としては、今読みました逸話よりも有名なものですが、強調点の転換が全く逆方向、つまり、「主体的」領域から「客体的」領域へと転換します。別の表現をしますと、私たちはここでI SEE THISのフィールド全体がTHISという一点に還元されて、そのように私たちの目前に現れるのを見ることになります。この公案は趙州《じょうしゅう》(29)（七七八―八九七）の庭前《ていぜん》の柏樹子《はくじゅし》として知られ、有名な公案集『無門関』に記録されています。

ここには、次のように書かれています。

聴け！　かつて一人の僧が趙州に尋ねた。「教えてください。祖師達摩が西からやってきた意義は何ですか。」　趙州は答えた。「庭前の柏樹子！」

（『無門関』第三十七則）

この僧は菩提達磨《ぼだいだるま》（?—五三〇?）がはるばるインドから中国にやってきたという歴史的出来事の意義について尋ねています。彼の意図は明らかに、生きた禅の世界へ実存的に参入することができるように、内側からこの出来事の意義を摑み取ることにありました。趙州が与えた回答すなわち「庭前の柏樹子！」は、大変ぶっきらぼうで予期しないものでしたので、この僧を困惑させました。

この言明の内的メカニズムは、野鴨と百丈の逸話に示されていたものと全く同じです。ただ今回は、フィールドのエネルギーが逆方向へと屈折しています。趙州はぶっきらぼうにこの僧の面前に、リアリティのフィールド全体を柏樹という最も生き生きとした具体的な形で提示しています。言いかえますと、馬祖が百丈に対して行ったI（=I SEE THIS）としてのフィールドを提示する代わりに、趙州はそれを（I SEE THIS=）THISとして提示しています。このことが示しているのは、趙州が提示する「柏樹《はくじゅ》」は、単に、あるいはただの「柏樹」ではないということです。それは、ここで「柏樹」がフィールドの重さ全体を担っているからです。柏樹、リアルで具体的な柏樹は、そのままでありながら、無のまさに深みから生まれ出たものとして、すなわち、時間的なものと現象的なものの次元において、この現在の瞬間に、この特定の場所で現成する「永遠の今」として、私たちの目前に立っています。庭における一本の柏樹には、リアリティのフィールドが帯びるエネルギー全てが集中しています。

牛頭法融《ごずほうゆう》（五九四—六五七）は次のように言います。[30]

一塵が飛んで、空《そら》全体が曇る。一芥が落ちて、全大地が覆われる。

さらに、宏智正覚《わんししょうがく》（一〇九一—一一五七）[31]は次のように述べています。

〈リアリティ〉（すなわち〈フィールド〉）には、それ自身の明確な側面は存在しない。それは事物に合わせて自らを現す。〈智慧〉（すなわちI SEE）には、それ自身の明確な知識は存在しない。それは状況に応じて輝く。見よ！　青竹は落ち着いた緑色をしている。黄色い花は存分に黄色である。何でも好きな物を手にとって見てみよ！　あらゆる事物に、〈それ〉（IT）はむき出しで現れている。

禅の哲学的な見方からすれば、語の真の意味において、「具体的」あるいは「リアル」な事物はこうした性質を持っています。私たちがふだん具体的な事物と見なしているもの、すなわち、アリストテレスのいう「第一実体」は、禅の視点から見ると、抽象的な存在にすぎず、「リアリティ」ではありません。禅にとって、真に具体的な個的なものは、絶対的かつ普遍的なものが滲透し貫通した、あるいはむしろ、それ自身が絶対的かつ普遍的である、個的で具体的なものです。柏樹は特定の個的なものです。それは「これ」（THIS）です。しかし、「これ」であることによって、それはI SEE THISの具体化したものにほかなりません。言いかえますと、それは宇宙全体が具体化したものです。ここでの柏樹は、リアリティのフィールドの焦点なのです。すでに見てきましたように、「〈心のリアリティ〉は宇宙全体に遍満し貫通」していますが、それは「実際に説法を聴いている具体的な人物」において現成すると臨済は述べています。今や、そのことで臨済が本当に何を言おうとしたのかを理解することができます。臨済が事物全体を提示するのは、人の形態においてです。すなわち、リアリティのフィールド全体の主人、絶対的自己という意味における「主体」においてなのです。趙州はそれを柏樹の形態において、すなわち、全く同じフィールドの絶対的な中心という意味での「客体」において提示します。どちらの方向から接近するにせよ、人はどのみちフィールドそのものに出会うことになります。

この問題について留意すべき最も重要なことは、フィールドの現成化あるいは具体化として庭の柏樹を見ることが、具体的な事物を超えた「何か」、すなわち超越的に絶対的なものを見ることを意味しないということです。中国で完成した華厳哲学に続いて、禅は強調して、現象的なものの背後に存在する形而上的なものを否定します。

全く逆に、禅は現象的なものそれ自体を――もしこうした造語が許されるとすれば――「絶対化」します。具体的なリアリティにおける柏樹は、まさにこの瞬間に、この場所において絶対的なものなのです。それは絶対的なものの「自己顕現」ですらありません。と申しますのは、絶対的なものには、それ自身を顕現させるための場所が、それ自身「以外」にはないからです。それこそが、フィールドの「客体的」側面の構造なのです。

Ⅶ　人間の禅的イマージュ

前節での議論によって、禅が考えるリアリティは、エネルギーに溢れたフィールドとして最もよく表現できるということが明らかになったことでしょう。それは二つの主要な力の源、すなわち主体と客体によって構成されるある特別な緊張状態です。ここでの〈主体〉の語は、I（=I SEE THIS）の意味で、すなわちフィールド全体の現成として理解され、また〈客体〉の語は、（I SEE THIS=）THIS の意味で、すなわち再び、同じフィールドの現成として理解されます。これらの力の均衡がいかに微妙に保たれているのかについても、すでに見てきました。これら二つの領域に向けて、その内的エネルギーは曲折しながらも、フィールドそれ自体は自らを喪失することはありません。しかし、その均衡を保っている実際の、すなわち意識的なポイントは、純粋な主体性のポイントから純粋な客体性のポイントまで、フィールド全体を貫いて、常に動いていることが見いだされます。（次のように）四つの主要な形態に明らかに区別することができます。

一、時として、あたかもフィールドが完全に安定を保っていて、安定の中心としてフィールド全体において特に目立った点がないような状態です。そのとき、フィールド全体は、極度の緊張状態、絶対的で不変的な「照明」状態、そこでは人間がいかなるものも意識しない「覚知」の状態に保たれています。この状態では、「主体」も「客体」も存在しません。「私（I）」も「これ（THIS）」もフィールドの表面からは消えます。これが禅でよく言う「〈リアリティ〉の根源的状態においては、絶対的に何もない」〔本来無一物〕という状態です。それはまた、しばしば東洋の哲学において、東洋的無と言われております。

二、しかし時として、こうした永遠の「静寂」から、突然、主体のまばゆいほどの意識が生起します。フィールド全体を均しく満たしてきたエネルギーが、今や静寂の状態から現れ出て、フィールドの「主体的」領域へ向けて流れだし、最終的に主体へと結晶化します。そのとき、フィールドは全体で「私」の輝くポイント内に現成します。他には見えるものは何もありません。全世界が「私」だけになります。こうした状態において、禅師は「私は独り、高峰の頂に坐る」と言うでしょう。私独りで、他には何もありませんし、また、だれもいないのです。しかしながら、ここで重要な点は、ここでいう「私」が経験的自我ではないということです。この「私」はフィールド全体の主体的な結晶化なのです。したがって、「私は独り、高峰の頂に坐る」という言葉は、宇宙全体が山の頂に、人間とともに、またはある一個人の人間という形で坐しているということを暗示しています。

三、さらに時として、その安定から現れ出たエネルギーが、フィールドの「客体的」領域へと流れ込みます。そのとき、ただ見えるのは客体、すなわち、限りない「空虚」の只中に聳え立つ柏樹です。いつ何時でも、主体へと結晶化できる同量のエネルギーは、客体の出現においても集められるのです。

四、最後に、フィールドは再び、元の「静寂」の状態へと戻りますが、今度は、主体と客体の両者も、フィールドの中に固有の場所を与えられているという違いがあります。一見したところ、私たちは慣れ親しんだ元の日常的経験の世界、すなわち「花は紅、柳は緑」の世界へと戻ってきます。しかしながら、その内的構造に関しては、私たちが慣れ親しんだこの世界は、純粋な経験的自我の目をとおして見た同じ世界とは、限りなく異なっています。と申しますのは、私たちが慣れ親しんだこの世界が、今度は、原初的な純粋性と無垢さの中で開示されるからです。無の深淵へと落ちて自らを失った経験的世界が、今や通常とは異なる清新さを伴って再生するのです。道元は言います。「ここで我々が気づくのは、山、河、大地は元々、純粋で静穏なものであって、（ふつうの人間の目をとおして見た）山、河、大地とは決して混同すべきではない[32]。」同じ考えは、次のように、より詩的な形で表現されています。

風が止んでも、花はまだ散る。
鳥がさえずるとき、山はその沈黙と静寂を深める。

「風が止む」とは、存在世界全体が無という永遠の静穏さへと戻ることを示しています。しかし、「花はまだ散る」、つまり、それは全ての事物が元の経験的な動きの中で、いまだ生き生きと具体的に存在していることを示しています。「鳥がさえずるとき」、それは経験的な次元の中で、事物が鮮やかに現前するというまさにその理由によって、「山はその沈黙と静寂を深める」、つまり、無はその計り知れない深みにおいて、それ自身を感じさせるのです。

宋代に生きた臨済宗の偉大な禅師であった虚堂智愚《きどうちぐ》（一一八五―一二六九）に、ある人が尋ねました、「教えてください。祖師が西から来た意義は何ですか」[33]。彼は次のように答えました。

山は深く、客はだれもやって来ない。
一日中、猿の鳴き声を聞いている。

したがって、フィールドのダイナミックな構造は、I（=I SEE THIS）と（I SEE THIS=）THIS のあいだの独特な緊張によって構成されています。それはちょうど今、説明しましたように、四つの主要な形態で現成することが可能ですが、そのことについては、今日、一般的に臨済の「四料簡」として知られるものへと範式化した臨済が、最も明確に理解していました。

「四料簡」という表現は、禅師が自分の弟子たちの熟達の度合いを測るための四つの基本的な基準という意味です。しかしながら、注目すべき点は、この独特な表現、あるいはこの独特な問題理解の仕方が、臨済自身が始めたものではないということです。それは必ずしもこの問題に対する臨済独自の理解を表しているわけではありません。この表現はむしろ、臨済宗の展開過程において、臨済が描いた四つの状態が弟子たちの禅的意識の深さを測るために、禅師たちによってしばしば用いられるようになったという歴史的事実にその起源があります。臨済の意図とは、まず第一に、同じリアリティのフィールドが想定することができる四つの主要な形態を理論的に確定することであり、さらに、それによってフィールドのダイナミックな構造を示すことだと思います。

『臨済録』から、関連する一節を翻訳してみたいと思います。

かつて、師は夕方の説法のときに、修行僧たちに次のように語った。

「時として、人（すなわち「主体」）は奪われる（すなわち、完全に否定される）が、環境（すなわち「客体」）は損なわれないままである。時として、環境は奪われるが、人は損なわれないままである。時として、人と環境がともに奪われる。時として、人と環境がともに損なわれないままである。」

そのとき、僧の一人が進み出て尋ねた。「人が奪われて環境が損なわれないままであるとは、どのようなものですか。」

師は答えた。「春の陽光が大地全体を覆うとき、大地は色とりどりの織物を織る。新生児の長い垂れ髪をしている。その髪は紡ぎ糸の束のように白い。[34]」

僧は尋ねた。「環境が奪われて、人が損なわれないままであるとは、どのようなものですか。」

師は答えた。「国王の命令が全世界に浸透するが、[35]前線に留まる将軍は戦いの騒ぎを起こさない。」

僧は尋ねた。「人と環境がともに奪われるとは、どのようなものですか。」

師は答えた。「遠く離れた二つの地方は、中央の政府と連絡を絶った。」

僧は尋ねた。「人と環境がともに損なわれないままであるとは、どのようなものですか。」

師は答えた。「王が城の上から見下ろすとき、人々がその地で平和な生活を楽しんでいるのを、彼は見

（『臨済録』二五—二六頁、三四—三五頁）

る。」

これらの四つの状態〔四料簡〕のうち、最後の状態、すなわち人間と環境がともに損なわれないままであるという状態〔人境倶不奪〕が、禅的意識の最高の程度を表現していると一般的に考えられています。存在論的には、この状態は華厳哲学でいう事事無礙《じじむげ》法界《ほっかい》、すなわち「全ての事物事象のあいだに存在する、妨げられない相互滲透の形而上学的次元」と呼ぶものに対応しています。それは、存在世界が限りなく巨大な宝石のネットワークとして現れ、その宝石の各々は輝いて他の全てを反射するという形而上学的次元のことです。さらに華厳宗においても、この「次元」はリアリティの最高かつ究極的なヴィジョンの対象と考えられています。しかし、臨済のような禅師の立場から見ますと、先ほど説明しました四つの状態のそれぞれは、それ自体、フィールドの全的な現成の形態なのです。言いかえますと、フィールドとは非常に可動的で微妙に流動的ですので、もし「主体的」側面が強調されますと、事物全体は主体へと変容し、逆に、もし「客体的」側面が強調されますと、事物全体は客体へと変容するのです。同様に、もし何も見えなければ、そこには主体も客体も存在しません。しかし、もしフィールド全体が等しく強調されますと、主体も客体も存在するとともに、世界は個々の事物の多様性の、広大で限りのない合一として見られます。これらのうち、どの外見的な形態をとろうとも、フィールドは常にその元の状態、すなわちI SEE THISという状態に留まっています。

　したがって、フィールドは存在世界の純粋に「客体的」側面、すなわち「心」の外側に存在するものとして考えられる「自然」とは混同されるべきではありません。さらに、純粋に人の「主体的」意識とも混同されるべきではありません。「主体」を「主体」として、すなわち意識を意識として、さらに「客体」を「客体」として、すなわち自然を自然として確立するのは、ある意味では、「主体」と「客体」とのあいだのまさにこの区別を超越し、自己限定によって、時には主体として、またある時には客体として顕現する何かなのです。

　臨済が独自の「人間」のイマージュを打ち立てたのは、そうしたリアリティに関するフィールドの理解に基づいています。彼にとっては、人間こそがまさにフィールドです。彼の見方によりますと、人間とはフィールドが個人として、人間として現成したものなのです。そして事実、フィールドには、その他の類型の現成は絶対に存在しません。私たちが分析しましたリアリティのフィールドの動性とは、個人をとおしてのみ、その意識の内的変容をとおして初めて実現することができます。こうした意味で、人間は宇宙全体が現成する場なのです。さらに、人間というこの場において、実際に現成が起こるとき、この「人間」は臨済が言うところの「無位の真人」へと変容します。フィールドの全的現成として、この真人はフィールドの動性を体現します。今や彼は自らをI（=I SEE THIS）として実現します。彼は今や（I SEE THIS=）THISであるのかもしれませんし、無すなわち全くの（I SEE THIS）でもあり得ます。さらに彼は赤裸々に分かるほどの（I SEE THIS）でもあり得るのです。彼は完全に自由です。臨済が「〈人間〉はどの場所にいようとも、その場の絶対的な〈主〉となる」（『臨済録』三十六、六〇頁）と言うとき、彼が言っているのは、フィールドの直接的現成として、人間を特徴づけるこの種の自由です。

したがって、臨済の言う「人間」のイマージュは、常識的な視点から見ますと、極めて把握しにくいものであることが分かります。それが把握しにくいのは、矛盾した方法で「人間」を提示するからです。そのイマージュは必然的に矛盾した形態をとらなければなりません。それは、その基盤を形成するリアリティのフィールドが、それ自体、感覚的なものと超感覚的なものとの矛盾した合一であるからです。

臨済が提示する「人間」のイマージュは、元来、目で見て、耳で聞き、舌で話すなどを行う感覚的な「人間」のイマージュ、要するに、自己意識的な経験的自我としての「人間」のイマージュではありません。それはむしろ、日常的経験レベルを超えて存在しながら、全ての感覚器官を活動させ、知性をあるがままに機能させる超感覚的な「人間」のイマージュです。とはいえ、他方では、こうした超感覚的・超経験的な人間は、経験的な「人間」から独立しては活動することはできません。

したがって、人間がリアリティのフィールドの全的な現成であるかぎり、一方で、自分自身のうちに宇宙全体を包含している「宇宙的人間」――臨済が言うように、「〈存在〉世界全体に滲透し貫通する心のリアリティ」――であり、他方では、彼はフィールドの全エネルギーが集中する点として、まさしく今ここに実在し生きている具体的で個的な「人間」です。人間とは個人であり、かつ超個人なのです。

もし私たちが「個人的」な側面から「人間」に近づこうとすれば、具体的で個的な人物には、もう一人別の人物が生きていると言わなければならないでしょう。彼の中に生きるこの別人は、あらゆる時空の限界を超えています。それは、この別人が最も直接的に具現しているフィールドが、「永遠の今」であり「遍在する此処」であるからです。しかし、常に至る所で、彼は具体的な個的人物とともにあるか、あるいは、その個人と完全に一体化しています。事実、臨済はこの二人の人間のあいだに、全く不一致を認めていません。個人が行うことは何でも、普遍的な人物が行っているのです。たとえば、個的な人間が歩くとき、実際に歩いているのは普遍的な人物です。普遍的な人物は、ただ個的人物の手足を通じてのみ行動します。臨済が決して飽くことなく、弟子たちに対して、彼ら自身でもって、さらに彼ら自身をとおして分からせようとしたことは、こうした人格の二重構造なのです。

しかしながら、ほとんどの場合、臨済の弟子たちはただ混乱して狼狽するだけです。それは、弟子たちが自分の内にある普遍的な人物に注意を向けようとする瞬間に、その普遍的な人物が消え去ってしまうからです。弟子たちがふだん通りに歩くとき、この普遍的な人物は弟子たちとともにいます。普遍的な人物は弟子たちとともに歩いています。あるいはむしろ、弟子たちの足で歩いているのは普遍的な人物です。しかし、弟子たちが歩くときに、自ら歩くという行為を意識し始めるその瞬間、この普遍的な人物はもはや、そこにはいません。彼はすでに弟子たちが知らぬ所へ退いてしまっています。この一見奇妙な現象は、何かに注意を向けること、何かに向けて意識の照明を当てることが、それを客体化することを意味するという実に単純な事実によって起こります。絶対的自己すなわち純粋な主体性である普遍的な人間は、「客体」の位置に置かれますとすぐに、彼自身であることを必然的に止めざるを得ないのです。

　こうした困難さにもかかわらず、臨済は並外れた迫力で、弟子たちに自分自身の内にある、二人の人物の絶対的な合一を、決して客体化することなく、直接無媒介に把握するように要求します。

> ある日、師は講堂に坐って言った。「お前たちの赤い肉体には、無位の〈真人〉がいる。彼は常にお前たちの顔の門（すなわち、感覚器官）から出たり入ったりしているのだ。まだ彼に会ったことがないのなら、捕まえよ、今ここで捕まえよ！」
> そのとき、一人の僧が進み出て尋ねた。「この〈真人〉とはどのような者なのですか。」
> 師は席から下りて、その僧に摑みかかってせき立てた。「言ってみよ、言え！」
> その僧は一瞬ひるんだ。
> 師は即座にその僧を押しのけて言った。「ああ、おまえの無位の〈真人〉は、何と役立たずの屎《くそ》べらであることよ！」そしてすぐに、師は自分の部屋へと引き上げた。
> （『臨済録』一三、一九頁）

　僧は「一瞬ひるんだ」、すなわち、彼は妥当な回答をするために準備したのです。しかし、まさにその瞬間、思考の分別行為が押し入ってきます。つまり、真人が客体化されて消え去ってしまいます。真人は「客体」として表現されるとき、「乾いた屎《くそ》べら」〔乾《かん》屎《し》橛《けつ》〕以上のものではありません。師は暴力的に僧を摑んで、僧の真の自己に他ならない真人を、即座に見るように促します。師が一見、暴力的で衝動的な行動に訴えるのは、その僧に真人を客体化することなく、自らの純粋な主体性の内に真人と出会わせたかったからです。しかしながら、その僧はそれをし損ないました。その僧は真人になる、あるいは単に真人である代わりに、ほんの一瞬だけでも、真人について考えることを試みることによって、自分自身の真人を客体化してしまいました。しかし、このように一度たりとも客体化されてしまいますと、真人はもはや「無位」ではなくなります。真人は時間と空間によって、ありとあらゆる規定や境界によって制限されてしまいます。ここで「今」はもはや、この瞬間に現成している「永遠の今」ではありません。「ここ」はもはや、この場所で現成している「遍在する此処」ではありません。

　これまでに読んできたくだりで示された真人のイマージュ、すなわち、いかなる瞬間にも、肉体に入ったり抜け出たりする「だれか」のイマージュは、実際には修辞的な技巧です。実を言いますと、二人の人物が一人の人物に一体化していることについて語ることさえ間違っているのです。私たちの分析的な知性が一方と他方を区別し、修辞的な技巧によって、(1)赤い肉体の分厚い塊と(2)全ての時間的かつ空間的な限定を超えた真人として表現される二人の人物は、実際には絶対的に同一の人物です。臨済が理解した真人とは、感覚的なものと超感覚的なものとが二分化される以前の、絶対的合一性における感覚的かつ超感覚的な人物なのです。

　禅の哲学史に関して、臨済の思想の最も顕著な特徴を成しているのは、この講演において議論してきたこと、すなわち、まず伝統的な仏教のキータームである「無心」あるいは「心」のもとに、さらには、現代哲学のキータームであるフィールドのもとに議論を重ねてきたことを、臨済がこのように生き生きとした「人間」のイマージュへと結晶化させたという事実なのです。しばしば指摘してきましたように、臨済の思考全体は「人間」に焦点を当てており、世界観全てが真人のイマージュの基盤の上に築かれています。臨済が「人間」の名のもとに実際に扱っているのは、客観的に言いますと、大乗仏教一般で「法《リアリティ》」、「空」、「真如」、「心」などの語によって、ふつう言及されるものとほとんど同じものです。しかし、この問題について彼が取った独自のアプローチは、東洋哲学における最も顕著な特徴の一つを明らかに照らし出しています。すなわちそれは、リアリティがその姿を人間に開示する客体的な次元を規定するに際して、人間の主体的な次元に与えられた決定的な重要性です。さらにとりわけ、臨済のアプローチは次のような事実を私たちに痛感させます。つまりその事実とは、禅によりますと、リアリティの最高の次元、すなわち絶対的に赤裸々で汚れのない根源性におけるリアリティが、私たち自身の主体性の極限においてのみ、つまり、私たちが徹頭徹尾、自分自身になりきっているときにはじめて、私たちの目に見えるようになるということなのです。

注

＊ 第三八回エラノス会議（一九六九年開催）のテーマは「人間のイメージの意味と変化」（Sinn und Wandlungen des Menschenbildes）。『エラノス会議年報』第三八号、一九七二年所収。

（1）著名な黄檗（八五〇年没）の弟子の一人であり、臨済自身もいわゆる禅宗五家（臨済宗）の祖師である。臨済は唐代に限らず、禅仏教史を通じて最も偉大な禅師の一人である。実用的かつ論理的な彼の教えは、『臨済録』に記録されている。これは彼の死後、弟子たちによって編集されたものである。本稿では、現代の専門知識が反映された柳田聖山（其中堂、一九六一年）版を用いる。

（2）この点に関連して非常に重要なのが、当代一流の禅師の一人である山田無文が『わたしは誰か』（春秋社、一九六六年）という題名の著書を出版したことである。この著書は、上記の『臨済録』の第一部を現代的に解釈している。この著書において、今日の世界状況の中では、個人として定式化された「人間」の問いについて、これを現代に生きる人々が直面する緊急の問題の一つであると捉えている。

（3）すなわち、仏教でいう「あるがまま（真如）」（tathatā）のこと。

（4）道元は、日本が今までに産み出した最も偉大な禅師の一人である。彼の主著『正法眼蔵』は、禅の観点からの人間と世界に属する諸問題に関する深い思索の記録である。さらに、それは中国・日本に限らず、禅師たちが著した全ての著述の中で、おそらく最も哲学的である。

（5）私たちは「思想」の語に重きを置くことにしたい。それは、悟りという個人的体験に関するかぎり、代表的な禅師たちのあいだには、事実上、何ら差異は見いだせないからである。たとえば、臨済の師である黄檗は、臨済自身と同様に（より偉大ではないとしても）明らかに偉大な禅師であった。しかし、黄檗が自著『伝心法要』において展開した思想は、正直なところ、かなり平凡であり、特に独自の独創性は見当たらない。

（6）『碧巌録』（碧い岩の記録）は十一世紀宋代のものである。

（7）陸亘は、唐代中央政府の行政組織で大変重要な役職にあった高官である。禅仏教では、彼は南泉の弟子であった。

（8）「僧の肇」として知られる。最初は老荘の徒であり、後に有名な鳩摩羅什《くまらじゅう》（三四四―四一三）の教導によって、大乗仏教に転じた。鳩摩羅什は、四〇一年に中央アジアから中国にやってきて、多くの仏教経典と論書をサンスクリット語から中国語に翻訳した。僧肇は鳩摩羅什の弟子たちの中で、最も偉大な弟子の一人とされている。肇は三十一歳で亡くなったが、仏教哲学に関する重要な著作を数多く残した。ことに無あるいは「空」の解釈は、かなり老荘思想的であったが、中国における禅の成立と展開に巨大な影響を及ぼした。彼はまさに禅仏教の先行者の一人とみなされている。

（9）Bertrand Russell, *The Problems of Philosophy*, Oxford: Oxford University Press, 1954, pp. 8–9.

（10）哲学的「本質主義」に対するよく似た反対の立場は、儒教に対する老荘思想の関係にも見受けられる。特に『エラノス年報』における拙論「老荘思想における絶対的なものと完全な人間」『エラノス会議年報』第三六号、一九六八年、三八四―四一一頁を参照されたい〔本書三一―八三頁〕。

（11）後者の心理状態は、禅では「真っ暗な山にある鬼の洞窟〔黒山鬼窟〕に住む」と表現される。禅は飽くことなく、無意識のうちに、そうした洞窟に落ち込むことを避けるように、私たちに気づかせようとする。

（12）この経典は、まずサンスクリット語から鳩摩羅什によって漢訳され（注8を参照）、特に中国禅第六祖の慧能の時代から、禅仏教の哲学的精緻化に大いに影響を与えた。この経典は、無と全ての事物の「無我性」に焦点を置いている。

（13）次の分析では、佐藤通次教授が『仏教哲理』（理想社、一九六八年）の中で提唱した範式をかなり修正した形で利用する。

（14）『コーラン』第八章第一七節〔井筒俊彦訳『コーラン』上、岩波文庫、一九五七年、二八七頁〕。この一節は、「神」自身が語り手であり、次のような有名な〈伝承《ハディース》〉と全く同じ考えを表現している。「私は彼の耳であり、視線であり、舌であり、手であり、足である。それゆえ、彼が聞くのは〈私〉を通じてである。彼が見るのは〈私〉を通じてである。彼が語るのは

〈私〉を通じてである。彼が摑むのは〈私〉を通じてである。そして、彼が歩くのは〈私〉を通じてである。」

(15) この説明は、この段階では全く恣意的なものに見えるかもしれない。私たちはその過程全体を分析し終えてはじめて、その妥当性を議論することができるであろう。ここでの説明は、禅心理学に関するただ単に現象学的分析として、そのまま受け取らなければならない。

(16) 増田英男『仏教思想の求道的研究』創文社、一九六六年、二一九—二二一頁参照。仏教のこの側面に関するより詳細な哲学的考察については、西谷啓治『宗教とは何か——宗教論集 一』創文社、一九六一年、一三五—一八七頁を参照。

(17) 傅大士《ふだいし》(四九七—五六九)の有名な言葉である。禅師たちはしばしば、この言葉をどのように理解するかによって、弟子の禅意識の深まりを判断する基準とみなしてきた。

(18) こうした点は、特に注意すべきである。それは、ここで主体的無と呼ぶものと同じものを示している「涅槃」(nirvāṇa)の語が、しばしば意識の全面的な消滅を意味すると誤解されてきたからである。

(19) このように考えられる無のフィールドは、老荘思想の荘子の形而上的な渾沌と比較することができる(老荘思想に関する拙論『エラノス会議年報』第三六号、三八九—四一一頁〔本書一四—四二頁〕を参照)。

(20) 中国語では「三界唯心　万法唯識」。それは「(転成の世界の)三境域はただ一つの心にすぎず、万ある存在物はただ一つの認識にすぎない」という意味である。

(21) 注8を参照。

(22) 「分かりやすい」と「区別しにくい」という二句のあいだの区別は、純粋に修辞的なものであり、漢文や漢詩では、ごく一般的な現象である。

(23) すなわち、「山がそこにあるが、それはとても深い青なので、青空とほとんど区別がつかない」ということである。

(24) 同じようなその他の例については、伊藤英三『禅思想史体系』鳳舎、一九六三年、一九四—二〇〇頁を参照。

(25) 「六つの調和的対応」とは、(1)目と見えるものとの対応によって構成される見、(2)耳と音の対応にもとづく聞、(3)鼻と匂いの対応にもとづく香、(4)舌と味の対応にもとづく味、(5)触知感覚と触れる対象の対応にもとづく触、(6)知性と概念・イマージュの対応にもとづく認識のことである。

(26) 後に見るように、臨済の思想における人間とは、大変独特に把握される「心のリアリティ」に他ならない。

(27) 龐蘊は、在家の禅者〔居士〕の中で、最も優れて際だった一人であった。この言葉を含む逸話は、上述の『碧巌録』第四十二則に見られる。
(28) 黄龍は臨済宗の偉大な禅師であり、彼の名にちなんだ臨済宗の一派、黄龍派の祖であった。
(29) 趙州従諗《じゅうしん》。
(30) 牛頭は唐代の有名な禅師。はじめは儒家であったが、後に仏教へと転じた。牛頭は禅仏教における独立した宗派の祖師となった。
(31) 曹洞宗において傑出した存在であり、悟りに到達する最善の方法として「默照」の重要性を強く主張したことで有名である。
(32) 注4を参照。この引用文は『正法眼蔵』第二十五「渓声山色」からのものである。
(33) 趙州の「庭前の柏樹子」に関する逸話において、以前、同じ問いに出会っている。本書の一三〇—一三一頁を参照。
(34) 白髪の新生児、すなわち赤ん坊の老人は不可能であり、それは象徴的に「主体」としてのその人が外見的に存在しないことを示している。
(35) フィールドの全エネルギーが「一人」に結晶化しているということである。

3　禅仏教における意味と無意味

第三九回エラノス会議（一九七〇年）※

I

昨年の私の講演テーマは「禅仏教における自己の構造」でした。今回は、今年の会議の総合テーマに合わせまして、禅における意味と有意味性の問題について論じてみたいと思います。

次の二つの問題、すなわち自己の基本構造に関する問題、および言語と意味の基本構造に関する問題は、これから見ていきますように、分かちがたいほど密接に相互に関連しております。あるいはむしろ、後者は本質的に前者に関連しており、究極的には前者に還元できると言うべきでしょう。と申しますのは、禅のどのような側面を取り上げてみても、どの角度から禅に近づいてみても、最終的には、自己の問題に必ず立ち戻ることになるからです。

このような基本的な理解のもとに、禅が多くの興味深い問題を提示する有意味性というテーマに、すぐに目を向けたいと思います。ご想像のとおり、この問題は非常に特殊な文脈において生じます。それは、禅の言語が全くもって不自然な方法で用いられる傾向にあるからです。禅の文脈においては、言語はたいてい自然な状態を保つことはありません。言語はしばしば、ほとんど意味を成さないナンセンスなものに歪められます。

したがって、禅仏教における意味の問題は、むしろ逆説的な意味で興味深いものです。それは、典型的な禅語のほとんどが、もし私たちが日常的な言語理解の観点からそれらを眺めると、明らかに意味を欠くナンセンスなものであるからです。言語は人間同士のコミュニケーションを目的として存在します。コミュニケーションが必要でなければ、何も語る必要はありません。この基本的な原則は禅にも当てはまります。禅の脈絡の中で、二人の人物が互いに言葉を交わすのを見ると、彼らのあいだに、何らかのコミュニケーションが起きているという印象を自然に受けます。しかし同時に、とても奇妙な事実に気づきます。すなわち、交わされる言葉が、外部の観察者である私たちにとっては、ほぼ意味を成さないナンセンスであるという事実です。使われる言葉が意味を成さないとき、どのようにコミュニケーションは成立するのでしょうか。コミュニケーションがナンセンスな発話をとおして成立するとき、それはいかなる種類のコミュニケーションになるのでしょうか。このような問いこそ、意味のあるコミュニケーションという観点から禅に接近するや否や、まず、私たちが直面する最も重要な問いなのです。

こうした問い全体の核心に焦点を当てるために、前言語的な行動レベルにおける無意味なコミュニケーションの典型例、すなわち、身振りによるコミュニケーションを取り上げることから始めましょう。禅仏教では、身振りは実践的に、言語とほぼ同じ役割を果たします。ただし、言語の方がはるかに複雑な構造を示しています。後で見るように言語には分節、すなわちリアリティの意味分節という重要な要素を伴うからです。こうした分節は、身振りの使用には縁のないものです。身振りは単純で複雑ではないというまさにその理由によって、中心的な問題がどこにあるかに関する予備知識を得るには、身振りはおそらく言語よりも適しております。

これから取り上げる例は、とても有名なものです。それは公案集『無門関』第三則や、もう一つ別の公案集『碧巌録』第十九則にも見られます。それは倶胝《くてい》の一指禅《いっしぜん》として知られる逸話です。

この逸話の主人公は、倶胝という九世紀の有名な禅師です。この禅師は、禅についていつ何時、何を尋ねられても、一本指を立てるのが常でした。禅に関して尋ねられるいかなる問いに対しても、何も言わずに一本指を立てる、これが彼の変わらぬ答えでした。「至高の絶対的な〈真理〉とは何か」――その回答として、無言で一本指を立てます。「仏教の本質とは何か」――その回答として、再び全く同じで、無言で一本指を立てるのです。

さて、一般的な生活状況では、こうした行為には意味がありません。と申しますのは、仮に「あなたの指はどこか」という問いが発せられる場合を除いて、ただ一本指を立てるだけでは、尋ねられた問いに対する筋の通った答えには全くなっていないからです。その回答は理解できません。理解できませんので、回答になっていません。さらに、回答になっていませんので、それは無意味です。しかし一方、私たちは途方に暮れながらも、倶胝和尚の一本指には、何か隠された意味があるに違いない、全くの無意味であるはずがない、と絶え間なく訴えかけるものを感じます。それでは、倶胝和尚が無言で一本指を立てることによって、おそらく伝えようとした隠された意味とは何なのでしょうか。それがまさに問題となります。倶胝の一指禅の意味については、後ほど説明したいと思います。この段階では、問い全体の核心を把握するために、下準備として多くのことを明らかにしておかなければなりません。

ところで、この逸話はこれで終わりではありません。それには、とても重要な続きがあります。倶胝和尚には若い弟子、見習いの少年がおり、和尚に付き従い、寺の内外で仕えていました。和尚の行動パターンを見知っていましたので、和尚が留守のあいだに、人々が禅について尋ねますと、この少年はいつも一本指を立てるようになりました。はじめ和尚はこのことに気づかず、しばらくは全てが順調でした。しかし、ついに決定的な瞬間がやってきました。和尚はこの少年がひそかに何をしてきたのかを耳にしたのです。話の続きは、次のとおりです。

ある日、和尚は袖に小刀を隠して、面前に少年を呼び出して言いました。「聞けば、お前は仏教の真髄を悟ったとか。それはまことか。」少年は「はい、そうです」と答えました。そこで和尚は「仏陀とは何か」と尋ねました。少年は答えとして一本指を突き立てました。突然、倶胝和尚は少年をつかまえて、今しがた突き立てた一本指を小刀で切り落としました。哀れな少年が痛みに泣き叫びながら、部屋を出て行きかけたとき、和尚がその少年に声をかけました。少年は振り向きました。まさにその瞬間、閃光のような速さで、和尚が問いかけました。「仏陀とは何か。」ほとんど条件反射的に、と言えるでしょう。少年は一本指を突き立てようとして手を挙げました。ところが、そこには指はありませんでした。即座に、少年は悟ったのです。

この逸話はおそらくフィクションでしょう。しかし、フィクションであろうと事実であろうと、これは実に興味深く、かつ意義深い逸話です。この逸話が興味深くて意義深いのは、その話が劇的な緊張感をもって語られているからだけではなく、おもにこの逸話全体が禅的体験と呼ぶものを見事なまでに劇的に表現しているからです。禅的体験は、少年が悟りに達する最後の決定的な段階にだけ表現されているわけではありません。まさに初めから終わりまで、逸話全体が禅的精神によって生き生きとしています。この逸話に描かれる出来事の一つひとつが、禅的意識が進展していく特定の段階を劇的に表現しています。しかしながら、さし当たって、この逸話の実際の内容に踏み込んで、分析的に解説するのは止めておきたいと思います。ここでの私たちの関心は、この逸話のより形式的な側面にあるからです。

この逸話が禅的意識の進展の劇的な表現として興味深いのは、もっぱら真に禅の文脈においてのみだ、という点に注目しておきたいと思います。言いかえますと、この逸話は何か肯定的なものを伝えており、禅や他の宗教伝統に見られる禅的なものにすでに慣れ親しんでいる人々にとってのみ、理解することができますし、意味のある逸話なのです。そうでなければ、この逸話全体は、話の展開の中で理解できる段階がまるでないという意味で、おのずと無意味なものになってしまうでしょう。まず、仏教に関する問いを受けるといつも、どうして倶胝和尚は一本指を突き立てたのでしょうか。どうして倶胝和尚は、彼を真似た少年の指を切り落としたのでしょうか。倶胝和尚もはや存在しない指を立てようとしたとき、少年はいかにして悟りに達したのでしょうか。禅の理論と実践の内情に通じている者でなければ、何も理解することができません。

したがって、禅仏教徒にとって有意味なものは、部外者にとって完全に無意味であるのかもしれません。さらに、この逸話の文脈を狭く限定しても、一本指を立てることは、和尚の場合には意味がありましたが、一方、弟子が模倣して行った際には、全く同じ行為が意味を成さないナンセンスなものだと判断されました。また再び、一本指を立てるという弟子の同じ行為は、無い指を立てるという形で行われたその瞬間、決定的な重要性を帯びて、有意味的なものになりました。これら全ての考察をとおして、私たちは次のように考えることができるように思われます。つまり、禅には確固たる基準が定められているに違いなく、その基準にもとづいて、言語的であろうが非言語的であろうが、臨機応変にあらゆるものに意味があるのか、それとも無意味であるかを判断することができます。さらには、一歩踏み込んで、禅の基準は全く独創的であり、一般的な状況の中でふつうに適応される意味の基準とは完全に異なっているために、禅の基準によって下される判断が、一般の基準に従った判断とは全く正反対になりうる——また、大抵の場合はそうなる——に違いないと考えられます。

実のところ、私の講演テーマは「禅仏教における有意味性の基準の問題」とでもしたほうが良かったのかもしれないと思います。と申しますのは、実際には、こういう問題をこの講演で考察してみたかったからです。言いかえますと、私たちに関わる主要な問題とは、禅における有意味性の基準というものがあるのか否か、さらに、もし基準があるとすれば、そうした基準の内的構造を理解できる確かな方法があるのか否か、ということです。

II

有意味性は、現代の知識人にとって、明らかに大きな関心事の一つです。哲学の分野において、イギリス経験論とアメリカ実証主義が意味の問題を極めて重視して展開してきた結果、私たちが言うところの有意味性（と無意味性）の概念は、主要な知的問題の一つとなってきました。

日常の非哲学的な状況でも、しばしば、私たちは「意味をなすこと」の重要性に気づかされます。私たちはよく「意味がある」とか「意味がない」などと自分自身が言っていることに気づきます。この種の判断は、いつも肯定的あるいは否定的な評価を伴っています。あるいは、判断それ自体が価値評価なのです。意味を成さないことはナンセンスなことを話していることであり、何かばかげたおかしなことを話していることにほかなりません。ナンセンスなことを話すのは恥ずべきことだ、と私たちは感じています。したがって、無意味なことを話すのを自然と避けるようにしています。

近年、どうすれば無意味な話や無意味な思考に陥ることを避けられるかを教えるために、一般向けの著書が多く書かれています。いくつか例を挙げますと、一般意味論者のアーヴィング・J・リーが書いた著書の題目は『人々との話し方』であり、重要な副題「人と話し合うときに、トラブルを避けるプログラム」が付いています。ライオネル・ルビー教授が著したより真面目なもう一つ別の著書の題目は『意味をなす技法』であり、その副題は「論理的思考への案内」です。これらや他の似たような著作は、ナンセンスの陥穽を子細に分析して、人々をまっすぐな思考と言われるものに導こうとしています。言いかえますと、これらの著書の著者たちは、言葉をどのように有意味に使うことができるか、ということに関心があります。意味をなすことは今や、一つの技法です。それは、現代の生活において不可欠の特別なテクニックだと考えられます。

こうした視点から見ますと、有名な禅語のほとんど全てが、全くのナンセンスの典型であることは大変興味深いことです。すなわち、ほとんど多くの場合、禅語は、これらの著書において記述される有意味性の基準を満たしておりません。さらに、もっと注目すべきことは、禅の観点から見ますと、有意味性のためのふつうの基準を十分に満たしている通常の言葉や主張が、全くもって意味を成さずナンセンスでさえあるということです。いわゆる「まっすぐな」思考や、いわゆる「有意味な」話は、禅の視点から見ますと、「曲がっており」、無意味であると判断されます。と申しますのは、それらは禅が事物のリアリティとみなすものを歪めて、損ねがちであるからです。たとえば、禅では、次のように言います[1]。

手は空っぽで、両手に鋤を持ち、
足で歩いているが、牛の背中に乗っている。
橋を渡るとき、見よ！
水は流れず、流れているのは橋である。

この禅語は、だれもが分かるように、全く紛れもない矛盾で成り立っていますが、禅では、意味があるのです。実際、禅の文脈では、「手は空っぽで、両手に鋤を持っている。足で歩き、牛の背中に乗っている。水は静止しているが、橋は流れている」と言うのは、「両手に鋤を持っているから、手は空ではない。足で歩いている、だから、牛の背中に乗ってはいない。川は流れており、橋は静止している」と言うよりも、いっそう意味がります。この種のナンセンスな言葉が、禅ではいかにして、何を根拠に意味をもつと言えるのでしょうか。この重要な問いに答えるまえに、ここでもう一つ、いくらか異なる性質の禅のナンセンスな例をご紹介したいと思います。前述しました『無門関』（第十八則）に記録されている極めて短い公案です。

僧が洞山禅師に尋ねた。「仏陀とは何か。」
洞山は答えた。「三斤の麻〔麻三斤〕！」

洞山守初《とうざんしゅしょ》（九一〇―九九〇）は、一〇世紀の名高い雲門《うんもん》禅師（八六四―九四九）の弟子であり、彼自身も傑出した禅師でした。ある日、彼は麻の重さを量っていました。ちょうどそのとき、ある僧がやってきて、突然にこの質問「仏陀とは何か」を投げつけました。この質問は西洋で言えば、「神とは何か」、あるいは「絶対的リアリティとは何か」に等しいものです。洞山は即座に「三斤の麻！」と答えました。禅の文献には、この種の例が多いのです。さらにもう一つ例を挙げますと、洞山の師である雲門は、全く同じ質問をある僧から問われて、ただ簡単に「乾いた屎べら！」と答えました。

かつて、ある僧が雲門に尋ねた。「仏陀とは何か。」
雲門は答えた。「乾いた屎べら！」

これが全てです。門外漢にとって、これらの短い対話は、全くのナンセンスにすぎません。しかし少なくとも、これら二つの禅問答の基底には、確かなパターンが存在していることに気づかれるでしょう。「絶対的なもの」に関する形而上学的な問いへの答えとして、洞山も雲門も、言葉によって具体的なものを質問者の鼻先に突き出しました。洞山の場合は「三斤の麻」、そして雲門の場合は「乾いた」、役に立たない「屎べら」と言いました。洞山はこの形而上学的な質問を受けたとき、おそらく麻の重さを量っていたのでしょう。たまたま、手の中にあった最も具体的なものによって、彼は即座に答えたのです。

禅は極めて具体的なものを好みます。それが禅の特徴の一つです。その例は古い「禅の記録」からいくらでも挙げることができます。有意味性の問題については、現代の実証主義哲学者たちが展開してきた実証の原理が自ずと思い浮かびます。彼らにとっては、実証できるかどうかが有意味性の究極的な基準です。経験によって実証できるものだけが現実として受け入れることができるのです。したがって、指示された出来事や対象の存在を実証する知覚的認識の可能性があれば、そうした場合にのみ、言葉や主張には意味があるのです。「神」とか「絶対的なもの」は、無意味なものであると考えられる言葉の典型的な例です。それは、そのような実在が存在することを実証する知覚的認識の可能性がないからです。

見たところでは、具体的な事物を特に好むことを示す禅は、実証主義者によって確立された実証の規則と一致して行動するように見えます。禅は、学ぶ者に対して大胆にも「仏を殺せ」「祖師を殺せ」、つまり、神を殺せ、と命じます。神や絶対的なものについて語る代わりに、禅師は「三斤の麻」、「乾いた屎べら」「庭前の柏樹子」などと語ります。有意味性に対する実証主義的な判断基準からしますと、これらの言葉や文章は完全に意味があります。それは、これらが全て実証できることですし、特にまさに知覚的な対象の現前において、常に言われているからです。

しかし、これら全ての言葉を元の文脈に置いてみますと、それらは完全に意味を成さずナンセンスになります。つまり、これらの表現のどれもが、対話全体を構成する部分としては意味を成さないのです。僧侶が（A）「菩提達磨がインドから中国へ来た真の意味は何か」と尋ねますと、趙州は（B）「庭前の柏樹子だ」と答えます（『無門関』第三十七則）。この対話はナンセンスです。と申しますのは、質問する僧とその質問に答える師とのあいだに、明らかにコミュニケーションが成り立っておりませんし、AとBのあいだには、理に適った結びつきがないからです。

III

禅はその歴史的展開の中で、数多くの記録文献を生み出してきました。こうした文献の最初期の形式は「語録」として知られるもの、すなわち「偉大な師たち」が述べた「言葉」を集成したものによって代表されますが、八世紀から九世紀に大いに人気を博し始めました。この時期までにすでに広まっていた大乗経典では、あらゆる主要な教説はブッダ自身が説いたものとされていましたが、こうした大乗経典とは異なり、「語録」は禅師個人の言葉や行動の全記録でした。さらに、「語録」は伝記の形式のように、一人の禅師の生涯を継続的に首尾一貫して記述することを目的としておりません。「語録」とは、日常的な状況における禅師の言行の一連の断片的な記録にすぎません。

「語録」の中核をなすのは問答であり、その一つひとつは禅師と弟子あるいは客僧とのあいだという大変具体的な状況の中で行われた個人的な対話です。ほとんどの場合、一つの問いと一つの答えによって構成されるのが問答の典型です。そのために、問答はたいてい、これ以上ないほど簡潔直截です。それはまさに言葉による戦いです。しかも、この戦いは即座に決着がつきます。それはまるで、日本の剣道の達人が二人して戦う真剣勝負のようです。ここには問答法（dialektike）の入る余地はありません。禅問答は長くは続きません。それはプラトンの対話が、与えられたテーマについてその論理的展開と知的洗練の限界まで果てしなく続くのとは異なっています。

むしろ禅問答は、一瞬の言葉の閃きの中に、究極の永遠なる真理を把握することを目指します。こうした言葉の閃きは、精神的緊張が頂点に達した二人の人間のあいだで交わされる言葉であるとともに、生活の具体的で独自の状況において交わされる言葉でもあります。こうした一瞬の問答からは、部外者にとっては、全くのナンセンスという印象を与える結果しか生じないかもしれません。しかし、何も問題はありません。と申しますのは、問答を行う二人の視点からすると、戦いが行われたからです。永遠の真理はその姿を一目現したかもしれませんし、現さなかったかもしれません。しかし、何も問題はありません。真理は一瞬、閃光を放ったのです。

禅問答の本質は、典型的に中国的な思惟方法を最も顕著な形で示しています。中国的な思惟方法は、永遠の真理の何やかやの側面を、繰り返されることのない現実的かつ具体的な状況の中で、即刻即座に把握することを目指しています。中国的な思惟方法のこうした特徴は、あまり緊張感のない表現形式ではありますが、『論語』にも見いだされます。こうした思惟様式は、知性や理性によって抽象的で論理的なレベルで展開される思惟形態とは全く異なるものです。逆にこの思惟様式とは、具体的な出来事や事物によって引き起こされる具体的な生活の只中で展開される独特な思惟様式です。禅の興隆に先立って、大乗仏教が中国にもたらした論理的かつ推論的な思惟方法は、かつて、こうした典型的に中国的な思惟形態を圧倒したことがありました。唐代から宋代にかけて、禅とともに、この思惟形態が息を吹き返しました。一〇世紀から一三世紀にかけての宋代になると、「語録」に見られる代表的な問答の数々が、禅を学ぶ人々の教育や修行に効果的な方法であるとして、「公案」という形式で編纂されました。

禅独自の方法で使用される言葉は全て、言わば限定的な状況で発せられる言葉であると理解されたことでしょう。したがって、問答の中で確認しましたように、日常言語の独特な歪みとか変形があるのです。禅は言語を避けたり、あるいは言語を嫌っているわけではありません。言語が見境なく使われるのではなく、独自の方法で使われるべきものであることを、禅は求めているだけなのです。言葉とは、私たちが「〈リアリティ〉の原初的次元」と呼ぶような唯一の特異な源泉から発せられるべきであると、禅は求めます。リアリティのこうした次元の構造については、後で分析したいと思います。この点について、さし当たり禅にとって決定的に重要なのは、言葉が発せられるその源泉であると指摘することで満足しておきましょう。日常的次元の意識に源泉と基礎を置く類の言語は、禅にとっては無意味なものです。完全な沈黙の方が無意味な話より遥かに良いのです。有名な禅のモットーである「不立文字《ふりゅうもんじ》」とは、言語に対する禅のこうした態度を示しております。

『構造人類学』の一節において、レヴィ＝ストロースは、言語の使用には二つの異なる態度があると述べ、文化パターンという観点から、この二つの態度を区別しています。彼は次のように述べています。

私たち［すなわちヨーロッパ文化］の中では、言語はむしろ無頓着に使われている。私たちは始終語り、多くの事物について問いかける。これは決して普遍的な状況というわけではない。言語との関係において、むしろ慎ましい……文化が存在する。そこでは、言語が見境なく使用されるべきであるとは信じられていない。ただ、ある特別な見地においてのみ、いささか控えめに使用されるべきであると信じられている。(2)

レヴィ＝ストロースがこの一節を書いた際、東洋の諸文化について実際に思い浮かべていたかどうか、私には分かりません。ともかく、その二つの文化パターンのうち、後者について、彼が述べたことは禅の言語的側面にぴったりと当てはまります。

「禅」の語からは、自然に坐禅の実践、すなわち、瞑想して足を組んで坐って行う修行が思い浮かびます。坐禅の状態では、外的な発話は言うまでもなく、内的な発話や心理的な発話についてさえ、言語はその働きを止めることになります。心を集中するという点では、言語は障害にしかなりません。言語は完全に排除されねばならないのです。しかし、いったん瞑想の状態から離れますと、禅の弟子は師から「何か言え、何か言え」と、今すぐにも言語を使うように求められます。もちろん、むやみやたらにではなく、非常に特別な見地において、言語を使うことを求められるのです。事実、ある意味において、現存する宗教の中で、禅仏教ほど発話や会話を重視する宗教はありません。師はしきりに弟子たちに、口を開いて何か言えとせき立てます。師は弟子に「一句を発せよ」、すなわち、決定的な一句を発するように命じます。何か言えと弟子に問うことは、禅の修行階梯において欠かすことのできない部分に当たります。というのも、弟子が口を開いて「一句を発する」瞬間、弟子の精神がどれほど成熟したか、その正確な度合いが師の眼には露わとなるからです。

しかしながら、ここで弟子に要求される言語行為は、極めて特殊な性質をもっていることに着目するのが重要です。それは通常の意味での発話でも、沈黙を続けることでもありません。求められているのは、発話や沈黙という次元とは全く異なる意識の次元から、言葉がほとばしり出ることなのです。

世に知られる松源《しょうげん》〔崇岳《すうがく》〕（一一三二―一二〇二）禅師の「三転語」[3]の一つは、「発話とは舌を動かすことではない」ということでした。すなわち、禅の観点からすると、人間が話すのは舌によってではないということです。もう一人別の高名な禅師である百丈懐海は、かつて弟子たちに「喉、唇そして口をもぎ取られた状態で、お前たちはいかに話すことができるか」（『碧巌録』第七十則―第七十二則）と尋ねたと伝えられます。ここで彼は喉、唇そして口を用いずに、何かを言うように弟子をせき立てているのです。真の禅の文脈で理解される言語とは、発声器官がたとえ機能していても、あたかもそれら器官を使用していないかのように動かさずに行う発話行為の中にあることを、一見すると非条理なこの要求はただ率直に示しています。

この点を理解するために、私たちが思い出さなければならないのは、大乗仏教の一派として禅が、少なくとも理論化の初期段階では、[4]リアリティの二つのレベルの基本的な区別を是認しているということです。一つはいわゆる「聖なる真理（聖諦）」であり、サンスクリット語の *paramārtha-satya* に対応します。もう一つは「慣習的あるいは世俗的な真理（俗諦）」であり、サンスクリット語の *saṃvṛti-satya* に対応します。前者は禅仏教で「第一義諦」とも呼ばれ、悟りという実体験をとおして初めて明らかになるリアリティの極めて特殊な観点を指し示しています。リアリティの原初的レベルの内的構造については、後で明らかにするつもりです。それに対して、「第二義諦」とも呼ばれる「俗諦」は、ふつうの人々の目に映るリアリティについての常識的な見方を示しています。

禅の立場からすると、「発話」、「話すこと」、「言語」さらに「対話」といった語で、通常、理解している普段の言葉のやりとりは、「第二義諦」レベルに属しています。一方、禅の文脈の中で、これらの語によって理解されるものは「第一義諦」レベルに属しています。言葉がリアリティのこの「第一義諦」の次元で発せられたり、交わされたりするとき、言葉は非常に奇妙で、非日常的な状況を引き起こします。

(1)　フェルディナン・ド・ソシュールによって定義された発話、すなわちパロールの基本構造は、もはやこの次元では観察することができません。と申しますのは、ここでは話し手と聞き手の区別が存在しないからです。実際に目に映るのは、だれも知らない場から流れ出た言葉が、稲妻の閃光のようにしばらくの間、空中に輝くや否や、永遠なる暗闇へと消滅するような言葉の光景です。発話は確かに生じるのですが、それは話し手と聞き手の存在が、その意義を完全に失うような空虚な空間の中で生じる発話です。話し手も聞き手も存在しないのですから、発話行為は発話ではありません。それは語の本来の意味におけるパロールではないのです。

(2)　禅の文脈の中で、発話のもう一つの特徴となるのは、言語がその最も基本的な機能、すなわち存在の意味分節を奪われているという点です。もちろん、語が実際に使用されているかぎり、意味分節は依然として疑いなくはっきりとそこにあります。とりわけ、禅がリアリティの原初的レベルをどのように捉えているのかについて、全く分からない人間の目から見た場合はそうです。しかし、禅の観点からすると、意味分節はまるで透き通って通り抜けができそうな、柔軟で抵抗力のない、あたかも存在しないもののようになってしまいます。禅語が部外者に全く無意味に映る理由の一つは――たとえば、川がじっと留まり、一方では橋が流れている、と断言する先に引用した公案のように――、言葉が禅の文脈の中で発せられる際に、意味分節の機能がこうむるこの特殊な転換について、部外者が正確に理解していないという事実にあります。この点について、もう少し詳しく説明したいと思います。

たとえば、私たちが「テーブル」と言うとき、この言葉はひとりでに通常の分節機能を果たします。すなわち、この言葉が存在からある一部分を切り取って、それを他の全ての事物と区別しながら、その名で呼ばれる特定の事物として、私たちの心に示してきます。「テーブル」が「テーブル」であるのは、それがまさに、テーブルでない全てのものと異なっているからです。そして、この言葉が特定の実際の文脈において発せられると、それはそこに具体的に存在する特定のテーブルを示すことになります。禅の観点からも、同じことが言えます。そこまでならば、禅は依然として、リアリティの二次的あるいは世俗的次元に留まっています。しかしながら、前述しましたように、禅の文脈における意味分節は、限りなく柔軟なものです。存在が分節された姿は、ここでは透過性があり、何の抵抗も示しません。つまり、分節の所産が私たちの視野を遮って、私たちの視野をそうした二次的次元に押しとどめることはありません。たとえば、分節の所産である「テーブル」は、禅の文脈の中では、日常的な会話の中でのように、確固たる意味の塊として出しゃばることはありません。むしろ、「テーブル」そのものが透明になるために、テーブルという形態が現出した根源そのものに、私たちの視野を直接向けることが可能になります。この「テーブル」という分節された形態をとおして、リアリティの原初的レベルは、根源的な無分節の状態でその姿を現すのです。こうした状況は、大乗仏教においては、事物をその真如（tathatā）すなわち「あるがまま」において見ることであると通常は言われます。注意しなければならないのは、「テーブル」という語が〈超越した何か〉を指し示す象徴として機能しているのではないということです。むしろ、「テーブル」はその言語形態において、それ自身がリアリティの原初的レベルを最も直接的に現しています。

(3)　禅における言語使用の第三の特徴として、次の事実を指摘したいと思います。それは、禅の文脈では、言明の形態で発言されるいかなる内容も、独立した意味的な（あるいは表象的な）存在を構成しないという事実です。これは先ほど説明しました第二の特徴からすれば、当然の帰結にすぎません。

たとえば、私たちがリアリティの二次的あるいは慣習的次元において、「テーブルは四角い」とか「空が青い」と言うとき、その言明は聞く者の心の中に、沈黙を背景として屹立する一種の意味的な存在を生み出します。それとは逆に、リアリティの原初的次元では、こういう独立した心的単位は生み出されません。それは、言明が発せられるや否や、それはリアリティの原初的次元にほかならないその根源へと完全に溶解することになるからです。同じ考えを逆の側から表現することも可能で、語られるものは全て、それ自体で、リアリティの原初的次元の全一的かつ完全な現前なのです。「空が青い」という言明は、自然を客観的に描写したものではありません。それは発言者の心理状態を主観的に言い表したものでもありません。それは絶対的リアリティそのものの瞬間的な自己提示なのです。ここからすると、その言明は何も意味することはありません。それはそれ以外の何ものも指示したり指摘したりはしません。

洞山禅師（洞山良价）[5]は、より詩的な方法で、名高い禅詩『宝鏡三昧《ほうきょうざんまい》』の中で、こうした出来事の状況を、以下のように表現しています。

雪は銀椀に積もり、
白鷺は満月の明かりに隠れている。
二つは似たもの、だが、同じではなく、
混ざっている、だが、互いに自らの場がある。

「銀椀」は原初的で無分節なリアリティを象徴するのに対して、「雪」は分節されたリアリティの一片を象徴しています。「満月の明かり」と「白鷺」も同様です。「二つは似たもの」とは、すなわち、この二つは同色であり、互いにはっきりとは区別できないということです。とはいえ、二つは同じではありません。すなわち、「雪」は「雪」であって、「鳥」は「鳥」なのです。

禅によって理解される絶対的リアリティ、あるいはリアリティの原初的レベルには、本当の名称はありません。その絶対性において、言語的に表現することは不可能なのです。しかし、禅師が極度の精神的緊張感の瞬間において、「空は青い」と言うとき、名状しがたいリアリティには名が与えられ、こうした特定の形態として現れます。時間を超えたリアリティが、ある時空間の次元で一瞬輝き、閃光を放ちます。「空は青い」という分節形態で現前するかぎり、それは区別可能なものです。それは、その他の全ての言明によって表現される事物からも区別されるのと同じように、本来の無分節リアリティからも区別されます。しかし、それが無分節リアリティの直接的でむき出しの現前であるかぎり、それは無分節リアリティと区別されるべきではありません。

洞山の先例にならい、一〇世紀に実在した禅師である巴陵《はりょう》（顥鑑《こうかん》）は、「提婆宗《だいばしゅう》とはどのようなものか」と問われたとき、「銀椀に盛られた雪だ」と答えました（『碧巌録』第十三則）。「提婆《だいば》」（Deva）とはナーガールジュナ（Nāgārjuna. 龍樹、一五〇―二五〇頃）の弟子であるカーナデーヴァ（Kāṇadeva）のことです。カーナデーヴァはその哲学的才能で注目されました。そのために、ここにいう「提婆宗」とは、ナーガールジュナの中道の立場を特徴づける「空《くう》」（śūnyatā）の哲学を指しています。したがって、この逸話が示しているのは、無分節リアリティとその分節形態との関係に関するこうした独特の見解が、まさに大乗仏教哲学の核心を形成しているということなのです。

IV

今しがた述べました逸話は、次の点で興味深いものです。つまり、たまたまですが、この逸話によって、言語に対する禅のアプローチが大乗仏教の中観派（Mādhyamika）に歴史的背景を持っているという事実に気づかせてくれます。しかし、禅の言語哲学はヴァスバンドゥ（Vasubandhu. 世親、四〇〇―四八〇頃）にまで遡る唯識学派（Vijñaptimātratā）にも関係があるということに注目しておかなければなりません。

一般的にインド哲学史では、大乗仏教の言語哲学は、ヴァイシェーシカ学派やニヤーヤ学派が支持する意味論と真っ向から対立します。後者の理論を特徴づけるのは、語が外界に存在する何かの象徴であるという見解です。語一つひとつに、実際に存在する何かが対応している。語があるときには、必ず世界の中に対応する客体が存在すると確信できる。逆に、世界の中で知ることができるものは名づけることができる、というのです。ヴァイシェーシカ学派では、こうした見解がとても支配的ですので、その存在論では、「存在」は「句義」(padārtha)、すなわち、語の意味あるいは語によって意味されるものと呼ばれます。

したがって、この学派の思想においては、たとえば、「牛」という語が存在するという事実そのものが、それ自体で、外界にその名で示される特定の実体が存在するという明確な証拠なのです。さらには、私たちがその実体について、「その牛は白い」とか「その牛が歩く」などと、さまざまな属性について述べるので、「白さ」とか「歩くこと」という属性もまた、現実世界に存在していると確信できることになります。さらに、「牛」という語が(たとえば、歩く、走る、休むなどの)さまざまな様態の牛にも普遍的に適応されますので、普遍者としての牛もまた、現実に存在していなければなりません。普遍者としての牛を、馬、羊、犬といった他の動物の種から区別する様々な属性についても同様です。[6]

ヴァイシェーシカ学派の存在論とは、全ての存在が究極的には「原子」(paramāṇu.「微細あるいは微小な」の意味)に還元できると考えられる率直な原子論です。原子は、それ自身は目に見えない基本的実体です。たとえば一頭の牛は、原子がいくつも寄り集まって合成された実体です。この合成された実体が目に見える体であり、構成部分である原子とは異なる、新たな独立した存在です。それはちょうど、糸からできている布切れが、それ自体では、糸とは異なる実体であるのと同じことです。

大乗仏教の中観派と唯識派はともに、言語とリアリティとの関係に関するこうした見解に真っ向から対立する立場を採ります。仏教の主張によりますと、言語には存在論的な意義はない。語はリアリティの部分とは対応していない。語は日常生活の便宜のために確立された記号にすぎない。語はリアリティの構造とは無関係である、というのです。ヴァイシェーシカ学派は、「ポット」や「テーブル」などの語には、外界における本当の対象すなわち実体が対応しているという立場を採ります。仏教によりますと、これはリアリティの二次的すなわち世俗的なレベルに特有の見解にすぎません。ふつうの人々はいつもこのように考え、その生活や行動の仕組み全体はこうした土台の上に形成されています。しかしながら、リアリティの原初的レベルの観点からすれば、これは全て偽りであり、全くナンセンスでさえあります。たとえば、「テーブル」は、不変で永遠に自己同一的な本質を与えられた実体ではありません。言いかえれば、それは実際、無なのです。それは、それ自体に永遠不滅な存在論的な堅固性がないからです。しかし、テーブルは現象的な存在として、あたかも本当に存在するかのように見えます。それは幻や水面に映った月が、あたかも実在するかのように見えるのと同じことです。唯識派によって支持される教説によりますと、言語こそがリアリティに関するこうした誤った見方を誘導するものです。

言語は概念化と分かちがたく結びついています。ある語の意味は一つの概念へと普遍化され、その概念のうわべの堅固性と永続性は容易に世界の構造に投影されます。したがって、「テーブル」は本物の堅固性と永続性を具えた自己実在的な存在として見えるようになります。色や形態といったテーブルの属性についても同様です。

『唯識三十頌』(*Triṃśikā-vijñaptimātratāsiddhi* 第二十頌)において、ヴァスバンドゥ(世親)は、人間の心のこうした自然な傾向によって生み出される全ての「事物」が、誤って想像された非常に多くの存在形態にすぎず、本当は非実在であると主張します。人間は語に対応する外的客体の存在を想像することが習慣となっている、とヴァスバンドゥは言います。たとえば、「テーブル」という語に対応している客体としてのテーブルを想像するというのです。加えて、人間は客体としてのテーブルを知覚する器官として、目が存在するのだと想像します。実際のところ、本当に「存在する」と言うに値するのは、「絶え間なき意識の流れ」(citta-saṃtāna)としての知覚行為のみであって、こうした意識の流れは、一瞬一瞬にその実際の内容が変化し続けるものです。客体としてのテーブルとそれを知覚する目のどちらも、分析によって、意識の流れからこれらの主体的・客体的な存在を取り出す心の分別機能の産物なのです。そのことによって人間は、意識の内容が刻一刻と異なるものになっているという事実をただ無視しているだけです。したがって人間は、時空間における全ての差違にもかかわらず、同じものとして留まる普遍的実在として、「テーブル」を誤って措定するのです。しかしながら、厳密に言いますと、今この瞬間に私が知覚しているこの特定のテーブルでさえも、私が一瞬前に知覚した、いわば同じテーブルとも異なるのであり、一瞬後に私が知覚するテーブルとも異なっているのです。さらに、客体としてのテーブルが刻一刻と変化するのと同じように、それを知覚する目もまた刻一刻と異なります。言うまでもなく、丸いテーブルを知覚する目は、四角いテーブルを知覚する目と同じではありません。したがって、こうした目は、客体に劣らず、言語の分節機能の影響下で、想像によって誤って措定されたものです。そしてこれらの誤った存在は、この学派では、「アーラヤ識」(ālaya-vijñāna) として知られる「潜在意識」に蓄積された深い潜在力から、果てしなく湧き出てくる現象形態なのです。

それと同じように、中観派の祖で空の哲学を代表するナーガールジュナは、いわゆる本質とは語の意味を実体化したものにすぎないと主張します。彼が言うには、語は実在する客体を指し示すような性質を持っていない。あらゆる語は、存在論的な本質の実在を確実に保証するものである代わりに、それ自体が単なる根拠のない心的な構築物である。語の意味とは、他の語に対する位置づけという関係性によって決定される、というのです。このように語がその一部を構成するにすぎない網目構造全体がほんの少しでも変わるや否や、語の意味は瞬時に変化するのです。

一般の人々は、言語的慣習に基づく「世俗的な見方」(lokavyavahāra) に従って生活していますが、語の意味の単なる実体化にすぎない無数の異なる事物で構成される世界に生きざるを得ません。世界を言語的に分節するこうした見方は、禅が語るような果てしなく広がる、本当は根源的で純粋に無分節であるリアリティに重ね合わされます。しかし、一般の人々はこうしたリアリティの根源的な層に気づかないのです。

ナーガールジュナは、これら二つの次元のうちの前者、すなわち言語的に分節された世界は全くの想像であると論じます。真に存在するのは、分節的な語の網目構造を通じて分析的に把握される以前のリアリティの次元なのです。その前言語的リアリティこそがリアリティ、すなわち「空」です。この「空」という語は、そこには誤って措定され固定化された事物が存在しない、絶対的リアリティの根源的で形而上的な状態を指しています。現象の常に変化する形態の背後に、固定化された本質などは絶対に存在しないという単純な事実は、人間によって主体的に理解されたとき、最高の真理を成します。人間がこの最高の段階に達し、この視点から振り返りますと、リアリティの原初的あるいは「聖なる」レベルと、リアリティの二次的あるいは「俗なる」レベルとのあいだに、当初設けていた区別が全くの想像にすぎなかったことを発見することになります。「聖なるもの」でさえも、リアリティの分節された断片であって、「聖」ではないものとそれ自身を区別しているのです。

『碧巌録』第一則の公案は、禅的思考の典型である非常に簡潔明瞭な方法で、こうした状況について記しています。梁の武帝〔四六四―五四九〕が菩提達磨に、「聖なる〈真理〉の第一義とは何か」と尋ねます。これに対して菩提達磨は、「際限なく開けている！　聖なるものなど何もない！」と答えます。

全ての固定化の試みを退け、その中心がどこにでもあるし、またどこにもないような、際限なく開けた円環――ここでは固定化されたものは何もなく、何ものも本質的な境界をもっていません。「聖なるもの」として永遠に固定化されたものは何も存在しないのです。この簡潔な答えにおいて、禅仏教の半ば伝説化した第一祖（菩提達磨）は、ナーガールジュナの中心的な教えを要約しているのです。(7)

V

こういう特殊な文脈における言語が、重大な意味論的問題を引き起こすのは当然のことでしょう。すでに述べましたように、リアリティを固定化された存在へと分節することは、まさに言語の本質です。しかし、禅は一つのものも分節することなく、言語を使うことを要求します。

首山《しゅざん》〔省念《しょうねん》〕禅師（九二六―九九三）は竹杖を振り上げた。

それを弟子たちに見せながら、彼は言った。「僧たちよ、もしこれを竹杖と呼ぶならば、お前たちはそれを固定化する。もし竹杖と呼ばなければ、お前たちは事実に反する。僧たちよ、さあ言え、今言え、これを何と呼ぶか。」

先ほど考察しました哲学的な背景と異なり、首山禅師の意図は分かりやすいですね。もし竹杖を「竹杖」と呼ぶとすると、その語の意味を分離して自己実在する実体へと具象化して、実際に限りなく開かれているリアリティを誤って分節してしまうことになるでしょう。反対に、もしそれが竹杖であることを拒否して、竹杖ではないと言うと、リアリティが今ここで竹杖という現象形態で現れているという事実に反することになります。『無門関』の著者である無門〔慧開《えかい》〕禅師（一一八三―一二六〇）は、この逸話を解説して、次のように言います。

もしそれを竹杖と呼べば、それを固定する。もし竹杖と呼ばなければ、事実に反する。そこで、何かとも言えず、何も言わないこともできない。（それでは、それは何なのか。）即座に言え！　即座に言え！

（『無門関』第四十三則）

「即座に言え！」あるいは「何かすぐに言え！」というのは、この類の禅的文脈では、大変重要です。それは「考えたり思ったりせずに、何か決定的なことを言え！」ということを意味しています。なぜなら、ほんのわずかな思慮でさえも、リアリティの原初的レベルから人をすぐに引き離してしまうからです。むしろ、リアリティの原初的レベルは、分節を超えた意識の次元から噴出する言葉やしぐさの形式で、即座に現成されなければなりません。

弟子たちの中に、首山禅師の挑戦的な質問にうまく答えられた者がいたのかどうかは、この公案からは分かりません。しかしながら、『無門関』には、よく似た状況における禅師の問いに対して、一人の弟子が適切な答えをしている他の公案があります。

百丈禅師[8]が水瓶を取り出し、それを床に置いて尋ねた。「もしこれを水瓶と言わなければ、お前たちはそれを何と呼ぶか。」

僧院の首座が「それは木片とは言えません」と言って答えた。

そこで、禅師は潙山《いさん》の方を向いて、答えを求めた。

その瞬間、潙山は水瓶を蹴り倒した。師は笑って、「首座はこの競争で、潙山に負かされたなあ」と言った。

（『無門関』第四十則）

そのとき、典座（僧院における僧たちの食事の面倒をみる者）であった潙山霊祐（七七一―八五三）は、この勝利の結果として、新たに開かれた僧院の住職として選ばれました。後に彼は一流の禅師となり、中国禅の歴史に輝かしい一章を開きました。

さてここで、潙山禅師の一見、無意味に見える行動を検討してみたいと思います。首座の答えは、完全に常識に即しています。「それを木片と呼ぶことはできない」――すなわち、「瓶は瓶であり、木ではあり得ない」ということです。この発言は、リアリティの二次的レベルの視点から見ますと、確かに意味を成しています。それは哲学的には、ヴァイシェーシカ学派を超えて、小乗仏教の説一切有部（Sarvāstivādin）によって支持された実在論の主題となる本質主義です。この命題は、次の範式によって簡潔に要約できるでしょう。すなわち、AはAである。それはA以外の何ものでもないし、そうではありえない。なぜならば、それ自身の永続的な本質によって、そのもの自体に固定されているからである、というものです。容易に分かりますように、この存在論的な立場は、ナーガールジュナによって展開された「無自性」（niḥsvabhāva）、すなわち「非本質主義」の命題と真っ向から対立することになります。

注意すべきことは、リアリティの二次的レベルに執着しているかぎり、この種の単純な実在論の限界から抜けられないということです。このレベルに留まっているあいだに、本質主義の受け入れがたさに気がついて、このような立場の呪術的な呪縛を破るために、水瓶をたとえば、神や仏、さらには無とさえ呼ぶ人もいるかもしれません。それでもその人は、いまだ具象化された語の意味領域に留まることになるでしょう。それは、リアリティの二次的な次元では、「神」とか無というような語が発せられるや否や、その意味内容はそれ自体の本質を持つ固定的な存在へと固定化され、結晶となるからです。禅は、むしろリアリティの全く異なる次元に跳び込むべきことを要求します。その次元とは、AはAでもなく非Aでもない。しかし、あるいはそれゆえに、Aは明白にAであるという原初的な次元なのです。リアリティのこの新しい次元では、水瓶は水瓶でも水瓶でないわけでもなく、そういう区別を超えています。それは、この次元が固定化された本質が打ち立てられない「空」の次元であるからです。しかしまさに、この絶対的な無区別と無分節のために、あらゆるものはリアリティ全体の全的顕現になることができます。水瓶は、こうした特別な意味において、まさに水瓶なのです。水瓶の中に、空全体が現成しています。その水瓶は、それ自身の本質によって支えられているのではありません。それは空によって支えられ、裏打ちされています。言いかえるなら、一つの水瓶の中には、全宇宙が内包されています。水瓶がまさに宇宙全体なのです。こういう状況にある水瓶は、まだ水瓶なのでしょうか。その答えは然りであり、かつ否です。先に引用しました公案において、若き僧侶であった潙山は一見、非合理的に見える行動によって、こうした見方を表現したのです。

こうしたリアリティの見方を背景にしますと、倶胝禅師の一指禅のことも理解することができるでしょう。この講演の冒頭において、禅について何を尋ねられても、指一本を挙げるという奇妙な癖を持った倶胝禅師のことをお話ししました。禅師が生きたリアリティの次元では、彼が挙げた指は無-指でした。すなわち、それは指の形をとって、その次元自体を即座に在るがままに顕現するものでした。言いかえますと、倶胝禅師が指を挙げたとき、宇宙全体がそれとともに立ち上がったのです。この次元で指一本を挙げることは、現象世界全体を一瞬に生起させることにほかなりません。こうした観点から見ますと、現象世界の根本構造については、中国で花開いた大乗仏教哲学である華厳思想によって、最も壮大な方法で解明されてきました。この哲学の教えによると、宇宙のあらゆるものは絶対的リアリティの独自の体現であり、あらゆるものは至高の「光」を反射する鏡なのです。さらに、全ての鏡は、それぞれに同じ至高の「光」を反射させながら、鏡の一つひとつが全て残りの鏡を反射するようなぐあいに、相互に反射し合っています。宇宙全体は、互いに向かい合う無数の輝く鏡として表現されます。それゆえに、世界は底知れぬ深さを持った光の無限の塊として見えるようになっているのです。こうした状況においては、わずか一枚の鏡のごくわずかな動きでさえも、光の世界全体に影響を及ぼさないということはありません。さらに現象的次元では、全ての事物が瞬間ごとに動いていますし、またそれぞれ一つの事物の一つの動きが事物の新たな秩序を生み出していきますので、新たな世界が時々刻々と再び生まれているのです。この華厳の見解に言及して、『碧巌録』の有名な編者である圜悟《えんご》〔克勤《こくごん》〕（一〇六三―一一三五）は、倶胝の一指禅が語られている前述の公案に対する評唱（解説論評）の中で、次のように述べています。

一つの塵が舞い上がると、大地全体が、それに伴って生起すると言われる。
一つの花が咲くと、その動きは宇宙全体を振動すると言われる。
それでは、塵がいまだ舞い上がらず、花がいまだ咲かない状態とは、いかなるものか。

最初の二つの文章が、リアリティの現象構造に言及したものであることは言うまでもありませんが、第三の文章は「空」について述べたものです。つまり、「空」とは、先ほども述べました隠喩では、至高の「光」に比すべき無分節リアリティの単一性のことであり、全ての現象形態をとおして、それ自身を現成させながら、永遠に不変不動であり続けるのです。指一本を挙げた倶胝禅師は、現象的事物の世界が永遠の静寂と静穏の深みから生起してくるこうした形而上的な過程を、彼の全人格によって、ひたすら再創造したのです。

倶胝禅師がこのような芸当をすることができたのは、彼の挙げる指が無-指、すなわち「空」そのものであったからです。師を真似た弟子も指一本を挙げました。見たところ、少年は師と全く同じことをしたのです。しかし、彼が挙げた指は「指」以外の何ものでもありませんでした。と申しますのは、指を挙げているあいだ、彼は自分が自分の「指」を挙げていることを意識していたからです。その少年はリアリティの二次的次元に専ら生きていましたので、彼の挙げた指は本質的に、限定された現象的客体でした。現象的客体として指は挙げられたのですが、世界が指とともに生起することはありませんでした。

　少年の指が切られ、師に呼び止められ、師の「仏陀とは何か」という問いに答えるために、振り向いて指を挙げようとしたとき、彼はその指が挙がらないことに気づきました。まさにちょうどその瞬間、彼は指が存在しないことを、最も深い意味で閃光のように悟ったのです。つまり、現象的な指の代わりに、彼はそこに指がないことに気づきました。彼は現象としての指を挙げることはできなかったのですが、非現象的で目に見えない非在の指を挙げることができました。この無-指を挙げることによって、彼は世界全体を生起させたのです。その瞬間、彼はリアリティの目に見えない次元から、世界全体が立ち上がるのを見たのです。こうして少年は悟りに達しました。彼がその場でそのときに挙げた無-指は、洞山禅師の「三斤の麻」や趙州禅師の「庭前の柏樹子」と全く同じ性質のものです。

　沈黙、すなわち言葉のない身振りだけが、リアリティの原初的次元が現成するための唯一の方法ではありません。今ここで、永遠の真理を現成するために、言語すなわち成熟した語りがしばしば用いられます。典型的な例を挙げてみます。

> かつて、ある僧が風穴《ふけつ》禅師に尋ねた。「語りは（〈リアリティ〉の）超越を台無しにしますが、沈黙はその顕現を妨げます。〈リアリティ〉を台無しにすることなく、どのように語りと沈黙を結びつけることができるのでしょうか。」
>
> 　禅師は答えた。「私はいつも、かつて江南で見た春の景色を思い出します。そこでは、満開の香しい花のあいだに、鷓鴣《しゃこ》が鳴いていました！」[9]

僧が言うには、もしリアリティの原初的次元を表現するために言葉を使うとすれば、元来の無分節の単一性は不可避的に、限定的な存在へと分節されてしまいます。一方で、もし沈黙を保てば、全ては永遠の無に沈んで、リアリティの現象的な側面はそれによって失われてしまいます。そういうわけで、絶対的リアリティをその両側面において提示するには、語りと沈黙をどのように結びつけることができるのだろうか、と尋ねます。

風穴〔延沼《えんしょう》〕禅師（八九六―九七三）は、どのように語りと沈黙を結びつけることができるかを僧に教えることで答える代わりに、沈黙と語りの結びつきとして、リアリティの原初的次元を僧の目に直接的に示します。彼が提示した構造を明らかにするためには、言葉で描写されたここでのすばらしい春の光景が、記憶の底から喚起された風景であることに留意しなければなりません。それは詩人が立っている現実の地点からは、時間的にも空間的にも、はるかに離れた風景です。言いかえますと、それは非在です。けれども、記憶の中で実際に呼び起こされるものとして、その風景は生き生きと生きています。鷓鴣のさえずりは、外界の現実という現在の時空間では聞こえてきません。しかし異なる次元では、鷓鴣は香る花のあいだで否定しがたく鳴いています。主体の「私」を含めて、その詩の全ての要素はこのように不在でありながら同時に現前しています。これが沈黙と語りの独自の結びつきなのです。

意味論的な視点から見ますと、ここで言語の分節機能がもはや通常の言語の使い方の場合のようには働いていないことに注目しなければなりません。言葉が実際に発せられますので、「私」「鷓鴣」「さえずる」「花」「香しさ」など、数多くの明確な意味的存在が生み出されます。しかし、これら全ての事物は、実際には存在していませんし、固定的な自己実在的な存在ではありません。それらは透明で透過的です。それらは互いに反射し、互いに滲透し合い、互いに融合し合って、リアリティの原初的レベルの直接的な顕現にほかならない、一つの統合的な全体を形成しています。こうした意味で、分節の意味論的機能は、こうした文脈においては、ほぼ無効化します。分節が機能的な基礎を失っているのですから、全ての事物の融合という超主観的かつ超客観的な意識の現前において、それはうまく働きません。こうした意識においては、たとえば、「鷓鴣」という語は、外界に独立した実体を確立する代わりに、むしろ「花」やほかの全ての事物との同一化を意味しています。それゆえ、それらの言葉は全て、最終的に一つに融合することになります。真正の禅語の大半は、究極的にはこうした性質を持っております(10)。

この点を明らかにするために、ここで先ほどの例よりも、はるかに禅的な一例を挙げてみたいと思います。それは『無門関』第四則の「胡子無鬚」と題された公案です。「野蛮人」あるいは「西方の野蛮人」という語は、西方すなわちインドから来て、中国で禅仏教を創始したと伝えられる菩提達磨を示しています。崇敬される禅宗の初祖に対するこの奇妙な呼称は、菩提達磨が傑出した聖なる、あるいは神的な人物であるという一般の人々の信念に衝撃を与えるという目的で使われています。それは、菩提達磨が他のだれとも同じふつうの人間であることを示唆しようとしているのです。公案それ自体は、或庵《わくあん》〔師体〕禅師（一一〇八―七九）に帰せられる極めて短い疑問文から成ります。

かの西方の野蛮人、彼には、どうして鬚がないのか。

これは禅のナンセンスの優れた例と言えるでしょう。どうして、またどういう意図で、或庵禅師はこのような無意味な質問をしたのでしょうか。鬚のない菩提達磨の像は、この厳粛で厳格な瞑想中の師の一般的なイメージとかけ離れています。事実、中国と日本の伝統的な絵では、菩提達磨はほぼ決まって黒く毛深い鬚を生やしています。

しかしながら、或庵の言語的描写では、菩提達磨は鬚のない姿で描かれております。と申しますのは、実のところ、ここで菩提達磨は、リアリティの原初的レベルの直接無媒介的な現成として現れているからです。非常に興味深いことに、リアリティは風穴禅師の春の風景におけるように、沈黙と語りの結びつきとして表現されていますが、ここでは比較できないほどに、簡潔で直接的に表現されております。沈黙の側面は、鬚のない菩提達磨によって、こうした言語的描写の中で表現されています。彼の顔には、目に見える一本の毛さえもありません。それはリアリティの無の側面、すなわち「空」の側面を示しています。それは絶対的に無分節であり、どのような区別もなく「限りなく開かれ」ているのです。語りの側面は「鬚がない」ということによって表現されています。「鬚」の語が実際に使われています。この語は発せられるとすぐに、不可避的に本来具わっている分節機能によって意味的な存在を生み出します。何かが一つの存在、すなわち「鬚」という客体に分節されることになります。しかし、それは即座に「鬚なし」と否定されるのです。

これら二つの側面の結びつきは、その二つの本質的な形態で、リアリティの原初的レベルを言語的に提示しています。絶対的な無は、鬚という形で即座に自身を開示し、それから、元来の暗闇に消えていきます。意味分節は行われますが、それはすぐに破棄されます。それはあたかも、いかなる意味分節も行われなかったかのようです。或庵禅師は、まさにこの束の間の瞬間、リアリティの完全な全体構造を即座に把握することを弟子たちに要求しているのです。

しかしながら、これを成し遂げるのは決して容易なことではありません。それは、分節の効果が持続しているからです。いったん「鬚」が無から分節されますと、たとえその語がすぐに否定されても、意味的な存在として留まり続ける傾向があります。それは「鬚」が否定形で存続するからです。「鬚なし」は、否定的な存在として措定されています。そのとき、言説の同じレベルにおいて、否定は肯定と同等なものになります。さらに本来的な「否定」すなわち「空」は永遠に失われます。無門禅師はこうした危険に言及して、この公案に関する頌の中で、次のように言います。

夢を語ってはならない、
愚か者のいる前では。

野蛮人には鬚がないと言うが、
自明なものに曖昧さを付け加えただけだ。

或庵は一般の人々を不必要な知的混乱へと導くだけです。なぜなら、いったん分節が起こった後に、一般の人々がすぐに分節の結果をぬぐい去って無効にするのは大変難しいからです。しかし、分節された存在がこのように無効にされなければ、リアリティの全く異なる次元へ飛び込むことも望めませんし、本当は「鬚なし」である「鬚」の形態で瞬間的に現れた「空」を把握することも望めません。

インドでは、六世紀の中道派の哲学者、チャンドラキールティ（Candrakīrti. 月称）がその著書『プラサンナパダー』（『浄明句論』十八）において、隠喩をとおして、この点を見事に説明しています。[11]

チャンドラキールティは次のように言います。眼病に苦しむ男性が、目の前にちらつく、宙に浮いた毛を見ていると仮定しましょう。信頼できる彼の友人は、彼がいま見ている毛は実在しないものだと安心させます。そこでその男性は、実際に見えている毛が現実には存在していないと信じるかもしれません。しかし、彼はまだ、そこには絶対に毛はないのだという真理を把握してはいません。なぜなら、彼は実際に毛を知覚しているからです。彼が毛の非在を初めて理解するのは、眼病を完全に治したとき——このとき、全くそれを知覚しないことによって——なのです。幻覚が消えるとき、彼の意識は毛が存在するのかしないのか、というような疑問が生じていた段階を越えます。そこには、もはや何の幻覚もありませんので、毛が存在するのかしないのかという疑問そのものがその意味を失うことになります。単純に問題が存在しなくなるのです。肯定と否定は等しく無効になります。幻覚の段階でのみ妥当である肯定と否定を共に越えているという意味で、これが真の「否定」の状態になります。大乗仏教で教えられる「空」はこのような構造をもっている、とチャンドラキールティは結論づけます。

このことに付け加えて、或庵禅師の「鬚なし」もまた、全く同じ性質のものであると言えるでしょう。それは幻覚が消えるまさにその瞬間に、間違って知覚された宙に浮いた毛、すなわち、「毛なし」である「毛」に匹敵していています。意味分節をとおして菩提達磨のつるつるとした顔に鬚を置くことは、無門禅師が正しく言っていますように、透明な顔の上に不明瞭なしみを置くことになります。しかし、或庵はそうしなければならなかったのです。そうしなければ、本来の普遍的な「透明さ」が現れてこなかったからです。即座に無分節へと転換する分節という言語機能を活動させる過程をとおしてのみ、束の間、リアリティの真の構造を一瞥することができるのです。

しかし、禅師たちがいつも弟子たちに対し、或庵禅師のように親切であるわけではありません。たいていの場合、彼らは分節の側面を示すだけで、それを無効化しません。したがって、洞山は客僧にただ「三斤の麻」を突き出し、趙州は「庭前の柏樹子」を突き出したのです。分節を無分節へと転換することは、弟子たちに委ねられているのです。

時にはまた、分節化が客僧によってなされ、師が彼に無分節をぶっきらぼうに示すことで答えることがあります。最も良い例は、全ての禅の公案の中で最も名高い公案、すなわち『無門関』第一則です。それは「趙州狗子」と題されていますが、「趙州の無字《むじ》」の名の方がよく知られています。無という語はただ単純に否定を意味していています。

僧侶がかつて趙州に尋ねた。「犬には仏性がありますか。」
禅師は答えた。「無!」

この公案の「無!」という語について、無数の注釈が書かれてきました。数多くの異なる意見が提出されてきました。特に興味深いのは、臨済宗の大慧《だいえ》〔宗杲《そうこう》〕(一〇八九—一一六三)が説いた方法です。彼は臨済宗の中で、悟りに達する最も効果的な方法として、この特別な公案を用いる伝統を確立しました。その伝統は、日本ではまだ生きています。ここでの「無！」という語は、ほとんど呪術的に作用するように発声され、インド神秘主義の「オーム」という音にいくらか似ています。「無！」の意味ではなく、まさに「無！」という音が、弟子の主体性が究極的には「無！」そのものへと変容していくようなやり方で、弟子の心が肯定と否定の対立を越えていくように導く心理的な効果があると考えられています。

しかしながら、言語的には、趙州の「無！」は、これまで説明した無分節の次元の直接的な現前として解釈するほうが、はるかに簡単です。言いかえますと、趙州は無分節リアリティを二つの存在、すなわち犬と仏性に分裂させてしまうような、僧が作った分節の効果を即座に無効化し、それらを犬としても仏性としても区別されない原初の無へと連れ戻すのです。

この講演を、私は同じく『無門関』から、もう一つ別の公案（〔「久響龍潭」〕『無門関』第二十八則）を引用することで終わらせていただきたいと思います。その公案では、分節が無分節へと転換する過程が劇的な形で完璧に表現されているのを見てとることができます。この逸話は、後に有名な禅師となった徳山《とくさん》〔宣鑑《せんがん》〕（七八二—八六五）が、いかにして初めて悟りに達したのかを生き生きと描いています。

かつて徳山は、教えを乞うために、龍潭《りゅうたん》禅師を訪ねて、夜が更けるまでそこに留まっていた。龍潭は言った。「夜も更けてきた。帰って休んだらどうか。」

徳山は深くお辞儀をして、簾を上げて出て行った。しかし、外は厚い闇に覆われていた。彼は戻ってきて、禅師に外は真っ暗だと言った。

龍潭は蝋燭の灯りをつけて、それを彼に手渡した。徳山がそれを持とうとしたとき、龍潭は突然、灯りを吹き消した。

その瞬間、徳山は悟りに達した。

これまでお話ししてきましたので、この逸話について詳細に説明する必要はないでしょう。これは沈黙のドラマです。最後の決定的な瞬間には、いかなる言葉も用いられておりません。闇の世界を照らし、目に見えるものに世界を分割していく蝋燭の灯りが、ここでは、分節という本質的機能を持つ言語の役割を果たしていることは言うまでもありません。龍潭〔崇信《すうしん》〕禅師（八五〇頃）が灯りを吹き消したとき、いったん照らされた世界は、再び、何も区別できない根源的な暗闇に沈みました。分節は無効となり、無分節になりました。しかしながら、徳山が一瞬前に照らされた世界（すなわち、分節された世界）を見たわけですから、暗闇は全くの闇ではないことに留意することは重要なことです。それはむしろ、分節された全ての事物が呑み込まれた闇でした。つまり、それは存在の充満としての非在であったのです。

この種の文脈で発せられた言葉が、意味分節の網に絡め取られたままの人々には、しばしば全くナンセンスに見えるのは、ごく当然なことでしょう。

注

＊ 第三九回エラノス会議（一九七〇年開催）のテーマは、「人間と言語」（Mensch und Wort）。『エラノス会議年報』第三九号、一九七三年所収。

（1） 白隠《はくいん》〔慧鶴《えかく》〕（日本の臨済宗の優れた禅師。一六八五―一七六八）は、禅を学ぶ人によって現成される悟りの度合いに応じて、公案をいくつかの基本的なカテゴリーに初めて体系化した。白隠の公案システムでは、この禅語は「機関」、すなわち、自由で柔軟な機構、と呼ばれる第二類に属するものとして分類される。このカテゴリーにおける公案は、悟りの最初の段階をすでに経た学人たちを訓練するために、禅師が用いるものである。それによって学人たちは、たとえどのような状況にあっても、無限に自由で柔軟な能力と融通無碍な活動を展開させる。このカテゴリーのほとんどの公案は、非合理性と非論理性において際立っている。

（2）Claude Lévi-Strauss, *Structural Anthropology*, translated by Claire Jacobson and Brooke Grundfest Schoepf, NewYork: Doubleday Anchor Books, 1967, p. 67.

（3）「転語」とは、文字通り、「語を転じること」を意味する。そのことの意味は、(1) 意識の「転換点」から自然に噴き出す語（あるいは、一連の語句）であると同時に、(2) その語を聞く者の意識に「転換点」をもたらす語であるということである。こうした「転」語を発することができるのは、主体が悟りに達したという疑いのない証しであると考えられる。ここで問題となっている公案は『無門関』第二十則に見られる。

（4）悟りへの到達に続く、さらに進んだ段階では、区別それ自体が消失する。それは、こうした段階では、禅は「聖」と「俗」のあいだの区別をしないからである。南泉《なんせん》〔普願《ふがん》〕（七四八—八三四）の有名な格言「平常の心こそが道である」（「平常心是道」）は、こうした態度を直截に表現している（『無門関』第十九則を参照）。

（5）洞山良价は、禅仏教の曹洞宗の祖である。すでに第二節で言及した洞山〔守初〕とは別人である。

（6）語の指示対象としての普遍者に関するヴァイシェーシカ学派、ミーマーンサー学派、ニヤーヤ学派の思想については、次の著書を参照。R. C. Pandeya, *The Problem of Meaning in Indian Philosophy*, Delhi: Motilal Banarsidass, 1963, pp. 193–199.

（7）フリードリヒ・ゲオルグ・ユンガーは『言語と思考』（*Sprache und Denken*, Vittorio Klostermann, Frankfurt am Main 1962, p. 218.『碧巌録』に関する章）において、この公案について注目すべき次の適確な理解を示している。「……菩提達磨は答える、「開けた広がり（廓然）——聖なるものなど何もない（無聖）」。聖性と開けた広がりが対置されている。さらに、この広がりにおいては、聖性もまた、意識を押し込め硬直させる一つの境界として消滅する。開けた広がり——それは真空ではない——の中へ、全ては入り込む。全てが来ては去り、通り抜け通り過ぎていくというように入り込む。あらゆる位置という位置は断念されなければならず、放棄されなければならない。空には、その中に固定化できるようないかなる点も存在しない。つまり、開けた広がりには、中心も周縁も存在しない」。

（8）百丈懐海については、すでに第三節において論じている（一五八頁を参照）。

（9）『無門関』第二十四則。風穴の答えは、唐代のもっとも傑出した詩人の一人である杜甫《とほ》（七一二—七七〇）からの引用文である。

（10）Chang Chung-yuan, *Creativity and Taoism*, New York: Julian Press, 1963, pp. 20–21 を参照。

（11）『プラサンナパダー』（*Prasannpadā*）は、ナーガールジュナ（龍樹）の『中論』（「中道の理論」の意。*Madhyamakakārikā*）に関するチャンドラキールティの有名な注釈である。

4　東アジアの芸術と哲学における色彩の排除

第四一回エラノス会議（一九七二年）※

I

今年のエラノス会議の総合テーマ「色彩の領域」（The Realms of Colour）は、実に広汎な主題です。その主題にアプローチする見地にも、さまざまな可能性がありますし、ほとんど数限りなく、さまざまな方向へ展開していくことができると思われます。そのような主題を首尾一貫した方法で論じるためには、まず何とかして、その広範な領域に制約を設けなければなりません。そうすることで、かなり特殊で特別な問題群の境界内で、議論すべき主題が一つの具体的な論点へ、あるいは、互いに密接に相互連関する多くの論点へと適切に絞られていくことでしょう。

こうした事実に鑑みまして、私は二つの限定的な要素によって、この領域に制約を設けることにいたしました。まず第一に、世界の文化伝統の地理的な区分について、東アジアを選択しました。さらに第二には、色彩の美的価値に対する肯定的な態度と否定的な態度については、その否定的な態度を選択いたしました。このようにして、講演テーマが「東アジアの芸術と哲学における色彩の排除」となった次第です。

色彩に対する否定的な態度は、事実、それが絵画、詩歌、演劇、舞踊あるいは茶道であれ、どの領域においても、東アジアの美的経験の特徴をなしております。中国や日本の文化には、究極的には黒と白を除いた全ての色彩を排除するような、色彩の抑制あるいは抑圧への顕著な本来的傾向が見られますが、この講演では、こうした傾向を理論的に説明する東洋哲学のいくつかの側面について議論したいと思います。さらに、こうした状況では「黒」や「白」ですら、色彩として機能するのを止め、むしろ全く異なる性質を持つものとして機能していることも明らかにしたいと思います。

東アジアについて、本当に美的造詣の深い西洋人の多くは、東アジアの芸術を白黒の水墨画で代表させる傾向があります。実際に、中国や日本の水墨画は、先ほど東アジアの芸術にとって、この上なく特徴的であると申しました、色彩に対する否定的態度の最良の例です。と申しますのは、この芸術的創造によるモノクロの世界では、「自然」が生み出し汲めども尽きぬ豊かで複雑な形態と色彩が、黒い輪郭の極端に単純化された、また飾り気のない構図に還元され、さらに、時には輝くような黒色で、時には水で霞んだ灰色に薄められて、ところどころに点在する僅かな一筆や薄墨の一塗りで構成されるからです。背景には、ぼんやりとした灰色の霞がかかっていたりしますが、たいていの場合、背景は空白、白い空間、すなわち、筆が入っていない生《き》のままの絹とか紙です。その結果、色彩感覚をくすぐることも満足させることも、そこには全くありません。

それでは、この種の絵画の真の魅力とは何なのでしょうか。白黒の特別な「美」に魅せられるのは、東洋人だけではないことを私たちは知っております。実際に、西洋の多くの美術鑑定家たちが、東アジアの水墨画をとても高く評価してきたことを私たちは知っています。この事実は、どのように説明することができるのでしょうか。要するに、このことが、この講演でお話ししたいと思っている主要な問題なのです。しかしながら、お話しするに当たっては、私は芸術評論家ではありませんので、美術鑑定家のような専門的な視点からこの問題を扱うことはしません。むしろ、色彩の排除の根柢にある基本的なものの考え方を明らかにしてみたいと思います。私はこの問題を、独自のタイプの美意識の問題として、すなわち、東アジア文化の最も根本的な側面の一つを明らかにする独自の精神現象として扱っていきたいと思っております。

俳句として知られる日本独自の様式の詩は、世界の詩的表現の中でも、最も控えめな形式と言われております。それは五・七・五音節の三つの連続する単位に配置された、たった十七音節から構成されています。この日本独自の詩に言及して、R・H・ブライス〔一八九八―一九六四〕はかつて「俳句は禁欲的な芸術、芸術的な禁欲主義である」と述べました。[1]「芸術的な禁欲主義」という表現は、俳句のみを特徴づけるだけではなく、明らかに白黒の水墨画芸術についても、同じように、あるいはそれ以上に当てはまるかもしれません。しかしながら、ここで重要なのは、こうした芸術的な禁欲主義、すなわち、外部的なものの抑制と全ての色彩の白黒への還元が、真の美的機能を現出させているのは、色彩とその繊細な色合いに対する高度に洗練された感受性を背景とするときだけであるのを忘れないことです。言いかえますと、白黒の美のもつ本当の深遠さは、繊細な色調や濃淡全体によって表される、壮麗で鮮やかな色彩の輝きを評価できる人々の目にだけ開かれるのです。そうでなければ、ここで問題にしている無色化という究極的な結果は、単に純粋に否定的な意味において、色彩の全くの不在ということになるでしょうが、これでは、どのような美的情感も刺戟することはないでしょう。

おそらく日本人は、自国の気象条件やその「自然」がもつ色彩豊かで絵画的な姿のおかげで、太古の昔から、一年の変転する季節とともに、変化し続ける色彩と色合いに対する際立った感受性を発達させたのかもしれません（矢代幸雄『日本美術の特質』第四版、岩波書店、一九五四年、二三五頁）。色彩につきましては、矢代幸雄の記述によりますと、日本の「自然」は、無限に変化する色彩をもつ絢爛たる錦《にしき》に匹敵しているとのことです。矢代が続けて述べていますように、日本の「自然」のこのような色彩は、目も眩む美であり、私たちの美的感覚を陶酔させるほどに美しいものです。ただし他方、その色彩の輝きは、色彩の「寡黙さ」として表すことのできる、ある種の慎み深さや、静かな地味さ（西洋では一般的に「渋い」として知られている）と特徴的に釣り合うものです。その「寡黙さ」は、細かな霞のように色彩を覆って、その裸のけばけばしさを抑え、抑制のない外面的絢爛さを緩和します。このような日本の「自然」の特徴が、色彩とその微妙なニュアンスに対する日本人の典型的な美的感性の形成に積極的に寄与したと言われております。

そうは言いましても、日本人がその昔、色彩に誠に特別な感性を与えられたという事実は、数多くの具体的、歴史的な証拠によっても示されています（同書、二三六頁）。ここで注目すべき二つの例を挙げてみましょう。まず第一に、平安時代〔七九四―一一八五〕の美的文化から見てみましょう。

藤原氏が輝かしい繁栄を極め、京都の朝廷を支配した平安時代（字義的には、「平和」と「安定」の時代という意味です）は、日本の歴史における、美的感性の発達に関する最初の頂点でした。藤原家の廷臣たちが具えた格別に鋭敏な美的感性が、色彩美を中心として展開したことは注目すべきことです。彼らは極度に色彩に敏感でした。平安時代は全くもって「色彩溢れる」時代であったのです。そして、藤原家の文化の全盛期であった一〇世紀、一一世紀、一二世紀を通じて、美的感性は前例のないほどの精巧さと優雅さ、さらに洗練の次元に達しました。これは、宮仕えの女官たちが身につけた衣服の色の用い方、選び方、合わせ方に最もよく表れています。

残念ながら、平安時代のこうした衣服の実際の見本は伝わっておりませんが、同時代の文学作品において、数え切れないほど記されている宮中の衣装やそれらの色、また後代の絵巻に描かれた宮廷の高貴な場面、特に有名な『源氏物語』の絵巻によっても、物証の不在を埋めるのには充分です。多くの場合、衣装については、言葉と絵によって綿密に説明されました。と申しますのは、平安時代には、ある人の装いがその人柄を最も直截に表すと考えられていたからです。「装束そのものがその人なのである。装束はその人柄そのままの象徴なのである[2]」。私たちの目的を考えますと、もっぱら色彩とその組み合わせから生み出される美的効果によってのみ、装束のこうした象徴的機能が発揮された、という点に留意することが重要でしょう。

この時代の散文文学――宮仕えの女官たちによる作り物語や日記、随筆――はさまざまな色の名称に言及しておりまして、その数は一七〇種以上にものぼります[3]。当時の散文文学がそれ自体、色彩についての華やかな領域を構成していたと言っても過言ではありません。

彼らは衣服とその裏地や、内側の衣〔袿〕と上衣〔表着〕を、とりわけ入念に精巧に組み合わせ、そこにあらゆる色をさまざまな仕方で織り交ぜることで、幾層もの色の調和を作り出そうとしていたのです。数々の色の襲《かさね》〔衣服を重ねて着る際の色と色との配色や、衣の表地・裏地の配色を指す。重ね〕は実際、洗練を極めた技術であり、美的趣向として深く根づき、広く受容された決まりの範囲内で披露されるものでした。絹の衣を幾重にも重ねますと、内側の色は表側の色に幾分かすかに透けて見えます。このようにして、名状しがたい絶妙な新色を生み出すことができたのです。たとえば、いくつか具体例を挙げますと、桃色の梅を意味する「紅梅」と呼ばれる色があります。これ自体は単色で、満開の梅の桃色を思い起こさせますが、「紅梅襲《こうばいがさね》」と呼ばれる色は、外側は桃色か白色、内側は蘇芳《すおう》の赤紫色の二色の重ねによって作り出される別の色です。さらに「紅梅匂《こうばいにおい》」はまた別の色です。外側の重ねの深い「紅梅」と内側の重ねの非常に明るい「紅梅」によって作り出されます。もう一つ、「黄色い《イエロー・》薔薇《ローズ》」とも呼ばれる「山吹」を例にとりますと、この名称が示すとおり、この名で知られる日本の植物の花がもつ天然色を連想させる、輝くような黄色です。しかし、「花盛りの黄色い薔薇」を意味する「花山吹」は、別名、「夕暮れの黄色い薔薇」を意味する「夕山吹」とも呼ばれますが、外側の重ねが薄い落葉色、内側の重ねが輝くような黄色の組み合わせによって作り出される混合色です。また、「山吹の薫り」という意味の「山吹匂《やまぶきにおい》」は、宮仕えの女官の装束に用いられた標準的な重ね色目でした。その最上部の輝くような黄色の重ねの内側に、何層もの重ねがあり、内側へいくにしたがって、徐々に薄い黄色になり、最後には、深い紺色の重ねになります。

　そうは申しましても、色彩意識の高い平安時代の女性にとって、さらに重要であったのは、正装での組み合わせそのものがもたらす、色の調和がとれた襲でした。宮仕えの女官は、「十二の層」を意味する装束、いわゆる「十二単衣」をまとっていました。それは豪華な錦と刺繍の施された外側の衣と、異なる色や色合いの十二枚またはそれ以上の絹の衣から成ります。これらの衣は、それぞれが一枚下の衣よりもわずかに小さく短めに揃えられたため、首回りや袖の端に美しい色の襲が見て取れたのです。

　宮中の女性たち自身や貴族の男性たちは概して、色の調和について極度に鋭く厳しい批評眼を自ずと具えていました。色合わせのほんのささいな失敗であっても、彼らの目を逃れることはできませんでした。この点に関連して、『源氏物語』の作者として広く知られる紫式部の『紫式部日記』の一節には、とても興味深い彼女自身による観察が記されています。紫式部が記すところによりますと、ある日、天皇に仕える女官たちが皆、自分たちの装束に特に念を入れていたところ、ある一人の女官が天皇の御前に進み出ました。その女官の袖の色合わせが一カ所間違っていることに皆、一人残らず気がつきました。紫式部は、深刻な誤りではないものの、内側の衣〔袿〕のうちの一枚の色調が薄過ぎたのだ、と付け加えています。[4]

平安時代の衣装について、このように詳しく説いてまいりましたが、それは、まず第一に、有彩色とその美的価値に対する感性を育む中で、同時代の日本人が到達した洗練された優雅さの程度を明らかにするためでした。平安時代は日本の文化史において、文字通り「色彩豊かな」時代であったということを先にお話しいたしましたが、そのことを裏づける説明を十分にさせていただけたかと思っております。色彩に対する肯定的態度と否定的態度の違いにつきましても、すでにお話ししたように、平安文化は同時代の廷臣たちが採った明らかに肯定的な態度によって特徴づけられる、と言えるのも当然でしょう。この事実を観察することで、ここでの私たちの目的にとって、さらに重要なもう一つの観察が自ずと導かれます。すなわち、それは色彩の排除です。東アジアの美意識に顕著な特色の一つとして、だれもが考えるこの態度は、色彩と色合いの美への熱烈な愛着によって裏打ちされています。

これに関連して、次の点にも留意しなければなりません。すなわち、平安貴族の美的感覚が作り出す煌びやかで色彩豊かな世界のただ中でさえ、ある種の真面目さや静寂、落ち着きがたいてい認められるという点です。それらは、選ばれた複数の色の性質そのものによって、あるいは、それらが重ね合わされる独自の仕方によって――またおそらくは、その双方によって――生み出されるものです。したがって、多くの場合、それらの色は上品に抑制された穏やかな色に見えるのです。

こうした意味では、この古代の時期には、すでに色彩の抑制へと向かう目立った傾向が確認できると言えるかもしれません。とはいえ、平安貴族の目には、「黒」自体は、冴えない、陰鬱で不快な、不吉な色でした。「黒」は、彼らには死を思い起こさせ、世俗の快楽を捨てて出家することを連想させるのがせいぜいでした。「黒」が生み出しやすい影響と言いますと、一般的に悲哀、悲嘆、憂鬱といった陰鬱な感情のみでした。墨染めの衣が醜く、卑しくかつ貧しい何か、あるいは忌まわしく不快なものとして描写されたことは少なくありません。しかし、このような世界にあっても、最高の美的素養を身につけた人々の中には、趣向の常識的な基準に逆らい、乗り越えてしまうほどに、色に対する趣向が洗練された人々がいました。人々はあらゆる色彩の極致として、あるいは人間存在の悲哀の計り知れない深部へと沈潜した者が知るあらゆる感情の昇華と浄化を直截に表現するものとして、黒に最深層の美を見いだしたのです。『源氏物語』において、時として、紫式部の審美眼がすでに感覚的な喜びをもたらす「色彩豊か」な浅薄さを超えて、暗く色彩のない世界の至高の美へと向かっていることに、私たちは驚きを覚えます[5]。

溢れんばかりの輝く色彩と、贅をこらした装飾の豪華さに対する日本人の趣向は、一五七三年から一六一五年まで続いた桃山時代に、二度目の頂点に達しました。日本の歴史の中で、色彩と意匠がこれほど大胆に、惜しみなく誇示されたことはかつてありませんでした。平安時代における朝廷の貴族たちの繊細に過ぎる優美さが柔弱さへと傾いていったのに対して、武士の時代であった桃山時代の文化には、逞しさと力強さが充ちていました。男性的な活力の文化であったのです。この時代の美的趣向は、武士の精神を十分に保ちながら、豪商たちの前例のない物質的な繁栄を背景に、城や邸宅といった壮麗な建造物や、それらを飾る豪奢な内装に十分に表現されました。事実、この時代の創造的活力が最も惜しみなく発揮されたのは、要塞のように巨大な城郭や邸宅などの建築であったのです。

この時代において、最初の軍事的独裁者であった織田信長（一五三四—八二）は、有名な安土城を建立しました。その信長を継ぎ、この時代に栄光の頂点をもたらした豊臣秀吉（一五三六—九八）は、一五九四年、数ある城の中でも最も贅の限りを尽くした城を（文字通り、「桃の小山」という意味の）桃山に建築しました。これは桃山城として知られ、この時代の名の由来になりました。

信長も秀吉も、名声を博した芸術家たちに、城の壁面や襖をこの上なく豪華な様式で装飾させました。そんな絵師たちの筆頭にいた狩野永徳《かのうえいとく》（一五四三—九〇）は、壮大な規模の城の装飾を請け負うよう命じられました。日本画の狩野派として知られる流派の始祖であった永徳は、大胆な筆使いや雄大な意匠、目も眩むばかりの鮮やかな色彩による模様を装飾に用いるなど、いわゆる桃山様式を見事に体現する画家でした。永徳と大勢の弟子たちが細心の注意を払った作業の結果、城内にある巨大な大広間〔謁見の間〕の広大な壁面と襖は、抽象的な空間と装飾的模様で覆われました。この装飾は、金を背景として臙脂、紫、瑠璃、翠と青で構成され、その真ん中には、ある程度、写実的に細部まで描かれた木々や鳥たち、岩々が際立っていて、まるで何色もの濃厚な色彩によるモザイク柄のようです。広間は、瑠璃、翡翠、朱色や牡蠣殻の白の色調で輝く贅沢な色をたっぷりと使って描かれた、「自然」の生物であれ無生物であれ、さまざまな側面を表現した屏風によって、さらに美しく飾り立てられました。

このように桃山時代は、おもに「色彩豊かな」時代であり、かなり異なった仕方ではあるものの、同じく色彩に対する肯定的な態度が特徴的であった平安時代よりも、さらに色彩豊かで鮮やかでした。このことはこの講演の目的にとって、注目すべき極めて重要な点ですが、これ見よがしな色彩が絢爛豪華に誇示されるその裏には、力強い水墨画という全く別の世界が存在していたのです。私たちは、日本人がこの時代までに謹厳な鎌倉時代（一一九二―一三三三）をすでに経験していたことを思い起こさなければなりません。鎌倉時代は、現象界における形や色彩を超えた、形も色彩もない永遠なるリアリティの世界の存在を悟ることを重視する禅仏教が隆盛した時代でした。鎌倉時代が終わり、その後、桃山時代が到来するまでのあいだ、日本人は室町時代（一三九二―一五七三）も経てきました。この時代、第一級の画家たちが、禅に典型的な禁欲的で抑制された精神に基づき、中国宋代の詩的な水墨画から直接、影響を受けて、数々の水墨画の傑作を生み出しました。画僧たちによる室町時代の水墨画のほとんどは、見る者の心の中に、それらが巧みに視覚化する色彩のない存在の次元への、漠然としつつも抗い難い憧憬をかき立てるような性質を帯びていました。

したがって、このような次元は、桃山時代の豪壮な城においては、色彩を無化した様式の私的な書院にあたっており、それが惜しみなく飾り立てられた公的な広間や回廊とは際立って対照的であったという事実には、何ら不思議はありません。実際に、当時の有名な絵師たちは、普段は絢爛たる桃山様式で描いていましたが、彼らの大半は単色《モノクローム》の絵画にも熟練していました。そのうち、最も注目すべき例は長谷川等伯（一五三九―一六一〇）です。当初は狩野派であった長谷川は、色彩画と水墨画の双方に傑作を遺し、ついには自身の新たな流派を創設しました。

こうした観点から見ますと、桃山時代とは、色彩の排除という趣向に裏打ちされた、色彩の誇示の趣向を特徴とする時代であったと言えるかもしれません。こうした点では、絵画よりも遥かに示唆に富むのが、美の天才である茶聖の利休（一五二二―九一）を通じて精巧に創り上げられた独自の技法、茶道です。

武将秀吉は、すでに述べましたように、煌びやかな色彩と豪奢な外観を非常に好み、自らの城を豪華に装飾させましたが、その秀吉本人の熱烈な庇護を受け、茶聖の利休は侘茶《わびちゃ》、文字通り、侘びの茶を意味する独特の技法を完成させました。また侘茶は、「侘び」と呼ばれる精神的な心構えに基づき、その態度を徹底的に滲透させた茶道のことでもあります。名声を博した『茶の本』の著者（岡倉覚三（天心）一八六三―一九一三）によりますと、侘茶は「日常生活のむさくるしい数々の事実の中にある美への憧れに基づいて生み出された儀式[6]」であると言います。侘茶は私たちを色彩の排除された領域へと導くというのです。

「侘び」は、日本の最も根本的な美的範疇《カテゴリー》の一つです。そして、その嗜好は日本文化の多くの側面に灰色がかった影を落としています。と申しますのは、「侘び」は単に美意識であるだけでなく、唯美主義の原理でもあるとともに、特殊な生活様式、生活の技術であるからです。

「侘び」は定義するのが難しい概念です。しかしながら、その基本となる構成要素を絞り込んで分析していきますと、少なくともその構造を垣間見ることは不可能ではありません。ここでは簡略にして、三つの基本的な構成要素に絞り込んで、その一つひとつを説明したいと思います。それらは(1)寂しさ、(2)貧しさ、そして(3)簡素さです。

(1)　第一の要素、すなわち、寂しさとか孤立、世俗的な生活の塵や喧噪から離れて、独りで暮らすことは、精神的かつ形而上的な意味で理解しなければなりません。この語が示唆する隠遁の観念は、日常的な人間生活という観点で捉えますと、単に非社交的であることを意味するでしょう。しかし、これは茶道の目指すものとは正反対です。なぜなら、茶道とは、共に茶を楽しむという特定の目的をもって、一時的に寄り集まった人々が、皆で楽しもうとするものであるからです。こうした脈絡における「寂しさ」は、むしろ、禅僧の仙厓《せんがい》〔義梵《ぎぼん》〕（一七五〇―一八七三）が『独居吟』（「孤独な暮らしに吟う詩」）(7)の中で、見事に描出した意味で捉えなければなりません。

独りで生まれて、独りで死にゆく、そう思う私。
こんな私が建てた粗末な小屋で独居している、それが私なのだ。

ここでいう「独り」の意味ついては、仙厓自身が別の箇所で、次のように説明しております。「私が独りと言うのは、独りと独りでないことを共に忘れることである。さらに、忘れている本人をも忘れることなのだ。これこそが正しく独りということだ」。

(2) 第二の要素、貧しさ、すなわち「貧しくあること」もまた、特別な意味として理解しなければなりません。それは第一義的に、全ての装飾品が全くない生活、高級な調度品の贅沢と全くかけ離れた空っぽの空間での人間の存在を意味します。形而下的には、これは貧しい生活そのものでしょう。しかし、この物質的な貧しさは、精神的な意味における貧しさを直にそのまま表現したものに違いありません。それは、永遠なる「空」への形而上的な悟りにまで昇華された物質的な貧しさにほかなりません。さもなければ、貧しさとは、美的経験とは無関係な、単なる貧窮や赤貧に過ぎないことになってしまいます。

(3) 第三の要素、すなわち簡素さは、先行する二つの要素と最も密接な関連があります。いわゆる利休風の茶室は、元々、この茶聖が「侘び」の芸術を創り出すという目的で設計したものです。一見しますと、五名かさらにそれ以下の人数しか収容できないほどの狭い庵に過ぎません。内装は簡素さと質素さが際立ち、たいていは殺風景で侘しく見えるほどです。どんな派手な色調やけばけばしい物も、そこには許されません。実際、洗練された簡素さを有するいくつかの僅かな茶道具を除いて、茶室はほぼ完全に空っぽです。静寂が茶室を支配し、鉄の茶釜に湯の沸く音を除いて、沈黙を破るものは何もありません。その音は、日本人の耳には、遠くの山で松葉がそよぐ音のように聞こえます。

色彩の観点からいたしますと、茶室の本質的な簡素さとは無色の状態である、と説明するのが最も相応しいかもしれません。この世のあらゆる事物には、実際に色があるわけですから、茶室は完全な、あるいは文字通りの無色というわけではありません。より正確には、こうした脈絡では、日本語でよく使われる表現、「色を抑える」――すなわち、可能なかぎり、どのような色も抑制し、目立たなくすること――を用いるとよいでしょう。色を極限にまで抑制すること、または「抑えること」が、究極的には単色《モノクローム》や全くの白黒の状態と等しくなるのは至極、当然のことです。ここでの単色とは、色彩の完全な不在が視覚的に表出していることです。ところが、忘れてはならないのは、色彩の不在は色彩を「抑えた」結果であるということです。つまり、色彩が完全に不在である状態には、全ての「抑えた」色彩の微かな面影があるのです。このような意味で、色彩の不在とは、色彩の消極的なあり方なのです。こうした意味において、外部的な色彩の不在は、色彩の内部的なあり方として肯定的な美的価値も帯びているのです。したがって、無色または黒白を審美的に評価するにあたっては、根本的に逆説的《パラドキシカル》な何かがあります。また、それは茶道のみならず、東アジアの芸術全般に言えることです。

色彩の不在と存在のあいだの逆説的な関係性については、藤原定家卿（一一六二―一二四一）[8]が詠んだ有名な和歌が、最もうまく描いています。それは絶えず茶人たちの座右の銘として引用されます。その和歌は、次のように詠われています。

見渡せば　花も紅葉も　なかりけり
浦の苫屋《とまや》の　秋の夕暮れ

茶人の武野紹鷗《たけのじょうおう》（一五〇三―五三）は、利休を侘茶の様式へと導いた人物ですが、彼が初めてこの和歌における、侘び好みの精神そのものの視覚化に気づいたと言われてきました。ここで注意すべきなのは、定家が単に何も見えない、と述べているわけではないことです。そうではなく、彼は「花がないのが見え、紅葉がないのも見える」と述べているのです。すなわち、鮮やかな色彩は先ず私たちの心の眼に確かに現れて、即座に否定され消滅します。ところが、ここで起こっているのは、現実には色彩を否定しようとする作用ですらありません。と申しますのは、この文脈における色彩にまつわる言葉の不在は、全ての美しい色彩がより本源的な色彩、すなわち色彩でない色彩へと還元される形而上的なプロセスを表象しているからです。さらに「自然」は、秋の夕暮れの薄暗がりの中で、浜にただひとつ佇む漁師の苫屋に象徴される無色の色彩の次元において、詩的に表現されています。したがって、この和歌に描かれる晩秋の侘しい原野は、表層的な意味において理解されるモノクロの光景ではありません。この和歌は逆に、色彩を「抑える」技法として理解される侘びの精神を、感覚に訴えるかたちで表現したのであり、そうすることで色彩を絶対的「空」の次元へ還元しようとするのです。

いま申しました和歌の解釈が私の気まぐれでないことは、『南方録』の有名な一節によって証明されます。[9]『南方録』の中で、利休の高弟の一人であった南坊宗啓《なんぼうそうけい》という僧侶が、師から伝えられたという侘茶の原理について、かなり体系的な説明を記しております。問題の一節で、先ほど読ませていただいた和歌を引用しながら、利休が南坊に語ったとして、次のように記しております。

> 紹鷗は、侘茶の精神はまさしく定家卿のこの和歌に表現されているとよく述べていた。（この和歌に詠まれる）色彩あふれる花々の輝きと色づいた楓の葉は、書院での正式な茶事の豪華さに比し得る。ところが、この満開の花々と色づいた楓の葉の輝くばかりの美しさについて、我々が落ち着いて一心に観照するとき、それらが、「浦の苫屋」に示されている絶対的〈空〉という精神的次元へと、究極的にはまるごと回帰している〔還元されている〕のに気がつく。あらかじめ花々や色づいた葉の美しさを味わい尽くした経験のある者

でなければ、苫屋のような荒れ果てた場所で満足しきって暮らすことなどできない。何年もの間、花々や色づいた葉を観照して初めて、「浦の苫屋での暮らし」とは、この上ない精神的〈孤立〉の完成であると分かるようになるのだ。

色彩の不在と現前のあいだの逆説的な関係性は、能という異なる分野において多少違った形態ではありますが、同じようによく体現されています。能は、鎌倉時代と桃山時代に挟まれた室町時代に栄えた典型的な日本の芸術です。能の装束は、現在に至るまで、最も絢爛豪華な類の衣装で、通常は光輝く金色やちらちらと煌めく銀色、きらめくいくつもの色を帯びた多彩な綾錦で織り上げられています。色彩という観点からは、能の芝居は疑いなく色彩溢れる世界です。ところが、この表層の多色から成る輝きの下では、芸術としての能の真の創設者であった世阿弥《ぜあみ》（一三六三―一四四三）のような天才の視野が、黒と白の世界に向けられていました。彼にとって、能の作品や舞いの花は、全ての色が単色の単一性へ還元される精神的な深みの次元において咲き誇るのです（増田正造『能の表現』中公新書二六〇、一九七一年、二七―二八頁）。それは、能における演劇的表現の究極の目標が、または永遠なる「空」の世界であるからです。世阿弥の形而上的な視野において、厳しい精神的鍛練の全段階を経た能役者によって到達される修業の最終段階とは、世阿弥が「冷え」と呼ぶ次元です。そこは、能役者が華やかな色彩の一切を超越し、「存在」のあらゆる現象的形象が解体する「空」の世界なのです。

さらに能装束の色彩のもつ幻想的な絢爛さは、厳粛なまでに抑制された能役者の身体動作によって相殺されて目立たなくなります。感情表現における極限までの抑制がもたらす粛然たる印象には、一瞬たりとも目を離せないものがあります。そのとき、感覚に訴えるあらゆる色彩のもつあるがままの性質は失われ、抑制された豊かさが言いようのない色調を醸し出す――そんな極限的に寡黙な表現へと抑制されるのです。能舞台では、動作は静寂を表しますが、静寂は否定的な意味における単なる静止というわけではありません。なぜなら、精神的緊張がもたらすある種独特な雰囲気の中では、沈黙こそが言語的表現よりも遥かに雄弁に内的言語を語ることになりますし、また、静止こそがどのような外部的な動作よりも遥かに力強い内部的な動作であるからです。したがって、能劇が実際に舞台の上で繰り広げる外観上の色彩の輝きを超えて、永遠なる「無彩色性」の計り知れない深みが、観客の眼前で再現されるのです。

それでは、この「無彩色性」とは何なのでしょうか。また、どうして「彩色性」よりむしろ「無彩色性」になるのでしょうか。第二節では、黒と白の世界の内的構造を説明することによって、この問題にお答えしたいと思います。

II

ここまで説明してまいりましたのは、日本文化史の中から顕著な例を選び出し、東アジアの美意識における黒と白、すなわち無彩色性が単なる色彩の不在ではなく、それとは逆に、色彩の輝きに対する洗練を極めた繊細さに直に裏付けられていることでした。さらに、無彩色性がむしろ全ての色が有する美的価値の極致として理解しなければならないということも説明いたしました。

さて、ここからは、中国と日本で展開した黒と白の内的構造、および単色の様式をもつ芸術に伏在する独特な美の哲学という問題についてお話したいと思います。

一七世紀の清代中国において、よく知られた画家、惲南田《うんなんでん》（一六三三―九〇）が記した絵画における極度の素朴さの重要性に関する有名な言明を引用することから始めましょう。(10) 彼は次のように述べています。

近頃の画家は筆と墨だけに心を傾けるが、古人は筆と墨の不在に心を傾けたものだ。古人がいかに筆と墨の不在に心を傾けたかを理解できれば、絵画の神々しい特性への到達にそれほど遠くはない。

この「筆と墨の不在」とは、より理論的な形式として、非-表現の原理とでも定式化できるかもしれません。この原理は非-表現のもつ表現性、すなわち表現の表現的な不在、の認識に由来します。この原理は、東アジア文化に最も特徴的と考えられる芸術形式のほぼ全てに当てはまります。絵画芸術の場合、非-表現の原理は、典型的な形式としては、白地に少なめの筆遣いを施すか、あるいは墨で軽く色合いを付けるような白黒の水墨画の中に明示されています。多くの場合、白地の空間の静寂は、凝った表現の線描やきらめき輝く墨よりも、なおさら表現力に富んでいるのです。

もちろん線描画は、それが線描画であるかぎり、墨の線や筆遣いを全くなしに済ますことはできません。こうした意味で、「筆と墨の不在」とは、非-表現を通じた表現の原理を実現させようとする画家にとっては、到達できそうにない理想にすぎません。しかしながら、内面に蓄積される精神的エネルギーが絶えず増していくのに比例して、ついには表現の絶対的不在へと徐々に近づくことはできます。そこで、中国の宋代と元代、日本の鎌倉時代と足利時代という、両国で禅仏教が隆盛を極めた時代に、水墨画の分野で偉業が達成されたのです。さらには、こうした様式の絵画の伝統の中で、「減筆体」や「淡墨」として知られる技法もまた発展したのです。この二つの技法を指す言い回しは、次のような事実を実現する中で生まれました。つまり、画家は絶対的な純粋性にある、穏やかで静穏な心の状態を表現し、あるがままの事物のリアリティ——禅仏教が本来的な真如と呼ぶもの——を描き出すために、可能なかぎり筆遣いを抑え、墨の使用を可能性の極限まで抑え、あらゆる非本質的な要素を自己の描写から排除しなければなりません。

こうした原理を厳格に適用した結果、多くの画家たちが、目に見えないほど水で薄められた蒸気のような灰色の淡い墨で描きました。たとえば、宋代の傑出した画家、李成《りせい》〔九一九―九六七頃〕は、「墨をまるで黄金のように惜しんだ」と言われています。元代の老融《ろうゆう》〔一一一四―九三。伝承では、元の人と言われてきたが、実は南宋の人〕は、「墨をあたかも自分の生命のように惜しんだ」ということです。彼らのような大家に代表される水墨画は、伝統的に「神秘的な霞んだ絵画」〔微茫画〕として知られております。同時代の人々の証言によると、老融は空間全体をぼやけた霞みで覆うような仕方で描きました。そのために、人はそこに何かがあるかのように感じながらも、それが何なのか、だれにも分からなかったそうです。

このことは、禅とともに水墨画の発展に大きな影響を与えた老荘思想の精神と完全に一致しています。老融の作品は、老子が示した「道」を絵画で表現したものにほかなりません。『老子道徳経』は次のように記しております。

〈道〉を見ようとしても、見えない。この点において、それは、「ほの暗くて、かたちなきもの」と呼ばれるだろう。

それを聞こうとしても、聞こえない。この点において、それは、「聞こえないほど、かすかなもの」と呼ばれるだろう。

それをつかまえようとしても、触れられない。この点において、それは、「極度に微妙なもの」と呼ばれるだろう。

これら三つの面からいって、〈道〉ははかり知れない。その三つの面が混じり合って一となる[11]（つまり、〈道〉は、ほの暗く、かすんだ、はかり知れないほど深い〈一〉としてのみ表現できる）。

〈道〉はまったくぼんやりとしており、まったく不明瞭だ。

まったく不明瞭で、まったくぼんやりとしているが、その内には（〈何か〉の）（微かでぼんやりとした）しるしがある。

まったく不明瞭で、まったくぼんやりとしているが、そこには〈何か〉がある。（『老子道徳経』第二十一章）

老融の「神秘的な霞んだ絵画」が、ここで老子の説く「道」すなわち「絶対的なもの」を絵画で表現することを目指したものであるとすれば、水墨画は理論的に二つの異なる方向に展開することができるでしょう。つまり、第一に、「道」そのものである絶対的「無」を描く方向に向けて展開することができるでしょうし、第二に、存在の究極的な形而上的基盤として機能する絶対的「無」を描く方向へ向けて展開することもできるでしょう。『老子道徳経』の著者自身は、「道」を「無」と「何か」との矛盾的合一として記述しています。

　深遠で底なしで、それは万物の起源と基盤のようなものである。……
　そこには絶対に何もないが、何かがそこにいるように思える。（第四章）

　画家が第一の方向を選択するといたしますと、その画家は当然の帰結として、絶対的無における「無」を描くことになるでしょう。すなわち、実際には、何一つ描かないということになります。そうなりますと、筆跡がなく、真っ白で空白の一枚の紙か絹が、絵画芸術の最高傑作と見なされることになるでしょう。面白いことに、実際にこの原理を実践した画家が何人かいました。結果として日本の絵画史には、「白紙讃」として知られる作品が登場したのです。これは紙を完全に白紙のままにして、上部にだけ、その下部にあると想定する絵を解釈することを意図したいくつかの讃〔詩句〕を記すというものです。この一種奇妙な「白画」は、徳川時代の茶人、藤村庸軒《ようけん》〔一六一三—九九〕によって創始されたと言われています[12]。しかし、このように極端に走ることは、必然的に絵画の自殺に通じます。と申しますのは、絵画的な手法に頼っているかぎりは、何も描かないことによって、老子が説くような「無」や大乗仏教の「空《くう》」のヴィジョンを美的に喚起することができないからです。

　したがって、画家が取り得る唯一可能な方法は、すでにお話しした第二の方向であると思われます。すなわち、絶対的無が現象界の究極的な形而上的基盤であるという観点から、絶対的無にアプローチする方向です。このアプローチに伏在している根本的な考え方は、南宋代の詩人・画家として名高い蘇東坡《そとうば》（蘇軾《そしょく》、一〇三六—一一〇一）の次の二句に最も簡潔に示されています。

何も見つからない中に、全てが見つかる。
そこには花があり、月があり、そして楼台がある。

「水墨」で描く画家の大半は、何か実体のあるもの——たとえば、花、木や鳥など、またしばしば風景全体——を白地に黒い墨で描きます。その際、画家は時として、現象界における事物の諸形象が、存在の無形で無色な基盤の深みから生起し、瞑想の状態にある心に浮かんでくる、まさに形而上的な瞬間を捉えるのです。これは事実、精神的な事象です。この種の精神的な事象としての絵画を示す良い例としては、「破墨山水図」として知られる雪舟《せっしゅう》(一四二〇—一五〇六)の名高い風景画が挙げられます〔次頁の図〕。雪舟は、室町期の破格の禅僧であり、それと同時に、当時、最も傑出した水墨画家でもありました。「破墨」は水墨画に独特の技法ですが、より正確には「溌墨」と呼ぶべき技法です(13)。簡潔にご説明いたしますと、画家はまず極端に水分の多い薄墨で、自分の意匠の主要部分を描いてから、墨が乾くまえに、素早く大胆に、濡れた紙面の上に鮮やかな黒墨の染みを投じて、深い黒の線を何本か描きます。

当然のことながら、雪舟のこの作品では、何も明確な輪郭をもって描かれてはおりません。風景全体は、ぼんやりした形象、変化する墨の濃淡、霞み、さらに周囲の空白から成っています。背景の遥か遠くには、霧の帳《とばり》の向こうに、柱のように聳える険しい山々が、まるで幻のように、空に向かってぼんやり、おぼろげに見えています。前景には、深い茂みが集まり、起伏の多い崖のような壁(濃い墨をふんだんに使った筆遣いで描かれています)が、川岸からまっすぐに聳え立つのが見えます。この崖の麓に小屋が認められます。墨の不在が見事にそれと示す水面には、一艘の舟、おそらくは漁師の舟が浮かんでいます。紙の表面の残りは全くのむき出しです。しかし、この風景の中では、明らかにこの手つかずの空間が、墨をはじいた染みと比べて、それ以上とは言わないまでも、少なくとも同じ程度に重要な役割を果しております。と申しますのも、周りを囲む茫漠とした空間のただ中にあってこそ、絵の中の（数回の黒い筆遣いと墨はじきで構成される）具象物を描いた部分は形而上的な光景に転じるからです。それは、現象界が諸感覚の把握できる範囲を超えた領域から立ち現れる、そのほんの一瞬を結晶する風景なのです。一方、空白部分は、黒い墨で実際に描かれた形象の力によって、あるがままの絹や紙であることを止め、果てしない空間へと変容します。さらに、それは絵の中で、現象界のあらゆる形や色彩のもつ無形で無色の深淵として機能し始めるのです。

広い空白を使用する、類似した性質の別の優れた例として、一三世紀の中国人画家、牧谿《もっけい》の作品とされる同様に有名な水墨画「煙寺晩鐘図」を取り上げてみましょう。それは水墨画の稀有な傑作です。広くほの暗い空——これは「無限なるもの」を示唆しています——が、紙の大半の部分を占めます。描かれる形は最低限に抑えられています。家の屋根の小さな一角、遥か遠くの空中には、寺のかすかな輪郭、霧の中に見え隠れする影のような森、その木々の足元は黄昏にすっかり溶け込んでいます。雪舟の「破墨山水図」で墨のはらいが生み出す力強い性質とは対照的に、同様に霞みがかった牧谿による山水画には静的な性質があります。深遠なる宇宙的な静寂が風景を支配しています。雪舟による画が、永遠なる「空」から現象界が力強く顕現する、まさにその瞬間を描くのに対して、牧谿の場合は、ここで、全てを包み込む「沈黙」の懐に抱かれる現象界の本質的な静けさを描いている、と言えるかもしれません。しかし、いずれの場合も、空白が喚起するのは全ての事物の究極的根源である同じ「太虚」なのです。言いかえますと、この空白は、時間を絶対的に超越した形而上的・精神的な空間を視覚化しているのです。それは無時間的な空間、事物の無時間的次元を喚起します。さらにこのことは、先ほど現象界の「顕現」を描いていると申しました雪舟の「破墨山水図」にも当てはまります。というのも、ここで問題としている顕現とは、「時間的」な生起ではなく、大乗仏教において、し

ばしば「心」の語で言及される精神的「空間」における、事物の形而上的で無時間的な顕現であるからです。

しかしながら、全ての水墨画が、このように霧が拡散したような方法で描かれているわけではありません。全く逆に、事物の輪郭は多くの場合、非常にはっきりと、時には太く濃く、時にはさっと軽く、表情溢れる線で描かれています。しかし、描かれる形象と白紙の背景との基本的な関係は本質的に同じです。なぜなら、ある対象の実体的な存在感の印象が高められ、今度は、自らの中から顕現した現象的形象を再び自らの深みへと飲み込む、宇宙的・形而上的な空間がもつ無限性を強く印象づけるからです。

これまで述べましたように、描かれる対象の強調された存在感と、それを包み込む空白のあいだにある独特の関係性は、「減筆体」の様式を用いた絵画に何よりたやすく確認できます。有名な牧谿の「古松叭々鳥図《こしょうははちょうず》」を見てみましょう〔次頁の図〕。これは、ただ一羽の漆黒の鳥がごつごつした松の老木にとまっている単色の絵画で、極度に乾いて凝固感のある墨で描かれています。背景はやはり空白です。ところが、前景の黒鳥の力強い存在感のおかげで、この空白は、究極的リアリティそのものたる宇宙的な「孤独」へと転ずるのです。さらには、鳥の射貫くような眼——この眼こそがこの絵の中心です——は、鳥そのものの存在自体を超えて広がる、存在《リアリティ》の最深層の次元までも貫きとおすかのようです。

この絵画「古松叭々鳥図」は、日本で比類なき「俳聖」としてよく知られる松尾芭蕉（一六六四—一六九四）の頻繁に引用される俳句を思い起こさせます。俳句は次のように詠みます。

枯枝に　烏のとまりたるや　秋の暮

ただ一羽の鳥の黒い形象が、秋の夕暮れの無限なる「空」を背景にして、枯れ枝にとまっている——これこそ、まさしく言葉で描いた白黒の絵画です。ここにもまた、——この場合は筆と墨でなく、言葉の喚起力を通じて——現象界に孤独な形象を生起させる、宇宙的な「孤独」の完璧な視覚化の例が見られます。「存在」の外部化された形象とは、たとえ純粋な現象としてどれほど輝き色彩豊かであっても、本質的に孤独です。現象的事物の本質的な孤独は、白黒で最もよく視覚化されます。これこそ、芭蕉が他の全門派と異なる、自らの一門独自の句作の基本的態度を特徴づけたとき、俳人としての心の内にあったものにちがいありません。芭蕉は言います。

> 他の門派の俳句はまるで彩色画のようだ。我が門派の作風は、単色絵画のようでなければならない。我が門派で、全ての作品が常に変わることなく無色であるというわけではない。しかし（美しく色鮮やかな事物を句が描くときでさえ）土台となる態度は、他の門派と全く異なる。我が門派の第一の関心は、外部的な色彩の精神的抑制であるからである。〔『雪の薄《すすき》』巻二〕

ここで説明されるような基本的精神を備えた俳句が、惲南田の表現を再び借りますと、「筆と墨の不在」に最大の重きを置くのは、至極当然のことでしょう。言いかえますと、俳句、少なくとも蕉門の俳句は、空白のもつ美的価値への明確な認識の基礎がなければ、詩的芸術として存立し得ません。と申しますのは、俳句とは詩人が感覚的な現象の中に見いだす光が差す空隙の瞬間的把捉をとおした、存在の超感覚的な次元の瞬間的一瞥の詩的表現であるからです。感覚的な現象は言葉で寸描することができますが、超感覚的な次元、すなわち「超えたもの」は表現されないものをとおしてのみ、表現されることを許容します。俳句は「自然」の諸現象形態を積極的に描写することで、それと同時に存在の二つの次元を表します。したがって、表現の不在によって生み出される空白が、この上なく重要なのです。

空白の芸術的使用は、東アジア芸術のほとんど全ての様式に確認することができます。前述しました能の不動の技法が

適切な例です。不動、あるいは身体動作の絶対的な不在は、能役者が舞台上で動作の静止をとおして現成させる空白の空間にほかなりません。それが能役者の精神的エネルギー全体が集約される外部的な空白の瞬間です。不動の技法は、能の舞が到達することができる極致であると考えられます。激しい劇的感情を舞の卓越した身体動作をとおして表現することは、やはり比較的に簡単です。世阿弥によりますと、何年もの厳格な技術修業や精神的修養を積んだ熟達した役者だけが、極限まで凝縮した内的エネルギーを動作の不在へと昇華することによって、舞台上にこの上なく力強い感情表現を現成させることができるのです。そうした役者は自分の身体を動かしません。まるで「無時間」のイマージュそのものに結晶したかのように、完全に静止したままです。このような尋常ならぬ密度の精神的緊張の中で、舞うことなく役者は舞います。内的に、心で舞うのです。こうした不動を背景にいたしますと、僅かな身振りでも、水墨画の白い紙面上の小さな黒い墨の染みと同じくらい表現に富むのです。

世阿弥とその門人たちによって展開された、能の理論における劇的な空白の重要性につきましては、もっと言うべきことがあるでしょう。それに、東アジア芸術の様々な形態とともに、東アジアにおける人間生活の他のより実践的な場において、空白が果たす役割についても、さらに言うべき点があるでしょう。しかしながら、この講演の目的にとって問題となるこうした側面につきましては、すでに十分にお話しいたしました。そこでこれからは、この問題のより肯定的な面、すなわち空白の背景と区別される、実体あるものとして描かれる諸形象の意義についてお話することにいたしましょう。

最も典型的な形式における東アジア芸術の精神は、ほとんど表現しないことによって多くのことを表現することにありますが、そのことをここで思い起こしていただきたいと思います。それは非-表現と接する最小限の表現によって、最大限の芸術的な効果を生み出そうとする芸術です。したがって水墨画では、数少ない僅かな筆遣いと、それによって描かれる簡潔な輪郭と墨塗りだけで、ある事物の外部的な形態のもつ色彩や細部の正確で忠実な再現よりも、はるかに印象的な存在感を喚起することができるのです。この種の芸術の秘密とは何なのでしょうか。この疑問に対する適確な答えは、最低限の輪郭線と筆遣い、さらに黒以外の色彩の排除によって、事物が絵として描かれる際の、その内的構造を解明することによって導き出されるでしょう。

中国と日本における単色《モノクロ》の水墨画が、その絵の醸し出す精神的な雰囲気を審美的に鑑賞することに焦点を置く独特の芸術であることを理解していただけたことでしょう。この芸術では、「自然」と自然物が主要な役割を担っています。実際、筆と墨による作品の中で、最も典型的な形式は風景画です。さらに風景とさまざまな自然物は、輪郭線と墨の濃淡によって絵画的に表現されます。

しかしながら、この文脈における「風景画」の語には、特別な注釈が必要です。それは、この「風景」の語が必ずしも風景全体を意味するわけではないからです。東アジアにおける絵画の伝統的な概念には、静物画が存在しないことを思い起こすべきでしょう（金原省吾『東洋美術』河出書房、一九四一年、一〇二―一〇三頁を参照）。そうした概念はないのです。ふつう、西洋で静物画の範疇に入る多くの絵画は、東洋では風景画と見なされます。ここで「風景」画が、風景全体を再現するのか、それとも一輪の花や草あるいは果物だけを再現するのかどうかは取るに足りません。たとえば、実際に描かれているのは、一本の竹かもしれません。ところが、それは現実には、ただ一本の竹ではありません。鑑賞者の目の前で、その一本の竹はそれ自体を深い竹林へと、さらに「自然」それ自体の広大な広がりへと拡大させます。それが風景画です。あるいは、もう一つ別の例を挙げますと、白い背景にひっそりと咲くただ一輪の秋の花が見えます。それは単なる一輪の花の絵ではないのです。と申しますのは、ここに描かれる花が、この花を超えて無限に広がる「自然」の現前を呼び起こすからです。さらに、そうすることによって、花は私たちの心の眼に、世界における全ての孤立した存在者の宇宙的な孤独と静寂を開示しています。一個の野菜や果物でさえ、こうした意味で風景画の主題になります。牧谿作とされる非常に名高い絵画「六柿図」〔次頁の図〕がよい例です。さまざまな濃淡の黒い墨で描かれた数個の柿。その形象が極度に単純化され、巨大な宇宙の絵画的な表象となります。この基盤となる哲学は、一つの事物、あらゆる個々の事物に、その他の一切の事物が包摂されていると見なす華厳の形而上学です。R・H・ブライスはこうした哲学的なものの見方について、簡潔ながら美しい詩的表現を用いて、次のように述べています。つまり、個々の事物は、「全ての事物

とともにある。それは……一つの事物が持ち上げられると、全ての事物がともに持ち上げられるからである。一輪の花は春であり、一枚の落ち葉には秋全体がある、それぞれの秋の、それぞれの事物の、さらに、個々の事物や全ての事物の無時間的な秋の全てがあるのだ[14]」。

すでに述べましたように、単色絵画《モノクロ》は特に二つの要素に依っております。すなわち、一つは線であり、もう一つは墨の濃淡です。定義上、単色の絵画は、感覚的経験の次元で「自然」を華やかに彩る全ての有彩色を排除します。「自然」が、線と墨の濃淡のみで構成される世界として表象されるとき、独特の仕方で変容するのは必然であり不可避的です。

東洋の水墨画の伝統では、墨で線を引き自然物を描出することは、すぐに「自然」の精神化を促します。硬軟様々な動物の毛で作られた東洋の筆には、それを使う人の移り変わる気分や、心のさまざまな深まりの程度を忠実に反映する性質があります。それ以上に、中国と日本では、筆遣いの技法が、書道——東洋の全芸術の中で最も抽象的で、専ら人間の精神的覚知の深みを直接表現することに関心を注ぐ——の中で発達した、精神性が込められた線を描く技法と何より密接に関わる点を思い起こさなければなりません。したがって、筆で線を引いて絵を描くにあたって、画家は、ちょうど表意文字である漢字を書くときのように、描こうと決めた対象に自らの内的エネルギーを吹き込むことができるのです。

筆遣いは突発的で荒々しく、激しいときもあれば、柔らかくしなやかで、落ち着いていて静かなこともあります。画家は時に、名状しがたいほど柔和で甘美な墨のしたたる、しなやかな線で対象物を描きます。時にその描線は機敏で、素早く燃えるようですし、また時にゆったりと太いのです。それぞれの描線には、それ自体の速さと重みがあります。この描線の重みは、紙に筆を押しつける力加減で決まります。筆圧は動きの速さと相まって、画家の精神的波動を忠実に反映します。

単色絵画のもう一つの基本要素である墨の濃淡につきましては、この講演の前半で、それが精神的意味を付与する機能について、十分に解説いたしました。つまり東アジアの水墨画の芸術は、間違いなく精神的な芸術なのです。

本質的に精神的な芸術として、この種の絵画には、心の最大限の集中が求められることは容易に認められるでしょう。心の集中が必要となるのは、何よりもまず、この芸術に用いられる東洋の紙が独特の性質をもつことによります。東洋の紙は、水分や墨を簡単に、素早く吸収するという意味で、東洋の筆に劣らず繊細です。墨は言うに及ばず、ほんの少し水を垂らしただけでも、あっという間に吸い込んでしまい、表面に消すことのできない染みが残ります。厳密に申しますと、この場合、「塗ること」は不可能です。いくつかの色を複数の層に塗り重ねる西洋の油絵とは異なり、水墨画は一度かぎりで完成しなければならない作品です。一筆一筆が最初の一筆であり、最後の一筆なのです。いかなる修正も絶対に不可能です。たとえば、一本の線の流れが崩れてしまいますと、永遠に崩れたままです。線が止まれば精神の動きも止まりますので、もう続行できません。したがって、途中の過程で思案する時間はなく、後の修正や変更の余地もありません。張彦遠《ちょうげんえん》（九世紀、唐代）は、中国画の基礎について記した有名な著書〔『歴代名画記』〕の中で、次のように述べております。

絵画を描く意図をもち、計算ずくで筆を動かす者は、絵画という芸術を見失っている。一方、そうした意図をもたず、熟慮して筆を動かす者は、絵画という芸術に到達する。彼の手はこわばらず、心が冷めることはない。いかにとも知らずに、彼はそれを完成させるのである。(15)

一心不乱な心の集中が画家に求められるのは、東洋の紙の性質に起因する技法的あるいは実際的な理由のためばかりではありません。それは、もう一つ別の重要な理由にもよるのですが、それを論じますと、私たちの主題のより哲学的な側面に直接、導かれていくことになります。西洋絵画と同じように、東洋の水墨画は「自然」の事物の緻密な注意深い観察に始まり、それに基盤を置いています。しかしながら、ここでいう観察とは、厳密に客観的、科学的かつ組織的な「自然」の観察ではありません。典型的な東洋的絵画で必要とされる事物の観察とは、画家の魂の律動が一切の事物――大小にかかわらず、また有機物であるか無機物であるかにかかわらず――に充満する宇宙的「生命」の律動と一致するまで、画家の目が事物の不可視のリアリティに完全に滲透することです。このような事物の観察は、魂の全ての内的な力で、一心不乱に集中することによってはじめて可能となります。この心の状態では、観察が内省と一致しますが、それはすなわち、外的世界の観察が同時に心そのものの内部へと貫入する行為です。

清代における中国美学に関する最も重要な著述とされる『雨窗漫筆《うそうまんぴつ》』の一節で、著者の王原祁《おうげんき》〔一六四二―一七一五〕は、次のように述べています。

筆を握るまえに着想を得ておかねばならない――それが絵画の最も重要な点である。絵筆を取り上げるとき、画家は完全に静まり穏やかで、心が安らぎ冷静であり、あらゆる俗悪な感情を締め出していなければならない。画家は絹の巻物のまえに静かに腰を落ち着け、自らの魂《たましい》〔気〕を集中させ、自らの生命エネルギーを制御しなければならない。……画家の心の中に完全な光景が浮かべば、そのときにこそ、画家は筆を浸して、筆先をなめるべきなのだ。(16)

このことに関連して、東アジアの画家にとっては、全てに精神が宿る――すなわち、この世界の全ては自らの内部に魂〔気〕をもっている――という点に注意することが重要です。画家は真っ先に描きたい事物の「魂」へと滲透しようと集中します。事物の「魂」〔気〕とは、現象的顕現の原初的な根源、すなわち外部の色や形を超えて存在する、その存在の最奥の基盤です。この計り知れない魂の力、生命の息吹、事物の奥深くある本質こそ、霊感を受けた画家がそれを筆と墨で伝えるのに成功したとき、絵画を真の芸術にすると考えられています。ただ一つの石ころでさえ、絵画として再現された姿がその石の生命＝魂の脈動と反響するように描かれなければなりません。

事物の最奥の魂は、中国と日本のさまざまな思想分野において、種々の名称で呼ばれています。古典的な絵画理論では、「骨法《こっぽう》」と呼ばれます。たとえば、石の「骨法」とは、その存在の原初的な層で、石が呈する深層の形象です。これは石の最も根本的な形態であり、画家は次から次へ、あらゆる副次的、外的な要素を排除する手間のかかる過程を通じて、何年も周到な観察と内省を経て、それを見いださなければなりません。単純化の極限に到って初めて、画家の心に、一瞬差し込む照明の中で、石の「魂」〔気〕が開示されるのです。

俳句の理論では、ここで問題となっている「魂」は、「本情」、事物の「真の性質」と呼ばれます。松尾芭蕉(17)によって説かれた中心的な概念を説明しながら、後継者の一人は、次のように言います。

我らが師は、松の木については松の木そのものから習うこと、竹については竹そのものから習うよう、我々によく諭したものだ。これらの言葉によって師が語ったのは、我々は自我に基づいて思案する行為を捨て去らねばならないということであった。……師の語った「習う」とは、客体そのものの謎めいた本質（すなわち、その「本情」）が我々に開示されるまで、（松の木であれ竹であれ）客体そのものへと我々が入り込むということである。すると、これによって刺激された詩的感動が詩句へと結晶されるのだ。詩句の中に客体をどれほどはっきりと描いても、詩的感動がその客体そのもの（の「本情」）から自然にほとばしり出たものでなければ、客体と我々の自我、二つの別個なものであり続け、表現された詩的感動は決して客体の真のリアリティに到達することはないだろう。こうした（感動とリアリティとのずれ）は、我々の自我の側の故意〔作意〕によって引き起こされるのだ(18)。

同書〔『赤草子』〕は、同様のことを次のようにも記しています。

俳句を作る正しい方法について、私は師が次のように語るのを耳にした。事物の（奥深いリアリティの）光が視野に閃くとき、消えていくまえに、その光を即座に詩句として留めなければならない。

俳句を作るもう一つの方法とは、師が次のように説いたもの、すなわち、「外部にある詩句という形をめがけて、瞬時の霊感を心から振りだす」ことである。

師が説いたこの方法やこの他全ての同様の方法には、次のような考えが共通している。すなわち、事物の内部へ、客体の魂へと入り込んだうえで、感動が冷めるまえに、事物の真の形態を、言葉によって即座に留めるべきだ、ということである。

（『赤草子』、『日本古典文学大系』第六六巻『連歌論集・俳論集』岩波書店、四〇〇—四〇一頁）

水墨画の芸術の話に戻りますと、この上なく重要な点は、人がある対象や全風景の最奥のリアリティに滲透し、それに生命を与えている生命の息吹を把捉しなければならないということです。しかし、ここでお話しした芸術家による事物の魂への貫入は、自我をもつかぎり達成することができません。これが俳句という芸術について芭蕉が説いた核心です。人は己れ自身を深く探究してはじめて、事物の魂を深く探究することができます。さらに己れ自身を深く探究することは、自己を消融すること、つまり完全に自我が消融し、客体の中に没入する主体となることです。こうした精神的なプロセスは、東洋では、しばしば「人間が対象となる」という表現で言い表されます。竹を描きたい画家は、まず竹にならなければなりません。そのうえで、竹に自らの内的形象を紙に描かせるのです。

事物の「内的形象」、「最奥のリアリティ」、「骨法」、「魂」などについて、これまでお話ししたことは、中国哲学でいう「理」に対応しております。「理」の用語は、中国哲学史上、まずは仏教における華厳の形而上学の形成において、さらに後には、宋代における新儒教の哲学的世界観において、途轍もなく重要な役割を果たしました。たとえば、朱子（一一三〇―一二〇〇）の哲学は、「理」という中心的な概念をめぐって展開された哲学体系としてうまく特徴づけられるでしょう。

時間や場所の制約もありますので、今ここで、この概念の議論には踏み込むことはできませんが、ここでは、朱子にとって「理」が、時空を超越した、無形で不滅の、しかも超感覚的な永遠の原理であったと述べるに留めておきたいと思います。「理」はそれ自体、形なき《メタ・フィジカル》（「形而上」）ものですが、形ある《フィジカル》（「形而下」）あらゆるものに具わっています。つまり、それは、生命をもとうがもつまいが、あらゆる形ある《フィジカル》事物に本来的に備わっているのです。言いかえますと、この世界に存在するあらゆる知覚可能な事物はそれ自体、形而下の存在次元における事物によって顕在化する、全てをその内側から支配する形而上的な原理を備えています。要するに、事物の「理」とは、事物の最深層の形而上的な基盤であり、これによって事物は真に存在するものとなります。これは仏教徒であれば、事物の「ありのまま」すなわち「真如」と呼ぶものでしょう。

『大学章句』の有名な一節において、朱子は「格物致知《かくぶつちち》」と呼ぶものによって、あらゆるものの「理」を認識することの至高の重要性を強調しています。彼は次のように述べています。

我々が自らの知識を完璧の極致にまで近づけたいと望むのなら、我々はあらゆるものを取り上げて、一つまた一つとそれぞれ別個の事物の「理」を徹底的に探究しなければならない。これが可能な理由は、人間の心には鋭い認知の力が授けられている一方、天下には「理」を授けられていないものなど存在しないからである。我々の知識が、たいていの場合、不完全な状態に留まっているのは、我々が事物の「理」へと貫入していないことだけが、その理由である。

したがって、『大学』の第一の教えとは、すでに獲得した「理」の知識を生かして、この世に存在するあらゆる事物の「理」について認知を深め続けて、「理」の認知が完璧の極みへと達するまで、あらゆる学生を励ますことにある。数年にわたる根気強くたゆまぬ努力を経て、啓示の瞬間が訪れ、学生は突然として悟るようになるだろう。そのとき、学生にはあらゆるものが全く透徹したものとなる。あらゆる事物の外部と内部、あらゆる客体のきめ細かさと粗さとが、それらのリアリティにおいて把握されるだろう。それと同時に、自らの心のリアリティが本来的に完成されたものであること、さらにはその壮大な活動もまた、彼には明らかとなるだろう。

（『大学章句』伝第五章〔島田虔次『大学・中庸』朝日文庫、一九七八年、九九頁〕）

このように朱子によりますと、「理」はあらゆる個々の人間の内部に存在するものの、この同じ「理」はまた、「天」の下にある全ての形而下の事物それぞれの中にも存在します。そのため、形而下の次元で、それぞれの事物はそのほか全てと区別される独立した存在はありますが、存在の最も深遠な次元では、人間と「自然」は単一のリアリティなのです。リアリティがこうした構造であるために、人間は――少なくとも理論的には――内省的な瞑想と、世界の個々の事物それぞれが持つ「理」への綿密な探究を統合しようと努力を絶えず続けることで、内部の「理」と外部の「理」の根源的な合一性へと回帰することができるのです。朱子にとって、こうした内部の「理」と外部の「理」の合一が実現するまさにその瞬間は、禅の「悟り」に相当する至高の目覚めの瞬間です。これを実現しますと、人間は新儒教〔朱子学〕的な意味で「聖人」となります。

後の明代において、その当時、有名であった哲学者の王陽明（一四七二―一五二七）は、この朱子が提唱した聖人に達する方法を試しました。『伝習録』に、著者の王陽明本人が興味深い出来事を記しております。王陽明と学友の一人が、ある日、朱子の教えを実践しようと決意します。簡単で実践的な出発点として、二人はたまたま中庭に植わっている竹の「理」を捉えてみようと話します。二人はすぐに始めました。昼夜を分かたず二人は、竹の内的な気《スピリット》に滲透しようと自分たちの心を竹に集中させます。友人は三日で神経衰弱になりました。その学友よりも長く持ちこたえた王陽明自身も、連続して七日間以上は、竹の「理」の「探究」を続けることはできませんでした。彼の身体は完全に力尽き、精神力は枯渇しましたが、竹はいまだその「理」を開示してくれませんでした。彼はすっかり絶望して諦め呟きます。「ああ、私たちは聖人になる素質に恵まれていない！」（『伝習録』

第三部〔『伝習録』巻下・一一八、『新釈漢文大系』明治書院、一九六一年、五四一頁参照〕）

この非凡な思想家に公平を期すために付け加えておきますと、王陽明は後に純粋な黙想と瞑想の方法で、悟りに達しました。しかし、この主題に立ち入りますと、今の私たちの問題点から遠く離れてしまうでしょう。いずれにしましても、王陽明が経験した失敗は、あの独特な言い回しを再び用いますと、人生の若い時期に「竹になる」ことができなかったからであることは明らかです。水墨画と詩の分野において、精神的な偉業を成し遂げた芸術家が多く存在したことを私たちは知っています。

宋代の非凡な画家・詩人であった蘇東坡についてはすでに触れましたが、たとえば、蘇東坡は友人の文与可《ぶんよか》（文同、一〇一八―一〇七九）について、散文と詩の両方で興味深い記述を多く残しております。文与可は竹の絵を描く技術において比類なき天才として、同時代の人々から広く賞讃された人物です。文与可が描いた竹の絵の上部に、蘇東坡が詩作し書き込んだ短い詩には、次のようにあります。

文与可が竹を描く時、
彼は竹を見つめる。人間を見つめはしない。
いや、他人を忘れているだけではない。
忘我の中で、自分自身を忘れて、
彼自身が竹に変身している。すると、
尽きることなく、この心から竹が現れ出る、永遠に鮮烈で生き生きとした竹が。[19]

他の箇所では、散文の随筆において、彼は文与可の芸術と人柄をこのように記しております。

竹を描くためには、画家は自らの心の中に完璧な竹の姿を現成させることから始めなければならない。それから筆を取り上げて、自らの内的視線を心の中の竹に集中させるのだ。そして、描きたいと心から願うものの姿がはっきりと現れたその一瞬に、茂みから飛び出してきた野ウサギ目がけて舞い降りる鷹の如く、画家はその姿を追い求めて絵筆を動かし始めなければならない。こうした集中が一瞬でも弛めば、全ては台無しになる。これぞ、文与可が私に教えてくれたことだ。[20]

画家は、火のつくような迅速さで作品制作中に追い求めなければならない、と文与可が語る、竹のイマージュは、竹の「理」から現れ出て、画家の集中しきった心の中に顕現する本質的な形象です。実に重要なことに、蘇東坡は自らの芸術理論のキータームとして「理」を用いております。彼が言うには、世界のあらゆるものは、不可視の深みに「永遠なる原理」(「常理」)(朝日新聞社版『蘇東坡集』、八八頁)をもっています。描く対象の「永遠なる原理」の直観的把握に基づかない絵は、どれほど緻密で忠実に事物の外部的な形や色を伝えようとも、蘇東坡にとって、真の芸術作品として考慮するには値しないのです。

この種の絵画芸術では、色彩の排除がほとんど必要なことであるということは理解していただけたことでしょう。色彩感覚は、外部的な事物に対する私たちの認知の最も素朴な形態です。東アジアの芸術家や哲学者の目には、色彩は「自然」の表層を表象するものです。事物の形而下的な外部性の膜を破り、自らの心の中にも事物の内部にも存在している永遠なる「理」に心を集中しようとする者にとって、色彩の誘惑は、事物の最奥の性質を把捉するうえで、さらには精神的な生活の最も深遠な層において一切の事物との根源的合一を実現するうえで、深刻な障害となります。

このことから、東洋の絵画で黒の持つ極めて特別な機能についても理解できるようになります。色彩画では通常、黒は色彩にとって障害として機能します。黒は他の全ての色の死を意味します。その結果、「自然」に充満する生命の息吹の死をも意味します。一方、水墨画では黒こそ生命であり、表現と展開の無限なる可能性です。ここでは、黒は全くの黒ではありません。全ての色彩の否定において、全ての色彩が積極的に肯定されるからです。

ある赤い対象が実際に赤で描かれますと、その対象はその特定の色彩に動かしがたく固定されます。しかし、典型的な東洋的思考にもとづくと、赤にはそれ自体、ほかの全ての色彩が含まれています。赤はそれ自体として、ほかのあらゆる色彩になり得る本質的可能態をもっているからこそ、今ここに赤として顕現しているのです。こうした世界——あらゆる単一の色がそれ自体、他の全ての色を包摂するために、それぞれの色が全ての色の収斂する点として現れる、無限の色の可能態の世界——は、少なくとも東アジアの画家の観点からは、黒で描くのが最も相応しいのです。

講演の後半では、特に水墨画の肯定的な側面の問題を取り扱いました。すなわち、この種の東洋芸術における自然物の実体的な描写の問題を取り扱いました。この講演を終えさせていただくにあたり、「何も描かずに描くこと」という否定的側面の重要性、すなわち、実際には表現されないものを表現の不在によって表現するという側面の重要性をもう一度、思い起こしていただきたいと思います。

江戸時代を代表する日本の画家、池大雅《いけのたいが》（一七二三—七六）は、ある時、このように問われました。「絵を描くにあたって最も難しいことは何ですか」、と。それに対して、「全く何も描かれていない白い空間を描くこと——このことが、絵を描くにあたって、やり遂げるのが最も困難なことである」〔桑山玉州『絵事鄙言』〕というのが、彼の答えでした。

注

＊　第四一回エラノス会議（一九七二年開催）のテーマは、「色彩の世界」（Die Welt der Farben）。『エラノス会議年報』第四一号、一九七四年所収。

（1）R. H. Blyth, *History of Haiku*, vol. I, Tokyo: Hokuseido Press, 1963〔『俳句 HAIKU-1』前田光子訳、角川書店、一九六三年〕。禅仏教、俳句やその他の日本文化に関する数多くの作品の著者として知られるブライスは、日本の精神的伝統に精通していた。一九六四年に逝去。

（2）荒木良雄「源氏物語象徴論――特に女性の呼び名について」（『国文学 解釈と鑑賞』第一三―三号、一九四八年三月）。

（3）伊原昭『平安朝文学の色相――特に散文作品について』笠間書院、一九六七年、八頁を参照。

（4）『紫式部日記』（『日本古典文学大系』第一四、岩波書店、一九五八年、五〇七―五〇八頁）。この一節は、Ivan Morris, *The World of the Shining Prince: Court Life in Ancient Japan*, Oxford: Peregrine Books, 1969, p. 206 に英語でより完全に引用されている。この英文著書は、平安文化の一般的な特徴について優れた記述を示している。日本における芸術としての織物と衣装装飾については、Helen B. Minnich, *Japanese Costumes*, Rutland and Tokyo, 1963 が、英語で入手できる最良の著作である。

（5）『源氏物語』において、黒色が果たす特別な美的重要性については、注3の伊原前掲書、二〇三―二三五頁、「墨染めの美」を参照されたい。二三頁も参照。

（6）岡倉覚三『茶の本』New York: Dover Publications, 1964, p. 1.　この書籍は元々一九〇六年に出版された〔岡倉覚三「日常生活の俗事の中に存する美しきものを崇拝することに基づく一種の儀式」（『茶の本』村岡博訳、岩波書店、一九二九年／一九九三年、二一頁）〕。

（7）Daisetz T. Suzuki, *Sengai, The Zen Master*, ed. by Eva Van Hoboken, London: Faber & Faber, 1971, pp. 23–24〔邦訳にあたり、鈴木大拙『仙厓の書画』岩波書店、二〇〇四年、二四―二五頁、一九二―一九三頁を参照した〕。

（8）藤原定家は、藤原俊成の息子であり、鎌倉初期における一流の歌人であった。彼の和歌は、まさに『新古今和歌集』の精神と様式を代表するものである。ここで考察した和歌は、この和歌集に収録されている。

（9）『南方録』が信憑性のあるものか否かについては、多くの議論が重ねられてきた。しかし、この書物が本当に南坊の労作であろうとなかろうと、茶道の侘びの芸術に関する理論的専門書として、この書物の重要性は変わることはない。この一節は、『近世芸道論』（『日本思想大系』第六一、岩波書店、一九七二年、一八頁）から引用した。

（10）この意見は、実際、絵画に描き込まれている。著者はこれを、Osvald Sirén, *The Chinese on the Art of Painting*, New York: Schocken Books, 1963, p. 199 より引用した。傍点は著者による。

（11）『老子道徳経』第十四章。

（12）矢代幸雄『日本美術の特質』一四三―一四四頁を参照〔三二一頁を指すと思われる〕。

（13）この問題の詳細については、Ichimatsu Tanaka, *Japanese Ink Painting: Shubun to Sesshu*, *The Heibonsha Survey of Japanese Art*, 12, New York: Weatherhill; Tokyo: Heibonsha, 1972, pp. 173–174〔田中一松「日本の水墨画――周文から雪舟へ」『日本の美術一二』平凡社、一九六九年、一六八―一六九頁、図三九の雪舟筆の山水の解説にあたる〕。

（14）R. H. Blyth, *Haiku*, vol.1, *Eastern Culture*, Tokyo: Hokuseidō, 5th ed., 1967, Preface, p. 8.

（15）Osvald Sirén, *The Chinese on the Art of Painting*, p. 24 より引用。

（16）Osvald Sirén, *The Chinese on the Art of Painting*, p. 203.

（17）服部土芳（一六五七―一七三〇）は、自著『三冊子』に、俳句とその精神に関する芭蕉の所見を書き残した。

（18）『赤草子』（『三冊子』の一つ）は、『連歌論集　俳論集』（『日本古典文学大系』第六六、第二版、岩波書店、一九七二年、三九八―三九九頁）より引用した。

（19）『蘇東坡』（『漢詩大系』第一七巻、集英社、一九六四年、二四九―二五〇頁）の原文より訳出した。

（20）『蘇東坡集』（『中国文明選』第二巻、朝日新聞社、一九七二年、一三一頁）の原文より訳出した〔同頁の「文与可の画く篔簹谷の偃竹の記」を参照〕。

5　禅仏教における内部と外部

第四二回エラノス会議（一九七三年）※

I

今年は講演テーマとして、内部と外部すなわち内的世界と外的世界のあいだの区別と関係という問題を選びました。この問題は、東アジアの精神性の形成過程に極めて重要な役割を果たしてまいりました。そうしたものの見方は、実際のところ、宗教思想、哲学、絵画、書道、建築、造園、剣道、茶道などの様々な分野において、東アジア文化の最も特徴的な多くの側面の発展、形成さらに洗練に大いに貢献してきました。

禅仏教において、内部と外部のあいだの区別がどのように扱われてきたのかを議論するまえに、まずは予備的考察として、絵画と書道の分野から、顕著な例をいくつか取り上げてみたいと思います。

中国絵画において、最初期の最も重要な理論家の一人は、五世紀の謝赫《しゃかく》ですが、彼はその著書『古画品録』において、絵画の有名な「六つの原則」（「六法」）を確立しました。謝赫はその著書において、「気韻生動」（生き生きと脈打つ精神的な音）という標題のもと、内部と外部のあいだの相互作用の問題について厳密に取り上げています。「気韻生動《きいんせいどう》」というこの原則は、六つの原則の中で第一のものですが、それはいかなる優れた絵画においても、人間の内的リズムと外部の「自然」の生命的リズムのあいだに、完璧な調和のとれた対応が実現されなければならないということを示しています。それは結果的に、定義しがたい精神的な音が、絵画の空間全体に滲透し、極めて繊細なやり方で絵画を生き生きさせて、描かれる対象が何であったとしても、それらに形而上的意義を分け与えるという方法で実現されます。画家がこの原則をうまく実現させると、その作品は、生命のリズミカルな脈動に宿る、ある種独特な精神的エネルギーで満たされます。それは宇宙的生命それ自体のリズムが全体に行きわたる作品となり、その作品の中で、人間の精神は「天」と「地」の内的リアリティと直接的に交わることになります。

したがって、「気韻」すなわち「精神的な音《スピリチュアル》」は、人間がその精神的活力をまるごと用いて、絵画作品に積極的に関わってはじめて実現することができるものです。それは、描かれた事物の自然な「気韻」に帰せられるべきではありません。白黒二色の風景画は通常、この原則の具体例として挙げられますが、それは、こうした点で大変誤解されやすいものです。たとえば、遠く離れた霧に霞んだ山や、雲のかかった峰の麓にある岩だらけの渓谷に注ぐ奔流などは、絵画の「気韻」が「自然」という外的世界に存在する「気韻」の反映あるいは転移にすぎないという印象を容易に与えます。しかしながら、実際のところは、描こうとする事物の性質を見極めることに精神的エネルギーをどのように集中させるのか、自分の精神をいわば事物の精神とどのように調和させるのか、さらに絵筆の力をとおして、自分の精神を自分の作品にどのように吹き込むのかを、もし画家が知ってさえいれば、石、草さらに野菜——たとえば、胡瓜とか茄子——などのありふれた対象でさえ、山や川を描いた壮大な風景に劣らず、「気韻」をもった絵画として表現することができるでしょう。もし画家がこのことにうまく成功しますと、そのときは結果として、対象の精神が、画家の内的精神の脈動と完全に調和しながら、紙の上で生き生きと動いているようなやり方で表現されます。

さて、内部と外部の基礎をなす弁証法を明らかにするという視点から、そのプロセス全体を再構築したいと思います。今、東アジアのある画家が、竹を水墨画で描こうとしていると仮定いたしましょう。その画家は元々、その似姿を表現することには関心がありません。と申しますのは、画家がまず真っ先に関心を寄せているのが、竹の内的リアリティに入り込み、あたかも竹の「魂《スピリット》」〔気〕が竹から自然にほとばしるかのように、まさにそれを絵筆から流れ出るようにさせることにあるからです。

東アジアの美的伝統においては、画家が題材の「魂」と完全に自己同一化すること、すなわち、画家が題材の精神的な意義と一つになることが、この種の絵画で大いなる成功を収めるために絶対に必要な条件であると考えられています。

さて、描きたい事物と完全に一つとなるために、画家はまず自らの精神的な静寂を乱す心の動揺から、必ず完全に脱却しなくてはなりません。なぜなら、集中した心の持つ深い静寂の中においてのみ、画家は全てに遍く行きわたる宇宙的「生命」の神秘（mysterium）へと入り込み、自らの精神を「自然」の働きと調和させることができるからです。こうしたわけで、東アジアにおける画家のあいだでは、優れた絵画を生み出す前提条件として、「静坐」の実践が重視されました。たとえば宋代の有名な風景画家であった米元暉《べいげんき》〔米友仁、一〇七四―一一五一〕は、次のように語っています。「全ての問題を忘れて、かつ自分自身を広大な青い虚空と調和させながら、僧のように足を組んで静かに座っているとき、（外部の）事物が私に接してきたり、私に刺戟を与えることはない。[(1)]」

ここで竹の絵を描こうとしている画家の例に立ち戻りますと、画家がまず行わなければならないことは、瞑想をとおして精神的な「動揺のない状態」、すなわち深い内的静寂の状態を実現しようと試みることです。そうしますと、心は完全に解き放たれて乱れなくなります。

それから、こうした「純化された」心で画家は竹に向き合います。一心に竹を見つめ、その物質的な形態を超えて、その内部をじっと見つめます。画家は自分自身の波動と同一化したものとして、自分自身の中に竹の脈動の神秘的な共振を感じとるまで、自分自身を竹の生きた魂へとまるごと投げ入れます。今や、画家は内部から竹を把握することになります。あるいは、東洋的美学に特徴的な表現を用いますと、画家は「竹になった」のです。さらに、そのときにのみ、筆を取って紙のうえに何ら意識的な努力をすることもなく、またいかなる省察をすることもなく、こうして摑みとったものを描くのです。それはどのような作品になるのでしょうか。こうした行為の結果について、内部と外部という観点から分析してみましょう。

(1)　まず第一に、このようなやり方で描かれた竹は、必然的に、竹の生命リズムと調和した画家自身の精神の内的リズムをそのまま直接に表現したものです。それは画家の精神的リアリティを絵画として自己表現したものであるという意味において、画家の精神の風景です。こうした意味で、竹の絵画は内面を外部化したものなのです。

(2) しかしながら、ある種の実存的な感情移入をとおして最初に画家が摑みとったものは、竹(それは元々、自然物すなわち外的世界の事物です)の内的リアリティですから、その絵画は画家の筆をとおした外的世界の自己表現として見なされるかもしれませんし、そのように見なされるにちがいありません。筆の運びの一つひとつは、竹の内的生命の脈動とともに脈打ち、それを表現しているように感じられます。画家の芸術的行為をとおして、「自然」は自らの「内部」を外部化させるのです。

(3) したがって、ここで私たちは内部が二重に外部化されていることに気づくことになります。つまり、画家は自らの「内部」、すなわち自らの心の状態や精神的リアリティを外部化します。一方、「自然」の側では、自らの「内部」、すなわち世界全体に滲透し、「自然」を貫く生命の内的リズムを、画家の筆をとおして外部化するのです。

このように二重の外部化のプロセスとして分析できることが、実際に唯一無二の行為として起こるということは注目すべきことです。つまり、画家が自らの内面を表現する行為そのものが、本来、「自然」が自らの内部を表現する行為にほかならないのです。そういうわけで、「気韻生動」すなわち「生き生きと脈打つ精神的な音」として、すでにお話ししたことがお分かりいただけたことでしょう。

書道という東アジアの芸術には、より単純かつ直接的な方法で、内面を外部化するプロセスが認められます。中国文化史を通じて、絵画と書道が常に密接に結びついてきたことは偶然ではありません。実際、中国ではこの二つの芸術が非常に密接に関わり合って発展してきましたので、それらはしばしば一つの芸術と見なされてきました。と申しますのは、東アジアの書道は心の絵画であるからです。

しかし、その「対象」が表意文字、すなわち記号とか象徴であるという点で、書道は絵画とは異なります。記号や象徴は本質的に抽象的であり、そのため、それ自体が自然物を特徴づける生命リズムを全く欠いています。こうした記号や象徴は、いわば冷たく生命のないものです。生命のない死んだ記号が生き、生物の脈動を打ち始めるのは、書道家の精神的エネルギーが吹き込まれるときだけです。言いかえますと、達人の手になる創造的な筆遣いをとおしてはじめて、こうした記号は美学的に表現されることになります。表意文字は、芸術家の精神がそれらに注入されることによって、純粋な抽象という眠りの状態から目覚めて、一気に生命を脈打たせることになります。そのとき、表意文字はもはや抽象的な記号ではなくなります。つまり、それは人間の心の外部的な顕現になるのです。

こうした変容のプロセスにおいて、私たちが目の当たりにするのは、東アジアの絵画の典型的パターンに認められるのと同じように、内面の外部化です。しかしここでいう内面の外部化は、絵画の場合よりも遥かに明瞭な形で認められます。このことは漢字を構成する字画が別々に書かれ、それ自体としては意味を持たないという事実にほぼ起因するものです。構成要素としての各字画——垂直、水平、斜め、上向きまたは下向き、あるいは点——は、それらが構成する全体、すなわち、一つの漢字が明確な意味を持つということ以外には、何も意味しておりません。

しかしながら、これについて最も注目すべきことは次の点です。つまり、漢字の構成要素として、字画それぞれは何ら明瞭な意味をもっておりませんが、書道という芸術の中で、十分に意義深く表現豊かなものへ突如として変容するということです。と申しますのは、書道の達人の手にかかりますと、各々の字画がそのまま芸術家の精神状態を直接無媒介に自己表現するものであるからです。筆を運ぶたびに、達人の心にある何かが表現されることになります。筆はそれを使う人の心のあらゆる動きに忠実に従い、またそれを映し出します。さらに筆のあらゆる動きは、達人の心の瞬間ごとの内部構造をそのまま露わにしたものなのです。東アジアにおいて、書道は書家の心の肖像あるいは自画像であると考えられていますが、それには理由があります。そういうものとして、書道はある種特別な精神的芸術として常に評価されてきたわけです。

しかしながら、私たちの目的にとってとりわけ重要なことは、「書道とは心の絵画である」という格言の意味するものが、ただ単に書き手が紙の上で筆を運ぶと、その心理の詳細がそのまま露わとなるというものではないという点に留意することです。なぜなら、憂鬱な気分の人が書いた線や字が、意気消沈した弱々しいものになりがちなのは、ごく当然のことであるからです。たまたま幸福で陽気な人は、活気と生命力に溢れた文字を書くことでしょう。心が動揺していたり怯えたりしている人によって書かれる線は、ほとんど必然的に不安定で震えています。東アジアの書道という観点から見ますと、はるかに重要なのは、作品が高邁な精神の持ち主の自己表現であるべきであるということ、すなわち、精神的に修行を経た人の内的状態の外的顕現であるべきだということです。書道は、大いに修行を積んだ「内面」の直接無媒介の外部化でなければ、「心の絵画」としての精神的芸術にはならないのです。

ここで指摘しておきたいのは、東アジアの書道の伝統的な形態には、「書道による悟り」とでも呼ぶのに相応しいものが存在するという事実です。長年にわたる精力的な努力と厳しい訓練、それは筆遣いの技術だけではなく、心の浄化および奥深い内的静謐を得ようとするものですが、そうした訓練を経て、書家には決定的な瞬間が訪れます。この決定的な瞬間に、浄化されて精神性の高まった「内面」全体が、突然、筆先をとおして自分自身から溢れ出るのを書家は感じますが、それはあたかも自らの精神性の高まった「内面」全体が何か物質的なものであり、次から次へと漢字の形で、紙の上に現成してくるかのようです。そうした状況では、当の書家は全く何もできません。筆を動かそうとするとき、命じているのはむしろ彼の「内面」なのです。書道による悟りというそのような「瞬間」を体験した後でのみ、その人は真の書家になります。しかし、こうした瞬間が訪れるまでは、たとえ美しく力強い筆遣いに長けていて器用であったとしても、その人は単なる学生、見習いなのであって、名人ではありません。書道が「内面の外部化」として、典型的な東アジアの芸術となるのは、こうした精神的修行レベルにおいてなのです。

実際、かつてこうした体験をした者によって描かれた東アジアの書道のどの作品にも、その人物の精神状態が直接にまた自然に、外形として表現されていることに、私たちは必ず気づきます。このことは禅の書道に極めて容易に見てとることができます。しかし、他の書道の流派においても、それぞれ「内面」の内容にどれほど違いがありましても、内面の外部化は明確に見てとることができます。

日本の書道の最も基本的な形態、たとえば、平仮名で書かれた和歌の書は、禅とは何の関わりもありません。さらに仮名文字の書道の美は、漢字の書道の美とは明らかに異なっております。日本の書道では、美とは、まず第一に優雅に流れる文字の線によって作り出されます。文字の線のゆっくりとしたリズミカルで優雅な流れを、日本人は内的な詩情の直接的で外部的な表現と感じています。それは詩情そのものであり、流れる文字の線が外的な詩情の形態をとって現れる、書家の内的な詩情なのです。こうした文字の線はとても詩的であり、まさに詩そのものなのです。こうした意味において、日本の書道もまた、内面の外部化のよい例証です。なぜなら、禅の書道の「内部」とは全くやり方が異なっていても、ここでもまた、その「内部」が厳密かつ厳格に修行を経ているからです。

これまで東洋の芸術の二つの典型的な形態に関連して、内部と外部の問題を簡潔に取り扱ってまいりましたが、それは東アジアにおける精神文化の形成において、この区別が果たしてきた重要な役割を深く認識していただくためでした。これらの予備的考察をもとに、これから私たちの主題、すなわち、禅仏教における内部と外部とのあいだの区別および関係に入っていきたいと思います。

II

内部と外部との区別は、人間の心に本来備わった一種の幾何学であるように思えます。ガストン・バシュラール[2]がかつて述べましたように、「外部と内部との弁証法」は、私たちの心の最も基礎的かつ原初的な層に属しています。それは私たちの思考が持つ根深い習慣なのです。事実、私たちはあらゆるところで、内部と外部の対立を目にいたします。それは「家の内」対「家の外」、「国内」対「国外」、「地球の内」対「地球の外」、「内的（すなわち秘教的）意味」対「外的（すなわち通俗的）意味」、「私たちの「内部」としての自我や心」対「私たちの「外部」としての外的世界とか自然」、「私たちの「内部」としての魂」対「私たちの「外部」としての身体」などです。内部と外部という対立的な幾何学的なイマージュに基づく日常的な存在論は、このように最も根本的な思考パターンの一つを形成しています。それによって、私たちの日常的な行動は大きく左右されています。そこで、バシュラールは次のように言います。

それ（すなわち、内部と外部との弁証法）は肯定と否定の弁証法の鋭さを持っており、それがあらゆるものを決定する。注意していないと、それは肯定的であれ否定的であれ、全ての思考を支配するイマージュの基盤になる。

（『空間の詩学』二一一頁）

禅もまた、しばしば内部と外部について語っています。禅の教えや修行では、これらの区別が多く用いられます。その大半の場合、「内部」は心あるいは意識を指し、「外部」は客体と対立する主体としての人間の自我が対峙する「自然」界を指しています。禅文献には、こうした例が数多くあります。そこで、『臨済録』すなわち「臨済禅師（八六七年没）の語録」から、二、三の例を任意に取り上げることにいたしましょう。

もし老師になりたいと望むのであれば、外に目を向けてはならない。お前の抱くあらゆる思考から輝き出る純粋性の光とは、お前の内にある法身（Dharmakāya）（すなわち、究極的〈リアリティ〉）なのだ。

私は、お前が外的な事物を追い求めるのを止めるのを見たいだけだ。

お前自身の内部ではなく、自らの隣人に必死に目を向けて、ゆゆしき間違いを犯してはならない。自らの内側だけを見つめよ(3)。

禅仏教において、この区別が極めて重要であることは、禅定《ぜんじょう》(dhyāna)に関する次の事実を考慮するだけで、お分かりでしょう。すなわち、禅定の実践は確かに禅のまさに真髄ですが、それはふつう、心が「外部」の事物を追い求めることを止めて、心を「内側」に、心の「内的」リアリティへと向けることであると理解されています。

しかし、禅の観点から厳密に申しますと、内部と外部の問題は、たとえどのような形で提示されるとしても、仮の問題にすぎません。それは、悟りを開いた人の目から見ると、内部と外部は、相互に区別されるべき二つの領域ではないからです。その区別には、何のリアリティもありません。つまり、それは心の識別活動に特有の、思考が作り上げた構築物にすぎないのです。華厳の形而上学が提示するものを、本体的なものと現象的なものとの妨げのない相互滲透〔理事無礙〕として、さらには、現象的な事物間の相互滲透〔事事無礙〕として、自分の精神的な目で見た人にとっては、内部が外部に対立していることについて語ることは無意味ですし、さらには馬鹿げたことですらあるでしょう。

内部と外部の問題は、このように仮の問題なのです。それは、この問題を持ち出すに当たって、私たちは、いわば無理に二つの独立した領域を設定し、両者を互いに対峙させて、両者の関係を議論しますが、一方、実際には、作られるべきそうした区別が存在しないからです。それが仮の問題であるのは、それが何もないところに提起された問題だからであり、また、人がそのことをあたかも現実の問題であるかのように議論するからです。特徴的な禅の表現を用いますと、この問題全体は、「実際には何もないところに、不必要な混乱を生じさせている」のです。

しかしながら、内部と外部の問題のほかにも、禅が特定の目的のために数多くの仮の問題を利用していることは覚えておくべきでしょう。仮の問題は方便として、つまり、誤った思考の解消へと導く教えの手段として用いることができます。毒が毒の解毒薬である、というわけです。こうした意味で、禅の古典的な文献は仮の問題に充ち溢れています。

実際、有名な公案集やその他の禅語録に記されているほとんど全ての問いは、弟子とか客僧がそれぞれ、悟った禅師に投げかけたものであり、それらは仮の問題です。

「犬には仏性があるか。」（すなわち、犬のような動物にも、悟りを開いて、仏となる内在的な能力があるのか）

「趙州[4]とはだれか。」（趙州禅師自身に向けられた問い）

「禅の祖師がはるばるインドから中国へやってきたことの意義は何か。」（すなわち、菩提達磨はインドから何をもたらしたのか。仏教の真髄とは何か。）

「お前はだれなのか。」　あるいは「私はだれなのか。」

悟りに達した禅師（たとえば、趙州のような禅師）の立場から見ますと、この種の問いは単純に無意味です。それらは「不必要な混乱」なのです。

しかしながら現実には、これらとよく似た仮の問題が、禅では意図的かつ意識的に利用されています。さらにそれらが利用される方法は、禅にとても特徴的かつ独特なものです。この点について、まず簡潔に説明いたしましょう。

通常の会話とか対話では、問いかける人間は、最初から、問いかけた相手からの合理的な答え、すなわち問いと一致する答えを期待しているものです。こうした問いと答えの一般的なパターンは、問答として知られている禅の対話には全く当てはまりません。

禅の文脈では、問いは答えられるために提示されるのではなく、即座に拒絶されるために提示されます。合理的な答えを期待して、「犬には仏性があるか」と問う者は、禅を全く理解していない人です。すでに禅について、いくらかの知識を持ち、師に対して「犬には仏性があるか」と尋ねる僧は、もっぱら自らの目で、あるいは自らの心身全てで、師がどのようにしてこの問いそのものを粉砕するかを目撃しようとします。人と人とのあいだの実存的な緊張の只中で、弟子は、師がどのようにして即座にこうした仮の問題を無効にするのかに気づきます。さらにそれに気づくことによって、弟子は師の精神状態をちらりと見ようとし、その結果として、可能であれば、同じ状態に達するための機会を得ようとします。あるいは、問いかける僧がたまたま悟りを開いている人である場合、彼はそれによって、師の精神的覚知の深さを測ろうとします。

ともあれ、このような問いと答えのパターンは構造的に、答える師（A）と尋ねる弟子（B）とのあいだに、次元のずれが存在していることを前提としています。言いかえますと、それは、AとBが二つの異なる精神的覚知の次元に立っているという前提に基づいています。AはBと同じ覚知レベルに立脚しながらも、Bの問いに答えるとは想定されていません。そのように答える師は、真の禅師ではありません。問いはBのレベルで発せられる一方、それに対する答えはAのレベルで与えられます。これが禅問答のふつうの形式です。別の表現をしますと、Aによって与えられる答えは、日常的な意味において、Bの問いへの答えにはなりません。むしろ、真正な禅問答における本物の答えとは、AとBのあいだに横たわる精神的なずれを開示すると同時に、それを無効にするものです。

したがって、Bの問いへの答えとして、Aから何が出てくるのかは分からないのです。

一人の僧が雲門[5]に尋ねた。「仏たちはどこからやって来たのか。」
（すなわち、仏性の究極的真理とは何か）

雲門は答えた。「東山は水上を流れておる。」

一人の僧が趙州[6]に尋ねた。「菩提達磨がインドから中国へやってきた意義とは何か。」

趙州は答えた。「庭前の柏樹子。」

これら各々の場合の答えは、明らかに無意味であり、Bを混乱させ困惑させます。答えはしばしば、杖の鋭い一撃、蹴り、頬への平手打ち、一喝などの形で与えられます。しかし、答えが言語的なものであれ非言語的なものであれ、どのような形で与えられようとも、基本構造は常に同じです。すなわち、AとBとのあいだのずれを無効にすることによって、A自身が立脚する精神的次元をBに目撃させ、可能であれば、それを体験させるために、Aの側では生きるか死ぬかの試みがなされるのです。

私たちの主題に関わるもう一つ別の例を挙げることにいたしましょう。

一人の僧が趙州に尋ねた。「趙州とはだれなのでしょうか。」

師は答えた。「東門、西門、南門、北門！」

日常的な文脈では、当然のことながら全く無意味であるこの答えは、この特別な文脈においては、まさにリアルで卓越した答えです[7]。

Aが与えた答えが、あたかもBの問いと同じレベルに立脚しているかのような場合もあります。こうなりますと、状況全体がとても誤解しやすいものになりがちです。趙州の名高い「無」を例に挙げてみましょう。

一人の僧がかつて趙州に次のように尋ねました、「犬には仏性があるか」。この問いに対して、師は答えました、「無！」 もしこの答えが、この僧が問いを発したレベルにおいて与えられたと仮定しますと、この「無！」は甚だ当然のことながら、「いや、犬には仏性はない」という意味になるでしょう。そのことによって、趙州の意図は完全に見失われてしまうでしょう。実際は、趙州の答えは、まず第一に、僧によって提示された仮の問題だけではなく、この僧の実存的意識そのものを無効にすることを目的としています。つまり、この答えは、趙州とこの僧とのあいだの精神的なずれを一撃のもとに無効にすることを目的としているのです。さらに、このことは禅の文脈において、全ての仮の問題に与えられた答えとして最も真正な形なのです。

禅では、仮の問題を立てることを無意味であるとも、また無駄であるとも考えません。全く逆なのです。多くの場合、禅僧たちが禅的経験に導かれるのは、仮の問題が立てられ、さらにいったん立てられると、たちまち手荒に無効にされるという、一見したところ回り道のような方法をとおしてです。このプロセスついては、以前、エラノス講演（「禅における意味と無意味」[8]）で、形而上学的な観点から明らかにしたことに対応しています。その講演で分析したのは、絶対無分節の「無」が感覚的に具体的な形へと分節されると、即座に、分節のまさにその瞬間に否定される。そのために、元々の「無」がほんの一瞬だけ露わになる、というプロセスでした。この一節で話題にしたことは、それと全く同じ構造を持っております。ここでも、仮の問題が、先ずＢによってＢ自らの精神的次元から提示されます。するとその問題が立てられた瞬間、Ｂの目からすればＡの内的状態が開示されて露わになるようなやり方で、Ａの精神的次元から生ずる言語やその他の一撃をもって、Ａによって即座にその問題が無効にされます。

最初に述べましたように、内部と外部の問題もまた典型的な仮の問題の一つです。禅ではまず最初に、内部と外部とのあいだを明確に区別し、両者を鋭く対立させます。それから突然、こうした区別が実際には存在しないと断言することによって、初学者に衝撃を与えます。

悟りの体験すなわち禅の悟りを記述するとき、禅師たちはしばしば、「内部と外部とが均されて一枚になる」〔内外打成一片〕という表現を用います。悟りの瞬間における覚知の状態が、「絶対的な、内部と外部の合一」の状態」として記述されることが少なくありません。典型的な例を一つ挙げますと、無門禅師[9]は、「趙州の「無!」の公案を通過する」ためにはどのようにすべきかについて、弟子たちに提言しますが、その際、次のように述べます。

この障壁を乗り越えたいと思うなら、お前の身心まるごとを一個の〈疑い〉の玉に変えて、「この「無!」とは何か」という問いに集中するのだ。昼夜を問わず、この問いに集中するのだ。……ただこの問いに集中し続けるのだ。するとすぐに、まるで灼熱の鉄球を飲み込んで、それが喉に引っかかって、飲み込むことも吐き出すこともできないように感じ始めるだろう。(こうした絶望的な状態にいるあいだは、)今までに獲得したあらゆる不必要な知識や、あらゆる間違った覚知の形式は次々に洗い流されるだろう。さらに、果実が徐々に熟していくように、お前の時間も熟していき、自然な形でお前の内部と外部は最終的に均されて一枚となるであろう。

正確に言いますと、元から本当の区別は存在していなかったのですから、「内部と外部とが均されて一枚になる」というのは、リアリティについての誤った記述に他なりません。しかしながら、その表現が禅的修行のプロセスにおいて、実際に体験されるものに関する記述であると考えるとき、それがなにがしかの真理を含んでいることは否定できません。

事実、悟りにいまだ達していない人の観点からしますと、その人の内部と外部とは、明らかに二つの異なる体験の領域です。たとえば、私はこのテーブルを見ています。見る主体である「私」は、見られる対象であるテーブルとは分かれています。一方は内部であり、他方は外部です。こうした区別がそのリアリティを失い、内部と外部とが絶対的な形而上的合一へと変容する瞬間的なプロセスは、「内部と外部とが均されて一枚になる」という禅独特の表現によって忠実に再現されます。

したがって、内部と外部のあいだの区別とその関係の問題は、明らかに仮の問題ではありますが、禅仏教においては、意味のある哲学的な問題として理論的に展開される可能性を持っています。この作業に着手するに当たり、私たちは悟りを十分に開いた禅師の立場から始めることができないのは明らかです。と申しますのは、禅師の精神的次元においては、こうした問題が生ずる余地がないからです。つまり、こうした問題は、禅師のような人にとっては単純に存在していないのです。そのために禅の内部と外部の問題は、悟りへの途上にある未悟の人々の問題としてのみ、理論的にも実践的にも、重要な問題点として扱われるのが妥当です。そうは申しましても、こうした意味でこの問題を扱うに際しては、問題の最初から最後まで全体にわたって、洞察力に満ちた目を見開いて精査しなくてはなりません。さらに、こうした目は、必然的にすでに悟りを開いた人の目でなくてはなりません。

このように、私たちが置かれた状況はいくらか複雑なものとなります。禅の観点から内部と外部の問題を扱うためには、外的世界がはっきりと自分の心と区別されて、二つの別個の存在であると捉える日常的な人間の素朴な世界経験から始めなければなりません。それと同時に、内部と外部の関係性の問題が、究極的に悟りという体験の中でいかに解決されるのかを知っていなければなりません。講演の後半部分では、このことについてお話をしたいと思います。

III

この問題を議論するに際して、洞山守初《しゅしょ》(10)〔九一〇―九九〇〕と雲門禅師との最初の出会いに関する逸話を考察することから始めたいと思います。その当時、洞山はいまだ禅を学ぶ若い僧でした。後に彼は、唐代の最も卓越した禅師の一人になりました。

洞山が教えを受けるために雲門のもとにやってきたとき、雲門は「どこから来たのか」と尋ねました。問答はここから始まります。

洞山「査渡《さと》から来ました。」

雲門「夏はどこで過ごしたのか。」

洞山「湖南地方のしかじかの所です。」

雲門「お前に三十発の棒打を許す（それがお前にはふさわしい）。もう下がってよろしい。」

翌日、洞山は再び雲門の許にやってきて、尋ねました。「三十発の棒打に値するどのような悪いことを、昨日、私はしたのでしょうか。」　雲門はすぐさま激しい叱責の声を上げました。「この愚かな米袋が！　その調子で国中をさすらってきたのか。(11)」

洞山と雲門のこの問答には、典型的に禅的な味わいがあります。しかし実際のところ、どうして洞山は師の目から見て、三十発の棒打に値したのでしょうか。しばらくこの問題について考察いたしましょう。

「どこから来たのか。」　これは新たにやってきた僧に対して、禅師からよく投げかけられる、一見たわいもない問いの一つです。言語的なものであれ非言語的なものであれ、与えられる答えによって、禅師はすぐさま新参者を見抜くことができます。それ以上尋ねなくとも、禅師にはその僧が精神的修行のどの段階に達しているのかが分かってしまうのです。新参の僧がどのように答えようとも、あるいは答えようと口を開ける前であっても、その問いに答えようとする僧の心構えそのものによって、僧自身といわゆる「外部」あるいは客体的な世界との関係を彼自身がどのように見つめているのかが、禅師の目には明らかなのです。

「どこから来たのか。」　一見すると、全く慣習的な問いのように見える単純な言葉は、かえって禅的文脈では、並外れた重みをもっています。なぜなら、その問いが自分自身のまさに存在根拠、自分自身の存在の真の位置づけに関わっているからです。別の表現をいたしますと、「どこから来たのか」という問いは、内部と外部という点から再範式化できるものです。「元々、内部から来たのか、外部から来たのか」とは、すなわち、「あなたの家はどこにあるのか」、あるいは「本当はどこに住んでいるのか」ということなのです。

たとえば、仮に師の言葉（「どこから来たのか」）を、私がやってきました場所の地理上の位置を尋ねたものとして受け取って、「東京から来ました」と答えたとしましょう。禅文献によりますと、数えきれないほどの僧たちがこうした落とし穴にはまりました。「だが、どのような類の「東京」について言っているのか。」通常は禅師がこういう形で、この問いをわざわざ尋ねることはありません。しかし言語的に範式化しますと、禅師の態度はきっとこうした形式を取るでしょう。さらに、それが暗示的であれ明示的であれ、禅師がこの二番目の問いを投げかけますと、すぐに外部的な「東京」は即座に内面化されます。「東京」がこのように内面化されると、それはまさに「両親が生まれる以前にも、持っていた本来の〈顔〉」〔父母未生以前本来面目〕という、もっと特徴的な表現で禅がふつう言及するものになるでしょう。

外部的な場所、すなわち地図上の場所である東京から私は来ました、という常識的な発言は、禅的対話では全く意味のないものです。私が東京から来たという事実そのものは、精神的な意味において、精神的な覚知の次元で行われるようなものとして理解されなければなりません。この「来ること」において、私が踏む一歩一歩は、禅にとっては自己実現への歩みなのです。したがって、禅師は最初から外部的な地理には関心がありません。禅師にとって本当に重要なのは、私の内的な地理なのです。すなわち、私が東京から来たことをどれほど精神的な出来事として、私が分かっているのかということなのです。

しかしながら、内面化された東京を「外部」の世界と対立する「内部」の場所とみなす間違いをしてはなりません。と申しますのは、内部の場をそのように理解しますと、それが単にもう一つ別の外部の場になってしまうからです。そのことが真に意味しているのは、内部と外部に二分される以前の根源的な無区別のあり方において、リアリティを目の当たりにするような精神的な領域のことです。

若き洞山が棒で三十回叩かれるのに値したのは、彼が雲門の問いを外部的な地理として捉えたからです。彼の答えは、自らの内部の地図とほとんど関わりがありませんでした。もちろん、内部と外部の地理の区別をも超えている無区別の精神的な領域とも関わりがありませんでした。

したがって、禅は内部と外部との区別を付けることから始めるわけですが、究極的にはこうした区別が取り払われるべきだと禅が考えるのは明白でしょう。

さて、ここで再び出発点に立ち戻って、内部と外部とのあいだに当初あった区別が無化され、その二つの存在論的な領域が「均されて一枚になる」プロセス全体について再考することにいたしましょう。

内部と外部という点から、禅的体験と正しく呼ぶことができるもの（すなわち、悟りの個人的な実現）を分析するに当たっては、二つの理論的な可能性があります。それは以下のように記述できるでしょう。

(1) 内部が外部になること、すなわち内面の外部化。

(2) 外部が内部になること、すなわち外的世界の内面化。

第一の場合（これはしばしば一般的に「人が物となる」と表現されます）には、人は突然に、「私」（内部）が実存的な同一性を失って、完全に「外部」の対象と融合して同一化することを体験します。人が花になる。人が竹になる。しかしこの体験は、人が同一化した一つの花とか竹が、人の精神的覚知において、存在世界全体を包摂していると見られるところまで人が歩みを進めないかぎり、真正の禅的体験にはなりません。こうした段階では、「私」は世界の極限にまで拡大します。すなわち、「私」はもはや独立した存在としての私ではありません。「私」はもはや客体的な世界に対峙する主体ではないのです。

第二の場合、すなわち外部の内面化の場合には、それまで自分にとって「外部」とみなしてきたものが、突如として心に入り込んできます。そのとき、いわゆる「外部」の世界の中で起こり観察されるものは全て、心の働きとして、すなわち、心の自己決定としてみなされるようになります。あらゆる「外部」の出来事が、「内部」の出来事として見られることになります。人は「外部」からやってくる全ての事物に対する防壁となる実存的な不透明性を失って、自分の心身が完全に透明になったという、否定しがたいある実感に満たされます。憨山《かんざん》〔徳清〕禅師（一六世紀）の表現を用いますと、人は自分が「無限に透明で穏やかな、一つの大いなる輝く全体」であると感じます。その人の心は今や全てを包摂する鏡に喩えられるでしょう。その鏡には、山や川や大地が「自然」の全ての光輝や美を伴って自由に映し出されます。こうして「外部」の世界は、異なる次元の中で、「内部」の風景として再創造されるのです。しかしながら、こうした状態にある人の心は、もはや一個人の個的な心ではありません。それは今や、仏教で言う「心《しん》」なのです。

禅的体験に関する二つの（見たところ対立していますが、究極的かつ実際には同じ）解釈については、より詳しい解明が必要となるでしょう。これから、そうした解釈を解明していきましょう。

ただ、詳細な議論に入るまえに、禅に典型的な、ある種独特な精神的経験について、少し議論しておきたいと思います。この精神的経験は、事実、内部と外部との根本的な関係という点から見ると、まさに悟り、禅的目覚めの構造を縮図として示しています。

先ほども少し触れましたように、第一の可能性から接近しようと、あるいは、第二の可能性から接近しようとも、内部と外部との対応は、究極的にはこれら二つの完全な合一へと導くことになります。内部と外部との対応は、それら二つのあいだに一瞬の交わりが実現される、ある決定的な瞬間を「生きる」という体験の中に、最も簡潔で集中的な形ではっきりと見てとれます。ある特別な精神的な段階で、ただカチッという音が作り出されるだけで、悟りが十分に現成して、すでにそこにあるのです。

精神的な出来事としてのこうした「カチッという音」が人に到来する独特のあり方は、香厳智鑑《きょうげんちかん》禅師(12)が人生において、いかにして初めての悟りを体験したのかを説く有名な逸話によって見事に例示されています。
悟りに到達するための、何年にも及ぶ必死の努力が無駄に終わった後、絶望のどん底にあった香厳は、自分は今生では、「リアリティ」の秘密を見ることができない運命にあり、そのために、代わりに価値のある仕事に一身を捧げたほうがよい、という結論に達しました。香厳はある有名な禅師のための墓守りとなることを決意し、自分のために茅葺きの庵を結び、他者からは完全に遮断された隠遁生活を送りました。ある日、地面を掃除していると、小石がコツンと竹に当たりました。突然、全く思いがけず、石がコツンと竹に当たる音を聞いて、彼の心の中にそれまで夢にも思わなかった何かが目覚めました。これが先に述べました「カチッという音」でした。これが悟りへの到達でした。目覚めは、彼自らの自我と客体的な世界全体が全て打ち砕かれて無区別の状態になる体験として、香厳に訪れたのです。
このことについて、香厳は次のような有名な偈を作りました。

石が竹にぶつかる鋭い音！
すると、学んだこと全てを瞬時に忘れた。
修行の必要はなかったのだ[13]。
日常生活の行い一つひとつを通じて、
永遠なる〈道〉を顕現させる。
隠れた罠に落ち込むことは、もう二度とないだろう。
後に何の痕跡も残すことなく、どこへでも行こう。

〔『古尊宿語録』巻四十八〕

数多くの禅者がこの種の「覚知」に到ったのは、全く取るに足らない——そのように部外者には見える——知覚の刺戟をとおしてであったと記録されています。その知覚の刺戟とは、鳥の鳴き声、鐘の音、人の声、花の開花を見ることなどです。心が精神的に熟すると、いかなるものであれ、それまで夢にも思わなかったやり方で、内的エネルギーの爆発を引き起こす火花になり得るのです。ブッダは、明けの明星をたまたま見たときに、覚知を体験したと伝えられています。無門禅師[14]は、前述いたしました趙州の「無！」の公案に、六年ものあいだ取り組みました。ある日、食事時を告げる太鼓の音を聞いてすぐ、彼は突然、悟ったのです。日本の有名な白隠《はくいん》禅師（一六八六―一七六九）[15]は、ある寒い冬の夜、深い瞑想状態で坐していたとき、夜明けを告げる鐘の音を耳にして覚知を得ました。白隠はあまりの喜びに飛び上がったと伝えられています。霊雲志勤《れいうんしきん》禅師[16]は、過酷すぎる修行を行いましたが、悟りを得ることができませんでした。旅の道中、彼は休憩のために腰を下ろし、何の気なしに山の麓の遥か彼方に見える村に目を向けました。季節は春でした。全く偶然に、そこにある満開の桃の花が彼の目にとまりました。突然、師は自分自身が覚者であることに気づいたのです。この種の例については、ほとんど数限りなく挙げることができます。

これらの人々に、何が起こったのでしょうか。この点を明らかにするために、香厳禅師が小石が竹にぶつかる音を聞いて、ついに悟りに導かれたというプロセスを再現してみたいと思います。

香厳はちょうど地面の掃除をしていました。作業に集中していたのです。完全に集中し切っていたために、彼の心は、心をかき乱す思念やイマージュの全てを空にして、何も考えず、自らの身体の動きさえも意識することなく地面を掃いていました。厳しく瞑想に打ち込んで修行する者にとっては当然のことですが、師が地面を掃く動作そのものが実践的な三昧（samādhi）の一形態でした。地面を掃除することに、心の浄化という象徴的な意義があるということではありません。全人格すなわち心身が、地面を掃除するという行為に没頭していることが、深い瞑想に没頭することと全く同じ機能を持っているわけです。それが、禅でふつう「無心」と呼ぶ状態の現成のことです。

こうした状態においては、地面や落ち葉さらに石を「外部」の客体として意識することはありません。また、行為を生み出す「内部」の源として、地面を掃いている「私」を意識することもありません。すでにこうした実践的な「三昧」すなわち「無心」の状態においては、禅が十分に実現されているのです。ここでは事物と区別された「私」が意識されることがないのですから、ここには内部と外部との区別は存在しません。香厳だけが存在するのです。あるいは、世界だけが存在するのです。しかし、このような状態にある香厳は、香厳であると同時に全てであるのです。したがって香厳と世界は完全に一つになっています。しかしながら、これはいまだ悟りの状態ではありません。

これが全て特別に「悟り」として実現するためには、こうした内部と外部の絶対的な合一が、必ず根源的で絶対的な単一性において意識の輝かしい光の中へもたらされなければなりません。香厳禅師の場合、師が竹に向けて掃いた小石の音によって、火花が与えられました。この感覚的な刺戟によって師は三昧から目覚めるのです。不意に、師は地面と落ち葉に気づきます。手に持った熊手と自分の手と腕の動作に気づきます。彼は自分自身にも気づきます。師を含む全世界が彼へと戻ってきます。しかし、香厳禅師にとっては、これは単に何もないところから外的世界が現れたということではありません。古い自分自身が蘇ったということでもありません。それはむしろ、外部と内部へと分岐される以前のリアリティの現出あるいは蘇生なのです。言いかえますと、香厳禅師は、地面の掃除に没頭しているあいだに、内部と外部がすでに「一枚」であったという事実、さらにそれがリアリティの原初的な存在様態であったという事実を、まさにその瞬間、即座に実感しました。禅が理解する悟りの瞬間とは、主客の二分化を超えた精神的な平面において、主体と客体の覚知を取り戻す瞬間に訪れるのです。

したがって、三昧の渦中にいた香厳禅師が小石が竹にぶつかる音を耳にしたとき、師は自分自身が小石が竹にぶつかる音そのものであったのです。つまり、その音が世界全体であったのです。白隠が寺の鐘の音によって瞑想から目覚めたとき、彼が耳にしたのは彼自身が鳴る音でした。世界全体が鐘の音だったのです。つまり、白隠自身が、鐘の音を聞く鐘の音であったということです。それと同じように、霊雲が遠方の桃の花を見て悟ったとき、彼は桃の花でした。世界は桃の香りであり、彼自身が香しい世界であったのです。

これらの場合、実際に経験され実現されるのは、「外部」の世界に存在する事物と、日常的に外側から事物を見ていると考えられる人間主体の双方の存在論的な透明性が突然に実現したと記述するのが、おそらく最も適切であるかもしれません。「外部」の事物と人間の「内部」の双方が、それらの存在論的な不透明性を脱して、全く透明になり、互いに滲透し合って、溶け合って一つになるのです。

その他の数多くの神秘主義の伝統と同様に、禅においても、そういう状況がしばしば存在の本質的な輝きという点から記述されていることは偶然ではありません。「光」とは感覚や知性を超えた心の次元から見た、事物の特殊な性質に対する隠喩《メタファー》にすぎません。しかし、この隠喩がとても適切ですので、多くの神秘家たちは、人間としての「私」と「外部」の世界の事物とのあいだの相互連関を、さらにそれぞれ異なる事物間の相互連関を、異なる光の相互滲透として実際に体験してきました。それはたとえば、イスラーム神秘哲学者、アレッポのスフラワルディーの「照明哲学」(ishrāqīyah) の場合です。さらに仏教も同様です。主体と客体、内部と外部は、ここでは二つの異なる光として見なされますが、それぞれの光は独立した光のままでありながら、どちらの側からも妨げられることなく、自由に相互滲透しますので、それら二者は融合し、純粋に輝く全体として自らを照らす、全てに滲透する一つの「光」になるのです。

IV

これらの予備的考察を踏まえて、禅的体験あるいは禅の「存在」ヴィジョンと呼ぶのが適切であるものを解釈する前述した二つの理論的可能性、すなわち、(1) 内面の外部化、(2) 外部の内面化についての議論に向かうことにいたします。私はこれら二つの明らかに対立する方法を「理論的」可能性として扱うことにします。と申しますのは、どちらを選択しようとも、全く同じ結果に到達するのが確実であるからです。内面を外部化しようが外部を内面化しようが、全く同一の存在ヴィジョンに到達することになるでしょう。しかしながら、歴史的事実の問題としては、二つの方法のうち、第一の方法を採る禅師もいますし、第二の方法を採る禅師もいます。まずは、内面の外部化について議論することにしましょう。

禅の文脈において、内面の外部化は、「外部」の客体との出会いに際して、人間の側で自我意識が失われることから始まります。経験的な自我主体の意識とは、仏教によりますと、厳密に私たちの心眼を覆い隠す原因であり、したがって、存在の形而上的基盤の認識を妨げるものですが、この意識を滅するとき、人は客体へと没入することになります。よく知られる禅の表現を再び用いると、「人が物になる」のです。たとえば、「人が竹になる」、あるいは「人が花になる」のです。道元禅師は、『正法眼蔵』[17]の名高い一節の中で次のように語っています。

> 迷いは、あなたが自我主体を確立し、それをとおして客体に働きかけることにある。一方、悟りは、事物があなたに働きかけるようにし、その事物があなた自身を照らすようにすることにある。……(自我が喪失し、見たり聞いたりしているものの中へ沈潜するようなやり方で)、事物を見るときには、自らの身心をまるごとその行為の中に置きなさい。音を聞くときには、自らの身心をまるごとその行為に置きなさい。そうすると、そのとき、そのときにはじめて、原初的なあるがままの状態で〈リアリティ〉を把握できるであろう。そうした場合には、事物の精神的な把握は、何かのイマージュを映している鏡、あるいは水と月とは全く異なるであろう(それは、鏡とその中に映る事物、あるいは水と月が、依然として二つの存在のままであり、それぞれ独自の自己同一性を持ち続けているからである)。(一方、あなた自身と事物との精神的な合一がなされている場合、)二つのうち、どちらかが顕現するならば、他の一つが完全に消えてしまい、後者は前者の中に沈潜している(すなわち、ここで特に問題にしている状況では、「私」が完全に消滅して、事物だけが顕現したままになっている)。

さて、仏陀の道で修行するのは、あなた自らの自己を適正に扱う修行をすることにほかならない。あなた自身の自己を適正に扱う修行をするのは、あなた自身の自己を忘れることにほかならない。あなた自身の自己を忘れるのは、「外部」の事物によって自らが照らされることにほかならない。事物によって照らされるのは、あなたの（いわゆる）自我と他の事物の（いわゆる）自我とのあいだの区別を消滅させることにほかならない。

「自然」における全ての事物との深い精神的な共感は、人間の自我が客体へと全的に沈潜するという形で体験される内面の外部化を特徴づけるものですが、そのことは明らかでしょう。その際、沈潜が完全で全面的ですので、「客体」という語はその意味論的基盤を喪失するでしょう。より限定的な美的鑑賞の分野において、この種の共感は、たとえば、うっとりする音楽に熱心に聞き入っているときに一般的に体験されます。

音楽をとても深く聞いているので、
それは全く聞こえてこない。でも、あなたが音楽なのだ、
音楽が続いているあいだは……

（T・S・エリオット『四重奏』）

ウィリアム・ジョンストン教授[18]が的確に述べているように、「こうした典型的な、集中した瞬間に、音楽をとても深く聞いていると、そこにはもはや聞いている人も聞こえる音楽も存在しない。つまり、「音楽」に相対する「私」は存在しない。ただ、主体も客体もない音楽が存在するだけである」。言いかえますと、宇宙全体が音楽に満ちていて、宇宙全体が音楽そのものなのです。同じことを少々違った形で表現することができます。つまり、「私」が死んで、音楽という形で生まれ変わったのだ、と。この種の美的体験では、それを「禅」と呼ぶか否かにかかわらず、禅がすでに実現されていると言えるでしょう。しかし禅は、音楽を聞いているあいだばかりではなく、あらゆるものについて、全く同じ状態でなければならないと要求します。人は一本の竹にならなければなりません。人は山にならなければなりません。人は鐘の音にならなければなりません。こうしたことが、禅

が「事物の本質を見究めること」〔見性〕という表現で意味するものなのです。

しかしながら、このような関係においては、次の点を思い起すことが極めて重要です。つまり、人が単に自分自身を喪失して、音楽、竹、花あるいはそのほかの事物に「なる」としても、そのことは語の十全な意味において禅的体験ではありません。人が「客体」と完全に一体化した状態になっているとき、その「客体」が何であろうと、自己が事物への瞑想に完全に吸収されていることで、その一体化の状態は実現されます。ところが、そのとき、人はせいぜい禅の戸口に立っただけにすぎません。厳密に言うと、こうした状態はいまだ禅ではありません。何かほかのものになり得るのと同じように、その状態は禅的体験へと展開するかもしれません。しかし、禅の伝統が理解する悟りが現成するには程遠いのです。

たとえば、私が一心に花を見つめていると仮定しましょう。さらに、そうしながら、私が自分自身を喪失し、以前に説明したようなやり方で花に没入したとしましょう。今や私は花になりました。私は花です。私は花として生きています。しかしながら、禅の観点からすると、これは精神的修行の最終段階であると見なされるべきものではありません。禅が強調するのは、東洋哲学の伝統的な用語で「主客未分」の状態と呼ばれるものへと到達するまで、私がさらに進んでいくべきであるということです。花への私の実存的な沈潜は、私自身の意識も花の意識さえも全く残っていない状態になるまで、完全で徹底したものでなければなりません。こうした絶対的合一性という精神状態は、心理学的には一種の無意識ですが、「私」と同様に花や音楽も完全に消滅するようにして実現されるべきものです。こうした状態では、「私」の痕跡がないのと同じように、花もありませんし、音楽もありません。ここで本当に現成するのは、絶対的に無区別で無分割な「何か」です。それは主体も客体もない、純粋で単一の「覚知」です。

しかし、これさえも、まだ禅の修行において到達すべき究極の段階ではありません。悟りを体験するためには、この純粋な「覚知」から目覚めなければなりません。絶対的に無分割な「何か」が、「私」として、たとえば「花」として、それ自身を再び分化します。そうすると、この二分化のまさにその瞬間、花は突然、不意に絶対的な「花」として立ち現れます。画家は自らの絵の中で、この絶対的な「花」を描きます。詩人は自らの詩の中で、この絶対的な「花」を詠います。花は今や自ら「花」として、すなわち、絶対的な「花」として再確立したのです。この絶対的な「花」は、精神界に咲く花であって、本質的に通常の花が咲く世界とは全く異なっています。けれども、これら二つは全く同じ花なのです。こうした状況は、たとえ同じかつての山河ではあっても、「(悟りの状態で現れる) 山河は、通常の山河と混同してはならない」と道元が述べたときに彼が言おうとしたことです。

しばしば引用される青原惟信《せいげんゆいしん》禅師(19)の言葉以上に、禅の世界観が確立されていく過程をより良く、禅のより典型的なやり方で提示しているものはありません。彼は次のように述べています。

三十年前、この老僧（すなわち、私）が禅の修行に入る前には、山は山として、河は河として見ていたものだった。

その後、悟りを開いた師に出会う機会を得て、師の指導のもと、ある程度の悟りを得ることができた。この段階では、山を見たとき、見よ！　それは山ではなかった。河を見たとき、見よ！　それは河ではなかった。

ところが最近、最終的な静寂の立場に落ち着いた。修行を始めた当時に見たように、今や私は山をただ山として、河をただ河として見ている。

〔『五灯会元』巻十七〕

ここには、リアリティに関する禅特有のものの見方が、三つの特徴的な段階として見事に分析されています。

(1)　最初の段階は、日常的な人間の世界経験に対応しています。ここでは、知る者と知られる物は、二つの分離した存在として、互いに明確に区別されますし、また、たとえば山は、知覚する「私」によって、「山」と呼ばれる客体的な事物として見られます。

(2) 中間の段階は、先ほど説明した絶対的同一性の状態、すなわち「主客未分」の精神状態に対応しています。この段階では、いわゆる「外部」の世界は、その存在論的な堅固さを剝奪されています。ここでは、「私は山を見る」という表現は、厳密には誤った発言です。それは、見る「私」も見られる「山」も存在しないからです。ここに何かが存在するとしたら、それは、世界全体としての自らを永遠に照らし続ける「何か」に関する絶対未分の覚知です。こうした状態では、山はもちろん山ではありませんし、山はただ無山としてのみ理解することができるのです。

(3) 最終段階は、限りなき自由と静寂の段階です。この段階では、未分化の「何か」が、その原初的な一性の真只中で、自らを主体と客体とに分割します。この原初的一性は外見上、主体と客体とに二分化するにもかかわらず、依然として損なわれることがありません。そしてその結果として、主体と客体（「私」と山）は互いに分かれますが、同時に互いに融合します。この分離と融合は、原初的に未分化の「何か」が行う同じ行為です。したがって、「私」と山とが「何か」から生起するまさにその瞬間、両者は互いに融合して一つになります。さらに、この一つの事物は自らを絶対的な「山」として確立します。ところが、その絶対的な「山」は、今述べましたような複雑な性質を自らの内に隠しながら、ただの山なのです。前述した趙州の「庭前の柏樹子」は、この種の「外部」の事物に関する典型的な一例です。そしてそのようなものが、事実、禅で理解される内面の外部化の本質なのです。

V

さて、これまでの議論とは逆方向に向かうことにいたしましょう。すなわち、外部の内面化、「自然」の世界（いわゆる「外部」の世界）が内面化されて、「内的」風景として確立されることになる精神的な過程に向かうことにしたいと思います。以前に示しましたように、根柢に横たわっている精神的な事象そのものは、どちらの場合でも全く同一です。それ以外のことがあるでしょうか。と申しますのは、互いに正反対に対峙するような、二つの異なる禅的体験などは存在し得ないからです。禅はその歴史をとおして、常に一つではありましたが、おもに理論化のレベルでは相違する形態を生み出してきました。相違は、人が現実に悟りの瞬間を体験するやり方と、その後に何が起こるのかに関しても現れてきました。これから議論する外部の内面化は、ただこうした意味で、内面の外部化と異なっているにすぎません。

　私たちが検討したばかりの内面の外部化の場合、基調となっているのは、人間の側からの、「自然」における全ての事物への滲透的な共感です。その基本的な範式は次のとおりです。すなわち、「人間」が自分の「私」を失い、自分自身に死んで、「外部」の事物と融合する。それから、「外部」の事物を見失い、最終的に、存在世界全体の具体的顕現として、特定の「外部」の事物の形で蘇生するのです。要するに、人が事物になり、また事物であるのです。さらに事物であることによって、「全て」なのです。

　外部の内面化の場合は逆に、自分にとって「外部」であると考えていたものが、本当は「内部」であると突然、理解するようになります。世界は私の外側に存在するのではありません。私の内側に存在するのです。それは私なのです。これまで自分自身の外部で行われていると想像していたあらゆるものが、実際には内的空間で行われていたのです。しかしながら、真の問題は、この「内的空間」をどのように理解すべきなのか、ということです。人間の心は、全ての事物が「内的」事物や「内的」事象として生起する内部空間を構成しているのでしょうか。こうして私たちは直接的に、禅が理解する「心」の問題へと導かれていきます。

　この場合に相応しい例証として、慧能の有名な公案「風にはためく幡」〔風颺刹幡〕が、ここで挙げられるでしょう[20]。

　五祖弘忍《こうにん》禅師（六〇五—六七五）のもとで悟りに到達した後、慧能は南方へと赴き、広東に留まりました[21]。そこで、ある日、慧能はある寺院で、仏教の講義を聴いていました。突然、風が起こって山門の旗がはためき始めました。この公案に関わる出来事が起こったのは、その時でした。公案は次のようなものです。

六祖がそこにいたとき、風で旗がはためき始めた。そこには二人の僧がいて、それについて議論を始めた。一人は、「見よ！　旗が動いている」と言った。もう一人は、「違う！　動いているのは風だ」と言い返した。二人は延々と議論を続けたが、真実に達することはできなかった。
（出し抜けに、六祖がこの不毛な議論に割って入って、）言った、「風が動いているのでも、旗が動いているのでもありません。ああ、尊宿よ、実際に動いているのはあなた方の心なのです！」二人の僧はひどく驚いて立ちつくした。

これこそ、外部の内面化に関する最も顕著な事例であるように思います。風は心の中で吹いています。旗は心の中ではためいています。あらゆることは心の中で起こっています。心の外側には何も存在しません。風にはためく旗は、外界で起こっている事象ではなくなります。事象全体（さらに暗示的には、世界全体）は内面化され、内部空間に存在するものとして再び提示されます。しかしながら、実際には、ここで問題になっている「内面化」の構造は、禅の教えを前もって知ることなく、この公案を読む者がそう思うほど単純なものではありません。この点について、少し異なる視角から説明してみましょう。

同じく『無門関』には、次のような一節があります。いまだ禅を学んでいた時代の趙州が、師である南泉に「〈道〉（すなわち、究極のリアリティ）とは何ですか」と尋ねます。そうすると、「日常的な心、それが〈道〉なのだ」〔平常心是道〕という答えを得るのです。このよく知られる格言「日常的な心、それが〈道〉なのだ」について、無門禅師はこの公案に対する評唱の中で、次のように頌を与えています。

春には香り高い花、秋には銀色の月、
夏には涼しい風、冬には白い雪！

心がくだらない問題に煩わされなければ、
毎日が、人々の人生において、幸せな時である。
（『無門関』第十九則）

それでは、春に花が咲き、秋に月が輝き、夏には涼しい風が吹き、冬に白い雪が降るというこの「日常的な心」とは何なのでしょうか。四季に特徴的なこれらのものは、無門によって「日常的な心」の内的風景として提示されています。それはちょうど慧能によって、旗のはためきが心の内的なはためきとして提示されたのと同様です。

まず、明らかなことは、ここで語られる「心」が悟りを開いた人の心、悟った心であるということでしょう。南泉の「日常的な」心は、こうした意味では、日常的な心ではありません。全く逆なのです。ふだんその語のもとで理解されるような自我-実体の経験的意識とは全く異なり、この「日常的な心」が意味するのは、主客未分あるいは主客分化を超えた精神状態で実現される「心」（専門的には「無心」と呼ばれる）であり、世界全体の極限にまで拡張した心なのです。それは私たちの経験的意識の場としての日常的な心ではありません。それが意味するものは「リアリティ」すなわち「存在」の基盤ですが、それは永遠にそれ自身を覚知しています。

しかしながら、この「心」に関する奇妙な事実があります。それは、「心」が私たちの経験的意識と完全に同一化される場合を除いて、具体的には機能しない（また、機能できない）ということです。「心」は現象的なものの中でのみ機能する、何かしら本体的なものです。南泉がそれを「日常的な心」と呼んでいるのは、まさにこの意味においてなのです。さらに、旗のはためきや春の花の開花が「内的」事象として説明されるのも、ただこの意味においてのみです。このように理解しますと、事実、「心」の外側には何も存在しませんし、「心」の外側では何も起こりません。いわゆる外界で現象として存在するものは全て、「心」すなわち本体的なものが顕現した形態にすぎません。外界で生起するいかなるものも「心」、本体的なものの動きなのです。このようなことを「心」は意味しています。

このように理解される「心」の構造は複雑なものです。なぜなら、「心」が見かけ上、自己矛盾的な性質を持っているからです。すなわち、一方では、「心」は超感覚的で超合理的な「存在」の次元にあるという点で、経験的意識とは全く異なっています。しかし他方では、「心」は完全に、また不可分に経験的意識と同一化しているのです。南泉の「日常的な心――それが〈道〉なのだ」とは、心のこの後者の側面に言及しているのです。

禅に次のような古い言葉があります。それは「山、河、大地――実に存在するもの、あるいは起こるもの全て――は、一つの例外もなく、あなた自身の心である」というものです。日本の鎌倉時代後期に生きた夢窓国師（一二七五―一三五一）[22]は、この言葉を注解して、次のように述べています。食べること、飲むこと、手を洗うこと、衣服を脱いだり着たりすること、寝ることなどといった日常的な行為は全て、禅の修行と全く関わりのない世俗的な行為であると考えがちな僧たちがいる。つまり、彼らは坐禅している間だけ、真剣に禅の修行をしていると考えている、と夢窓国師は言います。そのような僧たちは、夢窓国師によると、この大いなる過ちに陥っているのです。それは「彼らが心の外側に、事物を認めているから」です。彼らが心の外側に、世界が存在すると信じているからなのです。こうした僧たちは、「山、河、大地は、あなた自身の心である」（夢窓国師『夢中問答集』巻二）という言葉の本当の意味を理解していない人々です。言いかえると、これらの人々は、個々人の「日常的な」心として、あらゆる瞬間にも活動している「心」の本質について全く無知なのです。

かつて、ある僧が趙州禅師に、「私の心とは、どのような類のものですか」と尋ねた。それに対して、趙州は「もう食事は済んだのか」と尋ねることで答えた。
僧「はい、済ませました。」
趙州「それなら、茶碗を洗いなさい！」

この僧は、空腹を覚えて食事をとります。食事が済むと、茶碗を洗います。趙州が示しているのは、こうしたありふれた日常の行動全ての只中で、いかに「心」が作動しているのかということです。すなわち、極めて平凡な行為をとおして機能している各々の心の中で、「心」は間違いなく作動しているのです。このように「日常的な心」とは、無限の精神的な活力の場ですが、それはいったん、その個人的な限界が取り除かれると、世界全体の遥か彼方の極限までも、即座に広がっていきます。

南泉や趙州のように悟りに達した禅師たちの視点から見ると、「日常的な心」とは、特段並はずれたものではありません。彼らにとって「日常的な心」とは、ただの平常の心にすぎません。しかし、その背後には、「心」の覚知が存在しています。「無心」の覚知をとおして達成されるのは、日常的な心なのです。そのことは、ちょうど内面の外部化について、以前に論じた際に述べました日常的な山が、無山の段階を経た後に到達した、ただの日常的な山であるのと同じことです。言いかえますと、南泉の「日常的な心」とは、元から与えられている私たちの経験的意識ではありません。それは、悟りを実際に体験することをとおして実現された「日常的な心」なのです。

古い禅の記録は、禅を学ぶ者にとって、こうした点を把握するのがいかに困難であったのかを示す例に溢れています。

かつて、ある僧が長沙《ちょうさ》禅師に尋ねた。「山、河さらに大地を変容（すなわち内面化）させて、それらを私自身の心に還元することは、いかにして可能なのでしょうか。」

長沙「本当に山、河さらに大地を変容させて、それらを私自身の心に還元することは、いかにして可能なのだろうか。」

僧「言われていることが分かりません。」

このよく知られた問答では、僧は「一切は〈心〉である」という格言の妥当性を問うています。このように問うているとき、彼は明らかに素朴実在論の立場に立っています。彼にとって「心」とは、「心」の段階を経る以前の日常的な心です。それは「客体」として、心の外部にある山や河に対立している経験的意識ということになります。長沙の答えは修辞的な疑問であって、こうした心の内的空間に「外部」の世界を持ち込むことは全く不可能であるということを意味しています。この僧はそれを理解できなかったのです。

長沙自身が理解する「心」が、外的世界に対立する内的世界ではないという事実は、次の有名な問答に明らかに示されます。

ある僧が長沙[23]に尋ねた。「私の心とはどのような類のものでしょうか。」
長沙「世界全体、それがお前の心だ。」
僧「そうであれば、私自身を容れる場所がありません。」
長沙「全く逆だ。これがまさにお前自身を容れる場所なのだ。」
僧「それでは、私自身を容れる場所とは何でしょうか。」
長沙「果てしない海！ 水は深い、底知れず深い！」
僧「それは私の理解を超えています。」
長沙「巨大な魚と小魚を見よ。好きなように上へ下へと泳いでいる！」

僧と長沙とのあいだには、明らかに根本的な理解の欠如があります。と申しますのは、僧が心、すなわち、自らの個人的で経験的な意識について語っているのに対して、長沙は「心」について語っているからです。経験的な心と宇宙的な「心」が、実際には同一であるということを強調するよりもむしろ、ここで禅師は、前者と後者を意図的に区別して、僧が自分自身の心であると考えているものが、実際には、底知れない深さの果てしない海のような「何か」であり、そこでは大小の魚すなわち存在する全ての事物がそれぞれ自分にふさわしい場所を見つけて、限りない実存的な自由を享受している、ということを偕に分からせようとしているのです。同じ考えは、宏智《わんし》〔正覚《しょうがく》〕禅師(24)の次のような詩的表現にも現れています。

水は澄み、底まで透き通り、
魚はのんびり悠々と泳いでいる。
空は広大で、果てしなく広がり、
さらに鳥は遥か、遥か彼方へ飛んでいく。

また、道元(25)は言います。

魚は水中を行く。水の境界に辿り着くことなく泳ぎ続ける。
鳥は空を飛ぶ。空の境界に辿り着くことなく飛び続ける。

事実、これらの言葉以上に美しく「心」の「内的」風景を描写できる言葉はないでしょう。「山、河、大地」が「心の内側に」あると言えるのは、ただ「心」の形而上的次元においてのみなのです。個々の事物がそれぞれ、ここでは「心」のあれこれの側面であり、個々の事象がそれぞれ、「心」のあれこれの動きであるからです。そうしたことこそ、禅の理解する外部の内面化なのです。

最後にみなさんの注目を冒頭で強調した点に、引き戻したいと思います。内部と外部の問題は、禅の観点からすれば結局のところ、仮の問題にすぎません。内部と外部とがいったん区別されますと、両者が互いにどのように関係しているのかという問題が、内面の外部化や外部の内面化という観点から展開されるでしょうし、おそらく、そのように展開されなければなりません。しかし厳密に申しますと、そうした区別は存在しません。つまり、区別そのものが妄念なのです。ここでもう一度、何の説明も付け加えずに先に引用した公案を再び引用したいと思います。

一人の僧が趙州に尋ねた。「趙州とはだれなのでしょうか。」
師は答えた。「東門、西門、南門、北門!」

つまり、趙州は完全に開かれているということです。「街」の全ての門は開かれており、何も隠されていません。趙州は「街」のちょうど真ん中に、「世界」のちょうど真ん中に立っています。どこからでも、どの方角からでも、彼に会いに来ることができるのです。「内部」と「外部」を分離するために、かつて人工的に建てられた「門」は、いまや広く開け放たれているのです。そこには「内部」は存在しません。「外部」も存在しません。そこにはただ趙州がいるだけであり、彼は全く透明なのです。

注

＊ 第四三回エラノス会議(一九七三年開催)のテーマは、「対応の世界」(Die Welt der Entsprechungen)。『エラノス会議年報』第四二号、一九七五年所収。

(1) Osvald Sirén, *The Chinese on the Art of Painting*, New York: Schocken Book, 1936, p. 68 からの引用。

(2) Gaston Bachelard, *The Poetics of Space*, translated by Maria Jolas, Boston: Beacon Press, 1969 の第九章「外部と内部の弁証法」を

参照。

（3）英訳は、Daisetz Suzuki, *Essays in Zen Buddhism*, Third Series, London: Rider, 1970, pp. 49, 50–51, 51による。

（4）趙州は、唐代の最も偉大な禅師の一人。この逸話は『碧巌録』の第九則に記録されている。

（5）雲門は、唐代の傑出した禅師であり、特にその謎めいた不可解な発言で知られる。

（6）注4を参照。この問答は、非常に有名な公案（『無門関』第三十七則）であり、禅の世界において、「趙州の庭前の柏樹子」として広く知られている。詳細については、拙論「禅仏教における自己の構造」『エラノス会議年報』第三八号、一九七二年、一三七頁において詳しく説明している〔本書一三〇―一三一頁〕。

（7）このことの意味はこの講演の最後で明らかになる。

（8）『エラノス会議年報』第三九号、一九七三年〔本書一四七―一八〇頁〕。

（9）無門は名高い公案集『無門関』の編者として知られる。ここで引用した言葉は、その『無門関』第一則の注釈に見られる。その中で趙州は、「犬に仏性があるか」という問いに対する答えとして、「無！」と発している。

（10）洞山守初は、雲門の法嗣であって、曹洞宗の創始者の一人とされる洞山良价〔本書一六一頁〕と混同してはならない。洞山守初は特に「仏とは何か」という問いに「三斤の麻！」と答えたことで知られる。

（11）『伝灯録』巻二十三より再構成した。

（12）香厳智鑑（年代不詳）は、唐代の潙山霊祐（七七一―八五三）の法嗣である。彼はまさにここで挙げた逸話によって広く知られる。

（13）すなわち、最初から自らは悟りの境地にあったのに、その事実に気づいていなかった。

（14）無門禅師については注9を参照。

（15）白隠慧鶴は、日本の禅では、臨済宗の最も偉大な代表者であり、「隻手の音を聞け」という新たに案出した公案で知られる。

（16）霊雲志勤《れいうんしきん》（年代不詳）は唐代の有名な禅師である。

（17）道元は日本の鎌倉時代の禅師である。彼が著した『正法眼蔵』は、確かに禅哲学の著作を意図したものではなかったが、その卓越した思想の哲学的な深みによって特徴づけられる著作である。ここに翻訳して引用した一節は、「現成公按」と題する一章から引用したものである（『道元』『日本思想大系』第一二—一三、岩波書店、一九七〇—一九七二年、上巻、三三—三六頁）。

（18）William Johnston, *The Still Point: Reflections on Zen and Christian Mysticism*, Perennial Library, New York: Harper & Row, 1971, p. 21.

（19）青原惟信は宋代（一一世紀）の傑出した禅師である。

（20）慧能は、中国禅仏教の第六祖である。彼の出現は、禅の歴史的発展において、決定的な転換点を示している。彼の時代まで、かなりインド的であった禅は、慧能の活動によって完全に中国化された。ここで述べられている逸話は、『無門関』第二十九則として記録されている（『無門関』については、注9を参照）。この逸話については、「禅仏教における自己の構造」（『エラノス会議年報』第三八号、一三一—一三二頁〔本書一二三—一二五頁〕）において分析した。

（21）山門に掲げられた旗は、ふつう講義とか説教が行われているという告知であった。

（22）夢窓国師は最も傑出した禅師の一人で、日本文化史では特に彼の風景式庭園で有名である。

（23）長沙景岑（年代不詳）は、唐代の有名な禅師であり（九世紀）、南泉の法嗣であった。

（24）宏智正覚は、宋代の最も偉大な禅師たちの一人である。ここに翻訳して引用したのは、坐禅の修行の精神について説いた、彼の有名な『坐禅箴』の最後を飾る言葉である。

（25）道元については、注17を参照。この言葉は、『正法眼蔵』（「現成公按」、前掲書、上巻、三七頁）に見られる。

6 儒教の形而上学におけるリアリティの時間的次元と非時間的次元

第四三回エラノス会議（一九七四年）※

I

「時代の変化における規範」とは、儒教哲学にとってこの上なく相応しいテーマです。この講演テーマが、この学派のあらゆる哲学者の中心的な関心事を見事に示しているからです。それは彼らの思想における最も基本的なテーマです。あらゆることがそこから始まり、あらゆることがそれに関して発言されます。事実、儒教の形而上学の体系あるいは体系群の全体が、この中心テーマ――変化する世界における規範――についての、思考のさまざまなレベルにおける労作にほかなりません。

「儒教哲学」という言葉を、ここでは、中国の宋代（九六〇―一二七九）に、孔子の教えを継承する者たちのあいだで展開した哲学思想という意味に用いたいと思います。

この哲学は全体として、『易経』の基本的発想を基礎とし、それを哲学的に洗練させて提示したと言えるでしょう。その中心テーマが「変化する世界における規範」という問題の中に見いだされるべきであることは、誠に当然でしょう。なぜなら、これこそがまさに『易経』全篇の主要な問題であるからです。これは『易経』の哲学そのものであります。『易経』は、この世界のあらゆる場所において、果てしない変化と転変を観察します。しかしながら、『易経』はそういう流れと果てしない事物事象の変化の下にありながら、それらを内側から支配する合理的な法則を決して見過ごすことはありません。ありとあらゆる仕方で次から次へと変化し続ける、さまざまな事物の限りない多様性に、『易経』は変化の軌跡を統制する法則と規範を見いだしますが、その法則と規範は永遠に同じままで変化しません。

程伊川《ていいせん》（一〇三三―一一〇七）は言います。

世界の変化には限りがないが、日月の軌道や寒暑および昼夜の交代の中に見いだされる恒常性がいつもある。これ（現象の継続的な変化の上にあって統轄する恒常性と永遠の秩序）があるからこそ、〈道〉（すなわち、存在の形而上的な〈基盤〉）が万物の絶対の規範として機能できるのだ。

（『二程遺書』巻十五）

このように、『易経』の哲学は、あらゆる時、あらゆる場所における事物の決してとどまることのない変化を観察することから始まります。私たちの周りの万物、すなわち世界そのもの、およびそれらを見ている私たち自身は、流動の絶え間ない状態の中に存在しています。存在のこの普遍的な流れの中で、一瞬たりとも変化しないものなどありません。万物の不断の変化は、感覚的にすぐに分かる事実ですし、あまりにも明白ですので、だれもそのことを否定することはできません。この世界に人が生まれ育ち、さらに老いていき、ついには死んで、この世から消えるという事実そのもの、この人間存在の最も基本的な事実によって、人は必ず事物の普遍的な変化を認識せざるを得ないのです。この意味では、「万物流転《パンタ・レイ》」は平凡で当たり前のことであり、説明すら必要としないほど明白なことであると言えるかもしれません。しかしながら、重要な点は、この見かけ上は平凡な事実に対して、人は多くの異なる態度を取ることができるということであり、一人ひとりがそれに対して採る異なる態度が、哲学的であれ哲学以前のものであれ、人々の世界観につながる重大な意味をもっているということです。

したがって、宋代の儒教思想家たちがこの問題に関して採る態度は、彼らの哲学の全体系を非常に独特な方法で特徴づけております。儒教哲学の特異性は、同様の問題に対するもう一つ別の典型的な態度、すなわち、儒教の立場とちょうど正反対のあり方を保持する態度と比較することによって、最もよく照らし出すことができるでしょう。そのとき参考になるのは、仏教を歴史的かつ構造的に特徴づけている否定的で厭世的なものの見方です。普遍的で果てしないさまざまな事物の変化に対する否定主義という根本的態度の基礎の上に立って、仏教は壮大な形而上学的体系を構築しています。

仏教は、万物の不可避的な変化を注視することから始まります。これを注視する中で、普遍的な変化は、ある事物が生じ、ある期間にわたり存在を続け、さらに遅かれ早かれ、終末の時を迎え、存在の領域からすっかり消え去るという、存在論的なプロセスの形をとって現れます。

この段階において、事柄全体は、人がそのプロセスの最初の地点、すなわち誕生、つまり新しい事物として生ずることと、その最終地点、すなわち死および古い事物の消滅との、どちらに特に重点を置くかによって、二つの全く異なる世界観へと導くことができることに注意いたしましょう。後ほど、より詳しく見ますが、儒教は前者を選択します。したがって、それは根本的に楽観的です。儒教哲学の文脈における普遍的な変化は、決して止むことのない「天」の生成力を意味しています。変化とは、ここでは生命を意味します。『易経』には、このように記されています、「永遠に新しい生命、それが変化（の意味）である」、と（『易経』繋辞伝上）。

ある事物が現れ、もう一つ別の事物がその後に現れ、そこからさらにもう一つ別の事物が現れます。生じたそれぞれの事物は変化し生育し、それ自身が新しい何かに形を変えます。事物が生ずる連鎖には、このように中断ということがなく、その連鎖はそれ自体、決して最終地点を迎えることがありません。この永遠の新しい生命の連続性が、端的に言えば、「易」（すなわち「変化」）の語の意味するところなのです。

したがって、このようなものの見方では、存在の全フィールドが、中断することも終焉を迎えることもない、新しく生まれ変わり続ける生命によって充ち溢れています。

それと全く異なるのが、仏教が採る立場です。先述したプロセスの最初の地点に重点を置く代わりに、仏教は最後の段階――避けようのない衰退、老い、崩壊、そして死――に重点を置きます。仏教は全ての自己欺瞞を避けながら、普遍的な変化の否定的側面に関する明確な認識から出発します。それは第一義的に、救済（避けがたく見える宿命から、存在する全てのものを救済すること）の方法、すなわち、存在に内在する悲劇性を克服する方法を教えようとする宗教です。この点において、仏教は少なくとも最初の段階では、存在に対する尋常ならざる陰鬱で厭世的な存在論的見解によって特徴づけられています。実にもっともなことですが、普遍的な変化は、仏教の文脈では、カゲロウのように儚く無常であり、存在の非永遠性という意味で理解されます。同じ絶え間ない事物の変化について、儒教が永遠に新しい生命または永遠の生成力と捉えたのとは違っております。

どんなに長々とした理論的な説明よりも、かの有名な『方丈記』（「隠者の庵の記録」）の冒頭の一節が、世界における万物の本質的な儚さについて、仏教の観点を特徴づける存在の強烈な悲劇的意味の「感覚」を伝えています。[1]

川は絶え間なく流れる。しかし、その水は決して同じではない。その流れがゆっくりになって停滞すると、泡が水の表面に集まる。

泡はここでは壊れ、そこでは作られ、そこでは消え、ここでは現れて、長く留まることがない。

この世に住む人々の暮らしもまさしく同じだ。彼らの住まいも同じだ。……

水の泡と同様なのが人間だ。ある人が朝にここで死ぬと、一方、あちらでは夕方に別の人が生まれる。死に向かって生まれる人――人がいずこから来て、いずこへ向かうのかをだれが知りえようか。……

人とその住まいは、朝日に照らされた花びらの露と変わらない。まるで互いにはかなさを競い合うかのように、ともに突然の風の中で滅びていく。ある時は露が落ち、花が後に残される。花は残るが、朝日に枯れるのを待つだけだ。ある時は花が枯れ、露が後に残される。露は残るが、夕方まで持ちこたえることはない。

ここに引用した文章全体に通底する悲しい調子は、自分自身の儚さゆえに、人間の主体が、万物の有限性や儚さを感じたり経験したりするものであると、はっきり示唆しています。ここに見えるようなものの儚さは、もはや穏やかに、また客観的に観察したり考えたりすることができるような外的な事実ではありません。事物の普遍的な有限性が、ここでは個人的な有限性に集約されています。それはその人自身の存在論的な問題です。生きているというその人の存在そのものが危ういと、その人自身が気づいているからです。

事物の普遍的な有限性が、主観的に人間の有限性へと変容するに伴って、言いようもない不安がその人の心に顔をもたげます。仏教の基底にあるのは、この種の存在論的な厭世主義です。仏教、そしてその結果としての仏教哲学は、現世で今ここに存在する人間主体の根本的な有限性という形をとった普遍的な事物の変化を自覚することに、その起源があります。これがまさに、ブッダ自身が至高の「叡智」を求めて、世の俗事を離れるという行動に至った動機です。このことは、悲しみの濃い影が、仏教史全体を暗くしている事実を説いているかのようです。悟った後に人が生涯まとう明るい外見にもかかわらず、さらに、約束された「西方浄土」が壮麗な輝きをもっているにもかかわらず、仏教の世界観は存在の悲劇的な感覚によって彩られています。

儒教に向かって、全く異なる世界へと踏み出すことにいたしましょう。儒教の世界観には、暗い場所がどこにもありません。儒教哲学は存在の悲劇的な感覚とは無関係なのです。ここには、びくびくするような恐怖は見えませんし、不安もなく、悲しみの跡さえありません。悲劇の存在であるとか、内的な危機の主体であるとか、そのように人が見なされることなど、全くありません。これはごく当然なことです。なぜなら、儒教哲学者の目をとおして見る世界には、人を落胆や失意や憂鬱へと向かわせる何らの要素もないからです。先にも見ましたように、確かに普遍的な変化に対する認識は、儒教哲学の出発点であり基盤です。この点では、またこの範囲では、儒教はまさに仏教と同じです。しかし儒教においては、その要点は、万物の絶え間ない変化が存在の非永遠性や儚さとして捉えられるのではないということです。変化はまさに恒常性の現れです。変化こそが永遠の「法則」

です。変化こそが恒常性です。この問題に関しては、これまで伝えられてきた程伊川とその弟子の一人、韓持国《かんじこく》とのあいだの、短いけれども鋭い言葉のやりとりの形式による興味深い逸話があります。(2) その会話は次のとおりです。

ある夕方、韓持国が程子《ていし》とともに坐っていた。韓持国は悲しくふさぎ込んで言った。「ああ、もう夕方です。もう一日が経ってしまいます！」

これに対して、程子は言った、「それは永遠の〈法則〉以外の何ものでもない。常にこのようにあり続けてきている。それに嘆き悲しむ理由はない。」弟子は言い返した。「しかし、老人たちは世を去りつつあります。」程子は「あなたは去らなくてもよい。」

韓は、「私が世を去らないでいようなど、どうやって可能になりましょうか」と言った。程子は述べた。「それが不可能なら、あなたは去ればよい。」

（『二程遺書』巻二十一、第二）

この会話は、禅の「公案」として、大変よく用いられます。弟子の韓持国は、「ああ……もう一日が経ってしまいます！」と言います。その日は過ぎ去ってしまい戻ることはありません。それ自体は、絶えず繰り返す変化ですが、夕方は私たちの心に悲しみと憂鬱をもたらします。忍び寄ってくるその暗闇は、私たちに衰退と老いを想い起こさせます。それはおのずと老齢と結びついており、人を死の意識に近づけます。「老人たちは世を去りつつあります。」程子から見ますと、そのような取り組み方は、たとえ常識的な立場からはごく自然であっても、根本的に誤っています。彼は明るい日光が夕方の暗闇へと変容するのは永遠の法則の創造的な活動の結果にほかならないとただ指摘することによって、それを一突きで拒絶します。彼はこの永遠の法則を「常」と呼びますが、これは文字通りには、「不変な」または「不変」を意味します。彼の観点からすると、変化すなわち非恒常性のように見えるものこそ、恒常性なのです。

「常」とは、普遍的な変化の過程が永遠の法則によって厳密に支配されていることを示します。存在世界に絶え間ない変化があることと、あらゆる変化が、やみくもにではなく、同様の変化が不断にそれ自体を繰り返すように、そして常に同一の軌道を取るように確実に調整された原理に応じて起こること――、こうしたことがまさに「常」の意味です。したがって、程子は自然の中に見いだされるものとしての事物の変化を、怖がることなく、不安がることなく穏やかに認めて、次のように言います。「生命のある所には、必然的に死がある。始まりがある所には、必然的に終わりがある。このようにしてのみ、普遍的な恒常性は永遠に保たれているのだ」(『二程遺書』巻七)。したがって、日常的な脈絡において、永遠の不変性を意味する「常」は、儒教の哲学者たちにとっては、永遠の可変性を意味しております。

簡素で地味ながらも、根本的に楽観的な儒教哲学の本質は、万物の「変化」の特殊な解釈によって決定づけられます。この解釈は『易経』の基本的な世界観によって決定づけられます。世界の万物は、終わりなく動き続けています。つまり、それらは一瞬たりとも止まることなく変化し続けています。あらゆるものの中核それ自体に影響するその動きは、必ずそれをその終わりへと導きます。しかし、これは決して儚さの暗示ではないのです。なぜなら、終わりが新しい始まりと直接につながっているからです。その普遍的な変化は死に向かう動きではありません。ちょうどその逆に、それはむしろ生命、新しい生命に向かう動きなのです。儒教哲学は根本的に楽観的です。それは普遍的な変化の中に、決して終わることのない普遍的な生命力の創造的な活動を見ているからです。『易経』は言います。

〈道〉は毎日、新しい。
これがその輝かしい働きなのだ。
(『易経』繋辞伝上)

「道」の輝かしい働きは、四季の定期運行する循環――春、夏、秋、冬、そして再び春……と無限に続く循環

——によって典型的に例示される、厳密に調整された原理に従って実践されます。それを知覚するのが容易であるかどうかにかかわらず、あらゆる宇宙の動きは循環します。つまり、それは確実なリズムと無期限性をもっているのです。そのリズムは二つの宇宙の原理である「陰」と「陽」の気の活動によって与えられ、それらは互いに厳密な相関関係をもって不断に盛衰を繰り返します。この発想は、『易経』によって、以下のような簡明な言葉で表明されています。(3)

ある時は「陰」、またある時は「陽」——それが〈道〉である。

(『易経』繋辞伝上)

「陰」と「陽」のあいだの相関関係は、常に必然的に同一地点に戻ってくるために、世界におけるあらゆる動きはその始点に戻ります。そして全ての動きがこのように、第一義的に循環する性質のあり方で存在する以上、普遍的な変化は果てしないものであると同時に完成してもいるのです。あらゆるものは終わることなく変化し続けます。つまり、現に変化し続けていながら、不変なままです。このことは、変化というものがまさに変化しない、変えることのできない法則の、直接的な顕現以外の何ものでもないからです。

こうした文脈において、永遠に一時的であること、もしくは無常であることこそ、それ自体、永遠の永続性なのです。事物の無常は、それらの衰退や滅亡へ落ちていく不可避的な運命を表してはいません。むしろ、それは「道」の永遠の不変性を表しています。儒教哲学はこのように、事物の絶え間ない変化を「輪廻転生」(saṃsāra)とみなす仏教とは対蹠的な立場を採ります。

この点から仏教を批判して、程明道《ていめいどう》(一〇三二―八五)は言います。

仏教は「陰」と「陽」、昼と夜、古さと新しさというリアリティを知らない(それは単にそれらを「輪廻転生」とか幻であると考えている)。それは、「形而上」(すなわち、超感覚的、超物理的もしくは形而上的)

である物事について話すことにとても興味を持っている。そんな教説がどのように儒教の聖人たちの考えと同一になることができようか。[4]

（『二程遺書』巻十四）

儒教の哲学者は、感覚で捉えられる現象を誤りや幻想の現れとして蔑んで扱って、リアリティの視野からできるだけすぐに追いやったりはいたしません。反対に、形而下的なものは彼らの観点では、形而上的なものと同様に現実なのです。終わることのない変化と変容によって特徴づけられる形而下的な世界は、その活動的な観点からは、まさに形而上的なもの以外の何ものでもありません。リアリティの形而下的次元において観察できる変化と変容は、永遠に不可変的な形而上的な法則の動的な本質の直接的かつ可視的な現れなのです。『易経』の第三十二の卦《か》、すなわち「恒《こう》」と呼ばれ、「耐久性」または「恒常性」を意味する卦を、儒教の哲学者たちはこの所見に照らして解釈しています。

恒

私はこの卦が耐久性と恒常性を象徴していることのあまり込み入った理由の説明には立ち入りません。ここでは、次の点を述べるだけで十分でしょう。すなわち、上方の三卦（震《しん》）は雷を、下方（巽《そん》）は風を象徴しており、その卦はしたがって、風に運ばれる雷、あるいは互いに合体している雷と風を象徴しています。ここでの話題に特に関係があるのは、とどろく雷と吹く風はともに激烈な動きを象徴しているということです。二つの激しい動力は互いに強まり、合体した機動性は極限へ向かいます。今回のエラノス会議の中心的な主題がもつ視点からは非常に重要なことですが、この卦〔恒〕がもつ持続する存在と不可変性を指し示す構造のために、二つの象徴は極度の機動性を指し示すのに使われます。程伊川は有名な「『易経』注解」の中で、この卦〔恒〕に関する次のような説を述べています。[5]

何ものも、ゆるぎなく不動であって、そうであるのに不変である（「恒」）ことなどありえないことは、普遍的に真実だ。何でも動き（そして変化し）必然的に終わりを迎えるが、その終わりは常にじかに新しい始まりに受け継がれる。

これはまさに、永遠に恒常的に、そして果てしなく、〈道〉の成り行きを）保つものなのだ。……したがって、不変はゆるぎなく固定された不動を意味するのではない。絶対的に不動であるものは、何であっても不変ではあり得ない。むしろ、不変は時の流れとともに果てしなく変化や変容を続けることにあるのだ。

自然界の中で永遠に変化しないものと人間関係の中で永遠に変化しないものは、真に〈道〉を知る人たちだけに分かる。

世界の万物は流動の状態にあります。それらは止まることなく、無数のそれぞれのあり方で変化し変容します。太古の儒教の聖人たちは、これらの変化の不定の姿を基本的な型へと変換するために六十四卦を設けました。これらの普遍的な変化の基本的な型の下で、「叡知」を備えた人は、それらの卦を内側から支配している永遠の法則を把握しなければならず、さらに、この独特の変化の法則の下で、最上の変化の「法則」に気づくことが期待されます。そこで先ほど引用した一節によって、参考となる言葉が作られ、初めて真に「道」を知る人となるのです。

しかしながら、儒教的な変化の捉え方の意味と意義は、私たちがその基礎となる形而上学的な構造を把握した場合にのみ、十分に理解することができます。さらにまた、儒教の形而上学的な理論は、その基礎となる精神修練の独特な方法を探究した場合にのみ、十分に理解可能なものとなるのです。

さてここで、宋代の儒教哲学者たちによって開発され、精力的に実践された、精神修養の方法へと話題を転じることにいたしましょう。修養の過程を説明するのに際して、その基礎となる形而上学的な発想を明らかにするために、修養を多くの段階に分けることにいたします。

はじめに、修練の主体の側面に注目しますと、この段階における私たちの議論は、意識の問題に重点を置くことになります。特に、意識が保持されるべき理想的な状態と、意識を働かせるためになされる理想的な方法に関連して議論したいと思います。まず、儒教において、「心の修養」（「養心」）と呼ばれる精神修練を語ることから始めましょう。

「心の修養」という発想は、その起源が『中庸』（儒教の「四書」の一つで、孔子の孫に当たる子思の撰述とされています）にあり、実際には、この特別な発想だけでなく、儒教が基礎を置く宋代における精神修養の全ての理論が、『中庸』に由来します。

『中庸』は「未発」と「已発《いはつ》」の区別から、記述が始まります。「未発」は、字義通りには「まだ働いていない」という意味であり、「已発」は「すでに働いている」という意味です。前者の術語は、何かが起こる以前の究極的な平衡状態にある心のことです。この「未発」の否定的な側面では、それは意識における静寂の地点であり、そこには、全く何らの動きも見いだされません。穏やかで汚れたところがなく、それは何らのイマージュもいまだに映し出したことのない、よく磨かれた鏡のようです。それは言わば、最も深い意識のゼロ・ポイントです。「心の修養」の最初の段階は、感覚の全ての舞い上がりや、感情や思考といった意識を遠ざけながら、心を外物の追求から取り戻して保ちながら、意識全体の力をゼロ・ポイントに強力に集中させるところにあります。

しかしながら、「未発」には肯定的な側面もあります。それは穏やかで汚れなく、よく磨かれた鏡のように乱されることがないために、心はその前に現れる何ものをも――そうなるものは何であっても――現実のままに映し出す用意ができています。さらに、それは心に、「未発」とはそこから全ての動きが起こってくる始原の根源であることを気づかせることができます。「心の修養」の力によって、その人自身の中に意識のゼロ・ポイントを作り上げるにしたがって、度を越して興奮することなく、無数の感覚と感情がその出所から湧き上がり、次第に意識の周辺領域へと広がってくるのを静観できることになります。

この二つの見方における「未発」すなわち「まだ働いていない」心の状態は、すなわち、一方ではその究極的な静止と静寂に、もう一方では正確に働くことを開始する無限の可能性にあって、「未発之中」、つまり、「まだ働いていない状態の平衡」と呼ばれています。

「未発」が真に行動に至ったときには、心は「已発」、すなわち「すでに働いている」状態になります。確固とした意識のゼロ・ポイントから出てくる感覚、思想、そして行動は全て、ただ一つの例外もなく、正当であり正確だというのが、『中庸』の著者のものの見方であり、また、その後の宋代の儒教の哲学者たち全てのものの見方です。

儒教哲学を全体として正確に理解もしくは評価するためには、この学派の代表的な思想家たちのものの見方によりますと、いま述べました心の根本構造が、完全に宇宙の構造と同一だということに注目しておくことが極めて重要です。これを彼らのものの見方においては、心と宇宙の二つが互いに同様の本質または同様の構造から成っていることを意味すると捉えるだけでは不十分です。むしろ、心と宇宙とは同一のものであり、両者のあいだには、いかなる存在論的なずれもないのです。

人間の意識の深層には、心理のゼロ・ポイントがあり、心の強力な集中をとおして、全ての興奮と動揺を徐々に鎮める過程をとおして、そこに到達します。それと同様に、儒教の哲学者たちによりますと、存在の見えない深みの中には、全ての現象的な動き、変化、変容が、究極的に共通の普遍的な源泉としてそこに回帰するような宇宙のゼロ・ポイントがあります。さらに、一方は内的で、他方は外的なこれら二つのゼロ・ポイントは、『易経』において「太極」すなわち至高の「存在原理」の語によって指し示される、現実には同一のものなのです。意識のゼロ・ポイントから湧き上がってくる感覚や感情や思想という形をとって絶え間なく活動するのが心の本質なのです。つまり、永遠に動くことのない宇宙のゼロ・ポイントから、最初の二つの宇宙の力である「陰」と「陽」が発生し、さらに、それらの相互交流をとおして、無数の事物が生じてくるのと同様です。そして、これらの二種の動きは、一方は内的で、他方は外的ですが、究極的に同一の動きであり、原初的な根源から生起する存在の形而上的・物理的な同じ展開なのです。

さらに具体的に言うと、心すなわち人間の意識は、収縮と拡散を決してやめることなく、「未発」から「已発」へと、また「已発」から「未発」へと限りなく移行します。これはまさしく、絶え間ないもの、決して止むことがないもの、に相当し、世界の中で、「陰」と「陽」の気の相互の連続をとおして果てしなく継続される、決して終わることのない収縮と拡散の交代に呼応しています。儒教の哲学者によると、この収縮と拡散という二つの過程は、一方は内的で他方は外的ですが、まさしく同じ構造をもち、全く同じ過程です。この二つの過程が、内的なものと外的なものの世界の双方を含む至高の「存在原理」（「太極」）が自らの領域の中に顕現する同一の過程であるからです。邵雍《しょうよう》（一〇一一—一〇七七）が、「〈道〉は至高の〈存在原理〉である」、また「〈心〉は至高の〈存在原理〉である」（『伊川撃壌集《いせんげきじょうしゅう》』巻四、五）と言うとおりです。

日常的な状況にあって、心は個人的なもの以上の何ものでもなく、個人の意識の個人化された場にすぎませんが、こうなりますと「宇宙の心」として理解しなければなりません。「心」が動くにつれて、世界全体が存在として立ち現れてくるのです。

先ほどの話に戻りますと、邵雍は宋代の注目すべき儒教の思想家であり、彼は数を用いることによって、宇宙の歴史的な進展の説明を企てました。自分の心のリズムが宇宙のリズムと調和しており、また自分の心が完全に「天地」と一つになったという自らの精神体験の基礎の上に立ち、一生涯、揺るぎない信念とともに生きた、真の神秘家でもありました。宇宙の統一というこの体験に駆り立てられて、彼は私たちのいまの話題と特別な関係にある数多くの言辞をなしています。彼はたとえば、次のように言います。「至高の〈存在原理〉と穏やかにたわむれながら（つまり、完全に「太極」と一になりながら）、私は（「陰」と「陽」のあいだを）行ったり来たりする」、または「私が穏やかに〈天の根〉（すなわち「陽」）と〈月の穴〉（すなわち「陰」）のあいだを行ったり来たりするにつれて、宇宙全体が最高に喜んでいる。」また彼は、広く知られる一篇の詩の中で、心の宇宙的な性質についての儒教的な見方に関して率直に表現します。その詩には、次のように記されています[6]。

体は〈天地〉の後に生ずる。
しかし、心は〈天地〉より先にある。
〈私〉から、〈天地〉が生まれる。
他に何を言うことがあろうか。

（『伊川撃壌集』巻十九）

東洋思想の他の多くの形態におけるのと同じように、儒教の形而上的な意味における「心《しん》」の語は、このように理解しなければなりません。また、特別な精神的体験（便宜上、悟りとか目覚めと呼びますが、この学派の哲学者は「脱然貫通」という句で表現します）を得るためには、儒教は特別な精神的修練に耐えることを求めますが、それは「心」をこうした本質をもつものとして捉える（実際には体験する）べきであるからです。そうでなければ、心は客体的な外界と対立しながら、常に個人的な心であり続けるでしょう。

この点に関して、朱子は言います。「静まりかえった夜に、突然、雷鳴がとどろく（つまり、長い勤勉な自己修練の末に、突然、「突破する」体験によって意識の暗闇が晴れる）」（『朱子文集』巻三十八。原文は四行詩）。突如として何十、何百、何千もの扉が開かれます（つまり、人は不特定多数の事物が心のゼロ・ポイントから外に出てくるのを知覚します）。もしある人が、自分の心が無心（つまり「未発」）であり、それ自体の中に可視的な万物を含むと気づいたとすると、その人は『易経』の創作者本人と対面していると言ってもよいでしょう。

私たちの次の問題は、この目覚めの体験の哲学的な内実とは何か、また、儒教の哲学者によってこの体験を得るために開発された方法とは、具体的な術語を用いて言うと何であるのかを認識することです。

この問題を議論するにあたって、ゼロ・ポイントにある心、あるいは「未発」の状態にあるとは、たとえそれが主観的で個人的であれ、宇宙的で究極的であれ、真実の非時間的な次元にいるのだということを忘れてはなりません。一方、「已発」の状態にあっては、それは時間的な次元にいるのです。(7) これは当然、照明体験をとおして心のゼロ・ポイントを得ようと試みることは、時間的な次元から発して事物の非時間的な次元に到達しようと試みていることを暗示しています。そのことが、これから説明しようとする精神修練のプロセスです。

III

儒教の形而上学が、厳格な精神修練に基づいた哲学的な世界観であり、さらにそれが自然で粗野な状態において、人間の理性が生み出したものではないということは、少なくともおぼろげながら一般的な仕方で、これまでに明らかになったと思います。理性が自然の粗野な状態で修養されず放置されるかぎり、心と宇宙とが同一のものであることや、「未発」から「已発」へ、そしてまた「未発」へと、遠心性と求心性をもつ心の活動が、まさに究極的な形而上的「基盤」における万物の存在論的な拡散および収縮と全く同一であることを、理性は決して認めないからです。言いかえると、修練されていない心は、至高の「存在原理」（「太極」）の、「陰」と「陽」のあいだの律動的な運動が、人間の心という内的領域にあるか、形而下的な宇宙の外的領域にあるかにかかわらず、どこにあっても絶え間なく永遠に続くことを決して見いだすことができません。

この文脈において、人間の心の重要性は、儒教の哲学者のものの見方によると、人間の心が認識される場とは、意識のゼロ・ポイントとして以前に指摘したものであるということです。絶対に必要なのは、人がリアリティに関する中心的な事実である絶え間ない変化の重要性について哲学的思惟を行うまえに、その人自身の内的な目で、意識のゼロ・ポイント――あらゆる動きの原点としての平衡と不動のポイント――に到達し、またそれを見ることです。そうするために、必要なこととして精神的修練を体験しなければなりません。

精神的修練は、二つの異なりながらも連続的な段階によって実行されます。第一段階は「静かに坐ること」（「静坐」）の修練として知られています。それは意識のゼロ・ポイントに到達することを目指す、特別の反省的な修練です。この段階では、自分自身を修練し、すなわち、自分の心を制御しようとします。ただ、そのとき、ふだん自らの意識を見いだす「已発」の状態に由来する、全ての妨げとなる要素から離れ、自らの中に汚れなき純粋さにある「未発」の状態に気づくというものの見方を伴います。この段階の修練は、おのずと自己安住してしまいがちな心を、いわば、リアリティの時間的次元から離れさせ、さらにリアリティの非時間的次元、すなわち内的な不動と静寂のポイントに到達させるプロセスを活性化することを意図しております。

修練の第二段階は、リアリティの時間的次元に見いだされる万物に関する厳格で批判的な検証にあります。時間的次元の中では、万物は絶え間ない流動状態にあります。これらの変化する事物は、人がそれらの「精髄」、すなわち、絶え間ない変化と変容の表面の下で、永遠に不変で変えることのできない諸元型を見いだすために、次々と検証しなければなりません。あるいは、こうも言えるでしょうか。精神的修練の第二段階は、「已発」の中にある形而上的な「未発」を見いだそうとすることにある、と。これは時間的な進展の状態において、リアリティが見いだされる存在論的な次元を全面的に超越することに成功したとき、はじめて達成できるのです。人はそのとき、万物が唯一のポイント、すなわち、それらの形而上的なゼロ・ポイントへと還元されるような、リアリティの非時間的次元の中に存在することになります。

事物の時間的次元から非時間的次元への転換は、出し抜けに予期しないかたちで、まるで光を照射するように突然の自己実現として起こります。それは通常、門弟たちが一人ずつ、止むことなき心の集中とともに、世界において存在する事物を一つひとつ検証することをとおして行われる、多少なりとも長期間にわたる根気強い修練の後に起こります。その転換が現に起こるときが、儒教的な意味における悟りの瞬間、「突然の突破」（「脱然貫通」）なのです。

次に、ちょうど今、概観いたしましたこれら二段階の精神的修練について、さらに詳細にお話ししたいと思います。

Ⅳ　静坐

「静坐」とは、宋代の儒教における精神的修養の最初の段階です。この段階の修養が目指すものは、自己の内にある「未発という状態における均衡」（「未発之中」）に気づくことです。静坐というのは、この目的のために特に開発された具体的な方法です。それは第一に、また主要なものとして、人間の純粋な内面性に関わっています。ほとんどの儒教哲学者は、この方法の重要性を強調します。

この問題の理論的な検討に入りますまえに、静坐に関して伝えられている有名な逸話を引用いたしましょう。その逸話は次のようなものです。

> ある日、程伊川の二人の弟子が、程伊川を訪ねてきた。二人は、程伊川が目を閉じて静かに坐っているのを見た。二人の弟子たちはそこを離れずにいたが、程伊川は彼らをそこに立たせたままにしておいた。しばらくしてから、彼は目を開き、二人の存在に気づいた。「ああ」、彼は言った。「君たちはまだそこにいたのか。もう夜になりそうだな。家に帰った方が良いよ。」
>
> 二人は門を出ると、一尺ほども雪が積もっているのに気づいた。
>
> （『伊洛淵源録』巻四）

伊川の兄〔程明道〕も、静坐の実践でよく知られる人でした。彼については、「明道が瞑想で座っているときは、まるで土の人形のように見える」と言われたほどです（『近思録』巻十四、第二十一条）。

儒教哲学者によると、こういう静坐は、「陰」と「陽」の究極的根源たる意識のゼロ・ポイントの内的自覚のうえにこそ可能となります。朱子の師匠である李延平《りえんぺい》（一〇九三―一一六三）、この人は朱子が若い頃、朱子に静坐という修養を初めて教えた人ですが、朱子はその人について、「李先生は、時間のある時にはいつでも、喜怒哀楽といった感情が生まれる前（「未発」）の意識の状態を細かく確かめながら、平衡（「中」）の状態として知られるものを探して、一日中、背筋を伸ばして座っていた。この自己修練のたゆみなき努力をとおして、李先生はまさしくこの状態に横たわっている宇宙の〈根源〉に気づかれた」と伝記に記しています。つまり、静坐の実践をとおして、李延平は意識の原初的な「根源」それ自体が原初的な「宇宙の根源」にほかならないと気づいたのです（『朱子文集』巻九十七）。

言うまでもないことですが、瞑想あるいは精神集中という形式をとり、荒々しい心の撹乱を取り去るような静坐は、少なくともいくつかの側面において、禅仏教における「坐禅」の実践と極めてよく似ています。儒教の哲学者たちは、このことを鋭く意識していました。静坐の実践が禅仏教の「坐禅」と混同されることの危険性を、彼らは意識していたのです。

儒教の哲学者の解釈によりますと、「坐禅」の核心は思考の波を止めることにあります。それは、陶酔的な無意識の状態へと心をいざなう精神的修練の技法です。静坐は、表面的にはそういう修練と似ていますが、根本的に異なります。朱子は次のように言っています。

静坐は、意識的な思考を全て止めることを目指すものではない。この点において、静坐は「坐禅」の瞑想とは異なる。静坐の核心は、しっかりと心を集中させて、くだらない無益な思考が頭をもたげないようにさせることにある。こうしてこそ心は冷静、静謐のまま、完全に一つのものであり続けることができるのだ。

（『朱子語類』巻十二）

意識的な思考の全てを止めようとするのではなく、ただくだらない考えが心をかき乱さないようにする。この原則は、積極的な面から見ますと、「陰」と「陽」の変化の道筋に厳密に対応し、心は活動的かつ機動的であり続けるべきであることを暗示しています。この点について、朱子は次のように言っております。

心は死んだものではない。生きたものだ。心が本当に生き続けているときにだけ、それは何か事物に応じるや否や、正確に正しい方法で働くことができるのだ。もしも人が、心が外に向かって逃げ出さないようにと、心を引き止めるよう努力することに固執するならば（心は死んだものとなり）、その人はまさしく仏教の坐禅の修行を行っていることになってしまう。この場合、心は目の前に急に現れた何かに応じて、自由に滑らかに働くことができない。
（『朱子語類』巻五十九）

さらに言います。

心は生きたものだ。それが動くべきときに動き、止まるべき時に止まり、そして動静の正しい時を見失うことさえなければ、心の道筋は明るく輝かしいものとなろう。
（『朱子語類』巻三十九）

動くべき時に動き、静まるべき時に静まること、これが静坐と仏教の坐禅の実践とを区別する、一つの鍵となる考えです。少なくとも儒教哲学者自身のものの見方によりますと、そういうことになるでしょう。

しかしながら、休止もしくは静止（「静」）は、心が絶対的に固着し、動きを失うような消極的な状態を意味するのではありません。儒教では、心の絶対的な揺るぎなさを仏教のものとして退け、それはまさに、仏教において非常に重要な役割を果たす「定」という術語によって表現される概念にほかならないと主張します。「静」というのは、それと反対に、休止のただ中にあって動く心、日々の生活にあって事物と出会い、それらの適切な規範に応じて動く心を意味します。

ある人に、「動きのただ中にあって、休止を求めることは不可能なのでしょうか」と尋ねられたとき、程伊川は次のように答えました。「そうですな、可能です。しかし、それを働かせるのは、大変に難しいことでもあります。仏教では、「定」というものをよく説きます（それは、休止もしくは不動の状態から離れることのない、主体の否定的な態度です）。一方、儒教の聖人は、「気」というものに目を向けさせる（それは、動と静との状態にあり続け、いずれの場合にも、正しい場所から離れることがないものです）」（『二程遺書』巻十八）。

程明道が主張していますように、外部の事物が存在するかぎり、心を動かすのは避けられないことです（『明道文集』巻二）[8]。外部の事物とは、仏教で説かれるような幻影的な性質をもつものではありません。重要なのはむしろ、心が揺り動かされて働くとき、それが正しい方法、すなわち、個物がそれぞれ具体的な現れとして存在する、永遠の法則と調和して働くことです。また明道によりますと、人が自らの内部の領域へと退いて、自分の内部を安定させるために、何もしない（「無為」）という原則——これは道家の行うことですが——に固執するのも正しくありません。道家は「無為による行為」という原則を支持します。これに対して、儒教は「行為による（あるいは、行為を続けながらの）無為」という原則を支持するのです。

『易経』の第五十二の卦である「艮」卦の本文が示すところに従い、さらに歩を進め、しばしばなされる内部と外部のあいだの区別にこそ、根本的な誤りがあると知るべきだと、程明道は促します。と申しますのは、究極的にはこの区別こそが、「行為を続けながらの無為」という原則の実現を邪魔するからです。彼は次のように言います。

内部のみが良きもので大切だという考えで、外部を拒否するくらいならば、内部と外部を両方とも忘れてしまう方がずっとよい。両方とも完全に忘れてしまったのなら、心は純粋で、静謐で、何ものにも支配されなくなる。心が何ものにも支配されないならば、それは静まる。心が静まれば、それは輝く。心が輝けば、事物に出会ってそれらに応答しても、かき乱されることがない。
（『二程遺書』巻三）(9)

人が内部と外部のあいだの区別にこだわるかぎり、自分の心が外部の事物に惑わされないように、とまさに努力することによって、究極的に道家的な「無為」に陥ってしまいます。そうでなければ、外部の事物が何もない場所を探さざるをえなくなります。儒教的なものの見方によりますと、最初の選択肢は誤りであり、一方、第二の選択肢は明らかに無駄ということになります。さらに言えば、両者とも不自然なのです。これとは反対に、儒教的な理想は、人が積極的な行為（「有為」）の状態を保ち、それらの行為も「有為」そのものの中でなされることで、すなわち、人間生活のふつうの環境のただ中で、直接かつ自然に「天理」の働きと完全に調和すべきだというのです。かくして、人の心は「天地の心」と完全に同一になります。このような状態の心にとっては、外部と区別されるような内部は存在いたしません。「私」と「他者」が統合されているのです。

『易経』の第五十二の卦（「艮卦」）の卦辞については、多くの議論がありますが、程明道は、このような意味に解釈しています。問題の『易経』の文には、次のようにあります。

自分の背中のところで静止しており、人が自分の体に気づかずにいる。人は中庭に行くが、そこには、だれの姿も見えない。

背骨、あるいは脊髄は、体のあらゆる部分の中で最も安定したところです。明道によりますと、この卦辞《かじ》の意味は、心の永遠なる安定に基づいて静止しているため、人は行動しようとして日常的な人間関係の領域に踏み出しても、いわゆる外部の事物によってかき乱されることがない、ということです。と申しますのは、このような状態において、明道は次のように続けるからです。

心は、限りなく開かれている。さまざまな事物がやって来ると、心は自由にそれらに応対し続ける。

静坐という修練は、もう一つの、おそらくより重要な側面によって特徴づけられます。それがより典型的に儒教的であるからこそ、重要なのです。それは、儒教の鍵概念の一つである「敬」のことであり、「崇敬の念」「深い敬意」、もしくは「荘重で厳格であること」などと訳せるでしょう。人が静坐という修養をするとき、この態度は、身体と精神の両面において、第一に何よりも心からの敬意あるものでなくてはなりません。

程伊川は、程氏学派における精神修養の中心点として、「敬」の重要性を大いに強調して、次のように言いました、「敬は、〈道〉へと分け入るための最もよい手段だ」、と。「敬」とは「一なるものを尊重すること」〔主一〕と簡単に定義し、その「一なるもの」とは心を完全に統合させ、心をふらふらさせないことだと説明しました。この解釈によれば、「敬」とは一義的に人の自己修養であり、それによって心を拡散させないようにし、心を厳しく集中させること、つまり、これまで「意識のゼロ・ポイント」の語句によって言及してきたものに集中させることです。

喜怒のような激しい感情が心に湧き上がるときでさえも、意識のゼロ・ポイントを見失わないとすれば、感情は「正しい規格に当たり」、正しい場所にあります。なぜなら、すでに見たとおり、儒教の哲学者たちによりますと、意識のゼロ・ポイントは直接的に、世界のゼロ・ポイントと結びついているからです。その結果、意識のゼロ・ポイントが心の乱れによってかき消されないよう、精神力をそれに集中することによって、人は事実上、至高の「天地の原則」に対して、心からの敬意を払う態度をとることになるのです。

それでは「敬」とは、より具体的に、どのような種類の態度なのでしょうか。この問いに対する答えは、この概念に関する儒教特有のニュアンスを明らかにしてくれるでしょう。その答えは、程伊川の弟子である尹彦明《いんげんめい》（一〇七一―一一四二）が、程伊川が「敬」とは「一なるものを尊重すること」だと言ったときに、「敬」によって彼が伝えたかったことを説明するかたちで述べたものの中に見つかります。

「敬」には、はっきりと決まった形がない。大切なのは、自分の心と身体を引き締めておくべきだということだ。

これこそ程先生が「一なるものを尊重する」と言われたことだ。それはたとえば、人が宗廟《そうびょう》で伏し拝むときに感ずる、心と身体の、衷心からの態度である。そのような状況において、心と身体は自然と引き締まるものだ。それに付け加えることは何もない。

（『近思録』巻四、第四十四条の注）

外側から強制されることなく、私たちは聖なる場所において、聖なるものの前で、自然と畏敬の念に打たれるものです。畏敬と崇敬の感覚は、私たちの心と身体を特定の精神的な一の状態に結びつけます。儒教の哲学者たちは、この状態が自然であることを強調し、それが人工的に引き起こされた心と身体の収斂ではないと言います。「敬」とは元来、尊敬と厳粛の態度を意味するものですが、かくして儒教的な信念によってはっきりと特色づけられて立ち現れます。このような意味に理解された「敬」こそが、静坐という修養の基盤として保持されるべきなのです。しかしながら、「敬」は排他的に静坐のみに限定されてもいけません。それは全方位に拡張されて、人の暮らし全てを覆うようになる必要があります。程伊川が言うように（『二程遺書』巻十五）、静坐の修養に勤しむにせよ、日常生活のふつうの環境で何かをするにせよ、心の最も深い次元に見いだされる原初的な純粋さに集中を保つことで心を統一し、心からの崇敬の態度を維持しなければなりません。さらに、人生のあらゆる場所、あらゆる時において、絶え間なく「敬」を実践することによってのみ、静坐の修養を完全たらしめることができるのです。

ある人が、程伊川に次のように質問しました。「くつろいでいるときに、心だけ注意を働かせて緊張してさえいれば、身体の方はゆったりとして張りつめずともよいものでしょうか」、と。伊川は答えました。「脚を投げ出して座っているとき、必然的に心の方もぼんやりとして真面目さを欠いてしまうものではないでしょうか[10]」(『二程遺書』巻十八)。

このように、身体の外見の調整から始めることで、人はさらに前進し、自分の心をいつも厳格で敬意溢れる状態に保つことができます。そうすることで、心は結局、完全に揺るぎないものになります。この修練の最終的な結果を、程伊川は次のように描写しています。

心がしっかりと一なる状態に落ち着いているならば、それはもはや東に行ったり西に行ったりすることもなく、いつもその平衡の状態(「中」)にある。心があちこちに走り回らないから、それは完全に安定し、それ自体にとどまる。すると、〈天理〉そのものが姿を現すのだ。(『二程遺書』巻十五)

このように見てきますと、ここで問題となっている「安定」とは、厳格に固定されたものや絶対的な不動性とは異なるということが明らかになります。ちょうどそれとは逆に、(いわゆる)外部の事物であれ(いわゆる)内部の状態であれ、万物に対して、「安定した」心は広く開かれております。外部については、事物事象が知覚されます。内部については、気分、感情、思考がやむことなく次から次へと生じます。そういうものから、心が離れることはありません。心はそれらに応えています。そうでありながら、心の根本的な統一は、決してかき乱されません。これが、静けさに関する典型的に儒教的な捉え方です。

V　事物に関する批判的な探究

事物に関する徹底した批判的な探究が、儒教の精神修養の第二段階を成しています。私たちが先ほど取り上げました第一段階である静坐と同じように、修練の第二段階にも厳格な心の集中が関係しています。しかしながら、この二つの場合については、集中の性質がはっきりと異なります。前者においては、その集中が自己の精神的な過程と状態に関する持続的な熟視にあるという意味で、第一義的に集中が主観的であり、究極的にそれは意識の形而上的な根源を直接的に理解することへと向かいます。当然、この目的のために動かされる心的機能は、主として直観です。理性についての分析は、心の統一を妨げるものとして、意図的に保留されるのです。

それと反対に、後者においては、人間の経験の経験主義的な次元に見いだされる様々な事物と、それらの相互連関に焦点が当てられているという意味において、集中は客観的です。あらゆる心的機能のうち、そこで動かされるのは反省的で分析的な思考です。内向性ではなく、外向性こそが、修練の第二段階を特徴づけるものなのです。

注意すべき重要な点は、精神的修練の第一段階である静坐は「未発」に集中しますが、一方、第二段階である事物の探究〔「格物」〕が主として「已発」に関心を向けることです。静坐の主たる目的は、自分自身の純粋な主体性に気づくことであり、その絶対的な純粋さは、心の前に如何なるものが現れようとも決してかき乱されない主体性なのです。それと反対に、事物の探究は、第一にまた何よりも、客観的世界をその本質的構造において徹底的に探究するために、心の反省的な機能を働かせることに眼目を置いています。それは、事物の「本質」を認知するものの見方を備え、経験の情報に対する合理的あるいは知性的な洞察です。

当然、この修練の段階においては、「已発」が中心的な位置を占めます。静坐において働かせることが排除されていた反省的な知性が、この段階では、大いに作動することが許されます。全ての事物とそれらの関係が、一つずつ注意深く検証され、それによって一つひとつの事物がその本質的な構造を開示するのです。

儒教の観点から見ると、仏教は——道教も同じなのですが——精神的修練の重要な一部である事物の知的な探究を全く無視するという特徴をもっています。仏教には、知的もしくは理性的な活動を、人の自己実現を妨げるものとみなす傾向があります。理性の思考力を真っ向から拒否し、仏教は相対的な事物の世界や一般の人間関係を飛び越えて、向こう見ずにも、形而上的な「空」へと突き進もうとするのだ、と。儒教の哲学者の目から見ますと、これは仏教の最も深刻な欠点です。と申しますのは、このような立場に固執するかぎり、当然のこととして、人は自分が暮らす現実の状況に相応しく正しく対処することができなくなるからです。仏教は必然的に、人間存在の現実の問題の前では、途方にくれるしかありません。仏教は「已発」というものを知りません。「已発」を、さまざまな分岐を伴う具体的な真実について知ることがありませんので、仏教には「未発」のリアリティのことも分からないのです。

したがって、事物の探究とは、「已発」についての批判的な検証です。しかし「已発」について、「未発」から完全に切り離して検証することはできません。「已発」と「未発」という区別そのものも、理論的なものにすぎません。この二つは、互いに独立して存在することはできません。全く反対に、その二つは互いに密接に結びついていますので、究極的には、それらは同一のものと考えられるほどです。それらは単一のリアリティの二つの異なる側面にほかなりません。つまり、「已発」の方は、形而下的で感覚で捉えられる側面であり、「未発」の方は、感覚で捉えられない側面であるというわけです。しかし、感覚で捉えられないからといって、存在しないと見誤ってはなりません。これら二つの側面の関係を、朱子は次のように説明しています（前掲『朱子文集』巻三十・三十二）。

「已発」は否定できない現実です。むしろそれは、存在の全ての現実を表し尽くします。そのほかに、あるいはそれを超えて、何かより現実的なものを探しても、それは徒労に終わるだけです。それでは、昔の儒教の聖賢たちが「未発の中」や「絶対の不変」などについて語ったことをどのように理解すべきでしょうか。意識を超えた何かであると仮定すべきなのでしょうか。しかし、朱子は「絶対的に無意識なものは、感覚世界の源泉としては機能し得ない」と言います。

「未発の中」とは、「已発」を越えたどこかに横たわる、絶対的な実在もしくは物質であると想像してはならない、と彼は言います。「未発」は、「已発」の世界のただ中にあって、ただ永遠に同一であり続けるように存在するもので、「已発」の方は、やむことなく現れては消える、変化し続ける事物の中にこそ現出します。「未発」とは、まさに「已発」の隠された、見えない側面にほかならないのです。「未発」は分けられない、全てを包括する全体であって、それ自体は、いつまでも無分別のままでありながら、どこにでも、いかなる瞬間も、ありとあらゆる差異を示しながら、その存在を感じさせるものなのです。

正常な存在の進み方をとおして、無分別の全体は、川の流れのように決して流れを止めず、そして果てることのない〈天〉の周期的な運行と同様、決して周回することを止めはしない。本質〔体〕と現れ〔用〕、精と粗、静と動、根と枝のあいだには、いささかの不一致、髪の毛の細さほどの不一致もない。鳥は飛び、魚は跳ねる。この世界はいたるところ、明るく生き生きとしている。

〔『朱子文集』巻三十二、「答張敬夫」〕

私たちが現に生きている世界のみがリアリティです。それは生で満たされた世界であり、決して流れ続けることを止めない「天」の創造的な力で溢れており、その力は無数の事物を次から次へと生み出します。この世界の見える側面が「已発」であり、その反対の側面、すなわち視野から見えない側面が「未発」です。「未発」というのは、そこから「命の水が湧き上がり」、形而下的な事物の世界を実現させるような、形而上的な「源泉」です。儒教の哲学的な術語において、このように理解された「未発」、すなわち形而下的な事物の形而上的な究極の「源泉」、あるいは「已発」の構造と展開の基盤を成している至高の「存在原理」は、「理」と呼ばれます。

この「理」という術語の並外れた重要性は、宋代儒教の哲学全体が、「理の学問」〔「理学」〕と呼ばれているという事実からも分かります。

この「理」という語は元来、石に似た大理石や玉などの表面に自然に刻まれた縞模様、石質の物の自然な「きめ」のことを意味していました。そこで、その語は、事物の原初的な構成を代表する、事物本来の分節のことを意味するようになりました。哲学では、それが事物を支配する原理、変わらない法則、ノモスもしくはロゴスの意味で使われます。それは物質性を持たない宇宙的な力であり、物質的な事物の存在論的な核として、常にそれら個物の中に具現化して見いだされるものであり、それらの事物がもつ明瞭さの究極の原理です。あらゆるこの世の個物は、それ自体に「理」、すなわちそれ自体の究極的な説明原理を有しています。

「理」は「気」と対立します。「気」は形而下的な世界を支配する原理です。それは全てを包括するエーテル状の物質で、あらゆる物質的な事物はそれによって構成されています。それと同時に、それは形而下的な世界をめぐる、生命力の直接的な源泉なのです。宇宙的な緊張関係、そして「陰」と「陽」の相互作用の形で、「気」はその姿を現します。

私たちが日常経験的な世界に留まるかぎり、形を持ち、私たちの感覚に訴えてくるものだけが、リアリティなのです。しかしながら、儒教の哲学者たちは、感覚で捉えられるものはリアリティの一つの側面にすぎず、さらに、感覚で捉えられる側面の背後には、同じリアリティの中で、感覚では捉えられない側面である、何か感覚不能なものがはっきりと認識できるという立場を採ります。後者の側面は、ふつう心には近づいてこないものです。したがって、「事物への探究」〔格物〕もしくは「理の追究」〔窮理〕と呼ばれる精神的修養が必要なのです。しかし、たとえ修養をしていなくても、人は時に感覚で捉えられないものが、風変わりでしかも否定できない明白さをもって立ち現れる場合に出くわすことがあります。この点を、程伊川は面白い例を用いて、次のように説明しております。

人は、目に見えて耳に聞こえる事物だけを明白ではっきりしたものと考え、直接的に感覚器官に訴えかけてこないものを隠れて曖昧だとみなしがちだ。しかし、ある意味において、感覚で捉えられない「理」が最もはっきりとしているような場合も、ありはしないか。

ある時、男が琴を弾いていると、彼は急に、カマキリがセミに飛びかかろうとしているのに気づいた。まさにその瞬間、その音楽に耳を傾けていた人々は、音楽の流れの中に、否定できない殺意の存在があることに気づいた。

ある虫を別の虫が殺そうとしたことが、演奏者の心に直接的に反映し、まさにその時、聴衆は鮮やかにそのことに気づいたのだ。これほどはっきりとしたことが、ほかにあろうか。

（『伊川文集』巻九）

「理」の存在が、このようにはっきりとしているのです。したがって、儒教の思想家たちが捉える「理」には、二つの異なる側面があります。一面において、それは「暗く曖昧で、隠れて」いますが、別の一面において、それは顕現しています。儒教の形而上学において、自己を隠す側面における「理」は、術語としては「至高の〈無の原理〉」（「無極」）と呼ばれ、一方、その同じ「理」が、自己顕在化する側面においては、「至高の〈存在原理〉」（「太極」）と呼ばれるのです。しかし、後者の側面においてさえ、「理」は「気」の次元においてのみ、形而下的な世界を構成する恒常的な流れの状態の中で、物質的な事物の形をとって姿を現します。ここで直接に立ち現れるのは、変化し続ける物質的な事物ですが、一方、「理」は永遠に不変な「原則」として、形而下的な世界というヴェールの背後に隠れて見えないままなのです。

「理」とそのさまざまな個別的現れとの関係（全体とそのさまざまな部分、というように混同してはなりません）について、程伊川は、さまざまな水に映った月のメタファーを用いて説明しています[11]。彼は言います、空にある月は一つですが、それが映し出されたものは際限なくたくさんあり、異なっています。それらは海に映った月、紫色の小川に映った月、水盤に映った月、小杯に映った月などです。泥水に映った月は、本当はそこにあるはずですが、目には見えません。

ここで言うべきことは、内在的な「理」に関しては、大部分の形而下的な事物が月を映しているのに、私たちの目から月を隠してしまう泥水に喩えられるということです。しかし、見えるか見えないかにかかわらず、あらゆる形而下的な事物には、「理」が存在しています。ここでは、「理」は形而上的な「基盤」として理解されます。

それはあらゆる現象の感覚で捉えられる表面の背後に隠れており、存在論的に現象を基礎づけ、道徳的にそれを正当化するものです。

これまでの論述から明らかなように、「理」すなわち「至高の〈存在原則〉」は、形而下的な世界と関わって、二つの相異なる次元において存在しています。一方で、「理」は万物の形而上的な「基盤」として存在し、絶対的かつ普遍的です。他方、「理」は個別化され、あらゆる個物の存在論的で道徳的な基盤として、個物の核に存在しています。朱子が言うように、「全て集めてみれば、万物は一つの至高の〈存在原理〉で統一される。それぞれ分けてみれば、あらゆる個物が、それ自らの至高の〈存在原理〉を持っている」(『太極図説解』)。

さらに、こうした観察によって、私たちは先ほど述べました出発点、すなわち、儒教の修練の第二段階である、「事物の探究」あるいは「「理」の追究」の本質へと立ち戻ることになります。

「「理」の追究」が向けられるべきなのは、まさしく至高の「存在原理」のこの個別的な側面に対してです。言いかえますと、省察的な認知の対象として掲げられるべきである「理」は、存在の普遍的で形而上的な次元における「理」ではありません。それは形而下的な次元における「理」であり、それぞれの個物の存在論的・道徳的な核の能力として存在しています。これが「事物の探究」の主要な対象なのです。

この「探究」こそが、精神的修練の方法に関して、明らかに儒教を禅仏教からはっきりと区別しています。坐禅という修行は、主体と客体とのあいだの区別を消し去ることに基づきます。しかし、儒教の「探究」は、まさにこの区別に基づいています。もちろん、心が「未発」の状態にとどまっているあいだは、主体も客体もありません。しかし、それが「已発」の状態に入ると、すぐに主体・客体という二つの認識の語が確立されます。ここで言う認知の主体は合理的な心であり、認知の客体とは、この世界におけるあらゆる事物の中に個別化された「理」です。朱子は言います。

認知とは心の省察的な行為であり、一方、「理」は事物の「理」である。後者が前者によって認識されるのだ。したがって、自然なこととして、主体と客体との明確な区別があるわけだ。（『朱子文集』巻四十四）

より一般的に言いますと、禅は事物の適切な分節とか、人と人、人と事物とが互いにありとあらゆるあり方で関わり合うような、日常的な人間存在の次元における事物の法則や規範などについて、徹底的な探究を欠いています。禅は省察的な心を用いることを徹底的に拒否し、人間関係を調整する道徳的規範や「天地」の運行を支配する物理法則について、何も知りません。朱子は言います、「悟りを得たと主張する連中でさえも、これらのことには全く無知なのだ。こんなことで、どうして彼らが悟ったなどとみなせようか」、と（『朱子文集』巻三十）。儒教の「探究」は、これとは反対の方向に向かおうとします。心の省察的な機能を働かせることで、さまざまな事物が現に存在するまさにその次元において、事物の本質に光を当てようという見通しをもって、儒教は事物の世界を探究しようと試みます。この点に関して、「探究」は典型的に儒教的なのです。

しかしながら、この点について、私たちは重要な考察を行わなければなりません。儒教的な「探究」の根本的な態度は、自然科学のそれと混同してはなりません。後者は事物の世界を客観的に、非個人的な公平性のもとに調べるものですが、それとは反対に、儒教の場合は、純粋に客観的な事物の研究には関心を示しません。事物を形而下的もしくは物質的な実在として研究することには関心がないのです。さまざまな事物が人間の利害、人間の存在、人間の目的と結果に抜きがたく結びついており、そういうものとして、儒教は事物に関心を払うのです。したがって、少しばかり例を挙げますと、竹製の椅子は、（地面に安定して立つための）四本脚と、座るのにふさわしいようにできていますが、そこに「理」があります。また筆は、竹と毛でできているばかりでなく、人がそれを使って文字を書けるところに、その「理」を有しています。舟は陸地を行くことができず、ただ水の上を進むことができます。これが舟の「理」の本質的な部分です。それと反対に、車は陸上だけを行くことができますが、これが車の「理」の本質的な部分——全てではなくとも——です（『朱子語類』巻九）。

こういう例は、いくらでも増やせるでしょう。しかし考えてみますと、事物の「理」を探究するといっても、それは形而下的あるいは物質的な事物の純粋な客観性において、人間の必要性や利害と無関係に存在するものではなく、常に人間の生活と密接に関連した事物として探究するということです。そのことは、これらの例で十分にお伝えできたと思います。このように、「理」とはそれ自体、人間の行為と反応をその要素として含んでおります。どの場合においても、「理」は、事物が人間の存在と現に密接に関連している、特定の存在のあり方に関連して探究されます。事物がそのような状況において、必然的に在るあり方、それが「理」なのです。このことが、「存在」(Sein)と「当為」(Sollen)を混同しているとして、儒教がしばしば批判されてきた理由です。しかしながら、これはまさしく儒教を特徴づけ、他の東洋における精神的伝統から区別する、もう一つの明確な特徴でもあります。

しかしながら、これまで述べてまいりました全てのことは、「探究」の全範囲を言い尽くしたものではありません。その前半のみです。精神的修養は、その完成へと向かうべく、さらに後半へと進んでいかなければなりません。修養の後半は、一種の悟りあるいは照明体験のようなもので頂点に達しますが、それは人の側の次元を転換させることによって働き出すものです。つまり、「理」が形而下的なものから形而上的な次元へと突然、決定的に転換するのです。前者から後者への変換点は、まさに「理」それ自体の構成から与えられます。これまでに見ましたように、「理」は二つの次元をもつ構造になっています。個物に見いだされる「理」は、個別の存在に特有な法則であり、その「理」が事物をそうあるべき事物にさせています。しかしながら、それと同時に、「理」とは、特定の事物に限定されることなく、事物の存在を言わば上から正当化し根拠づける、存在の究極的な基盤でもあります。それは形而上的な原理であり、その原理の上に、先ほど述べました個別存在の法則が基礎づけられ、事物がそのあり方でしかありえないようにさせているものでもあります。

朱子によりますと(『大学或問』)、これら二つの側面が一体となって特定の事物の「理」を成しています。前者の側面、すなわち、特定の――その意味では、相対的な――「理」の一面は、心の内省的な機能に対して開かれています。それは「探究」の前半において分析的に研究されたものです。後者の側面は、心のこういう機能には届かないものです。しかしながら、個物の特定の「理」に力を注ぎ込んで集中させて、厳密な方法で反省的な機能を行使することで、形而下的なものから真実の形而上的な次元へと急激に転換するために、心が徐々に準備されていきます。

儒教の哲学者たちのものの見方によりますと、形而下的なものから形而上的なものへの心の転換は、次のような事実によって可能となります。すなわち、「理」には普遍的な側面と特定の側面という二つの側面がありますが、「理」は同一のものであり、一方、心のほうも、現に個々人の身体に閉じ込められていながら、それ自体、全包括的で限りなく広く、最終的な分析において、それは全ての事物の至高の「原理」と同一のものです。「月が一万の河川に映っても、それはどこにあっても同じように円い[12]」のです。

したがって、個物の個別的な「理」を次々に探究し、持続的な努力を重ねることで、人は突如として「悟る」ようになります。すなわち、突如として個物の「理」が万物の絶対的な「理」と同一であることに気づくのです。その瞬間に働くのは、もはや心の内省的な機能ではありません。内省的な心は、純粋な直観へと変化を遂げます。このことを儒教では「急激な突破」(「脱然貫通」)と呼んでいます。

心が反省的な事物のレベルで働き続けるかぎり、主体と客体とは離れたままです。心が認知する主体で、「理」はその客体です。このレベルでは、「事物の探究」の過程におけるある点において、「突破」が生じ、主体と客体との区別が完全に消え去り、心と「理」が一つであると気づくことになります(朱子『大学或問』)。

程度の差こそあれ、長い期間にわたる根気強い努力をとおしてこそ、突破は実現しますが、それは「事物の探究」の進行が、水平的ではなく垂直的に進むからです。心が一歩ずつ深まっていくという意味において、それは垂直的なプロセスです。さらに、この継続的な「探究」は、水平的に知識の幅を広げるものではないからこそ、心を深めるプロセスになることができます。「探究」は、それによって人格が一歩ずつ、完成へと向かって鍛えられる、修練のプロセスなのです。「探究」という儒教の方法は、万物を統括する法則を帰納的に研究するという純粋に知的な方法ではありません。それはむしろ、道徳的な生活のただ中で、事物を研究することですが、それは、事物が人間の存在と密接に結びついているからです。その結果、事物の「理」に次々と到達していくことは、事物をよりいっそう深く経験することを意味しています。そのことによって、それは自己修練のプロセスとして成立します。

この点を理解するために、儒教の哲学者たちのものの見方からしますと、「理」はそれぞれの「外部的」な事物にあるばかりではなく、心の中にもあり、そしてより重要なことに、さまざまな事物の「理」と心の「理」は、究極的に同一の「理」であることを思い起こさなければなりません。少し前に見ました「突破」とは、多くの事物の個別的な「理」をとおして、至高の、最も全般的な「理」に到達するというわけではありません。むしろ、それはさまざまな事物の「理」と心の「理」とのあいだにある複雑な対応の網目の背後から、「事物」と「心」とのあいだに、何も区別がない唯一の「理」が最終的に立ち現れるのです。簡潔に言いますと、それは人をとおして、「理」そのものが自己実現するということです。

このようにして、精神修養の長いプロセスは終着点へと向かいます。私たちが今、確認しましたように、「突破」への道のりは「静坐」から始まります。「静坐」は瞑想的な内観が力を発揮する段階であり、理性の反省的な能力は行動から切り離されています。修練のこの部分は、純粋で絶対的な主体性に気づくことで終わります。人はこれを、ある種の悟りとか内的照明として経験するのです。

次に精神修養の第二段階が始まります。すなわち、それは「事物の探究」ですが、その前半部分は、それぞれ個々の事物の個別化した「理」の客観的な探究です。この部分は修練のプロセス全体のうち、主要な部分であり、それは典型的に儒教的ですが、心の反省的な能力の活動によって特徴づけられます。

しかしながら、長い時間にわたる持続的な努力という徳によって、無限の多様性を持つ事物の「理」を集中的に追究することに関わる反省的な能力は次第に洗練され、最終的には、いつのまにか、その力は突如として形而上的な能力へと変貌を遂げます。「急激な突破」が起こりますと、万物の「理」は、それぞれ唯一絶対の形而上的な「理」として現れます。認知という点からしますと、それはもう一つ別の種類の悟りの体験です。また、このことで精神修養は、その過程全体が完成いたします。

VI

この精神修養の構造が明らかに示しているのは、「事物の探究」の最後に現れた形而上的な「理」が、それ自体で取り上げられ、また考慮されるとき、それがリアリティの非時間的次元にほかならないということです。これは沈黙と静寂さが至高である領域です。動きも変化もありません。形而上的な「理」は永遠に変わらないままです。ここでは、絶対的に何も観測できません。この点について、「理」は「無極」すなわち至高の「無の原理」である、と儒教で呼ばれます。

しかしながら、それと同時に、同じ「理」が、「気」――すなわち「陰」と「陽」の絶え間なき転変――の形を取りながら、決定的に時間的な性質を持つ、事物の展開の果てしない過程を始めます。非時間的な「理」は、現象世界の時間的な展開の源泉なのです。この点に関連して、形而上的な「理」は、「太極」すなわち至高の「存在原理」と呼ばれます。このように「理」とは、リアリティの非時間的次元と時間的次元が収斂する点なのです。

他方、「陰」と「陽」の活動から生み出される現象的な事物は、常に変化しています。そして常なる変化と転変は、これらさまざまな事物の存在論的な構造の只中にあって、本質的に時間的な性質を持つものです。そうでありながら、すでに見ましたように、それぞれの事物の中には、その事物をそうあらしめる内在的で個別化された「理」が存在しています。つまり、時間的なものの只中にあって、非時間的なものが現に働いているのです。この点において、万物は形而下的な現象として、決定的に時間的な存在でありながら、非時間的な性質も持っています。こうした意味で、現象的世界は、リアリティの非時間的次元と時間的次元が収斂する点でもあるのです。

したがって、儒教的なものの見方によれば、世界は形而上的・形而下的なフィールドであると捉えることができますし、そこでは、時間的なものと非時間的なものが互いに出会うことになります。

VII

この講演の冒頭部分で、儒教哲学の世界観を特徴づける、根本的な楽観主義についてお話しいたしました。この楽観主義は、世界の時間的な性質をめぐって観察されるものです。また「時間」とは、世界におけるあらゆるものに避けがたく作用する、絶え間ない変化と転変という具体的な形によって知覚されるものであることにも注目しました。この事実に知的な解釈を与えようとする体系的な試みとして、儒教哲学をより広く理解することができるかもしれません。さらに前述の内容によって、こうした観点から、儒教について概観しようといたしました。

ここに至り、存在する全てのものが決して逃れられない普遍的な変化の景色を眼前にして、どうして儒教の哲学者が、かき乱されず静かにいることができるのか、そのわけが明らかになったものと思います。この学派の哲学者が採る楽観的な態度は、時間的なものはそれ自体の中に、非時間的なものを持っており、むしろ時間的なものこそまさに非時間的なものであるという哲学的信念に基づいております。変わり続ける世界それ自体が、永遠に変わらないものなのです。そのとき、絶え間なく変わり続ける万物を見て、哀れに思い悲しくなる理由が、彼らにはありません。

おそらくこうした意味において、孔子が川岸で発したという有名な言葉は理解しなければならないでしょう。『論語』の一節に、次のように言います。

川のほとりに佇みながら、先生は次のように言われた。「あらゆるものは、これと同じように流れていく、

止むことなく、昼も夜も」、と。　（『論語』述而篇）

この言葉を読みますと、言いようもない悲しみが心に染みわたりそうになります。存在するあらゆるものは、流れの水と同じように、一瞬たりとも止まることなく、終わりへと向かって、死と絶望へと向かって過ぎ去っていきます。ふつうの人間であれば、ここに全ての事物の儚さの表現を見ることでしょう。悲しい諦めの気分で、彼はこの言葉のうちに、存在の悲劇の象徴的な表現を見てとることでしょう。

それとは反対に、『論語』のより一般的な文脈において、この一章は、存在の儚さや脆さといった感情を示唆するものではありません。むしろそれは、何かしら積極的なものの表現です。それは「天地」の働きを克明に描写したものなのです。さらに、この一節のそういう解釈は、宋代の儒教哲学者たちによって最高潮に達します。孔子のこの言葉には、世界における万物の儚さや悲劇的な運命などは全く見いだされません。存在の脆さや移ろいやすさを示す代わりに、この言葉は存在の永遠性の証言しているように思えます。それらは存在の喜びを表現しているのです。

程伊川の弟子が、この『論語』の一章について、師に尋ねました。「これらの言葉が永遠性を意味していると考えるのは正しくないのでしょうか。」　師は答えました。「本当にそうだね。それらの言葉は、事物の永遠の不変性を示そうとしたものだね。」[13]

注

＊ 第四三回エラノス会議（一九七四年開催）のテーマは、「時代の変化における規範」(Normen im Wandel der Zeit)。『エラノス会議年報』第四三号、一九七七年所収。

（1）『方丈記』は、鴨長明（一一五五―一二一六）によって書かれた著作。彼はこの著作およびその他の著作によって、日本文学史上に名を成した仏教の隠遁者。

（2）程伊川（程頤）は、兄の程明道（程顥）とともに、宋代儒教における指導的役割を果たした人々のうちの一人である。二人は「程兄弟」〔二程〕としても知られる。

（3）形而上的な内省について一歩を進めるために、朱子は「所以《ゆえん》」（「根源」を意味する）という一語を加えた。そうするとこの文の意味は、「ある時は「陰」、またある時は「陽」――その変化の根源が〈道〉である」ということになる。こうして、「気」というものの二つの異なる基本的な側面である陰陽の力と、陰陽の生成的な活動を支える根源たる「道」（すなわち「太極」、至高の「存在原理」）とを区別した。

（4）『近思録』巻十三、第八節に引かれる。

（5）『伊川易伝』の恒卦に対する注。

（6）朱子が『易経』への序論」（『易学啓蒙』）の中に引用している。

（7）この節および次節において述べる「未発」の状態とは、「ゼロ・ポイント」もしくは「太極」（至高の〈存在原理〉）と直接的に同一のものである。これは初期における儒教の哲学者たちの大部分が共有した代表的な考え方と言ってよいだろう。しかし例外は、哲学的な成熟期を迎えた後の朱子（四十歳以降）であり、この点について、やや改良を加えた見方を持っており、それによれば、意識の集中状態にある「未発」と、意識の拡散もしくは拡張状態にある「已発」とは、両者とも同じレベル、すなわち、心の物理的・時間的次元に立っており、そしてその「未発」「已発」両者の究極の根源として、その二つの上に「太極」が位置しているという。それに応じて、宇宙的なレベルでは、「未発」は休止を象徴する陰の気、「已発」は動きを象徴する陽の気として、両者とも形而下的・時間的な次元にあり、一方の太極はここでは陰陽の根源たる形而上・無時間的な次元にある。こうした解釈によるかぎり、心理的であれ宇宙的であれ、「未発」はもはや「ゼロ・ポイント」と同一ではありえない。「ゼロ・ポイント」、すなわち「太極」とは、「已発」は言うまでもなく、「未発」を決定的に超越したものである。
（8）また『近思録』巻二、第四条にも収録。「心を静めることに関する書簡〔「定性書」〕」として知られる有名な文章で、ゆれ動く心をどうやって静め、落ち着けるかについて張横渠が問うた問いに答えるために書かれたものである。
（9）また『近思録』巻四の第二十五条にも引用される。
（10）また朱子が『近思録』巻四、第五十一条に再録している。
（11）『伊川文集』巻九。
（12）程氏学派に属する楊亀山（一〇五三―一一三五）の弟子である陳默堂によって案出された有名なメタファー。
（13）『程氏外書』巻十二。また『程氏遺書』巻十九、『近思録』巻三、第二十九条にも見える。

7　素朴実在論と儒教哲学

第四四回エラノス会議（一九七五年）※

I

これからお話しするテーマは「素朴実在論と儒教哲学」です。そのおもな問題は、儒教の存在論、もしくは外的世界に対する儒教的な考え方が、はたして今日の哲学者たちのあいだで、素朴実在論として知られているものの立場を表現しているのか否かということです。もしその立場を表現しているならば、どのような意味において、どの程度、その立場を表現しているのでしょうか。もしそうでないならば、どのような意味において、どの程度、その立場を表現していないのでしょうか。これは適切な問いです。なぜなら、外的世界のリアリティの問題について、宋代の儒教哲学者が採った立場は、一見したところ素朴実在論にとても近いものでしたが、実際に素朴実在論と多くの重要な特徴を共有しているからです。

自然的実在論とも呼ばれる素朴実在論は、それを最も単純なかたちにまで還元しますと、私たちに知覚されるとおりに、事物が実際に存在するとみなす哲学の立場であると言えるでしょう。私たちがただ自分の目を開きさえすれば、すぐに多様な世界がさまざまな色彩と形態を備えて、私たちの眼前に現れてきます。また、私たちの前や周りに広がっている世界は実在です。つまり、それは実際にそのようにある世界なのです。こういう具合に洗練されていないかたちで提示されますと、素朴実在論は、知覚に関する常識的な概念に基づいた、ふつうの人のごく自然な世界観であることが明らかでしょう。

この世界観の根柢には、一つの根本的な前提があります。(1) それは通常の条件のもとで、私たちは自分の感覚器官によって、外的世界にあるさまざまな事物やそれらの性質を直接的に知覚しているということです。また、それらの事物は「公共の」対象であるということです（ここで「公共の」とは、数人の人々が時を同じくして、本質的な差異もなく、同時に観察できるようなもの、という意味です）。つまりそれらは、夢の対象がそうであるように、知覚の主体にとって私的なものではないということです。さらに、それらは私たちにとって外的なものであるのみならず、形而下的に永続的なものであるということです。そのような前提があります。これは次のことを意味しております。つまり、それらは形而下的あるいは物質的な事物であり、たとえそれらを見る者がそこにいなくても、全てまさしく私たちに見えるとおりに、そこに存在し続ける形而下的もしくは物質的な性質をもっているのです。全ての形而下的な対象は、感覚可能な性質を帯びて、私たちの外部にある公共の世界に存在し、私たちの感覚的な体験とは全く独立しており、ものに対する認知が単純にものの精神的な模写を作り出すことにあるのだというこの言明は、一般的に認知の模写説として知られる、素朴実在論の認識論に特徴的な考えを表しています。

私たちの平均的で日常的な思考の地平に立つかぎり、これは外的世界に対する大変「健全な」ものの見方ですが、それが認知の模写説として解釈されるとすぐに、素朴実在論は脆弱で、あまりにも「素朴な」ものの見方であると容易に批判される傾向にあります。この特別な側面における素朴実在論は、認識が対象的なリアリティを模写する精神的な行為であり、私たちの世界観は、自分の心とは独立して存在する事物の秩序の反映にほかならないと忌憚なく主張いたします。こうしたものの見方によりますと、世界は永続的な性質をもつ永続的な物質からできていて、それは鏡に映るのと同様、私たちの意識に反映します。

しかし今日、批判精神をもつ哲学者はだれもこのような立場を採りません。素朴実在論は、否定的な意味において、とても重要かつ価値のあるものです。つまり、それ自体が批判にさらされることで、一つの批判の的として、それぞれの思想家や学派が、自分たちの哲学的立場を決めるようなものなのです。実のところ、ほぼ全ての今日の欧米の哲学者は、認知の模写説として解釈された素朴実在論のもつ欠点を乗り越えることに成功していると彼らが考える道を明らかにすることによって、自分たちの哲学的立場を明らかにする機会を与えられてきたと言えるかもしれません。カントはその古典的な例です。現代の哲学者は素朴実在論を克服する自分たちなりの方法を持っています。それは近代科学を根拠とする方法ですが、イギリス経験主義者の著作に最も良く例示されております。

近代科学において、世界の形而下的構造に関する絶えず変化する微視的かつ巨視的なイマージュの光に照らして、素朴実在論はまず、何よりも前科学的もしくは反科学的な立場であると批判を受けます。光学的な幻影や幻覚、さらに知覚の相対性に関する発見によって、「事物」を知覚する際、私たちは直接に形而下の対象をあるがままに認識するのではないと、不可避的に認めざるを得なくなっております。ものを知覚する仕組みの構造に、知覚は依存しているのです。私たちの感覚器官によって、知覚に押しつけられる構造化に応じて、知覚は変わるのであって、またその感覚器官も動きを生ずるさまざまな形而下の条件によって、さまざまに機能しています。したがって、経験主義的な一部の哲学者によれば、即座に気づくことですが、公共のものとして与えられた外的世界は存在しませんし、個人的で一時的な感覚データの領域を超越して、直接的に観察されるような対象としてのリアリティも存在しませんし、また存在することができない、ということになります。

ここで私は西洋哲学から離れて、東洋へと向かおうと思います。私は現代の西洋における経験主義の側面をいくつか議論してきました。それは素朴実在論の哲学的な重要性を示すためでしたが、素朴実在論そのものに重要性があるというよりも、それに抵抗してさまざまな批判的な態度を採ることができることを示したかったのです。実のところ、素朴実在論が私たちの無反省で日常的な世界の経験を単純に理論化したものであるとしますと、それは哲学的にはあまりにも素朴すぎ、もしくは瑣末すぎて、まともに取り合うまでもないもののようにも思えます。しかし、すでに示したように、私はそうではないと思います。素朴実在論によって喚起された問題あるいは問題群は、瑣末どころか重大な影響に満ちております。またこのことは、東洋の哲学においても同様に当てはまります。暗にあるいは明らかに、東洋において、素朴実在論はいつも哲学において中心的な重要性をもつものとして見なされてきました。それは経験的世界のリアリティに関して、重大な問題を提示するからこそ、重要であると考えられてきたのです。

東洋の人々一般にとって、哲学の問題の中で、最も重大なものは究極的リアリティの問題であったことは指摘するまでもないことでしょう。仮にそのようなものがあるとして、相対的に実在であるものや絶対的に実在でないものから区別されるような、究極的に実在であるものとはどのようなものなのでしょうか。これこそが、ずっと傑出した東洋の思想家たちの大部分が取り組んできた、最も手ごわい哲学の問題でした。さらに、これこそが、まさに素朴実在論が提示した問題であったことに注目しましょう。と申しますのは、その根本的な主張が次のような趣旨の形而上学的な言説として示されるからです。つまり、それは経験的な世界、すなわち私たちが日常生活において、自分の感覚器官の働きをとおして経験する形而下の世界こそが、まさに究極的リアリティであるという言説です。

私たちがふつうに経験する世界は、究極的に実在なのでしょうか。思考する心を持つ人々にとって、最も永続的な形而上学的な問いの一つとして、この問いは、長い東洋の哲学史をとおして、主要な哲学の学派や組織の形成のための出発点として機能し続けてきました。ここで興味深いことは、西洋と同じように、大部分の哲学者や哲学の学派が、素朴実在論を克服するために特定の道を提案することで、この問題を解決しようとしてきたことです。東洋における主要な哲学伝統のあいだにある差異は、彼らが素朴実在論の地位を克服しようとして提唱したさまざまな方法によってこそ、明らかにできると言っても過言ではないでしょう。

現代の西洋哲学において、ここで私は経験主義の科学的もしくは準科学的（疑似科学的とまでは言いませんが）な立場のことを考えておりますが、現代の西洋哲学では、素朴実在論を批判する人々はおおむね、経験的な体験の領域そのものの中で、それに反対する態度を採って、この領域を超えることを考えようとはいたしません。それは、そのようにすることが、彼らの目から見ますと、単純に非科学的もしくは反科学的なものと受け取られるからです。言いかえますと、素朴実在論者もその問題点を議論する批判者も、いわば経験的な思考という同一の地平に立って議論しているのです。西洋の哲学者の大半は、素朴実在論に含まれる欠点を克服しようとし、またその欠点を克服しようとすることによって、彼ら自身の地位を確定しようとしますが、それは認識、感覚、思考が正常に機能する意識の地平こそが、真剣に受け取られるべき唯一の意識の地平であるという確信にもとづいています。

もちろん、分析心理学とか深層心理学は、近年、人間の心理が単層構造ではなく、日中の意識から潜在意識とか無意識というより暗い領域にいたる複数の層から成る、あるいはそのように分析することができるという考えを提起しております。このことは、私たちの日常的な世界経験が生起する意識と異なる意識の単層もしくは複数の層によって、素朴実在論を克服する可能性を示唆しているように思われます。しかしながら、哲学という厳密に学問的な分野においては、私の知るかぎり、このような仕事を成し遂げる可能性は依然として理論的な可能性の段階にとどまっております。

東洋における状況は、これとははっきり異なっています。東洋哲学の主要な学派は、まず、意識の多層構造を措定いたします。彼らにとっての第一の仮説は、深さにおいて互いに区別されるさまざまな層が、心には存在しているということです。このような見通しのもと、感覚、知覚、そして合理的な思考をとおして得られる、私たちの形而下的な世界の日常的な経験は、意識の表層レベルに属しているにすぎず、そのほかの全ての意識層は、私たちの心が特別で体系的な修行を経なければ、知られることもなく閉じ込められたままなのです。

素朴実在論によって提示される問題は、東洋の哲学においては、西洋においてよりも、やはり重大なものと考えられていますが、そのことは心に留めておかなければなりません。しかし、その同じ問題に対する東洋と西洋のアプローチは、全く異なっています。素朴実在論とは、ふつうの人がもっている典型的な世界観を哲学化した形態にほかならず、ふつうの人が外界における自己の日常的な経験にもとづいて、知的な反省を加えた結果である、という点については、東洋の哲学者も西洋の哲学者と全く同じ意見でしょう。しかし、東洋の哲学者はただちに次のような補足説明をするでしょう。すなわち、西洋哲学で展開されたような、知覚に対する準科学的な批判は、まさしく素朴実在論が主張するような思考レベルに立脚しているのだ、と。そういうものの見方からすると、いくらその批判が洗練されていたとしても、ふつうの人が別のふつうの人を批判しているということになります。言いかえると、素朴実在論の本来のテーゼも、それに対するアンチテーゼも、市井の人に特徴的な同じ思考の次元にとどまっているのです。

これとは反対に、東洋の哲学者にとっては、ふつうの人が経験しているような、いわゆる世界のリアリティは、ほんとうに実在であるのか、あるいはそうでないのかについて、全く別の基準から判断しなければなりません。素朴実在論の立場は、ふつうの人の思考次元をはっきりと超越した人の立場から批判的に検証しなければならない、と東洋の哲学者は主張いたします。素朴実在論は、厳格な精神的修練を経て、意識の別の次元を修めて自分自身に「内なる目」を開眼させた人によって適切に批判することができるのだと東洋の哲学者は考えております。東洋哲学の主要な学派は、それがヒンドゥー教であっても仏教であっても、道家であっても、またイスラームの神智学であっても、こうした点では全て同じ考え方をもっています。儒教哲学もまた例外ではありません。

こうした点をさらに明らかにするために、素朴実在論によって示唆された最も基本的な形而上学的な問いに関する元々の範式化に立ち返ってみたいと思います。その問いとは、これまで見てきましたように、次のことです。つまり日常的経験の世界は、果たして根本的に実在なのかというものです。この問いについて、これまで東洋哲学は三つの相異なる答えを提示してきました。

最初の答えは、きっぱりとした「否」であり、これは何ら躊躇のない否定です。私はこの答えを第一に挙げましたが、それは、この答えが東洋の心の最も典型的で特徴的なものである、と通常考えられているからにほかなりません。この態度は、仏教と道家が明確に代表するものです。極端に単純化しますと、これは、私たちが日常生活において経験する世界が全くリアリティを欠いているという主張です。いわゆる外的世界は、幻影が布のように水中を漂っているにすぎず、それは単なる見かけであり、意識が見せる悪夢なのです。この世に当たり前のように生き、そして当たり前のように事物を知覚しながら、『荘子』に出てくる有名な「胡蝶の夢」のように、私たちは単純に夢の中にいるということを、仏教や道家は、飽きることなく繰り返します。私たちは完全に目覚めていると確信してはいるけれども、私たちはただ夢を見ているだけであり、それは、世界が堅固でしっかりとした事物によってできているという夢なのです。ところが、実のところ、何ものかに帰せられるような実質的な堅固さなど、どこにもないという主張です。

第二の答えは、条件付きの（もしくは緩やかな）「否」です。厳密に申しますと、この種の否定は、「否でも是でもない」というのに等しいものです。これはシャンカラ（約七〇〇―七五〇）の不二一元論ヴェーダーンタ哲学の立場が最もよく代表しています。

シャンカラの世界観は、一般に「幻妄《マーヤー》」説（māyā-vāda）として知られています。私たちが日常的に体験している世界は幻妄にほかならない、とシャンカラは主張します。「マーヤー」（māyā）の語は、ふつう「幻妄」と訳されますが、これは全くの幻覚という意味であり、何もないところに何かを見るということを意味しております。この語をこのように理解しますと、往々にしてシャンカラの哲学的立場について、深刻な誤解が生じます。つまり、世界が「宇宙的な幻影」にすぎないとみなす幻影主義として、シャンカラの立場を誤解することになります。実のところ、この「幻妄」の語は、通常のサンスクリット語では、幻影という意味だけではなく、詐欺、ごまかし、魔法あるいは魔術などの意味もあります。しかし、このような意味は、シャンカラの哲学の文脈に厳密には当てはまりません。

シャンカラは、知覚が幻影であるとか、私たちが感覚をとおして知覚している外的世界が幻影にすぎない、ということを言っているわけではありません。それとは全く逆なのです。すなわち、知覚的な経験はリアリティを知覚する様式であり、そのかぎりでは経験的な世界は実在である、とシャンカラは言います。しかし、シャンカラは次のように付け加えて言います。感覚による知覚は、リアリティを知覚する絶対的な様式ではない。したがって経験的な世界は、絶対かつ究極的な「リアリティ」そのものではないという意味において、実在ではない、と。

同じ問いに対する第三の答えは、率直な「是」です。この立場を採るのは儒教哲学です。すでに見たように、道家と仏教はきっぱりとした「否」という立場を採ります。また、不二一元論ヴェーダーンタ哲学は「否でも是でもない」という立場ですが、あるいは、それは「是でも否でもある」と言ってよいかもしれません。これら三つの東洋哲学の学派とは対照的に、儒教はこの問いに対して、ためらうことなく肯定的に答えます。私たちが日常的に経験する世界こそが実在にほかなりません。私たちが感覚器官をとおして知覚する事物は、外的世界において、堅固でしっかりとした形而下の事物として本当にそこにあるのです。形而下の世界を知的に経験することで、私たちはリアリティをリアリティとして経験していることになり、夢を見ているわけでも、ましてや幻影や幻覚を見ているわけでもありません。リアリティを誤って知覚するといった問題もそこにはありません。知覚する主体と知覚される対象とのあいだに横たわる「幻妄《マーヤー》」のようなものについて、儒者は知りません。

このような基本的な態度をもって、外的世界がリアリティであるかどうかの問題を見ますと、儒教哲学は素朴実在論に最も接近しているように思います。以上が暫定的な結論です。

II

それでは、経験的な世界がリアリティであるかどうかの問題をめぐって、より詳しく道家思想、仏教、ヴェーダーンタ哲学のおもな議論を検討していきたいと思います。そうすることで対照的に、儒教の立場がより良くお分かりいただけると思います。ここではまずはじめにこの問題に関する道家の立場を説明いたしましょう(2)。

この目的のために、『列子』に見える象徴的な物語を分析することから始めたいと思います。この物語は、素朴実在論に対する道家の批判の特別な性格を最もよく示していると思われます。この物語はかなり長いものですから、ここでは、少し簡単にした形でお示しいたします（『列子』周穆王篇、第九章）。

ある男が、薪を採るために山に入ります。全く偶然にもその男は鹿を殺すのですが、鹿というのは狩人にとってはよい獲物です。予期せぬ獲物に有頂天になりながら、男は草を使って獲物を注意深く覆いながら、それをある場所に隠します。しかしながら、その男は家に帰る途中、それをどこに隠したのかを忘れてしまい、そのせいで結局、彼はそのことが夢であったに相違ないと信じ込むようになります。夢で自分が見た、鹿を捕まえて隠したその内容をぶつぶつとつぶやきながら、その男は家に帰って行きます（夢の要素が、すでに「リアリティ」の経験の中へ紛れ込み始めていることにご注意ください）。

まだ男が家路にあるとき、その男が独り言をぶつぶつ言うその内容を、別の男が耳にします。独り言の内容を手がかりにし、第二の男は正確な場所を見つけ出し鹿を手に入れて、その獲物とともに家に帰ります。彼は妻に言います。「私はある男がたまたま鹿を手に入れる夢を見たのに、それを夢でどこに隠したのか、完全に忘れてしまった男を見かけた。その男の言葉から分かった糸口を追っていくと、私は鹿を見つけることができた。その鹿がこれだ。ここにある鹿が実在のものであることから考えると、あの男が見た夢というのは、正夢だったに違いあるまい。」

その男の妻は言います。「いいえ、その反対よ。あなたの方が夢を見たのよ。鹿を手に入れた男の夢を、あなたは正夢で見たのよ。そんな男なんて、あなたの夢の中にしかいないわよ」（ここでは、出来事のどの部分が現実で、どの部分が現実でないのかについて、二つの相反する意見が対立していることに注目してください。両者の意見とも、鹿の外的なリアリティについては同じ意見です。物語の後半部分になりますと、鹿のリアリティそのものが疑わしくなってきます)。

一方、鹿を失った第一の男も家に帰ります。悲しくてがっかりしながら寝床に就き、夜のあいだに、夢を見ます。その夢で、自分の第一の夢(とその男は思っています)で、鹿を隠した正確な場所を発見します。さらにその男は、第二の男がどうやって正確な場所を知り、鹿を手に入れたのかも夢に見ます。日が昇り目を覚まして、その男は自分の夢を注意深く確かめ、それを糸口にして、ついに第二の男を捕まえることになります。第一の男は第二の男を訴えます。

判事はその事件を検証し、ついに次のような結論に達します。その出来事のどの部分がリアリティで、どの部分が夢であるのかについて、だれもはっきりとは分からない。とはいえ、私たちは自分自身の目で、現にこの鹿をこうして見ているのだから、少なくとも、そのことだけはリアリティであると考えざるを得ない。そこで、実在の鹿を二等分することで、この問題を解決しようではないか、と。こういう結論になります。

この判決は国王に報告されます。国王は、どうやら道家の哲人らしいのです。その判決を聞いて、王は感嘆の声をあげます。「ああ、何ということだ。判事は出来事全てが夢であったということに気づいていないようだ。その愚かな判事は、鹿が実在しないのに二等分しようとしているのだ。鹿を分けること自体が夢の中で起こっているということも知らずに」。

このようにして物語は終わります。この物語の哲学的な意味あいは一体どういうことなのでしょうか。道家の哲学者にとって、この物語は一つの明確な方法によってのみ、哲学的に解釈することができます。夢と覚醒とのあいだに、はっきりした区分の明確な境界線は存在しない、とこの物語では説いています。通常、夢を見ている人は、目覚める瞬間まで、自分が現に夢の中で経験している事物が幻想にほかならないことに思い至らないものです。この事実に照らしてみますと、人が現実のものとふだん信じている外的世界が、本当に現実のものであるのかどうかが疑わしくなってきます。目覚めているときの世界こそが現実だと考えるのは、全く勝手なことなのです。目覚めているときの世界も夢の世界も、どちらも全く等しく現実ではないかもしれません。あるいは反対に、夢の世界も、目覚めているときの世界と同じように、現実のものであるとの主張も妥当性をもつかもしれません。

デカルトが全く同じ議論を用いて、私たちの目覚めているときの世界が、夢の体験よりも現実的であるという保証はないことを証明しようとしましたが、この程度まで、道家の哲学者はデカルトに完全に同意するようにも思われます。デカルトは次のように自問します。夢を見ているときに、私たちが感じる精神的な体験が、目覚めているときに感じる体験と負けず劣らず生き生きとしていて鮮明であることからすれば、目覚めているときの世界で見る事物のほうが、夢の世界で見る事物以上に現実であると、どのようにして確かに言えるのだろうか、と。こうした観察をとおして、デカルトは目覚めているときと夢を見ているときを区別するような、明確な指標は決して存在しないという重要な結論に到達します。この問題をもっと注意深く見ますと、確かな指標によって、目覚めているときの状態と寝ているときの状態を分けることは決してできないことが容易に分かります（Dum cogito attentius, tam plane video nunquam certis indicis vigilam a somno posse distingui）[3]。

しかしながら、道家の哲学者とデカルトは、出来事の同じ状態について、完全に異なる解釈をする点で相違していることは特筆すべきことでしょう。目覚めた状態で私たちが体験する形而下的な世界のリアリティを救うために、デカルトは全能で正しい博愛の「神」という概念を導入します。その本性として、私たちの知覚する事物のリアリティを保証する「神」が存在するからこそ、外的世界は単なる夢ではあり得ないというのです。

一方、道家は全く異なる道を採ります。そもそも道家の思想家は、世界の形而下的リアリティを確信する必要性を感じません。夢と現実との区別の不在、すなわち、堅固に据えられてしっかりとしたものなど何もなく、あらゆる事物はぼんやりとした境界をもつにすぎず、したがって、「存在」（「有」）の世界全体は、端的に言って、存在論的には流動的な状態にあり、そこでは万物が最終的な無区別へと溶け込んでいくように、自由に互いに滲透し合う。これこそが、道家が理解したリアリティです。このように見られるリアリティこそ、荘子が「渾沌《カオス》」

と呼ぶ、あらゆる区分が排除された融合的な全体です。このように事物を見られるようになることを、荘子は「大覚《だいかく》」と呼びます。

「大覚」とは、私たちがリアリティを本質的に夢のようなものとして、さらに言えば、夢として見ることから成っています。逆説的に響くかもしれませんが、そうなのです。さらに道家の哲人とは厳密に言って、事物をこのように夢のような状態において見ることができる人のことです(4)。ほとんど言うまでもなく、道家がこうした立場を採ることによって、道家は素朴実在論と全く対立しております。この点に関して、道家は儒教とは反対ですが、それについては、これから検討いたしましょう。

III

仏教に目を転じますと、まず最初に、経験的な世界の本質について、道家の中に見たのと同じ根本的な主張に出会います。つまり、私たちが感覚や知覚をとおして経験する世界は、夢のヴィジョンとか幻影と同じように実在ではないということです。仏教経典は、この世界が夢にほかならないと何度も繰り返します。いわゆる外的世界とは幻影的な現象なのです。この世界に生きながら、私たちは単純に幻想を追求しているだけであって、実在ではない現象の流れの中に存在しています。永遠性を賦与されたものなど、何もありません。私たちの感覚に訴えかけてくるものは何であれ、本来、夢のようなもので、存在するに至った瞬間、すぐにも溶け去ってしまうものです。よく知られているように、存在に対するこの否定的な態度は、日本では歴史的に見て、存在とりわけ人間存在に関する鋭い悲劇的な感覚を伴って、悲観的な世界観を形成するようになりました。

しかし、これは庶民的な仏教です。仏教は経験的な世界に存在するもの――より厳密に言うと、存在するように見えるもの――に関する基本的に同様な観察から始まりましたが、その哲学的な側面においては、全く異なる考え方を展開しました。さらに意義深いことに、仏教の哲学的な側面でも素朴実在論の批判というかたちを取ります。

仏教の諸派のあいだに見られる全ての差異を無視すると、大乗仏教の哲学は「自性」すなわち永遠に固定した客観的な事物の同一性の否定という基盤の上に立っていると言えるでしょう。この点に関して、あらゆるものは映ったイマージュ、鏡に映った形態に喩えられます。鏡に映った花は、否定しようもなく花です（あるいは、そのように見えます）。しかし、それは実体を欠いています。世界の万物には「自性」がないと言われるのは、大体、このような意味においてなのです。

ヴァスバンドゥ（世親、約四〇〇—四八〇）(5)は、瑜伽行《ゆがぎょう》派における最も偉大な哲学者の一人ですが、このことを次のように説明しています。私たちが黒い壺を知覚するといたしましょう。「壺」という語によって示唆され、外的世界において、それが客観的なリアリティとして存在しており、また壺の黒さについては、「黒い」という形容詞に対応する、その壺に固有の客観的で実在の性質であるということを、私たちは自然に確信しがちです。しかしながら、いわゆる「同じ壺」、すなわち永続的な実体としての壺が、二つの連続した瞬間のあいだでさえも、「同じ」であり続けることはできないのですが、そのことに気づくことは、あまり考えなくても分かることです。壺はその色や輝きを、その変化が知覚できないほどわずかなものであろうとも、瞬間ごとに変化させます。また壺の色や形は、それを見る角度の違いに応じて異なって見えます。さらに、私がいま知覚している黒い壺は、もちろん、私が昨日、知覚した青い壺とも異なります。

こうした点までは、素朴実在論に対する仏教の批判は、現代西洋の経験主義と軌を一にするように思われます。しかし、両者の立場のあいだに、はっきりとした違いが現れるのは、ここからです。仏教哲学者は次のように議論を続けます。私がいま知覚している黒い壺がそれ自体、同一であり続ける形而上的な存在ではないことは明らかです。そこには客観的で永遠の「自性」はありません。そこにあるのは、一時的で幻の同一性のみです。その壺は意識の深みから呼び出される儚いイマージュにほかなりません。壺を見る自分の目という感覚器官も、同様にそれ自体、客観的な同一性を持たない儚いイマージュなのです。瞬間ごとに壺が変化するに従って、目も瞬間ごとに変化します。あらゆる瞬間において、二つの儚いイマージュ――一つは壺のイマージュ、もう一つは目のイマージュ――は、瞬間的な関係を互いに取り結びます。また、その二つの儚いイマージュのあいだの瞬間的な関係が連続して生起することが、壺の知覚という現象を生み出します。知覚の世界全体はこういう性質なのです。いわゆる外的な事物は全てこれに類するものです。それらが存在すると言われても、それらは蜃気楼の水が存在するのと変わりません。魔術師がマジックで一片の木材から呼び起こす象とか馬が存在すると言われるのと同じような意味で、事物は存在しているにすぎないのです。

そうしますと問題は、これらの儚いイマージュが一体どこから現れたのかということになります。ヴァスバンドゥは次のように言います。それらは心の深みから、「アーラヤ識」(ālaya-vijñāna)すなわち「蔵識」と呼ばれる潜在意識の暗い領域から現れたものであるというのです。「蔵識」とは心の神秘的な領域であり、そこでは流動的で混乱したイマージュのかたちで、人間のありとあらゆる精神的かつ身体的な行為を保有しています。蔵識は個々人の心においてのみ発動しますが、それ自体、個人の心の境界を乗り越えます。それは一種の集団心理や、全ての個人の体験の普遍的な貯蔵庫として考えられています。精神的であるか形而下的であるかを問わず、いかなる人間の行動も、知覚できない痕跡を残さずに消え去ることはありません。その痕跡は、蔵識の中に蓄積され続けます。このように私たちは全て、潜在意識の深部に個人的かつ集合的な貯蔵庫をもっており、それは無始の過去にまで遡る過去の人間の精神的かつ身体的な行為から作られたものです。それは私たちの未来の行為や傾向を条件づけて、そうすることによって果てしなく蔵識を豊かにしていきます。これが仏教で言う「業」(karma)にほかなりません。

このように理解しますと、知覚に対する仏教の批判のあらましが明らかになるでしょう。つまり、知覚とは外的世界からやって来て、私たちの感覚器官を呼び覚まして発動させる刺激の結果ではありません。と申しますのは、客観的なリアリティである外的世界のようなものは、そもそもないからです。また同様に、客観的なリアリティである感覚器官のようなものもないからです。両者とも暫定的で一時的な形態にすぎず、その形態は無意識に預けられた、暗く原初的なイマージュの、はっきりしない塊から生起するものです。それはまた、昼間の意識の表層に現出するに伴って、明瞭できちんと輪郭を与えられたものになります。

こうした意味において、仏教は素朴実在論と正反対なのです。また、日常的な経験の世界は夢にすぎないという主張が、仏教の哲学的思考レベルにおいて、庶民仏教レベルにおける同じ主張の理解と区別されるかたちで適切に理解できるでしょう。儒教は、哲学的思考レベルと庶民的レベルという両レベルの理解における仏教的なテーゼに対して、猛烈に総力を挙げた戦いを挑みます。しかし、儒教の立場について議論を始めるまえに、簡単にヴェーダーンタ哲学について検討しておきたいと思います。ヴェーダーンタ哲学は、いくつかの点において著しく仏教に類似していますが、重要な意味では、儒教にもいっそう似ております。

IV

いわゆるヴェーダーンタ哲学を、ここでは、シャンカラに代表されるアドヴァイタ・ヴェーダーンタ（Advaita Vedānta）哲学、すなわち不二一元論ヴェーダーンタ哲学として理解しておきます。道家の思想では、目覚めている世界と夢の世界のあいだには、明瞭ではっきりした区分などなく、万物は混乱したはっきりとしない塊（「渾沌」）として存在しており、そこには、事物を分ける明確で本質的な境界線はなく、渾沌においては、事物が混じり合い、最終的には、無区別で原初的な合一性において、ものは自己を失うと、そのように主張しますが、シャンカラがこの点に同意することはありません。道家の哲学者にとって、事物が存在論的に流動的な状態にあるという直観は、リアリティをあるがままに捉える、つまり、それを無条件で無区別な存在の唯一性として捉える直観へと向かう最初の一歩です。ここでお話ししている存在論的な流動性とは、ある人の現実の経験について、どの部分が夢であり、どの部分が目覚めたときの世界であるのかが、はっきりと分からない状態のことです。

シャンカラは、こうしたテーゼに対して、明確に反対の立場を採ります。シャンカラのものの見方では、夢の体験と覚醒時とのあいだには、はっきりした区別があります。両者はリアリティの二つの相異なるレベルを成しています。夢を見ている人は、ある確かな状態にいます。目覚めると、その人はただちに主体的にも客体的にも、それまでとは全く違う状態に置き換わります。

また仏教において、私たちの経験的な体験の世界全体、いわゆる外的世界は、夢や幻影と同じように根拠のないものであると主張されるとき、シャンカラは仏教にも同意いたしません。シャンカラは覚醒時の世界が無根拠な何か、すなわち、私たちの心が空虚なものに投影した無根拠なヴィジョンであるとして、単純に片づけることはいたしません。

シャンカラによると、覚醒時の経験の世界には全く根拠がないわけではありません。つまり、経験的な世界は実在でないわけではありません。それは実在なのです。ただ、それが究極的あるいは絶対的に実在ではないということだけなのです。これからもう少し詳しくお話ししますが、私たちの覚醒時の体験は、それが究極的リアリティであるブラフマンの体験であるかぎりにおいて、実在でないわけではありません。しかし、私たちの覚醒時の体験は究極的には実在ではありません。なぜなら、それがブラフマンをじかに直観したものではないからです。

私たちが感覚をとおして知覚する形而下の世界は明らかに実在です。このように知覚するとき、私たちはまさにブラフマンを知覚しているからであるとシャンカラは言います。ただし、この知覚では、ブラフマンは総体的な変容の中に生起しています。全く存在しない何かを体験することができないというのは、シャンカラの哲学の根本的な教説に属しています。私たちが外的な事物を経験的に体験しているかぎり、それらが存在しないと主張することはできないというのです。

たとえば蜃気楼のように、疑いようもなく幻妄的な性質を持つものを知覚することがあるとシャンカラは認めています。暗いところでは、ひと巻きの紐が、時々、蛇のように見えることがあります。紐が蛇に見えるというのは幻妄です。しかし、それは完全な幻妄でもなければ、私たちの心の純粋な創作物でもありません。と言うのも、現に蛇であると知覚することが、紐の現実の存在を基底として可能になっているからです。この場合、現実

に存在する紐が蛇であると誤認されたにすぎません。(6)

紐ではなく蛇だと知覚するのは、確かに極端に不完全で、ねじ曲げられた紐の把握ですが、この体験における蛇の表象は、完全に客観的な基盤を欠いているわけではありません。なぜなら、それが現実に存在する事物すなわち紐の中に、精神の外に客観的な対応物を持っているからです。

このようにシャンカラは、知覚を批判する点において、仏教、特にこれまで検討してきました瑜伽行派の思想家たちが採った立場に反対します。これまで見てきたように、仏教は知覚の外的な対象が実在ではないと主張します。それは全ての知覚の対象を、意識の揺れとか動き（vijñāna-spandita）に還元します。知覚する主体も知覚される客体も、両者とも心の動揺から生じた幻妄的な現象です。こうした意味において、世界はただ人の心の中にのみ存在しています。こうしたものの見方に対して、シャンカラは全ての知的な体験が、外的な対象との現実的な接触から成っていると考えます。目覚めているときの世界は、夢の世界とは異なりますが、それは目覚めているときの世界が実在の経験、すなわちリアリティの経験にもとづいているということなのです。

それでは、不二一元論ヴェーダーンタ哲学は、認識論的かつ存在論的に素朴実在論なのでしょうか。その答えは否です。と申しますのは、シャンカラによると、経験的な体験の世界は、私たちが経験的な体験レベルに留まるかぎりにおいてのみ、実在であるからです。しかし、「絶対的」とか「超越的」（pāramārthika）レベルと呼ばれる、もう一つ別の体験レベル、もう一つ別の意識レベルがあります。その存在は、私たちが「三昧」（samādhi）の状態、すなわち最高に精神集中した瞑想の状態にあるときに開示されます。さらに、こうした第二のレベルの経験の観点から見ますと、経験的な世界は実在でないものへと転化し、通常の覚醒時の体験レベルでもっていた現象的なリアリティを失うことになります。こうした体験の光に照らしますと、外的世界は「幻妄《マーヤー》」の世界であることになります。

この点を明らかにするために、ひと巻きの紐が誤って蛇だと知覚される例に立ち戻りたいと思います。暗い場所では、紐を蛇だと間違えてしまいますが、その場所が点灯された途端、蛇が消えて紐そのものが本来の形を現します。そのとき、紐そのものの「リアリティ」はどうなるのでしょうか。それは実在なのでしょうか。シャンカラは言います、感覚的な認識レベルにおいて、その紐は実在である、と。しかしながら、高次の認識レベルにおいては、紐それ自体も私たちの視界から消えざるを得ません。それは、ちょうど正常の知覚的体験の際、紐の出現によって、蛇のイマージュが消えてしまうのと同様です。別の言い方をしますと、高次の認識の方法という観点からしますと、紐は「絶対的なもの」が誤って知覚されたものとして姿を現すわけです。高次の認識の方法とは、ブラフマンの体験のことであり、そこでは絶対に無制約的な性質をもってブラフマンが立ち現れ、そこには知覚できるものはもはや何もありません。そうなりますと、経験的な世界全体は、生物も無生物も満ち溢れんばかりの事物の多様性とともに、原初的で形而上的な唯一性へと消滅していきます。その唯一性においては、紐であれそのほかの何であれ、有限な存在として知覚されるものは全くありません。シャンカラにとって、ブラフマンとは無区別なものです。それこそがまさしくリアリティなのです。

ヴェーダーンタ哲学の視点から極めて重要なのは、ブラフマン体験において経験的な世界が消滅するのは、ちょうど火に温められたバターが溶けてなくなってしまうように、世界が無へと解消してしまうことではないと銘記することです（『ヴェーダーンタ・スートラ注解』Ⅲ・2・21）。世界が無へと還元されることはあり得ません。それが存在の様態、あるいはブラフマンそれ自体の出現の様態であるからです。経験的な世界を知覚するとき、私たちは現に途切れることのない一連のブラフマンの認識をもっているからです[7]。ブラフマン体験によって滅せられるのは世界ではありません。つまり、滅せられるのは、むしろ私たちの中の「無明」もしくは「無知」(avidyā)なのです。

「無明《アヴィドヤー》」は、私たちの相対的で関係的な意識に特有の知的な形態です。それ自体が絶対的に無区別なブラフマンは、必然的に、こういう型の意識に対して、種々雑多な区別において現れます。シャンカラは言います、目にものが二重に見える症状を患っているとき、空に浮かぶ月を見ると、自然かつ必然的に、複数の月が見えてしまう。しかし、それは月が本当に複数になったということではありません。本質的に「一」であるものが、「多」

になることは決してありません。それは「多」であるかのように見えるだけなのです。私たちの相対的で関係的な意識には、それがそのように見えるのですが、私たちの相対的な意識の本質が、絶対的に無限定で無区別のものに限界や制約を「被せる（付託する）」（adhyāsa）ことにあるからです。その結果、私たちは経験的な世界あるいは形而下の世界と呼ぶものを経験することになりますが、それはシャンカラが「幻妄」の世界と呼ぶものです。「幻妄」の語は、この文脈では、「無明」と同義です。すぐに分かるように、いわゆる外的世界とは、「無明」とか「幻妄」をとおして、私たちの前に現れたブラフマンのことにほかなりません[8]。

　ただし、形而下の世界をブラフマンとは「別の」何かとして捉えるべきではないことに注目しておくことは重要です。この世界は、世界として目に映った、あるいは体験されたブラフマンにほかならないのです。このように、形而下の世界の感覚的体験は、単なる空想や幻覚などではありません。それはまさに、ブラフマンの相対的な体験なのです。

　シャンカラによれば、私たちがリアリティを日常的に体験するとき、そこには自然とそれを相対的で制約されたものにする何か、目に見えない力と呼べるようなものがあります。それは私たちがリアリティをリアリティとして体験することを許さず、形而下の世界としてのみ体験させます。宇宙的でも精神的でもあるこの力が「幻力」なのです。現代的な術語で言うと、「幻力」とは、果てしなくイマージュや形を生み出し続ける潜在意識的な力として理解するのが最も相応しいでしょう。しかしながら、「幻力」の働きはまた、私たちの感覚器官の生理学的な構造によって条件づけられています。したがって、私たちが経験的な体験レベルにおいて、直接的に知覚する感覚データとか知覚表象は、シャンカラの哲学の立場で解釈いたしますと、「幻力」に支配された意識に映るブラフマンのイマージュなのです。しかし、これらのイマージュがリアリティと異なっていて、どれだけリアリティから離れていようとも、さまざまな現れの唯一の不変の基層（adhiṣṭhāna）として、それらのイマージュの下に伏在するブラフマンが絶えず存在しているのです。私たちが体験する全ての感知できる現れは、ブラフマンの現れです。感知できる世界は、こうした意味において「現実」なのです。

V

さて、私たちは今や儒教を考えるために、比較哲学のいくぶん広い視座の中に身を置いています。これからは、儒者が素朴実在論に対して採る基本的な態度について、彼らの考えを道家や仏教者やヴェーダーンタ哲学者のそれと比較しながら明らかにしたいと思います。最初にヴェーダーンタ学派を取り上げましょう。言うまでもなく、ヴェーダーンタ学派は、私たちの比較の視座において特別な位置を占めています。と申しますのは、儒教文献には、実際にヴェーダーンタ学派についての言及はないからです。ヴェーダーンタ学派は、宋代の儒者の集団には全く知られていませんでした。他方、道家思想や仏教は、知識人のあいだで当時、大変よく知られていました。

これまで見てきたように、シャンカラにとっては、形而下的な事物のリアリティは否定できない事実です。蔵識と呼ばれる深層意識から生じるイマージュや主体的なヴィジョンをとおして、私たちの経験的な世界の体験を説明する仏教の瑜伽行派に反して、シャンカラは柱や壁や壺のような外的な事物が、現実の客観的な存在であることを主張します。このような性質をもつ事物によって構成される外的世界全体は、こうした意味において実在です。このかぎりでは、ヴェーダーンタ哲学は素朴実在論に同意します。

しかし、それは形而下的な世界の背後に、究極的な「実在」であるブラフマンを措定するという点において、素朴実在論と根本的に異なっています。そのことによって、形而下的な世界のリアリティは、相対的なものへと引き下げられています。形而下的な世界とその中に存在する事物は、全くの幻妄のように、ただ単に非存在的だというわけではありません。すでに見たように、それら事物が全て究極的な「実在」たるブラフマンの現象的な表出であるからです。それらがブラフマンの表出である限り、それらは実在です。ところが、それらが在るがままのブラフマンではなく、ただブラフマンの表出である限り、それらは実在ではないのです。

私たちの経験的な意識の限定されたヴィジョンに対して、多種多様で変化に富む世界として現れてくるブラフマンの観念は、ヴェーダーンタ哲学と儒教の相違と同じように微妙な類似についても明らかにします。ここで、儒教の形而上学がその体系の中で、ヴェーダーンタ哲学におけるブラフマンと幾分、よく似た中心的な位置を占める何か、すなわち「道《タオ》」を措定していることを想起しなければなりません。『易経』の体系の中に見いだされる「道」は、世界の形而上的な中心です。それは、あらゆるものがそこから生み出され、そしてあらゆるものがそこへ帰っていくような究極的な根源です。私たちが形而下の世界の中で知覚する、それぞれ異なる事物の背後には、常に「道」が相対的で固定的な形態で存在しています。感覚的な世界におけるあらゆる個々の事物は、「道」そのものの特別な分節なのです。

しかしながら、この点について、「道」と「ブラフマン」のあいだには、微妙ですが根本的な違いがあります。ヴェーダーンタ哲学のものの見方では、ブラフマンは永遠に一であり不変である、究極的な「実在」です。ブラフマンだけが、数多くの多様な事物として、私たちの有限な意識に出現するのです。出現の無限の多様性の下では、ブラフマンは常に不変不動で、他の影響を受けることもありません。私たちの中にある分節の「呪術的」な力に対応する「幻力」という神秘的な力をとおして、ブラフマンは形而下的な世界の出現を生み出し続けます。ただ、それはブラフマンの存在論的な開展の過程ではないことに留意してください。それは、ブラフマンがそれ自体、さまざまな事物へと変容することによって、世界の出現を生み出すというわけではありません。インド哲学の専門用語を用いると、形而下の世界はブラフマンの「開展」(pariṇāma. 存在論的な変容)の結果ではありません。世界のプロセスはブラフマンの変容過程ではなく、むしろブラフマンの「仮現」(vivarta. 変化する現れ)の過程なのです。

こうした点は、シャンカラの不二一元論ヴェーダーンタ哲学では「仮現説」(vivarta-vāda)、世界は変容するブラフマンの現れであるというテーゼとして知られています。同様の視点から見ると、儒者の形而上学は「開展説」(pariṇāma-vāda)、すなわち、世界は「絶対的なもの」の存在論的な変容であるというテーゼであると言うことができるかもしれません。(9)

儒教においては、実際に、私たちの経験的意識に「多」として出現する「道《タオ》」に疑問の余地はありません。「道」はブラフマンのように不変で永遠に同じであるのではなく、変化することを止めません。瞬間ごとに、「道」は変化します。いかなる瞬間においても、全く新しいものなのです。「道」は「易《えき》」すなわち「変化」であり、「変化の書」〔『易経』〕という儒教独特の主題になっています。私たちの眼前に、全ての色彩と形態で広がる形而下的な世界は、「道」の絶え間ない変容の必然的な結果です。「一」が多として、私たちの有限な意識に現れるのではありません。「一」が本当に「多」になるのです。ここに含まれていることは、「道」の単なる認識的な変容ではありません。それは実際の存在論的な変容なのです。

このように、ヴェーダーンタ哲学との比較によって、この講演の根本問題に関係する儒教哲学の極めて重要な特徴が明らかになりました。日常的経験の世界は、「道」そのものの止むことのない変化とか変容の直接的な結果であると考えることによって、儒教哲学は、経験的世界が基本的に実在であるという立場を採ります。こうした意味では、儒教は素朴実在論にとても近い、非常に強固な実在論なのです。

VI

日常的経験の世界が実在であるのか、それとも実在でないのかという問題について、ちょうど今、説明した意味において、儒教が強固な実在論であるとすると、儒教が道家思想や仏教と対立するのはごく当然のことです。程明道《ていめいどう》（一〇三二―一〇八五）は次のように述べています。「全ての異端思想の中で、仏教と道家思想には多くの利点があり、儒教に近い。また、仏教と道家思想が儒教に近いからこそ、それらは全ての残りの異端よりも危険で、人々を誤った方向へ導く。[10]」この点について、特に危険であったのは仏教でした。それはまさに、大乗仏教の禅宗が知識階層のあいだに流行として急速に広まり、当時の最良の精神のある部分を支配したからです。程兄弟はしばしば彼らの弟子たちに、「淫靡な曲や色っぽい女性が引き起こす感覚的な悦楽を排するのと同じように、仏教を避けよ。仏教をひたすら警戒し、いささかも心に抱くな。さもなければ、お前たちはその誤った教えの力によって奈落の底に引きずり込まれるだろう」と言って警告しました（『二程遺書』十三）。

仏教は純粋な主観性の認識を専ら強調し、そうすることで、主体と対立する客観的な世界の構成へと向かう事物事象の存在を、完全に無視します。もちろん、自己認識は儒教の観点からも重要です。そうでなければ、「静坐」の精神的修練は全く意味がなくなってしまいます。しかし、儒教は次のことを同時に認識すべきだ、と考えます。主体はその存在のあらゆる時点において、現に事物の客観的な秩序に向き合っている。その秩序は主体を勝手に捨ててしまうわけではないが、主体から独立したものとして主体に向き合い、さらに積極的に主体に働きかけ刺戟し、社会的にも個人的にも、人間存在の具体的な領域における行為へとかき立てるものなのです。

儒者は道家思想や仏教を批判しますが、それは道家思想や仏教が、客観的なものから抽出した認識についての主観的な側面を考慮して、「心」が実は本質的に関連している外的な世界から独立して存在している、とみなしているからです。道家思想や仏教は「心」をこのように理解して、それを厳格な精神的修行を経ることによって完璧へと導こうと懸命に努力するのです。純粋な主観性を理解するに際して、朱子はこのように言います。つまり、道家や仏教者たちの努力は、何らかの良い結果がもたらされることで評価されることになろう。しかし、このように認識された純粋な主観性とか純粋な「意識」は、結局はうまく機能しなくなる。それは人間存在の具体的状況においては、適切に機能することはなく、本来、そのもとで機能すべき外的な事物の本来的な構造を完全に無視している、と。さらに、朱子は次のように言います（『朱子文集』巻四十四）。事物の本質に関する知識を欠いた自己についての知識は、幻影的で根拠を欠いた知識である。たとえば、もしある者が何も食べずに心地よい満足を感じているとすれば、その満足の感覚は病気の徴候である。それと同じように、道家や仏教者が至高の知識を認めていることは、知識と呼ぶに値しない、なぜなら、人生における実際的、実践的な状況では、あらゆる場所で行き詰まりに突き当たるからだ、と。こうしたことは全て、朱子によりますと、彼らの知識が客観的な世界における事物の本質を示していないという事実にもとづいています。心は教化されるかもしれませんが、事物は教化されません。その結果、教化された心が空しさの中をぶらぶらと動き回ることになるのです。

寒山《かんざん》は、初唐時代における半ば伝説的な禅の詩僧ですが、美しい一首の詩に、啓蒙された人の一生を次のように描いています。

漂雲の下で　流水の下で
一人の隠者が孤独に暮らしている
昼は青山の中を歩き回り
夜は聳えた岩の下で眠る
春が往き　秋が来る　時は過ぎ去っていく
平静が彼の心に居続ける　塵にまみれた世界から離れて
なんと楽しい人生だろうか！　何者もやってこない
穏やかに　静かにそれは流れ続ける　秋の川のように
〔『寒山詩』〕

仏教の視点から「完全な人間」の理想像を表現しているこの詩が、儒者の視点から見ると、人間の不完全さに関する詩的な叙述以外の何ものでもないと認められるのは興味深いことです。寒山によって描かれた仏教隠遁者は、社会的存在の実状を「塵にまみれた世界」とみなしながら、孤独な人生を深山で過ごし、人間関係のもつれから離れて、自由を謳歌し、静かに流れる秋の川のように穏やかに「自然」に溶け込んで、完全に「自然」と一体となっています。儒教のものの見方では、そのようなものは人間の完全性を欠いた典型例です。なぜなら、その人はただ単に世間との絆を断ち切ることによって、内的な自由を得ているからです。ですから、その人は世間というものが分かっていませんし、人生の実際的な側面を何も理解していないのです。

儒者にとって、心の完成は本質的にこの世界における事物についての知識の完成と相互連関しています。心の完成と事物の知識の完成はともに連動していなくてはなりません。人間の完成の二つの側面は、必然的にともに教化しなければなりません。経験的世界の構造についての正確な知識抜きの悟りは、儒者にとっては真の知識の風刺画でしかありません。

外的な世界からの刺戟に応じて動くことは、まさに心の本質です。心がかき立てられるのを抑圧しようと空しく試みるのではなく、目の前に現れるものが何であれ、それに応じて心が素早く――儒者の術語を用いるなら、常に「中庸」の態度で――正しい状況把握の基盤のうえに、誤りなく常に正確に動くことができるよう、人はむしろ心の本来的な傾向を常に能動的に正しい方向へ展開するよう集中し、努力すべきなのです。しかしながら、そうするためには、心がその認識の機能を発揮することに関して、事前に正確な事物の知識を得ていることが絶対に必要です。

程明道は仏教を批判して、次のように言います。

仏教は単に上へ向かうことだけを目指しており（すなわち、それは悟りの体験をとおして、専ら形而上的なものを捉えようとしており）、（形而下的な世界における事物の本質的な性質を）学ぶために下に降りてくることを全く忘れがちである。その結果、上へ向かうことによって到達したと見せかけているものは、それ自体、完全になることはできない。というのは、このようにして把握された形而上的なものは、形而下的なものから人為的に切り離されているからである。そうした理解による「道」、すなわち形而上的なものは、真の「道」ではない。

（『二程遺書』二、一）

このように認識された自己も、真の自己ではありえない、と明道は続けます。

それは、人間の心が本質的に事物と接触するとすぐに、能動的になるという本質をもっているからだ。それで、外的な世界に事物があるかぎり、心は常に働く。人は無駄にそれを抑圧しようとし、結局それを枯れ木や燃えかすのようにしてしまう。何かが心の現前に現れるとすぐに、それは再び能動的になり、活発なやりかたでそれに応ずる。それがまさにその本質である。私たちがほんとうに心の能動的な働きを停止しようとするならば、そのために私たちが採るべき唯一の方法は死ぬことであり、それ以外の何ものでもない。

（『二程遺書』二、一）

感覚的な何ものも存在せず、心が全く働かなくなるのは、死の状態だけです。死ぬのでなければ、朝から晩まで私たちは終わることなく、感覚的な世界の多岐にわたる事物事象に出くわします。「静坐」という修行は、感覚的な事物の前で、心がかき立てられるのを抑止するために考案されたものではありません。その本質が「敬」すなわち「敬虔な恭しさ」とか「心底からの厳粛さ」にある「静坐」は、前に何が現れたとしても、即座にその事物に応じて、その事物の本質に厳密に従って能動的になることができるように、心をいつもその真中に、意識のゼロ・ポイントに保つことにあります。言いかえると、「静坐」とは、心がそれ自身を常に注意を怠らず緊張した状態に保つことを訓練する修行であり、決して気を緩めず、何か感覚的なものが刺戟する瞬間に、活発な行動に入っていくために準備されています。「心の真中」は、心が絶えずその隅々まで正しいやり方で能動的であるように、常に静謐かつ明晰に、さらに曇ることなく保たれていなければなりません。

「心の中を見つめる」とは、禅僧たちが絶えず口にする標語です。しかし、朱子によりますと、禅僧たちは心を本当には知らないのです（『朱子文集』巻七十）。と申しますのは、彼らは心と本質的な相関関係にある事物を知らないからです。仏教者は形而下的な事物についての研究は時間の無駄だと考えており、あるいは、さらに積極的に言いますと、悪質有害で正道から外れた何かなのです。それは、彼らのものの見方では、「自性」（svabhāva）をもたない形而下的な世界が、途方もなく移りゆく走馬灯のような幻影でしかないからです。そういうわけで仏教者は、『易経』が「形而下」と呼ぶ事物の存在論的領域、すなわち「形而上」から区別される形而下的な事物ないと考えている」と朱子は言います（『朱子文集』巻四十五）。

の領域を、何から何まで無視しています。「儒教が確実に実在であると考えているものを仏教は空虚で実在では

経験的世界の本質と構造に関する仏教の無知による最も悲惨な結果は、儒教の視点から見ると、「形而下」を「形而上」と、すなわち形而下《フィジカル》のものを形而上《メタフィジカル》のものと混同する事態に陥っています。仏教は形而下のものとはまだ悟りに達していない人々にとってのみ、幻想的な性質をもつと主張します。いったん悟りに達すると、その人は経験的世界こそが「仏」の「浄土」であることが分かります。悟った人の目で見ますと、形而下のものは、それ自体、形而上のものなのです。あらゆるものは、あるがまま、そのままでよいのです。言いかえれば、悟りの体験とともに、それまで本質的に幻想的で非現実的であったものが、突然、実在に変わります。儒教のものの見方からすれば、仏教はそのような無責任な主張をしていることになります。なぜなら、仏教が形而下のものについての正確な知識をもっていないからです。こうした形而下のものと形而上のものを混同することについて、禅仏教では、有名な格言として「平常心、それこそが〈道〉である」と簡潔に表現しています。

儒教の術語を用いますと、この格言は、経験的な世界における万物それ自体が「道」あるいは「理」であると言うことで再範式化されるでしょう。儒者が言うには、確かに、この世界において、私たちが実際に体験するそれぞれの事物がまさしくある点では「道」にほかなりません。しかし、禅仏教者たちが主張するのと同様に、そのようなものが「道」であり、人が行うことは何であれ、それ自体が「絶対的なもの」の直接的な顕現であると主張するのは間違いです。形而下的な事物は、それが「事物」である限りにおいて、「事物」でしかないのです。それは「理」ではありません。そのために、それはその立場において、「道」とは異なる何かなのです。

朱子は次のように言います。

それは事物の理である。「理」それだけでは、事物の全体ではない。それが「道」である。全ての形而下的な事物をそのまま「道」と同定するのは間違っている。……『易経』には、次のようにある、「形よりも上にあるもの（すなわち形而上的なもの）が「道」であり、一方、形より下にあるもの（すなわち形而下的なもの）は具体的な事物である」。そのことが意味していることは、それぞれの形而下的な事物には、「道」が含まれているということだ。この言葉が、形而下的な事物がそれ自体、「道」であることを意味していると理解するのは間違いである。ここで、この扇を例にとってみよう。扇は形而下的な事物である（それはそれ自体、「道」そのものではない）。しかし、扇はそれ自体に、それ自身の「理」を含んでいる。扇はかくかくしかじかの方法で作られ、かくかくしかじかのやり方で、かくかくしかじかの目的で使われる。それがまさしく、その「理」である。

（『朱子語類』巻六十二、および『朱子文集』巻五十九）

扇の「理」こそが「道」なのであり、「扇」と呼ばれる特定の事物としての扇自体が「道」なのではありません。

そうした混同が生じるのは、「道」が独立して、形而下的な事物から離れて存在していないからです。たとえば、椅子は一つの事物です。私たちが坐れるように、それが四本足でしっかり立っているという事実――それが椅子の「理」なのです。この「理」がなければ、椅子は椅子ではなくなってしまいます。事物とその「理」とは、互いに切り離すことができないのです。しかし、このように本質的に切り離すことができないということを、私たちは本質的に同じであるということと錯誤してはなりません。

この点について、禅仏教者が犯した錯誤は、日常生活において行うものごとが何であれ、それ自体が、「道」の直接的な自己実現であると彼らが主張するとき、最も目立って明らかになります。実のところ、多くの有名な禅僧たちはこうした見方を次のように遠慮なく表現しました。すなわち、腹が減れば、食べる。喉が渇けば、飲む。眠たければ、寝る。これらの自然で日常的な行為が全て「道」なのだ。「道」には変わったことなど何もない、と。

唐代における最も卓越した禅の居士であった龐蘊《ほうおん》は、ある時、次のように言ったそうです。「水を運び、薪を運ぶ。これがそれ自体、絶対的な何かなのである。これがまさしく、「道」の神秘的な働き（神通妙用）なのだ。」朱子から見れば、日常的な活動についてのこのような見方は、形而下的なものと形而上的なものとを混同することから生起します。目上の人の後についてゆっくりと謙虚に歩くことは、歩くという行為です。同様に、目上の人の前を踏ん反り返った足取りで歩くのも、また歩くという行為です。これら二つの歩き方は、「歩く」ということでは少しも変わりません。いずれの場合も、道を歩いております。[11] しかし、儒者にとっては、この場合、前者が正しい行いであって、それのみが「道」の実現なのです。目上の人の前を踏ん反り返って歩くのは、それも歩くことではあるものの、「道」ではあり得ません。このことから、歩くという日常的な行為そのものを、「道」の実現としてみなすべきでないことが分かります。

これまで述べました龐蘊の言葉について、朱子は次のように指摘しています。つまり、水を運んだり、薪を運んだりするのは「何か絶対的なこと」、「〈道〉の不可思議な働き」（「神通妙用」）などとは考えられない。適切な正しい仕方で水を運び、薪を運ぶことのみ、「何か絶対的なこと」や「〈道〉の不可思議な働き」と考えることができる。不器用に水を運んだり、また間違ったところに運んだりするならば、どうしてそれを不可思議とか絶対的などと呼ぶことができるだろうか、と。

食べて飲み、服を着たり脱いだりし、寝て、見たり聞いたりする。このように日常生活で行うことは全て、実に「道」の自己実現であると、禅では考えられています。朱子は言います（『朱子語類』巻六十二、および『朱子文集』巻五十九）。これは仏教が正しいことと誤ったこと、善いことと悪いことを区別しないという事実から生じるのだ。仏教者は、ただ両者を区別できる基盤を欠いているために、両者を区別することができない、と。その基盤は「理」、すなわち事物の本質に関する方法論的な探究、つまり「窮理」の修行によって与えられますが、この点につきましては、すでに前回の講演において説明いたしました。[12]

儒教が、外的世界およびその世界に存在する形而下的な事物の客観的なリアリティを認めるということは、これまでの論述で十分に明らかになったことと存じます。こうした基盤の上に、ちょうど見ましたように、儒教は全ての実践的な結果をもって、その存在論を確立しています。儒教には、知覚の認識力に対する素朴にも見える信頼があります。また、私たちの心が適切に正しく機能するようにさえできれば、事物をありのままに知覚できるという揺るぎない確信があります。さらに、事物は存在の形而下的次元において堅固で客観的なリアリティとして存在しているという確信があります。こうした点において、全ての主要な東洋哲学の諸派の中で、儒教哲学は素朴実在論の立場に最も近いものです。しかも重要なことは、経験的な体験の世界に対するこの「素朴」な態度が、儒教思想の周縁にあるわけではないということです。むしろ、それは儒教の存在論のまさに基礎、もしくは枢軸です。儒教の存在論の全体は、すでに私が強固な実在論と呼んだものの精神によって行きわたっております。

しかしながら、このような考察から、儒教の存在論は素朴実在論であるとする性急な結論に至ってはなりません。と申しますのは、儒教哲学者が「本質」、すなわち事物の「理」によって意味するものをより詳しく検討しますとすぐに、両者のあいだの決定的な違いが明らかになるからです。そのとき、儒教哲学者が捉える、経験的な世界におけるそれぞれの形而下の事物は、大変独特な内的構造をもっていることがお分かりいただけるでしょう。儒教において、形而下の世界は独自のやり方で構造化されており、そのことが儒教の世界観を、私たちがふつう理解しているような素朴実在論の世界観とは全く異なるものにします。儒教哲学のこうした重要な側面を明らかにすることで、この講演を締め括ることにいたしましょう。

繰り返し指摘してきましたように、儒教の存在論の表層構造は、素朴実在論に大変似ております。もしくは、老荘思想や仏教、さらにヴェーダーンタ哲学と比較してみると、儒教の立場は、少なくとも、素朴実在論と明確に類似していると言えるでしょう。儒教によると、形而下の世界は実在であり、世界におけるあらゆる事物事象はリアリティなのです。

それでは、どういう根拠にもとづいて、経験的な世界における事物が実在であると考えられるのでしょうか。儒者は、事物が実在であるのは、それぞれの事物が究極的リアリティである「道」の存在論的な変容であるからだと答えるでしょう。ヴェーダーンタ哲学も、この点については儒教に最も近く、形而下の事物のそれぞれは究極的リアリティであるブラフマンの変容であると言います。しかしながら、これまで見てきましたとおり、ヴェーダーンタ哲学のものの見方からしますと、それは究極的リアリティの認識論的な変容であって、存在論的な変容ではありません。言いかえますと、究極的リアリティは、おもに私たちの知覚器官の相対的で限定的な能力のために、かくかくしかじかの個別的な事物として現れます。そうでなければ、ブラフマンそれ自体は永遠に一であって、不変で変化することもありません。ところが、心の自然な性向にしたがって、絶対的に無区別のリアリティの表層に、さまざまな形態を「被せる」のは、私たちの心なのです。

ところが儒教では、そうではありません。それ自身を個別的な万物へと変容させるのは究極的リアリティです。「道」が変化をやめることはありません。また、この止むことのない永遠の「道」の変化がリアリティなのです。「道」の存在論的な変容の瞬間ごとに、すなわち、存在のこうした普遍的な変化の流れの時点ごとに、私たちは物理的に知覚可能な事物をとおして、「道」に出会うことになります。私たちは経験的な体験の領域に立ち現れてくる、際限なく多様で変化に富んだそれぞれの事物において、個別の形態をとった「道」と直接的に関わっているのです。

したがって、私たちはこの時点で、「道」が形而上的次元から形而下的次元へと向かう、存在論的な変移の問題に直面することになります。「道」の変移、それは存在論的な「下降」と呼んでよいかもしれませんが、それはどのように行われるのでしょうか。それが問題なのです。

儒教哲学者は次のように答えることでしょう。「道」の存在論的な下降は、「陰」と「陽」という二つの宇宙的で元素的な力が、微妙で複雑に相互作用することによって誘発される。「陰」と「陽」は、「道」に固有の二つの形而下的な力もしくは要素であり、それらは「道」そのものの創造的エネルギーに固有の形式であるから、必然的に、形而上のものを形而下のものへと変容させる。「道」の永続的な変化は、「陰」と「陽」によって表現される「道」自体の内なる創造力によって余儀なくされており、「陰」と「陽」は互いに対立しながら、また補い合うものでもある。事物の普遍的な変化（「易」）は、『易経』によれば、それは「道」以外の何ものでもないが、それは「道」が形而上的次元から下降して、無限の事物事象として形而下的次元の中で、それ自体を開示する存在論的なプロセスである。このように儒教哲学者は言うでしょう。

これら全ての結果は、私たちが経験的な世界において見いだす全ての形而下的な事物が、それぞれ「陰」と「陽」の個別の結合であるということです。銘記すべき重要なことは、それには決して例外がないということです。あらゆる事物は、それが何であれ、その本質的な構造において「陰」と「陽」の結合です。あらゆる事物は、こうした点で、またこうした意味においてのみ、存在論的なリアリティなのです。

そうであれば、これまで述べてきたとおり、もし私たちが儒教が言うように、事物をあるがままに知覚することができるよう自然と作られているとすると、知覚は主として事物のこうした側面〔陰と陽の側面〕に向けられなければならない、と儒者が主張するのは当然のことでしょう。これこそが儒教において、正統と認められた唯一の知覚の形式なのです。それ以外の知覚の形式、すなわち、事物の「陰」と「陽」の要素に焦点を当てない全ての知覚の形式は、偽の知覚とは言わないまでも、二次的な知覚にすぎません。言いかえますと、事物を知覚するとき、私たちは「陰」と「陽」の気の個別の結晶として、それを知覚していることになります。事物のリアリティは、このようにしてのみ知覚可能なのです。

したがって、儒教的な意味において、知覚とは、感覚器官または感覚器官の組み合わせをとおして、外的な対象からやってくる刺戟を受動的に受け取り、そこで所与の感覚的な情報から対象についての心のイマージュを積極的に構築することにあるのではありません。知覚はおもに「陰」と「陽」の要素の配分を、実際に事物の働きの中に直接的に観察することにあります。儒教の観点から見ると、個別の事物は本質的に「陰」と「陽」の気が特定の形をなしたものであるからです。私たちが世界のあらゆるものの中に、世界体験という形而下的次元における自己顕現としての「道」の変容を、「陰」と「陽」の一つの存在論的な混合という形で見るようになる場合にのみ、心の働きは知覚と呼ぶのに相応しいものになるのです。

少しばかり単純な例をとおして、この点を説明してみましょう。私たちの前に、石とゴムボールがあると想像してください。視覚をとおして、私たちにはその石の特定の形とその灰色がかった色が見えます。触覚をとおして、それが固くてごつごつしていることが分かります。そのように与えられる感覚的材料から、私たちは外的に存在する対象に応じて、石の心的なイマージュを形成します。ゴムボールの場合には逆に、私たちにはその丸い形と白っぽい色が見え、触ることによって、それが弾力的で柔軟でありその表面が滑らかだと感じます。これらの、またそのほかの特性に関する感覚的な体験にもとづいて、ゴムボールと呼ばれる外的な対象に応じた知覚を得ることになります。このようなことが、簡潔に言いますと、形而下の対象についての知覚の通常のあり方なのです。

修練を積んだ儒者が、石やゴムボールから観察すると思われていることは、これとは全く異なります。何よりも儒者は、石には「陽」の気が優位であり、一方、ゴムボールには「陰」の気が優位であると認識します。感覚はこの観察のどこにも働いておりません。

それとは正反対に、儒者は感覚がどの知覚の働きにも重要な役割を果たしていると認めます。しかし、硬さや柔らかさ、色彩、形態、そのほかの感覚的な事物の特性は、それが些末でなかったとしても、こうした文脈では、儒者にとって全て二次的な要素なのです。少なくとも第一義的には、それらは問題になりません。本当に問題になるのは、固さと柔らかさという対立が、本質的に「陰」と「陽」の対立であるという事実です。さらに、石やゴムボールが知覚されるのは「陰」と「陽」の対立によってなのです。

もう一つ別の例を挙げますと、火は触覚としては熱く、一方、水は冷たいものです。これは単純な感覚的な事実です。素朴存在論では、火は当然、その特有の性質として、熱さを有する物理的な存在であると考えられるでしょう。水はそのような見かたでは、冷たいという本質的な特性を有するもう一つ別の物質的な存在です。儒教はそれとは逆に、火と水の対立の中に、「陰」と「陽」の対立をより根本的な事実として認識いたします。火が「陽」の事物である一方で、水は「陰」の事物です。このことが火と水の知覚において、決定的に重要なのです。

しかしながら、火が「陽」の事物であり、水は「陰」の事物であるという言説には、一種の過度の単純化があります。すでに示唆したように、儒教哲学者は「陰」と「陽」のあいだに、限りなく微妙で複雑な相互作用があることを認めております。全く例外なく、あらゆるものは二種の気の特異な結合や混合を表現しています。形而下的な世界には、絶対的に「陰」であったり、絶対的に「陽」であったりするものはありません。外見上は、一見純粋に「陰」であると見える事物にさえも、ひそかに忍び込んでいる、また見えないけれどもすでに作用している、知覚できないほどの微少な「陽」の気が含まれているのです。

たとえば、中国暦の十月は、『易経』の六十四卦の第二、「坤《こん》」に当たると構造的に説明されています。

䷁

この卦《か》は「陰」の線のみで構成されています。表面的には、「陽」を指し示すものはありません。この月には、あるいはより厳密に言うと、冬至には、「陽」は完全に消えてしまいます。世界は「陰」の気で満ちており、「陰」はその時には、その絶頂期にあります。しかし、これは状況のただ単に可視的な側面にすぎません。「陰」がその絶頂期に達した瞬間に、「陽」はすでにその逆行を始めています。「陽」の気は、どんなにおぼろげで知覚できないとしても、すでにそこにあります。朱子はこの点について言っています。

坤の爻《こう》に「陽」の要素が全くないと考えるな。「陽」はここでまさに生まれているのだ。それはまだかすかで弱く、認識可能な線を書き入れるほどには十分に強くなっておらず、それゆえに、本格的な「陽」の線では表現されていない。しかし、「坤」の卦の性質を誤解し、そこに含まれた「陽」の要素が全くないという意味で純粋な「陰」であると考えてはならない。(13)

（『朱子語類』巻七十二）

このことは、この卦の最下段の陰爻《いんこう》が明らかに微妙な構造をもっていることを示唆しているように思われます。この卦を構成する他の全ての陰爻と同じく、最下段の爻は――『易経』では常にそこが変化の始まる場所だと述べていますが――明らかに「陰」です。しかしそこには、すでに「陽」へ向かって変化しつつあるという意味での、この特別の陰爻に含まれた存在論的な緊張があります。言わば、弱くはあるが、しかし否定できない「陽」へ向かう性向があります。これに関して興味深いことを述べますと、表面上はその年の純粋な「陰」の時期である十番目の月は、中国では、「陰」の気に囲まれた中にある「陽」の要素の存在をまさしく思わせるものとして、「陽の月」と呼ばれています。

「陰」と「陽」はお互いに絶対に分離できないということについて、ちょうど今、お話ししたことを心に留めておいていただいて、最初に挙げました火と水の例に戻ることにいたしましょう。手始めとして、火が本質的に「陽」のものである一方、水は「陰」のものであるということを思い出してください。すなわち火は、私たちがそれを構成部分へと離散せず、統一的全体であると考える場合、それ自体、「陽」の特質をもつことを示し、また水を同じように考える場合、「陰」の特質をもつことを示します。しかしながら、火が「陽」の特質をもつという存在は、「陰」の要素が火の構成そのものに入り込んでくるのを締め出すわけではありません。それと同様に、水の「陰」の特質は——また儒教によりますと、必ず——「陽」の要素の混合によって、本質的に純粋さが失われています。

☲

実は『易経』では、火の内部構造を、間に一つの陰爻が置かれた二つの陽爻からなる三層で提示しています〔離の卦〕。二つの陽爻があるという事実は、感覚的体験の次元において、「陽」（この場合には、熱さ）の圧倒的な優勢を指し示していますが、一方、一つの陰爻は、その事物自身が燃え尽きるように、その冷却の可能性を指し示しています。あるいは、もう一つ別の解釈によりますと、その三層の構造は、燃えている火は明るいけれども、その真中には暗い域があるという事実の象徴的な表れです。『易経』における水の象徴は、その逆に、間に一つの陽爻が置かれた二つの陰爻からなる三層の構造です〔坎の卦〕。水によって生み出されるそのとりあえずの感覚的な印象は冷たさですが、それがもし温められれば、それ自体の中に温かくなる可能性とか熱くなる可能性を含んでいます。もう一つ別の伝統的な解釈は、外側から見ますと、深い水は（底が）見通せないほど暗く見えますが（「陰」）、内側から見ますと、ほのかに光が当てられています（「陽」）。

☵

これらはただ、わずかで簡単な例にすぎません。重要なことは、『易経』と『易経』にもとづく儒教哲学が、「存在」（「有」）の形而下的な次元に存在するあらゆるものを、「陰」と「陽」の要素によって考えている、ということです。

典型的に儒教的な見解においては、事物（たとえば火）が「陽」であるのは、それが私たちの中に熱さの感覚を生み出すからであるというわけではありません。まさに全くその逆なのです。「陽」の要素が優勢である、独特な「陰陽」の結合が、きわめて特別な「陰陽」の形態を私たちの前で現実化するように、そこに顕在化している場合に、私たちは燃えている熱の感覚を得るのです。つまり、この特別な「陰陽」の形態に、私たちは通常「火」という名で指し示す事物を認識します。この特別な名は、儒者によりますと、その特別な「陰陽」の形態を指し示すために、古代の賢者たちによって設けられたのです。ここで知覚とは、その知覚のプロセスの最も本質的な特徴として、こうした「陰陽」の形態を知覚することを意味しています。

したがって、たとえば火や水に関する知覚において、注意はおもに「陰」と「陽」が互いにさまざまに結合される次元で現れるものに向けられます。このように「知覚」を理解することは、日常的な知覚体験の否定として受けとるべきではありません。それは知覚体験を超えるものでもありません。むしろ、そこで提示されているのは、事物を知覚する私たちの日常的な方法を独自に修正することです。あらゆる事物は、おもに「陰」と「陽」によって知覚されなければなりません。すなわち、あらゆる事物は、「陰」の要素という混合物を含んだ「陽」の事物であるか、あるいは、「陽」の要素という混合物を含んだ「陰」の事物であるか、そのどちらかとして、直接的に知覚されなければならないのです。

冒頭に述べましたように、儒教の世界観は次のような点において、素朴実在論と似ております。つまり、まず、(1) 形而下の世界が客観的に存在する世界であり、また、それが知覚する主体と対立し、それとは識別されるものであるとみなす点です。さらに、(2) 知覚できる全ての事物事象を伴う形而下の世界が本質的に実在であるとみなす点です。しかし、儒教がこうした実在論を説く理論的な基盤は、全く素朴実在論とは異なります。なぜなら、儒教的な実在論が「道」の実在論であり、形而下の世界における全ての事物は、それぞれが「絶対的なもの」の個別の存在論的な自己分節であると考えられているからです。したがって、儒教の実在論は、素朴実在論とは全く相容れない発想なのです。しかし、ちょうど今見たように、全く大雑把なやり方ですが、知覚の働きには「陰」と「陽」の要素が存在することを強調しながら、儒教の認識論の本質を検討しますと、双方のあいだの相違が極めて顕著に出てまいります。そのようなパースペクティヴにおいて、私たちの日常的経験の形而下の世界は、儒教哲学者にとって、素朴実在論の目で見える世界とは完全に異なる世界を形成する、独特の構造をもつものとして現れる、と確かに考えることができると私は思います。言うまでもなく、それは老荘思想や仏教さらにヴェーダーンタ哲学とも異なります。

注

＊ 第四四回エラノス会議（一九七五年開催）のテーマは、「世界の多様性」（Die Vielheit der Welten）。『エラノス会議年報』第四四号、一九七七年。

（1）R. J. Hirst ed., *Perception and the External World*, New York: Macmillan, 1965, pp. 1–2 を参照。

（2）拙著 *Sufism and Taoism*, vol. II, Tokyo, 1967, pp. 48–70 およびエラノス講演「老荘思想における絶対的なものと完全な人間」『エラノス会議年報』第三六号、一九六九年、四一一―四二〇頁〔本書四三―五六頁〕を参照。

（3）デカルト『省察』第一省察（*Meditationes*, I）、および『方法序説』第四部（*Discours de la méthode*, IV）。

（4）この点に関する詳細については、前述した老荘思想に関するエラノス講演「老荘思想における絶対的なものと完全な人間」三九八―四一一頁〔本書二六―四二頁〕を参照。

（5）『唯識三十頌』（*Triṃśikā-vijñapti-mātratā-siddhi*）第二十頌。

（6）シャンカラ『ヴェーダーンタ・スートラ注解』（*Vedānta-sūtra-bhāṣya* II, 2, 28, translated by George Thibaut, 1., Delhi: Motilal Banarsidass, 1968, p. 421）。

（7）シャンカラ『ヴィヴェーカ・チューダーマニー』（*Vivekacūḍāmaṇi*, 522）。

（8）シャンカラ『ヴェーダーンタ・スートラ注解』（*Vedānta-sūtra-bhāṣya* II, 1, 27）。
（9）インド哲学では、サーンキヤ学派が特徴的に「開展説」（pariṇāma-vāda）の立場を主張する。シャンカラが理解した「開展」（pariṇāma）と「仮現」（vivarta）の対立については、『ヴェーダーンタ・パリバーシャー』（*Vedāntaparibhāṣā* 1）を参照。
（10）程明道は、宋代における儒教運動をリードした人物の一人。程明道とその弟、程伊川は、程兄弟（二程）として知られ、儒教哲学を完成させた朱子の直接的な先駆者であった。
（11）『孟子』十四を参照〔おそらく、告子篇下の「曹交問曰人皆可以為堯舜有諸」の章を指す〕。
（12）『エラノス会議年報』第四三号、一九七七年、四一一―四四七頁〔本書二五五―二九三頁〕を参照。
（13）『二程遺書』四十三も参照。

8 『易経』マンダラと儒教の形而上学

第四五回エラノス会議（一九七六年）※

I

マンダラ⑴は、よく知られているように、チベット密教の精神性の基本的なテーマであり、まさに核心です。チベット密教は、絵画的に可視化された形態であれ、神秘的に不可視な形態であれ、その理論的・実践的側面のいずれもが、マンダラのイマージュを軸に展開いたします。チベット密教への広範な関心は、東洋と西洋の精神的伝統に携わる人々の心に、マンダラとその宗教的かつ哲学的な可能性への並々ならぬ関心を引き起こしてきましたが、それは当然のことです。

昨今、マンダラへの一般的な関心は、インド学やチベット学の領域を遥かに超えています。今ではマンダラは、人間心理の下部構造のもつ神秘性に直接、関係する普遍的な問題の一つとみなされ、人間の本質にとって必須で固有であるとみなされるようになっています。

今日、そのような精神的雰囲気の中で、多くの人々が『易経』マンダラについて語っています。こういった人々に特徴的なのは、あたかも『易経』の世界観とマンダラのあいだに、自然な、また歴史的な関係があるかのように、『易経』の世界観をマンダラと結びつけていることです。彼らは私たちの知る『易経』が、あたかもマンダラ的意識の産物であるかのようにこの問題を扱っていますが、『易経』とは決してそのようなものではありません。

もちろん、『易経』をそのように理解することに、いくらかの真実が存在しないというわけではありません。そうでなければ、今年のエラノス講演のテーマとして、『易経』マンダラの問題を選びはしなかったでしょう。私が申し上げたいのは、この問題がそもそも扱われるべきであるならば、ただ十分な慎重さと多少の留保をもって議論されねばならないということです。要するに、私たちは『易経』マンダラを語るにあたり、十分に注意深くなければなりません。なぜなら『易経』は決してマンダラの書物ではないからです。それは、チベット密教の場合のように、マンダラの概念をめぐって展開してはおりません。

儒教の古典としての『易経』と呼ばれる書物の誕生と展開に、千年を超える長い期間をとおして寄与した学者や思想家たちは、だれも意識的にマンダラを作ろうとはしませんでした。『易経』の象徴が構造化され、また『易経』の主要な哲学的観念が形成された過程において、『易経』の世界観をマンダラの形で表すために、意図的で十分に意識的な努力が払われたことはありません。八卦と六十四卦を制定し、それらに元型的イマージュを与えることで、『易経』の基礎を築いた古代の聖人たちも、またそれらの象徴やイマージュに哲学的解釈を与えた宋代の儒者たちも、マンダラを描くことを目指しませんでした。講演の冒頭で示唆いたしましたように、マンダラは元来、インド密教に固有のものです。チベットに伝わりますと、マンダラは本格的な宗教および精神的な方法へと発展しました。唐代の中国を経由して、さらに日本へと広がりますと、真言密教と呼ばれる、並はずれてマンダラ的な仏教が生まれました。しかし、中国の易学者たちが、この系統の仏教と実際の交渉をもつことはありませんでした。

しかし、その一方で、マンダラ的意識という点から『易経』を研究することは、全く非合理的なものでもなければ無意味なものでもありません。前にも述べましたように、カール・グスタフ・ユングがその深層心理学の視座から十分に示したように、マンダラの形成は普遍的な現象であり、人間心理の下部構造に深く根ざしたものです。心的リアリティが、マンダラもしくはマンダラ様の形態をとって、自ら立ち現れるはっきりした特徴的な傾向をもつことは広く見て取れる事実です。それは人格の衰弱や崩壊の決定的瞬間に極めて顕著な仕方で現れますが、より一般的には、何らかの強い心理的緊張の瞬間に現れるという自然な傾向をもつものでもあります。こうした観点から見ると、マンダラおよびマンダラを形成する意識の本質と構造の分析的な研究は、宗教、哲学、芸術、心理学、精神病理学のいずれにおいても、人間の心に直接、関連する研究領域にとって、大変に実り多いものでしょうし、実際、不可欠でもあります。

そこで、『易経』もまた、こうした特別な視座からアプローチできますし、またそうでなければならないことも明らかでしょう。こうした点から見て興味深いのは、『易経』自体が「時」と呼ぶもの、すなわち、六十四卦のそれぞれによって象徴される、人と人間関係の特定の元型的な状況が、肯定的であれ否定的であれ、ほぼ常に緊張状況にあるということです。つまり、どの卦も実際の緊張状況、すなわち緊張が和らいだとか、あるいはまさに緊張が生じようとする状況を象徴的かつ元型的な形で表すように構成されています。いずれの場合も、緊張に関わっているのです。実際のところ、マンダラ意識の視座から『易経』に取り組みますと、その本質的な構造において、マンダラ的とみなしてしかるべき重要な観念が、そこに見いだされます。さらに、何世紀にもわたる歴史的な過程において、『易経』の解釈が、一度は漢代において、さらには宋代において、二度にわたり、著しくマンダラ意識に近づいたことも事実なのです。

『易経』がある単独の著者によって、ある特定の一時期に書かれた書物でないことは、だれもが知っています。それはむしろ、中国史の様々な時代に属する多くの層からなる書物であり、多くの思想家、おもに儒家がその形成に寄与しました。過度に込み入った文献学的な詳細については全て措くことにしますが、『易経』の歴史的形成に五つの主要な層を認めることが、本日の講演の目的には相応しいとだけ指摘しておきたいと思います。

(1)『易経』の最も古い、つまり最も原初的な層は、基礎的な八卦と六十四卦から成ります。一つは分割された線（⚋、陰爻）、もう一つは分割されない線（⚊、陽爻）、その二つの線から成るこの数学的な組み合わせをいかなる人物が考案したのか、それはだれにも分かりませんが、中国文明の起源をめぐって尊重されてきた伝承では、中国最初の伝説的統治者、聖王の伏羲《ふっき》〔包犠とも表記〕に、八卦の創造を帰しております。伏羲は人間の顔と蛇の身体を持つ神話的存在であり、紀元前二九世紀に生きたとされています。『易経』自体が次のようにこの考えを認めております。

遥か昔、伏羲が天下の統治者であった頃のこと。伏羲は天を仰いで、そこにイマージュ〔象〕を観察した。地を見下ろして規範〔法〕を観察した。さらには、鳥獣の美しい姿、特定の存在にかなったそれぞれの場所の様々な特徴を観察した。手近には、自分の身体に様々な規範を認識した。遠くは、周囲にある事物に様々な形態を見いだした。これらの観察に基づいて、彼は八卦を創設し、それによって人々は初めて〈自然〉の神秘的な特質を見抜く洞察力を獲得し、世界の無数の事物の基本的な存在様態を分類することができるようになった。(2)

この一節をここに引用したのは、これが歴史的に正しいということではなく、『易経』それ自体による理解として八卦の象徴的本性に光を当てるためです。しかしながら同時に、この一節が『易経』の後代の層に属するものであることに注意することが必要です。しかし、この一節が重要な示唆をなしていることには、特に注目する価値があります。つまり、全ての事物の元型を表す単純な象徴体系として、基礎的な八卦が考案されたことは、ほぼ確実であるということです。言うなれば、全ての事物の象徴的表現が、その原初的あるいは本源的な元型的イマージュに還元されるのです。

しかしながら、八卦と六十四卦を実際にだれが創案したのか、何も確かなことが分からないのも事実です。ただ、西周〔紀元前一〇二七―七七一〕の初期に、宮廷で公文書を準備し、保存する作業を課された一群の学者たちによって生み出されたのはほぼ確実でしょう。

(2) 第二層は、六十四卦とそれぞれの卦を成す個々の六本線に付随する占いの言葉〔卦辞および爻辞〕から成ります。伝説的な伝統によりますと、通常、卦辞は周の文王が書いたもの、爻辞はその子である周公が書いたものとされています。しかし実際は、宮廷の文書庫で慎重に保管されていた最も重要な占いの言葉のいくつかを、おそらくは西周末期から春秋時代（紀元前七二二―四七九）にかけて、官僚たちが便宜のために、六十四卦とその爻に配当して並べたもののようです。

これら(1)と(2)の二つの層は、八卦や六十四卦と、それらに付随する占いの言葉〔卦辞《かじ》・爻辞〕から成り、『易経』本来の総体、原初的テクストを成しています。

この『易経』本来の総体に、マンダラ的なものが何ら含まれないことには注意が必要です。言いかえると、マンダラ形成の本質的な条件（これは後で説明いたします）を満たすものは何も見いだせません。発展におけるこの段階を考えますと、『易経』はまだ占卜の書、純粋な占いの書です。その占いの方法は純粋に数学的な性質のものです。それより前の時代に行われていた、亀甲占や獣骨占の方法の場合と異なって、『易経』の六十四卦は、単に数に基づく抽象的な型でした。さらに、構造が可視化されないところには、マンダラが形成される可能性は当然ありません。

『易経』の原初的総体に対して、「十翼《じゅうよく》」として知られる十の解説的な覚書、あるいは注釈が後から付加されました。これらは、伝統的には孔子の作とされますが、実際にはその全てが、孔子の教えに従った、後の時代の人々による作です。

(3) 第三層は、そのような注釈のうち最古のもので、六十四卦と六十四卦のそれぞれを成す個々の六本の線に付された占いの言葉（つまり第二層）〔卦辞と爻辞〕を説明したものです。この段階で、『易経』は孔子の孫〔子思のこと〕の作とされる『中庸』と接触するに至ります。哲学的には、『易経』のこの部分が『中庸』の前半と直接に関係しています。つまり、およそ紀元前四―三世紀に、それが成立したことになります。

『易経』の注釈における最古層について、最も注目すべきは、それが二つの宇宙的原理の対立に基づく哲学的世界観を表していることです。一方は剛く強く、もう一方は柔らかく弱く柔軟であり、前者は分割されていない線〔陽爻〕で、後者は分割された線〔陰爻〕で示されます。言いかえますと、「陰」と「陽」なのですが、この段階において、「陰」と「陽」はいまだキータームでありません。それなしに『易経』の対立の概念は、現在では『易経』の世界観に対する私たちの理解と密接に結びついているため、それなしに『易経』を想像することは全く不可能なほどですが、この段階において、「陰」と「陽」の概念は、いまだ意義ある役割をいささかも果たしておりません。「陰」と「陽」という語自体、稀にしか見られません。たとえ見られたとしても、周縁に留まっています。『易経』のこの層において、分割された線は「陰」の原理を示してはおらず、それは柔軟の象徴なのです。同様に、分割されない線は、「陽」の原理を示す代わりに剛強を示しています。

剛と柔の対立は、ただちに老子の哲学の世界を連想させます。この二つの語が、道家の伝統に由来していることは明らかです。よく知られておりますように、老子は剛柔の両極性を、宇宙も人間も全ての存在を統べる二つの基本原理と認め、常にいかなる事柄においても、柔軟を選ぶことの重要性を強調しています。

この同じ二つの原理が、『易経』の世界観に導入されますと、〔老子の場合とは〕異なる仕方で評価されるようになります。つまり、先ほど言及しました儒教の古典『中庸』の精神に対応する形で、新しい別の解釈がこの二つの原理に与えられたのです。二つの原理のうちのいずれかを優先するのではなく、『易経』は発展のこの段階において、至高の重要性をもつのは「中庸」である、すなわち剛柔の中間に位置するものだ、というものの見方を採ります。この場合、「中庸」という語は、もちろん「多すぎず少なすぎず」、すなわち剛すぎず柔らかすぎずという意味です。これはまさしく『中庸』の主要な観念に対応しております。(3)

(4) 次の層は、哲学的に遥かに重要なものです。この層は、「繋辞伝」、すなわち「大いなる論考」〔「大伝」〕と、「文言伝」、すなわち〔『易経』の〕最初の二卦〔乾卦と坤卦〕の意義についての哲学的注釈から成ります。また「八卦の論」である「説卦伝」の前半も、まず間違いなく、この層に属します。これらの注釈の内容を具体的に説明することに時間を費やすのは差し控えたいと思います。(4) ここでは、今日知られているかたちでの『易経』という書の中で、それら注釈書は理論的かつ純粋に哲学的な側面を代表しており、年代的には、同書のこの部分の成立は、およそ紀元前三世紀に『中庸』の後半が成立するのと同じ時期であったと思われる、と述べるにとどめておきます。

特に私たちの当面の目的にとって注意すべき最も重要な点は、この層において剛柔の対立が、「陰」と「陽」の対立によって置き換えられたことです。分割された線〔陰爻〕と分割されない線〔陽爻〕が、ここで初めて「陰」のエネルギーと「陽」のエネルギーを示すようになったのです。これは『易経』が、この段階において、それまでまったく別々に発展してきた陰陽家の観念と交渉をもつに至ったことを示しています。

陰陽家の学者たちは、自然哲学に取り組んでおり、言うなれば、彼らは第一義的に、世界の起源と形成、さらに全ての自然現象を「陰」と「陽」の力の増減運動によって「科学的」に説明することに関心を抱いていました。この理論〔陰陽説〕は、五行説という別の理論、すなわち木・火・土・金・水という、自然の五元素の理論と結びつけられました。これら五元素は、一年の四季および世界の四方位と関連づけられました。火は夏と関連づけられて、南に位置づけられ、水は冬および北、木は春および東、金は秋および西に配される一方、土は中立的もしくは一般に全てによって共有されるとみなされて、中央に位置づけられました。これは明らかにマンダラの原初的な形態です（図1）。

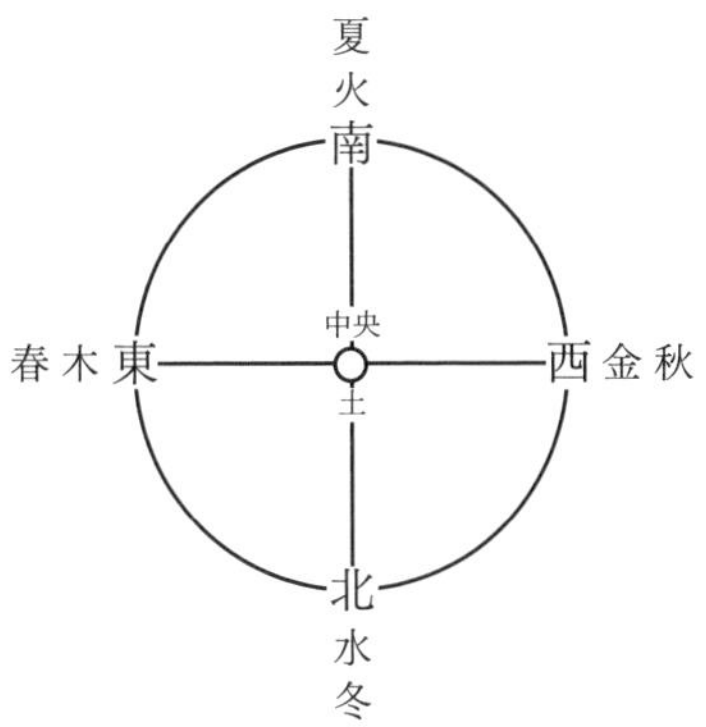

図1

他方、陰陽家の学者たちは、占星術、数秘術、呪術、占術のような秘技の実践にも深く携わっていました。彼らの活動のこの側面もまた、『易経』六十四卦のマンダラ的理解の発展に大いに貢献しました。

儒家は陰陽説の多くを自分たちの思想体系に同化吸収しました。こうした接触の中で、最も注目に値する結果は、儒家が「陰」と「陽」を受容したことです。この段階から、「陰」と「陽」は『易経』の世界観全体における二つの極となり、こうした基盤のうえに、精緻な哲学体系が築かれました。そのことによって、『易経』は占卜の書であることに加えて哲学の書にもなり、この二重の受容力を有したことで、公的な儒教の正統的古典として、その地位をしっかりと築いたのです。

(5)　歴史的な形成における『易経』の第五の、そして最後の層については、[5]本講演の視座からは、言うべきことはあまり多くありません。ただ、「説卦伝」と呼ばれる興味深い「八卦の論」は、八卦を連想する基本的な元型的イマージュを決定する際に重要であり、それがこの層に属すると言い添えておきます。この層は全体として、おそらく漢代の初期、紀元前二世紀に成立したもののようです。

II

これまでやや長めの予備的考察を行ってまいりましたのは、それが私たちの当面の目的のために、まさに必要であると考えたからです。ここで、私たちの主題である『易経』マンダラの本質と構造へと話を進めていきたいと思います。

私たちの課題は、より正確な言葉で申しますと、次のようになります。(1)『易経』に関連して、いかなる意味で、またいかなる観点から、マンダラや意識のマンダラ的状態について語る正当性があるのか。(2) 過去の儒者たちはどの程度、『易経』の宇宙観や人間観をマンダラ化する方向へと進んでいたのか。

これらの課題を巧みに扱うことができるように、マンダラとはどのようなものであるのか、あらかじめ明確な考えを持っておかなければならないことは明らかでしょう。そこで、マンダラとは何かという、この極めて重要な問いに答えることから始めたいと思います。もちろん何よりまず、マンダラ的意識が表現されている、最も典型的で信頼のおける形態を代表する密教にこそ、その答えを探し求めなければなりません。

仏教の密教伝統における全ての形態に伏在する最も根本的な観念は、「真実」が可視的な形態で表現されざるを得ないということです。「真実」の語は、悟りの内的な目に直接に映る絶対的「真実」、すなわち「リアリティ」を意味しています。一方、「可視的な形態」という語句は、主要で原初的なイマージュを意味しており、それは心の「神秘的」深みから、瞑想的な覚知の「聖なる」すなわち清浄な空間へと自然に生起するものです。したがって、「真実」すなわち究極の形而上的「リアリティ」は、それ自体、絶対的に無区別で無限定ですが、それが元型的イマージュとして分節されますと、それ自身の中からある特定の体系もしくは体系群を形成すると考えられます。絶対的「真実」の内的構造を示す元型的イマージュを表示する可視的なパターンは、そのように自然になされたものとして、密教伝統では「マンダラ」と呼ばれます。「マンダラ」とは要するに、ちょうど瞑想状態の神秘家の照明的な覚知において、「リアリティ」がさまざまなイマージュのもつ特定の形式的なパターンへと分節されるように、不可視の「リアリティの神秘」を可視化したものなのです。

密教を信じる人々にとって、絶対的「真実」とは、感覚的形態を離れてその向こう側にある超越的なものではありません。「真実」は、それが感覚的形態において知覚されない限り、抽象に留まります。究極的「リアリティ」は空虚ではなく、形而上的な充溢なのです。この存在の充溢は、マンダラ的形態に配置された元型的イマージュとして、そのさまざまな神秘を人の瞑想的な覚知に顕現します。全てのマンダラ的形態のうち、最も原初的で根本的な形態は円です。また事実、サンスクリット語の「マンダラ」(maṇḍala)は、通常の用法では円、もしくは円盤、輪、玉、車輪、球体のような丸いものを意味します。より洗練された解釈によれば、「マンダラ」は語源的には「マンダ」(maṇḍa)に由来し、茹でた米の浮き泡、乳の稠密《ちゅうみつ》で濃厚な部分、クリームを意味するものですが、抽象的な思考レベルにおいては、おのずと精髄を意味します。しかし、「マンダラ」という語に関する抽象的な理解も、仏教の密教伝統において、「精髄」が「中心」として可視化されますので、「マンダラ」は円のイマージュと連関するようになります。

ここで、以上のように理解されるマンダラの純粋に形態的な側面を考察することにしましょう。マンダラは、単独の一点、小さな点から始まります。現在の文脈において、私たちはこの始まりの段階において、潜在的に円

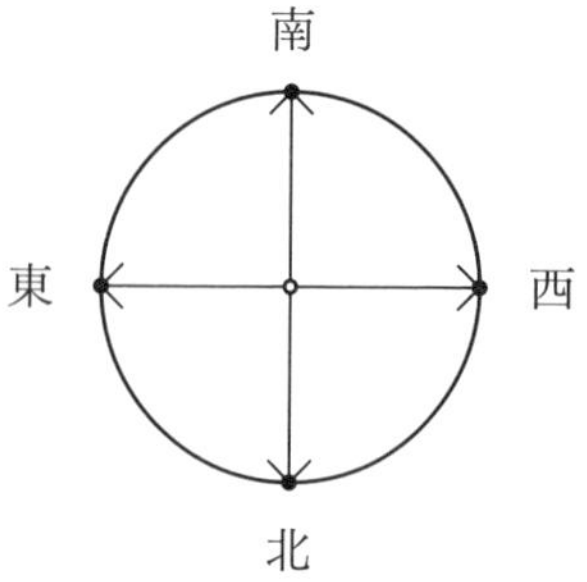

図2

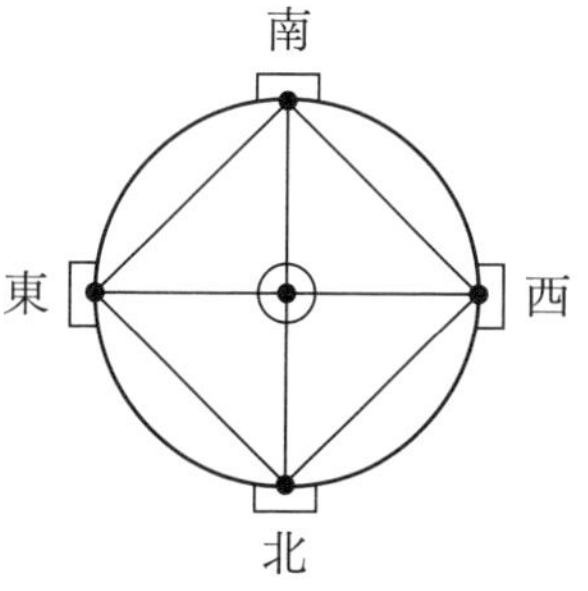

図3

の中心である点をすでに自覚しているはずです。言いかえますと、この本源的な点は、太陽の光のように、あらゆる方向へと自然と広がり拡散する、高度に圧縮され凝集されたエネルギーの一点とみなされます。中心的エネルギーの展開運動によって形作られる無数の線が、南・西・北・東という四方によって限定された位置として与えられます（図2）。ちなみに、宇宙をめぐる古代中国の概念化に従いますと、もちろん南は上方に、北は下方に位置づけられます。中心と羅針盤の四点は円を画定し、この円には、中心から放射されるエネルギーが届き、また再吸収されるべく、そこから中心へと戻るような周囲、もしくは最も外部の限界を示します。

　マンダラ意識の成り立ちを正しく理解するためには、この円は第一義的に、中心的エネルギーの拡張と収縮、拡大と短縮、進展と後退といった持続的な過程の動態的な図像として提示されるべきである点が重要です。その本質と機能については、後ほど詳しく説明いたします。この段階では、次のことだけ言っておけば十分でしょう。円はマンダラ的図像として、純粋に幾何学的な図形としてのみ捉えられるべきではありません。むしろそれは、中心から周囲へ、また周囲から中心へと向かい、永続的に開いては閉じる過程にある、宇宙的エネルギーの範型を可視的に表象するものとして捉えなければなりません。

　マンダラの形態的な側面についての記述を全て満たすためには、四方位をそれぞれ四直線で結ぶことによって、円の内部に四角形を得ること、同時に二つの大きな三角形と四つの小さな三角形を得ることを付け加えなければなりません（図3）。さらに、このように八つの領域が、中央の領域や、四方位点に向かう射影とともに円の内部にできあがると、あるいは人を落ち着かせ、あるいは畏怖させるさまざまな魂の元型的なイマージュ——ふつうは如来・菩薩・諸天部・修羅・餓鬼・畜生という形姿――でそれらの領域が満たされ、対称的に配置され、かくして私たちは眼前にマンダラの原初的形態の一例を目にすることになります。

このように構造化された円は、マンダラの聖なる空間を構成したものであると言えるでしょう。しかしながら、私たちはこれまでのところ、マンダラの形態的な構成についてしか考察いたしておりません。この幾何学的な図形が、真正で本格的なマンダラになるためには、これを本質的に精神的かつ形而上的なものとみなし、私たちがこの円を体験し、この円を生きなければなりません。この円を、それが外面的には同じ円のままでも、内面的に全く異なるものへと転換しなければならないのです。これからは、マンダラのこの内的な側面へと向かうことにいたしましょう。

マンダラのこの側面については、次のように指摘することから始めたいと思います。つまり、マンダラはリアリティのもつ、互いに密接に関係しながらも別々である二側面、の元型的な図像であるということです。すなわち、それらは (1) 心理的な側面であり、(2) 形而上的な側面です。

この二側面のうち、第一の側面について、カール・グスタフ・ユングはかつて、マンダラは自己の全体性の心理的な表現であって、自己の全体性もしくは人格の全体が意識と無意識から成り、個人的であるとともに集合的でもあると言いました。彼が強調するのはもちろん、心の無意識的な次元、潜在意識的な自我の暗い領野のことです。そこには、健全なものも有害なものも、さまざまな心的力が、絶え間なく働いており、恐ろしい幻影や魅惑的な幻影として、昼間の意識という表層に浮き上がろうと、常に待ち構えています。

この心的力は、渾沌状態に放置されると、人格を崩壊させる強力な働きをなし得るものであり、実際にそういう働きをしますが、瞑想の特別な技法によって、その力に特有の秩序をもたらすことができるのです。その技法がマンダラの形成であり、マンダラの瞑想なのですが、歴史的に東洋の密教的伝統において、それらは十全の展開を見せました。その技法は、簡単に言うと、やみくもに流出するエネルギーを抑制して内側へと転じ、自己の原初的な中心に向かって徐々に導くことで、心的力の渾沌状態から秩序へと引き戻す点にあります。混乱した状態にある諸力は、静寂なる中心点に戻されますと、徐々に落ち着いてきます。まず、自分の精神的エネルギーが、周辺部分、つまり形而下の世界と直接に接触する心の経験的な次元へと向かって展開していき、そのうえで、かなり秩序立った安らかな方法で、中心へと向かって再び包み込まれていくのを観察することから始まります。元型的イマージュを対称的に配置したマンダラの中に、人は全く新しい、有機的で統一ある全体として、自分自身の内的世界を認知――というよりは体験――するわけです。(6)

こうした意味で、マンダラは心理図です。それは元型的な本質に還元された心的リアリティの図像的な現れです。それは魂における深奥の一点に凝集した心的エネルギーの拡張と収縮を表す象徴的な絵画なのです。この凝集したエネルギーが、あらゆる方向へと継続的な放射状の波として流出し、拡張の最果てに到達し、さらにまた、本来の一点へと戻ってくるその様子を、マンダラは図示しています。

マンダラはまた、意識の絶対無分節状態と分節状態のあいだの動態的な関係を表す図像でもあります。こうした意味で、マンダラは心的リアリティの構造そのものに観察される、「一」と「多」の緊張関係を図表的に表現したものです。それは、この内的世界において、「一」が「多」となり、「多」がまた「一」へと再吸収される様子を示しています。

「一」とは、あらゆる心的かつ心理的事象の根本的な基盤です。それは無区別的な全体ですが、多様な元型へと区別されます。それは全てのものがそこから発出し、また全てのものが再び新しい波として流出するために、そこへ戻るような一点です。それは絶対的な意識ですが、この段階において、人は何も意識しないために、それは無-意識です。それは無-意識なのですが、実際には意識の本源なのです。私はそれを意識のゼロ・ポイントと呼びたいと思います。宋代の儒教哲学では、この意識のゼロ・ポイントを「未発」――字義通りには「未だ発動されていないこと」、あるいは「未発の中」――すなわち「未発の状態の中間的均衡」と呼びます。以前、私はエラノス講演で説明したことがありますが、宋代の主導的な儒者たちは、「静坐」として知られる厳格な精神的修練をとおしてのみ、この意識のゼロ・ポイントに到達できると主張しております。

さて、先に区別したマンダラの二側面のうち、第二の側面、すなわち形而上的な側面に話題を移しますが、まずマンダラが宇宙図であるということに言及したいと思います。ただ、それは瞑想的な覚知のイマジナルな次元（これはもちろん〔イマージュ産出的という意味であって〕想像上の《イマジナリー》、ということではありません）から立ち上がる宇宙の範型図である、実に特有な宇宙図であると申しておきたいと思います。純粋な哲学の見地からしますと、マンダラとは、流出論の最も本質的で形而上的な理念の可視的かつ幾何学的な表象であると、うまく特徴づけることができます。それが図式的な形態によって、形而上的な過程を表すからであり、その過程によって絶対的リアリティが、純粋に精神的あるいは観念的なものから、形而下的または現象的なものにまでわたる多様性の世界を生み出すからです。この場合、事物全体が流出と再吸収の形而上的な過程であるという以外は、心的側面の場合と同様に、マンダラは、どのようにその絶対的「一」から「多」が流出し、そして「多」が「一」へと回帰するのかを示しています。ここでは、その過程が宇宙の崩壊と再統合のドラマであるという点において、またその過程が個人によって、そのようなものとして生き直され、再体験されるという点において、それは純粋に知的で合理主義的な類の形而上学とは違っております。言いかえると、その宇宙的なドラマは、心の中で常に永続的に演じられるドラマとして内在化されなければならないのです。この点において、マンダラ意識の形而上的な側面は、その心的側面と究極的に同一のものになります。

マンダラを宇宙図――すなわち、宇宙的な力が展開しては退縮する形而上的な範型――として捉えたとき、それは、すでにお話ししたように、絶対的「一」が自らの内的衝動によってどのように自己を「多」、すなわち宇宙的な力の元型的形状の多様性へと分節するのか、さらに、これらさまざまな形態がどのように「一」へと立ち戻り、また存在の絶対的合一へと再吸収されるのかを示します。

絶対的「一」は、こうして、そこから全てのものが出てくる本源的一点として、また全てのものがそこへ戻っていく究極的一点として意識に現れます。この一点は、宇宙の「中心」として形而上的に可視化されており、宇宙自体はその「中心」において生起して、全ての方向へと拡散する原初的生命エネルギー、それが空間的に全体として広がったものとして表されます。こうして、宇宙は無限に大きな宇宙的円として可視化されます。さらに、宇宙的円は幾何学的な構図として現れますが、その中で、感覚的印象の渾沌たる混乱や事物の現象的な現れは、さまざまな元型と範例からなる体系へと転換され、そのさまざまな元型と範例は、存在のイマジナルな次元の構造を支配する法則にしたがって、対称的に配置されます。このように図像として描かれた宇宙的円こそが、マンダラなのです。

以下のお話から明らかだと思いますが、マンダラ形成において決定的に重要なのは、その中心の一点です。と申しますのは、それが万物の出発点にして終着点でもあるからです。マンダラの構造全体はそのことに基づいております。これまで、すでにお話ししたように、心的リアリティの図像としてのマンダラの場合、その「中心」は、儒教で「未発の中」と呼ばれる意識のゼロ・ポイントです。宇宙図と考えられたマンダラにおいて、「中心」は全ての事物の形而上的な「根柢」(Urgrund)、宇宙のゼロ・ポイントです。そのようなものとして、またそれ自体で捉えますと、そこでは、事物の存在論的な動揺がいまだ生起しておらず、可視的なものは絶対的に何もない、そのような原初的一点という意味において、それは「無」なのです。事態のこの段階に関して、宋代の儒者たちはここで議論されている宇宙のゼロ・ポイントを「無極」、すなわち「無」の究極的「原理」と呼びました。しかしながら、もう一方で、この同じ「中心」はその周縁を、宇宙的生命のエネルギーが無数の事物へ展開し同じ宇宙的エネルギーがその永遠の源泉へ包み込まれる過程が回転する、そのような軸(世界軸 axis mundi)となります。この事態の存在論的な側面から見ますと、その「中心」すなわち宇宙のゼロ・ポイントは、儒教では「太極」、すなわち存在の究極的原理として知られるものです。「太極」という語は、実際、『易経』の書に現れ、ほどなく見ますように、『易経』の宇宙図のいくつかに根本構造を与える際、極めて重要な役割を果たすことになります。

マンダラは普遍的な現象です。人類の長い歴史をとおして、マンダラは無限に多様な個々の形態をとって現れてきましたが、常に根本的な内的一致と構造的同一性を伴っていて、全ての時代や場所において、儀式や芸術といった形式と同じような目的のために供されてきました。とりわけ興味深いのは、たとえマンダラを構成しようと全く意識していないときですら、人が自分の心のイマジナルな次元の働きに自由を与え、また世界と自己の存在全てを絵画の形態で自由に自己表現させた場合には、いつどこでも、マンダラやマンダラ様の図が現れる傾向が見られることです。このことは、人の内的存在の或るレベルで、人の成り立ちそのものにおける何か固有なものとして、マンダラ意識の普遍性を立証しているように思われます。(7)

ただし、マンダラ意識の普遍性と言っても、それが世界の精神的諸伝統において、専ら支配的であるというわけではありません。客観的に見ますと、マンダラはその普遍性と極度の重要性にもかかわらず、心的エネルギーを発散する場の一つにすぎません。そのほかの形態によっても、心的リアリティは表現されるのです。ここで私は、心的リアリティに蓄積された宇宙的エネルギーが、投影したり自己表出したりするそのほかの形態の一つ、すなわち、マンダラ的形態とは全く正反対の特定の形態を取り上げてみたいと思います。「マンダラ」と対比して、それを「アンチ・マンダラ」と呼ぶことにいたします。アンチ・マンダラは、東洋のあらゆる精神的伝統に固有で、禅がその最も代表的なものです。禅仏教をアンチ・マンダラ意識の典型的な表現として検討するのは興味深いことですが、時間的な余裕もありませんので、今は詳しくお話しできません。ただ対比することによって、本講演のおもなテーマであるマンダラ意識のいくつかの側面を明確にするために、この問題について、ただ簡潔に触れておくことにいたします。

禅仏教の伝統にも、円を描く、というよく知られた慣習がございます。中国仏教だけでなく中国思想全体において、一般に円はこの上ない完全性の象徴です。中国思想に元々、備わっているこの傾向――そのように呼んでおきたいと思います――に沿って、禅の老師たちもしばしば、円を描くことで自らの精神的境位を直接に表現しております。禅においては、円はとても重要な象徴なのです。それは観照的な心の深みで体験されるままの究極的リアリティの世界を、図として象徴的に表したものです。

禅において、このように重要な象徴的役割を果たす円は、表面上はマンダラに似ています。すでに見てきたとおり、そこに伏在する精神は全く異なるという以外は、マンダラも基本的には円なのです。形態上は同じであっても、円環的な空間の内的構造が、両者のあいだで異なっております。

マンダラの場合、円とは常に中軸を中心として広がる、区切られた空間です。その中心は、円の構造全体を決定するものですから、円にとって最も重要な部分です。中心とは空間の広がり全体に行きわたる生命エネルギー全体が収斂する一点として明示的に可視化されたものであり、またそうでなくてはなりません。たとえこの空間の広がりが、宇宙の総体を可視化としたものとして理解されるにせよ、また統合的な全体としての心的リアリティの図的な自己表出であるとして理解されるにせよ、中心は生命エネルギー全体が収斂する一点として可視化されるのです。

現在の文脈において、マンダラの円について注目すべき最も重要なことは、マンダラ空間としての円が、一定数の対称的な空間に分割されることであり、各部分それぞれが色彩豊かなイマージュで占められるということです。したがって、マンダラ的空間は心的リアリティの元型的な形態で満たされる心的な場《フィールド》であり、それは完全に充溢した空間です。

禅仏教のアンチ・マンダラ的な円は、それとは全く異なります。禅の円とは、原初的かつ第一義的な「空」の顕現です。肯定的に充溢したマンダラ空間と対比しますと、それは否定的に充溢した空間と特徴づけてよいでしょう。禅の空間は完全な空虚ではなく、十分かつ完全に充溢した空間なのですが、ただ、それが否定的に充溢しているわけです。禅の空間が否定的な充溢であるとは、それが中心を持たない円であるということです。もちろん幾何学的な形態として、禅の円も他の円と同じく、必然的に中心を持っているはずですし、また持っていなければなりません。しかし、禅の円には中心が欠けているというとき、私が申し上げたいのは、可視化はおろか中心の自覚がないということです。円それ自体、そこであらゆる事物が一に、そしてまた一が「無」へと還元される極点なのですが、実に逆説的なことに、それこそがとりもなおさず、それぞれの現象的な外貌をそなえて輝く万物なのです。この意味において、円はそれ自体が円の中心そのものであり、この中心が全て〔全宇宙、万物〕なのです。このような状況では、円の空間の内側に中心があるなどとは、どうしても想像することができません。

禅仏教の始祖である菩提達磨が、「絶対的リアリティ」の本性について問われたとき、「どこまでも明朗で静か、聖なるものは全くない」〔廓然として聖無し〕と答えたと言われています。聖なるものは全くない――そのことこそが、まさしく禅の「聖なる」空間なのです。聖なるものはない――つまり、この円には中心がない、ということです。中心点がない限り、マンダラは成り立ちません。禅は徹頭徹尾、アンチ・マンダラ的なのです。

禅には、その特有の内的経験を表出するとき、逆説的な、あるいは奇妙に見える表現を用いる顕著な傾向があります。現在、お話ししている例においても、中心がまったく欠如した円を示すために、禅者はよく（特に書画や詩文で）円の中心を幾何学的に正しい位置からずらし、いびつなところに置きます。こうしてたとえば、点が円の中心として占めるべき位置から幾分ずれた妙な場所に置かれるのです。それはあたかも中心が取り外され、誤って正確でない場所に置かれたかのようです。このように脱中心化された点は、万物が欠如していることを強調する役割を果たしており、それがあることで、その周りを取り囲む空虚、すなわち否定的に充溢した空間があることを人に気づかせるのです。この点は、全てのものがそこから流れ出て、そこに流れ戻ってくるような原点を示すわけではありません。言いかえますと、この円はマンダラを成してはおりません。

ずらされたこの中心点が、絵画や詩などに表現された場合、たとえば、人の姿――山上で深い瞑想状態で岩にもたれかかる隠者といった姿――をとって現れます。濃霧がこの人物の周りに広がり、周囲の風景を完全に覆っています。目の届く限り、視界に入るものは何もありません。存在する全ての事物の形を吸収する何もない空白こそ、形而上的には「無」であり、禅が理解するところの絶対的な「無区別」です。そして、その絶対的な「無区別」こそが中心なのであり、中心それ自体が円の全体なのです。図として表象され、また実際にこのように体験される中心は、外部に向かって展開することができません。というのも、ここに「外部」はないからです。

マンダラ的な円は全く違います。ここでは、あらゆるものが単一の点から始まります。それは宇宙と心の中心点であり、外部へと広がる創造的エネルギーをもっていて、中心点の周りに恐ろしげな、または魅惑的なイマージュに満ちた円を形成するのです。その結果が、先に述べましたように、肯定的に充溢した聖なる空間であり、それは禅のアンチ・マンダラ的な円の否定的充溢とか否定的充満とは真っ向から対立しています。

こうした点から観察して特に興味深いのは、マンダラの中心的な圏域です。宇宙と心的リアリティのゼロ・ポイントである「中心」は、ふつう壮麗なイマージュです。日本の密教である真言宗において最も典型的なマンダラの形態の一つにおいては、たとえば、この充溢した空間円の中心が毘盧遮那仏《びるしゃなぶつ》、すなわち遍照仏《へんじょうぶつ》〔大日如来〕の、目も眩むまばゆい姿で占められています。それは宇宙的「光」の究極的な源であり、その光線が円の空間全体に遍満しています。中心を囲む空間は、毘盧遮那仏の流出もしくは自己限定としての諸仏や諸菩薩のイマージュで満ち溢れています。

全体として見ると、『易経』の世界観は本質的に禅よりも密教に遥かに近いです。『易経』の精神性は「類型」としては、基本的にマンダラ的であると言ってよいでしょう。ここからは、この点について具体的な事例をとおして論じたいと思います。

講演の冒頭でお話しいたしましたように、儒家たちは『易経』の解釈をめぐって、歴史上、マンダラ形成の意識状態に二度アプローチしました。つまり、一度目は漢代のときでしたし、その後の宋代のときは、もっと顕著でした。漢代には、『易経』についての解釈が、「イマージュと数の学知」〔象数学〕として知られるものが生起するもととなりました。この理論の主要な観念は、先に述べました陰陽家と五行説の圧倒的な影響のもとに発展しました。「イマージュ」〔象〕という言葉は、元型的イマージュあるいは基本的な型を意味し、それらは自然の働きの中に見いだされるものであり、天体の運行、季節の循環、日夜の交代、人間存在と動物の生命、無生命の事物の変化にまで及んでおり、木・火・土・金・水という五つの元素〔五行〕のかたちで観察されます。「数」という語は、五行や、さらに五行をとおして、八つの基本的な卦〔八卦〕に付与された呪術的な数字を意味しました。これは結局、特定の数や数の特定の組み合わせが持つ呪術的な機能を信じる、数の象徴主義の一種となりました。

『易経』がほぼ専ら、占いの書としてのみ扱われたという特定の文脈にありながら、ある種のマンダラ的思考が、おのずとこの書をめぐって発展しました。「洛書《らくしょ》」すなわち「洛水の神秘の書」と、「河図《かと》」すなわち「黄河の図」として知られる有名なマンダラ的図像が、後に宋代において、半ば象徴的で半ば形而上的な『易経』解釈を形成するうえで、極めて重要な役割を果たしましたが、これらは漢代の呪術的・象徴的な精神性の伝統に連なるものです。しかし注意すべきことは、これら二つの図が形態的にマンダラ的ではあるものの、いまだ本格的なマンダラにはなっていないということです。少なくとも第一義的には、マンダラであると意図されておりません。むしろそれは本源的には、数象徴の図として設計されました。すなわち、それは特定の数が特殊な仕方で配置され、それ固有の呪術的な力が十全に発揮されるような「魔方陣」です。二つの図の特徴については、後でさらにお話しいたします。

漢代が終わって七百年ほど後の宋代において、『易経』の世界観をマンダラ化する方向へ向けて、儒教は特筆すべき一歩を踏み出しました。

宋代における一般的なマンダラ的傾向に大変強力な刺戟を与えたのは、この時代の思想家たちのあいだで、抽象的な思考を図像に表すことにひとかたならぬ人気があったからです。実際に、重要な思想体系は宗教的、精神的、哲学的なものも全て図像化されました。その結果、この時代の中国人の知的世界は、図像で溢れかえりました。そして実に興味深いことに、それらの絵画のほとんどが、多かれ少なかれマンダラ的な形態でした。

『易経』を図像化したものの代表として、特に重要かつ有名なのは次の三つです。(1)先ほど述べました「洛書」すなわち「洛水の書」、および「河図」すなわち「黄河の図」ですが、これは道家の隠者で、『易経』に特別な関心を持っていた劉牧《りゅうぼく》〔一〇一一―六四〕によって世に出されたものです。(2)「先天図」すなわち「天よりも先にある図」は、数学の天才であり偉大な神秘家でもあった邵雍《しょうよう》（一〇一一―七七）によって世に出されました。(3)「太極図」すなわち「究極的な存在原理の図」は、周濂渓《しゅうれんけい》（周敦頤《とんい》、一〇一七―七三）によって練り上げられたもので、彼の観念から宋代における典型的な儒教の形而上学が発展したと言われます。まず、これら三つの――より正確には〔「河図」を「洛書」と別に数えて〕四つの――著名な『易経』的図像を、いま述べた順に検討いたしましょう。そのようにする目的はおもに、どのような観点から、またどの程度まで、それらをマンダラ的意識の表現として正当にみなすことができるのかを見極めることにあります。

V

まず、「河図」〔図4〕と「洛書」〔図5〕について論じます。朱子は「河図」と「洛書」の正統性を信じ、次のように言いました。天地は黙しており、言葉で自身を表現することはないので、この世に現れて天地を代弁して語る聖人を必要とする、と。しかし、朱子は次のようにも述べています。「河図」と「洛書」の場合のように、ときに天地は、それ自身を描き出すことで直接に現れもする（『朱子全書』巻二十六、『朱子語類』巻六十五）。

「河図」と「洛書」については、古代中国の文献の多くがその名を挙げて参照しており、二つの図はすでに宋代以前に存在していたはずです。しかし、正確にどんな形態で両者が存在したのかは、だれにも分かりません。『易経』それ自体、先に説明した第四層に属する「十翼《じゅうよく》」の一つの重要な一節において、この「河図」と「洛書」に言及しています。[8]「黄河は図を生み出し、洛水は書を生み出した。それらにしたがって、聖人は象徴を作り出した。」広く受け入れられた伝承の説くところでは、ここに言われる聖人とは、中国の伝説的な最初の天子である伏羲であり、彼によって考案された「象徴」とは、この文脈では、明らかに八卦であると言います。

漢代において、「河図」と「洛書」は、大変な人気を博するようになり、大いに論じられました。そして「洛書」は太古、洛水から聖なる亀の背に載って、この神秘の書が現れたという伝説のために「亀書」としても知られることになりました。また「河図」のほうは、この神秘の図を背負った龍馬が黄河より現れたという伝説にちなんで、「龍図」（または「龍馬図」）としても知られることになったのです。しかし実際には、「河図」と「洛書」が、現在、私たちの知るような図で表されたのは、宋代の一一世紀になってからのことです。

河　図

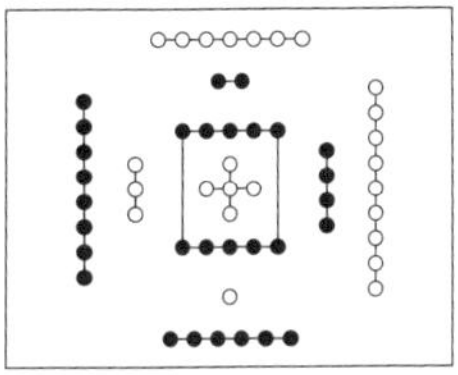

図 4

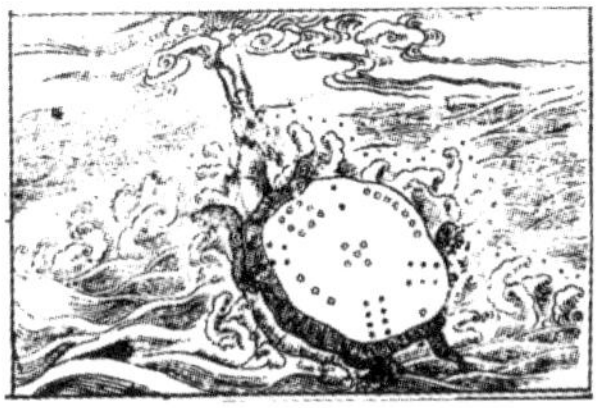

洛　書

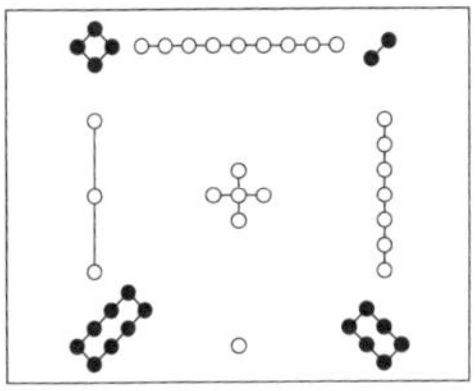

図 5

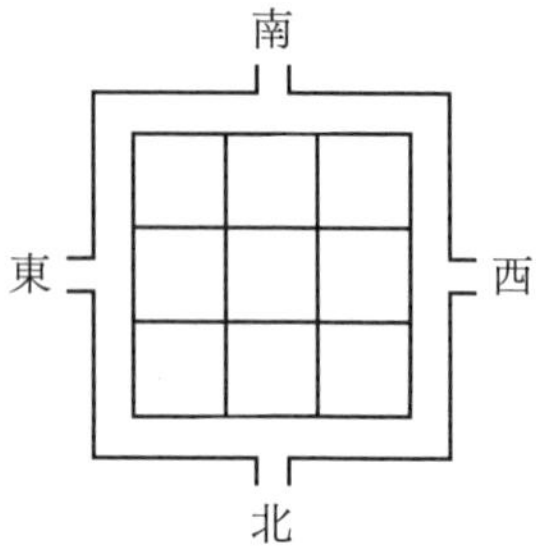

図6

4	9	2
3	5	7
8	1	6

図7

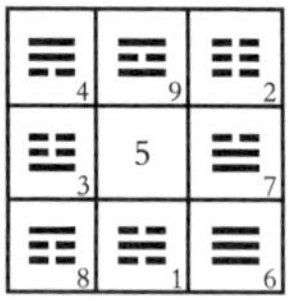

図8

当面の問いは、これら「河図」と「洛書」の二つが、本当にマンダラなのかということです。具体例として、「洛書」をより詳しく検討いたしましょう。

この形態にあるように、「洛書」（図5）は形態上、その構造自体の中で、マンダラあるいは少なくともマンダラ様のパターンとみなすに値するものを見せております。しかし、この図は主として、魔方陣として数学で知られる、数の特別な配置が表現する数秘術に関わっていました。これに関して、「洛書」の図の本源的な理念が、いわゆる〔八卦を八方に配した九宮に基づく〕「九宮図」に由来するものであり、これはそれに基づいて「明堂」を建てるための標準モデルとして、漢代に多く論じられたことに注意を促しておきたいと思います。明堂とは、天子が時節ごとに室を変えて、朝儀、政務、儀礼を行うために特別に建てられたという天子の宮殿です。単純なパターンに還元しますと、明堂とは九つの区域ないし九つの部屋〔九宮〕に分けられた大きな正方形で、四方に向かって四つの門があります（図6）。

これ自体が明らかにマンダラ的な構造をもつことを観察できるのは興味深いことです。しかし、このモデルを考案した人々はほとんど専ら、数の呪術的機能にのみ関心を抱いていました。だから彼らは、横方向・縦方向・対角線上の各列にある三つの数字が、合計するといずれも十五になるように、九宮のそれぞれに一から九の決まった数を配したのです。これは魔方陣以外の何ものでもありません（〔右頁〕図7）。このように数を特別に配置することは、まさに「洛書」において図として再現されています。

しかしながら、付け加えなければならないのは、漢代の頃には、すでに『易経』の八卦が、〔九宮の〕「中心」を除く八宮に配当され、八卦のそれぞれが決まった数値を与えられていたことです（〔右頁〕図8）。さらには、この八卦の配列が「説卦伝」（〔十翼〕の一つで、八卦についての論）が与える『易経』の八卦の説明を正確に受け継いでいることも観察できるのです。

こうした理解のもとに「洛書」を作り直し、八卦を特に際立たせて、四方・四季・五元素によってその位置づけを表示しますと、さらに六十四卦の段階へ全てを繰り広げる以前に、すでに八卦の段階において、自然と『易経』マンダラを構成することになります（図9）。このような光のもとに見ると、「洛書」が少なくとも暗示的にはマンダラであることが明らかです。

図9

「河図」（図4）についても、同様に考察することが可能でしょうが、ここでは時間がありませんので省略いたします。そのことは現在の私たちの目的には、むしろ余計なことでしょう。カール・グスタフ・ユングが、この図像（彼はこれを「河川図《リヴァー・マップ》」と呼びます）を真正の『易経』マンダラとして取り上げ、その基本的なマンダラ構造をいくぶん詳細に分析したという事実に、みなさまの注意を喚起して[9]この節を終えようと思います。

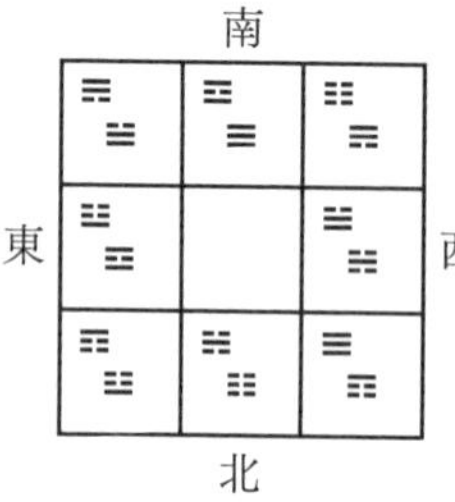

図10

図11

VI

さて続いて、邵雍が考案した「先天図」を取り上げましょう。彼は「先天図」の名で新しく考案したものを、「後天図」と名づけた図と対にして世に問いました。「後天図」は、先ほど検討したマンダラのことです〔図8〕。つまりそれは「洛書」に由来するマンダラであり、指摘したように『易経』自体に見いだされる八卦の説明と厳密に対応する構造をもっております。

「洛書」マンダラ——または、邵雍が呼ぶように「後天図」——は、すでに見たとおり、魔方陣として知られる数の特別な配置で構成されています。邵雍は、数秘術の師匠であり、同様に魔方陣にも関心がありました。そのために、新しく図像を考案するにあたり、数の本来的な配分をそのままにして、図10に描かれるような仕方で、数に対応させる八卦の配置を変更しました[10]。

こうして同一の魔方陣が新しい象徴的意味を伴って改変され、新たな『易経』マンダラ〔先天図〕へと自然に発展したのです〔図11〕。その内的構造はこの後、見ていきますように、非常に重要な哲学的な意味あいをもっております。

「後天図」は、先ほど指摘したように、『易経』の有名な一節〔説卦伝〕にもとづき、そこでは八卦のあいだの連続的な関係が説明されています。あらゆる事物の開始点は、東に位置づけられています。東は「震」卦で示され、その元型的イマージュは雷です。雷は動、あるいはむしろ強い振動であり、それによって創造者は全ての事物を存在へと生起させるのです。一日の進行のうちで、これに対応するのは明け方であり、季節は春、開花と生育・拡大の始まりのときです。

次に来るのは「巽」という卦で、その元型的イマージュは風です。位置は南東、時間は午前、季節は春と夏のあいだの時期です。この段階で、創造者はどの事物も適切な場所に据えて、初めの渾沌状態に秩序を与えます。次は「離」という卦で、その元型的イマージュは火で、熱と光の両方を象徴し、南に位置します。時間は正午、季節は夏です。この段階で創造者は全ての事物を自由に育て、その結果、万物は互いの栄華を楽しむかのように、互いに自己を開示します。

第四は「坤」という卦で、その元型的イマージュは地です。南西に位置し、時間は午後、季節は晩夏です。ここでは、創造者は万物を育む勤めを地に委ねます。

西には「兌」という卦が位置し、その元型的イマージュは沢または沼で、性情は悦です。時間は凪、穏やかな夕方であり、季節は中秋、実りのときです。万物はこの段階で喜びに満ちています。

第六は「乾」という卦で、その元型的イマージュは天です。日に関しては夜中の時間帯、季節では秋と冬のあいだで、北西に位置します。北西は「陰」の方向ですが、乾そのものは純粋な「陽」です。結果として、これは「陰」と「陽」の力が互いに拮抗する段階です。

第七は「坎」という卦で、その元型的イマージュは水、北に位置し、時間は真夜中、季節は真冬です。この段階では、全ての事物が休息の場所に最終的に戻るに先立ち、もがき苦しみます。

この順序で最後に来るのは「艮」という卦で、その元型的イマージュは山、その性情は止、位置は北東です。日に関しては夜と朝のあいだで、季節は冬と春のあいだです。この段階において、全ての事物は完成へともたらされます。すなわち、これは終焉つまり死ですが、次の段階で生まれ変わることを意味します。

「後天図」が象徴的想像力の次元で描き出すのは、八つの宇宙的な力の交代という永続的で終わることのない循環過程であり、これはまた万物が存在として現れ成長し成熟し、ついに衰退して、死する過程でもあるのは明らかでしょう。言いかえると、「後天図」は八卦の働きを表す象徴的な図なのです。それは八卦で象徴される宇宙的な力が、いかにして存在界において実際に作用しているのかを示しています。この図像をめぐる邵雍の見解もそのようなものでした。

しかし、八卦のそれぞれが、観念的あるいは純粋に概念的な存在の次元において確立された本性をもっているからこそ、八卦は存在の形而下的な次元において働くとおりに機能し得ると、邵雍は考えました。言うなれば、「後天図」は、相互に関係する八つの宇宙的な力の本性を図的に再現するもう一つの図像を前提としています。そこで、邵雍は新しい図像を考案しました。形而上的もしくは本質的な先行性を、時間的もしくは歴史的な先行性と読み替え、邵雍は自分の創案を「先天図」と名づけて先史時代の伝説的な天子である伏羲に帰し、彼が周代の文王の作として「後天図」と名づけた図と区別しました。この独自の命名――「先天図」――の背後には、次のような考えがあります。つまり、それは、邵雍の新しい図像が（伏羲が創案したとされてきた）八卦を本質ごとに秩序づけ配置して可視化したものであり、天地が現れる以前の時代からあった永遠なる自然法則に厳密に対応したものである、という考えです。

先に示唆したように、邵雍の「先天図」は、大いに注目すべき哲学的な意義を持っています。なぜなら、「先天図」の哲学的な原理が『易経』の哲学的世界観の構造全体を支配する最も根柢的な観念であり、八卦と六十四卦によって表現されているからです。この原理は、二つの対立する力の本質的な相補性です。それは二つの対立のあいだで引き寄せ合い反撥し合う関係に関わっております。いつでもどこでも、宇宙的であろうと心的であろうと、二つの力が出合い相対するときには、両者のあいだに必然的に緊張状況が生まれる、つまりエネルギーの磁場が相互に引き寄せ合い反撥し合う中から生起する、という考えです。

両者のあいだで引き寄せ合いつつも反撥し合うこの関係に関して注意すべきことは、『易経』全体が徹頭徹尾、二つの対立するものは何であれ、対立し合うがゆえに互いに引き寄せ合う、という考えに満ちていることです。対立原理という、一見すると自己矛盾的なこの本性がなければ、「陰」と「陽」の宇宙的な対立はそれ自体、意味も効果もないでしょう。

したがって『易経』は宇宙のことを、多種多様な対立の場《フィールド》から構成される複雑な体系だと見ます。その全てが、最も根柢的な対立の個別化された顕現、すなわち「陰」と「陽」という二つの宇宙的な力の顕現なのです。この考えによりますと、宇宙とは調和した全体であり、「陰」と「陽」の対立の現実化というさまざまなレベルにおける対極的緊張のさまざまな形態を基盤として成り立っています。さらに、これら対極的な緊張の場の全ては、先ほど見たとおり、対立の原理そのものに固有の調和的な傾向のために、宇宙的な均衡状態へと導かれます。ごく自然なこととして、『易経』は「陰」と「陽」の線〔爻〕を多様に組み合わせることで、この事態を象徴的に再現するのです。

それが、伝統的には八卦と関連づけられる元型的イマージュを特定の仕方で配置することにより、「先天図」が可視化しようとする、そのような光に照らされて見える宇宙なのです。この図像に関して付け加えるべき注意点は、これが外界すなわち物質的かつ形而下的な世界だけでなく、内的宇宙、すなわち心的リアリティの世界の図でもあるということです。言いかえますと、それは心理宇宙図なのです。

以上の予備的な言及を念頭に置きながら、「先天図」の構造をより詳しく検討してみましょう。邵雍は『易経』（「説卦伝」）の一節をもとに心理宇宙図を考案しましたが、その中で、八つの力――八卦で象徴化され、宇宙的かつ心的エネルギーとして理解できるものであり、実際、そうでなければなりません――は、相補的な対立にある四つの対を現実には形成していると考えられます。こうして、雷と風（震・巽）、水と火（坎・離）、山と沢（艮・兌）、天と地（乾・坤）が、それぞれ互いに対立する一対を構成するものとみなされます。「先天図」は、このような状況を図像的に再構成したものなのです。それは四つの区域から構成され、〔四者〕それぞれが二つの対立する力のあいだに、エネルギーの特別な場を自然に再現しており、そのエネルギーは、否定的にも肯定的にも作用し、つまり、同時に、互いを引き離しつつ引き寄せ合いながら働きます。これら全ての、対になる対立する力は、いずれも「中心」においてのみ、また「中心」をとおしてのみ均衡へと導かれる、という点に注目する

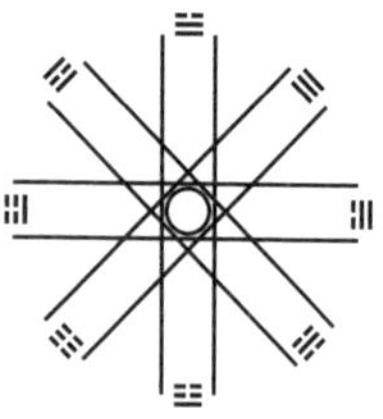

図12

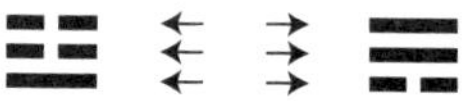

図13

ことが大切です（図12）。これが、この講演の前半部分で説明した「中心」の持つ意義なのです。

すぐに分かることですが、「先天図」においては、対立する〔二つの卦を対にした〕四組は、それぞれ、自分たちのあいだに生み出すエネルギーの場をはさんで、二卦ずつ互いに向かい合うように配置されています。それらの関係性のうち、否定的な側面――つまり、相互的な反発作用――は、互いに反対のものであることによって図示されています。これが意味するのは、対をなす八卦の三本の線全てが、「陰」と「陽」の観点から完全に対立し合うことであり、その仕方は、たとえば、八卦の一つにおいて一番下の線が「陰」でしたら、対となる八卦の一番下の線は決まって「陽」ということになり、逆もまたしかりです（図13）。

反対に、それらの関係性のうち、肯定的側面――つまり、相互的な誘引作用――は、それぞれが可視的にもう一方の残像であることによって、二つの卦が密接に関係し合っていることで示されています。八卦の八角形を発展させて拡大し、その周りに六十四卦の全てが広がるように配置する場合も、この根本構造は完全にそのまま残るでしょう。その〔構造が維持される〕レベルにおいて、六十四卦は対立し合う三十二組の卦を形成することになります。対をなす卦は常に向かい合っており、宇宙的であれ心的であれ、対極的な緊張の特定の場をそれぞれのあいだに形成します。それは、六十四卦に固有の本性であり、冒頭で見たように、形態的な対称性を提供しており、それはマンダラ形成の本質的条件の一つです。これにもう一つ別の重要な観察、つまり、六十四卦という表面上は抽象的かつイマージュ不在の世界が、『易経』の書の中に見いだされるイマージュへの注釈によって示唆されるように、実際は多数のイマージュの世界であると付け加えると、「先天図」は、真正の『易経』マンダラであると認めるべきであろうと思われます。

VII

最後に検討すべきなのは、周濂渓のいわゆる「太極図」です。[11] この講演で論じてきました『易経』の図像の三つ（あるいは〔「河図」を含めて〕四つ）の全ての中で、見たところ「太極図」はその形態的な作りにおいて、最もマンダラ的でないかのようです。事実、朱子によりますと、「河図」と「洛書」が『易経』の神秘的で象徴的な側面を代表するのに対し、「太極図」はその形而上学的・存在論的な側面の図示である、ということになります。こうした観察は、だれもその正しさを疑えないものですが、当然、「太極図」の非マンダラ的な本性を示唆するものと捉えられるでしょう。しかしながら、さらに詳しく検討いたしますと、この図像でさえも、その哲学的構造の中に、大いにマンダラ的なものをもっていることが分かります。

はじめに、縦に配列された五つの連続的な段階から成る、この図像の外的形態を一瞥いたしましょう（図14）。それは全く空白の円から始まります。この円は第一義的に、「無」の究極的「原理」（「無極」）を象徴していますが、このことについては先に論じました。それはその絶対性における絶対的リアリティ、すなわち、その形而上的な無区別あるいは無限定における究極的リアリティです。

しかし、すでにお分かりのように、無区別なものはそれ自身のうちに自己区別あるいは自己限定に向かう存在論的な傾向を蔵しています。その肯定的側面につきましては、同じ絶対的リアリティが「太極」と呼ばれており、それは「存在」の究極的「原理」であり、全ての事物の形而上的「根柢」にして、そこから全ての事物が流出する究極的な本源を意味しています。全ての事物の存在論的な流出は、「太極」そのものの自己変容以外の何ものでもありません。

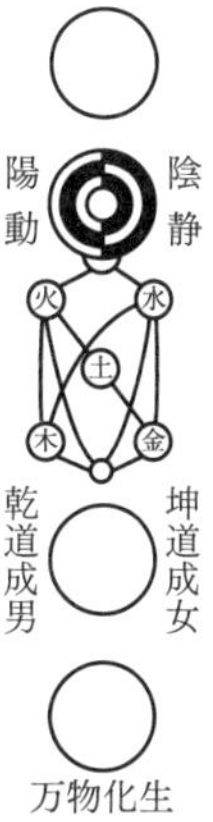

図14

「太極」が自己変容する過程の始めの段階は、「陰」と「陽」の交代を表す第二の円で図像的に再現されています[12]。

「太極図」の第二段階は、四つの同心円からなる円で表され、「陰」の領域と「陽」の領域が中心から互い違いに継起するさまが図像的に示されるよう設計されています。中心の小さな円は「無極」、「無の究極的原理」を象徴します。しかしこの段階では、

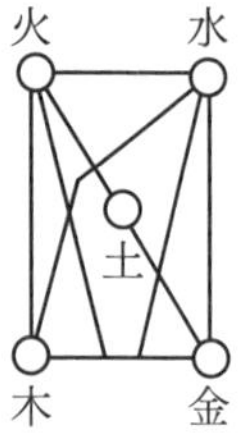

図15

もはや純粋な「無極」ではありません。それはすでにそれ自身が持つ「太極」という働きに関わっています。「陰」と「陽」が交代し続けますと、両者はさまざまな度合いで混ざり合い組み合わされます。それによって両者は、純粋な「陰」、純粋な「陽」としての本源的な純粋性を失い、五元素〔五行〕へと転じます。五元素が互いに力動的に関係するさまは、「太極図」では第三段階として可視化されています。漢代の儒教から受け継いだ観念に基づき、五元素はここでは特定の秩序で互いに相生的であることが示されています（図15）。水は木を生み、木は火を生み、火は土を生み、土は金を生み、金は水を生む。こうして、相互産出の過程は、限りなく永遠の循環運動を続けます。そして五元素の循環運動によって、相互に継起する四季、四方、中心が限定され、「自然」界が現実化されます。

「太極図」における次の段階は、その最高点にして中心点たる人間存在を含む動物界の誕生を表しています。ここでは本源的な「陰」と「陽」が、男性（左側）と女性（右側）という二つの動物的原理の形態で働くことになります。

最後の第五段階は、形而下的なリアリティの段階です。「太極」という宇宙的進展の最果てとして、それは具体的な個物、生物、無生物の存在論的な次元を表しています。そこは無限の色彩と形態から成る、目も眩むほどの華麗さを伴う現象界です。またこれら全ての事物は、みな儚いものです。あらゆるものは変化します。しかし、この段階における「変化」とは、元に戻ることを意味するにすぎません。事物にとって、さらに進むべき場所はもうないからです。進展の過程は、終わりへと至りました。ここからは、存在論的な「回帰」の過程が始まり、あらゆるものは「無」の本源的境位、「無極」へと戻ります。しかしながら、実際に、事物が戻っていく必要は

ありません。ある意味で、事物はすでにここで戻っているからです。それは、あらゆる事物が「無極」そのものの存在論的な変容であり、あらゆる事物がまさに「無極」であるからです。「太極図」は最終段階を円で象徴することで、全ての事物のこうした形而上的で無時間的な本性を、存在の形而下的な次元において可視化しています。それは「無極」そのものを象徴化しているのとちょうど同じ空白の円です。

全ての代表的な『易経』の図像のうちで、「太極図」は最もマンダラ的でないと言うことでこの節を始めました。実際、明らかにそれはマンダラを想起させる形態で表現されてさえおりません。しかしながら、拡張と収縮という宇宙的過程、または宇宙的な諸力が原初的起源から進展して同一の究極的一点へと退縮していく過程を図像的に省察するものとしてその内的構造を見ると、この図像が内包する真にマンダラ的な可能性が存在することに直ちに気づきます。

「太極図」の透明なスクリーンをとおして陰陽体系が透けて見えるように、「太極図」をより基本的な『易経』の陰陽体系に重ね合わせますと、ここで問題となるマンダラ的可能性はより明瞭に見てとれるでしょう。この二つの図像をそのように同時に見ること、またそれら〔「太極図」と陰陽体系〕の基本的な観念を相互に読み込むことによって、『易経』の陰陽世界観が持つ哲学的な深さを見極めることができると思います。

「太極図」に伏在する『易経』の陰陽体系は、『易経』にある短いながらも極めて重要な主張にもとづきます。それは「万物の〈変化〉(易)は「太極」をもつ」から始まります。これは、宇宙的変容の過程――それは正確には、『易経』が第一義的に関わることです――は、「太極」と呼ばれる、リアリティの絶対的で形而上的な次元、「存在」の究極的「原理」における開始点を持つことを意味しています。「太極図」が「太極」さえも超えた形而上的な段階を認め、それを図的に「太極」の上に位置づけて、「無極」すなわち「無」の究極的「原理」と呼んだことが思い出されるでしょう。周敦頤によりますと――あるいは、むしろ朱子によって与えられた解釈によりますと――、「太極」とは、リアリティの肯定的、活動的、創造的な側面、つまり動態〔運動〕における絶対的リアリティとして、宇宙と意識の両方の原点を表象しますが、その動きは、否定的な座を前提としてこそ働くものだ、という考えに基づいています。言いかえると、創造的で変容するリアリティの動態、つまり「変化」〔易〕は、「静」の状態、つまり変化自身の否定的側面に他ならず、時間的にはそうでないにせよ、構造的には肯定的側面に先行するもの、その「静」に起源を持つのです。あらゆる動態は、宇宙の場合であれ心の場合であれ、「静」の原初的一点から始まります。「静」の点こそが「無極」なのです。

形而上的には、「無極」は完全な「空」、すなわち「無」の状態です。それは究極的リアリティの絶対的無区別の状態です。それは無区別なものです。この段階では、何も存在していると言えません。なぜなら「リアリティ」がまだ自己分節していないからです。「無極」は存在論的分節の源泉であるとすら言えません。それは「リアリティ」が「陰」と「陽」へ向かう原初的分節の兆候すら観察できない形而上的な状態であるからです。

これと対応する形で、心もまた絶対的静止の状態にあります。全ての内的な騒めきがそこでは静まっている状態です。意識はそのゼロ・ポイント、すなわち「未発」の状態に戻っています。『中庸』の特徴的な用語法において、それは「中」の状態、心の中心点です。そこでは、いかなる意識作用も全くありません。感情も知覚も思惟も、さらにイマージュもありません。要するに、意識がないのです。全宇宙が本源的「無」に再び吸収されてしまったように、意識も「無」に飲み込まれてしまっています。

意識があって、事物が意識の対象として存在するためには、「リアリティ」が「無極」から「太極」の状態へと立ち戻る契機がなければなりません。「太極図」は「無極」円の下に「太極」円を据えるだけで、この契機の発生を示していますが、それが決定的な形而上的契機です。しかし、この二つの究極的「リアリティ」のあいだにある根本的な差異は、「陰」と「陽」の点ですでに内的に分節されているものとして示される「太極」円によって可視化されています。そのようなものとして、「太極」は「存在」世界の開始点なのです。また、すでに論じましたように、それは『易経』の世界観が始まる開始点そのものでもあります。

「太極」はあらゆる事物の原初的な源、存在の形而上的「根柢」です。宋代の儒教哲学の術語によれば、それは絶対的な「理」です。絶対的な「理」は、個物が持つ個別的な「理」（個的本質）へと分節されるのに先立つ永遠不変の「本質」です。したがって、これらの個的本質は全て、唯一絶対の「理」が個別化された形態なのです。こうした意味における「太極」は、全ての事物の形而上的「合一性」です。「静坐」や「あらゆる事物の「理」の探究」〔窮理〕という修行をとおして、この段階へと高められた心は、この「合一性」を直接に意識します。あるいはむしろ、次のように言うべきでしょう――その心こそが「合一性」である、と。厳密に言うと、心は「合一性」を意識することはできません。それは、そのような心の働きが「合一性」を心と「合一性」から成る「二元性」へと即座に変えてしまいかねないからです。むしろ、意識は「合一性」そのものと同一であり完全に一つです。宋儒によると、意識と事物の形而上的「本質」のこうした合一化は、「脱然貫通」と呼ぶ特別な観照体験をとおしてのみ実現できるのです。

私たちが読み始めた『易経』のテクストは、次のように続きます。「それ（つまり「太極」）は二つの主要な「模範」〔両儀〕を生む（つまり、自己を分節する）。」二つの「模範」とは、二つの宇宙的な力である「陰」と「陽」です。両者は、万物の形成が範とする基本的な「模範」なのです。『易経』において、世界の全ての事物は二つの宇宙的な力のさまざまな程度と形の組み合わせや混合であるとみなされます。これは、創造的変容のまさに最初の段階において、「太極」が「陰」と「陽」に対極化することを意味しています。そして、心はこの段階において、世界のあらゆるところ、あらゆる事物に「陰」「陽」の対極性を認識します。なぜなら、さまざまに組み合わされて、「陰」と「陽」はそれぞれが個別的な「理」を伴う個物を生み出すからです。

『易経』のテクストはまだ続きます。「二つの模範は、四つの形〔四象〕を生み出し（変容させ）、四つの形は、八卦を生み出す（変容させる）」。「四つの形」とは、「陰」と「陽」という二つの線〔爻〕を数学的に組み合わせてできます。「陽」の側には、二つの姿形、「太陽」（⚌）と「少陰」（⚍）が、「陰」の側には、「太陰」（⚏）と

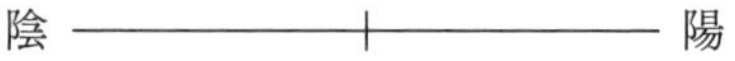

図 16

「少陽」（⚎）が現れます[13]。

これら四つの形の相互関係について、その明白な考えは、次のような仕方で明確に理解できるでしょう。通常、「陰」と「陽」は図表としても概念としても、二つの異なる独立した単位として扱われます。しかし、この考え方は厳密に言えば正しくありません。正当なものの見方は、むしろ両者が一つの連続を形成していて、それは純粋な「陽」と純粋な「陰」という二つの極限のあいだに広がる、単一単独の線として想像すべきものなのです。

この線〔上右図〕全体は便宜上、「陽」の区域と「陰」の区域に分けられ、両区域はこの線の中間点で出会います。「陽」の区域の極限で、最高度の現勢態である「陽」の力は徐々に減少していき、中間点に至ると最弱すなわちゼロになります。まさにその瞬間、それは最弱の「陰」へと自己を変容させ、開始点として「陰」の区域を継続します。こうして「陰」の力は徐々に増加していき、ついには進展の極限に至ります。

したがって、「少陰」は実際には「陽」の力の状態であって、弱まりながら「陰」へと近づいていると考えられます。同じように、「少陽」は「陰」が完全な現勢態に至るまえに、「陽」の要素がなお、いくばくか残留している「陰」の力なのです〔図16〕。「陰」と「陽」の区別は何よりも度合いの問題であり、絶対的に純粋な「陰」と「陽」は観念的、理論的にのみ存在し、現実には「陽」の具体的な現れは、どれも自己の内にいくばくか最小限であろうと「陰」の要素を含み、逆もまた同様であることを、このことは示しております。

四つの形について、その内的構造をちょうど今説明しましたが、それは八卦へと変容し、『易経』の陰陽体系におけるその次の段階を構成します。すでに明らかにしたように、八卦は八つの元型的イマージュを提供し、これら元型的イマージュによって、世界の万物の秩序立った配置を心は意識するようになります。この八卦の体系は、『易経』の形而上学に固有の無分節的リアリティ〔太極〕の原初の分節を表象しています。『易経』は、「八卦が秩序立って配置され、全ての事物の（元型）イマージュ〔象〕はすでにそこにある」（「繋辞下伝」）と言います。別の個所では、『易経』自らこの言説の意味を次のように説きます（繋辞上伝）。「(『易経』の陰陽体系を考案した）聖人は、天下の事物に渾沌たる多様さを見た。そこで、かの人は特定の数の基礎的な型と相似を創造し、象徴的に事物の秩序立った姿を示した。こういうわけで、それらは象徴的〈イマージュ〉〔象〕と呼ばれる」、と。

この言明の哲学的な意味は、次のように説明することができるでしょう。私たちの感覚器官に直接的に訴えかけるような現象的あるいは形而下的なリアリティは、渾沌そのものです。この段階の事物は、無限に複雑で混乱し、無秩序に混淆した感覚的印象として顕現します。しかし聖人の見地から、すなわち悟った心の形而上的な目でリアリティを見ると、渾沌の中から、おのずと立ち上がる特定数の根本的なパターンと形態を観察できるのです。また、これらのパターンと形態にもとづいて、渾沌としたリアリティは適切に分節され、それによって統合的な全体として表象されます。これらの事物の根本的な存在論的なパターンはそれ自体、目には見えませんが、可視的な象徴に転換されます。先ほど引用いたしました『易経』の一節によりますと、八卦は第一義的には、事物の目に見えないパターンの可視的な象徴として確立されたものです。同じことが六十四卦にも言えます。六十四卦は、八卦の形態的拡張以外の何ものでもありません。ただ、六十四卦の段階では象徴がさらに複雑になるという点が違っております。言うなれば、さらに繊細に分節され、結果として感覚的な印象の次元で経験されるリアリティの次元にもう一段階、近づくことになります。

「太極」に始まり、暫定的には八卦（その内的構造については、先ほど説明しました）に終わる陰陽の体系があります。これは慣習的に、「陰」と「陽」の線のさまざまな組み合わせの抽象的な体系として示されます（図17）。「太極」、すなわち体系全体

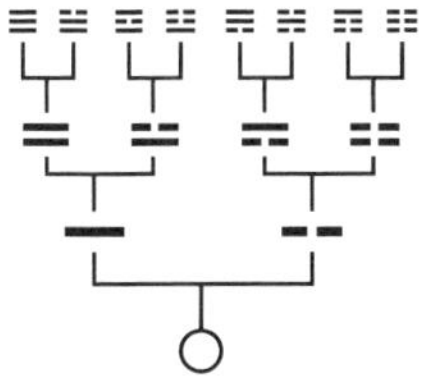

図 17

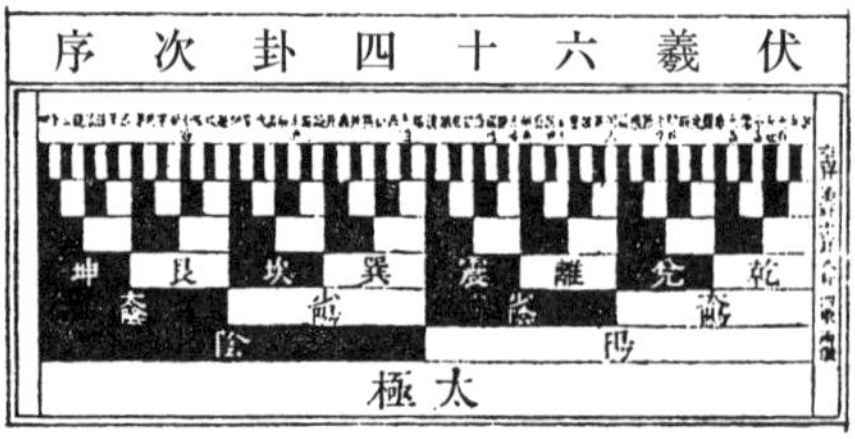

図18

図19

の起源と根柢が下に置かれ、続く段階は一段ごとに上に位置づけられて、本源的「リアリティ」がいかに「陰」と「陽」の諸力のより複雑な組み合わせへと広がっていくのかを図表を用いて示しています。

言うまでもなく、図18の図像で示される六十四卦のレベルに至るまで、「リアリティ」の宇宙的な進展は、依然として段階ごとに進んでいきます。六十四卦のレベルでさえ、進展過程の最後ではありません。実際、それは限りなく続きます。しかし明らかに、『易経』はこれらの象徴をさらに複雑化することは不要と考え、この段階で止めています。

このように考えますと、陰陽の体系のマンダラ的な本質が明らかになるでしょう。「太極」を中心とする円へとこの体系を組み換えますと、そのことがより明らかになります。そのことによって獲得されるのは、マンダラ、すなわち完全な『易経』マンダラです（図19）。

しかし、これは周濂渓が考案した「太極図」をマンダラ化したものなのでしょうか。明らかにそうではありません。この形態で表される場合、そのマンダラは、正確には邵雍の「先天図」において、すでに前段階的に図形化されたものです。それはむしろ周濂渓ではなくて、邵雍に帰されるべき作です。こうした点からすると、『易経』の陰陽体系をめぐってこの節でお話ししたことは、「先天図」のもう一つ別の側面、形而上的・存在論的な側面を説明するものと考えたほうがより適確でしょう。ただ、この側面について、「先天図」の形成に関する考察ではいまだ潜在的で明確になっておりません。

しかしながら、「太極図」は、〔「先天図」と〕同じ『易経』の陰陽体系にもとづく哲学的な作品です。そのようなものとして、「太極図」は同じ線に沿って確実にマンダラ化できるはずですし、その結果は同じ基本的な陰陽体系を持つ『易経』マンダラになるでしょう。しかしながら、それはもちろん「太極図」に固有の形而上的・存在論的な観念によって、かなりの程度、修正されたものになるはずです。それは具体的にはどのようになるでしょうか。それはまだ分からないままです。と申しますのは、「太極図」の完全なマンダラ化は、これから行われるべきものであるからです。しかしながらただ一つだけ明らかなことは、マンダラがその中心として「空」あるいは「無」を持つということです。「太極図」の体系全体が「無極」、「無」の究極的「原理」から始まるという事実から、そのことは明らかです。この概念を導入することによって、『易経』マンダラ——実際の形態がどのようなものであろうとも——がその中心として意識のゼロ・ポイントを持つでしょうし、それはもうお気づきのように、宇宙のゼロ・ポイントでもあるのです。このようにしてこそ、絶対的「一」から「現象的な多」へ、そして「多」から「一」へという進展と退縮の宇宙的かつ心的過程を図表的に表象する真の心理宇宙図として、『易経』マンダラは生み出されることでしょう。この心理宇宙図は、その中心領域が燦然たるブッダのイマージュで占められる密教マンダラに対して、際立った対比を示すのです。

注

＊ 第四五回エラノス会議（一九七六年開催）のテーマは、「一と多」(Einheit und Verschiedenheit)。『エラノス会議年報』第四五号、一九八〇年所収。

（1） 本講演では、ごく特別な場合を除いて、サンスクリット語の maṇḍala は、簡略化のために「マンダラ (Mandala)」と記す。

(2)「繋辞下伝」を参照。後で見るように、「繋辞伝」（ヴィルヘルムの翻訳では「大いなる論考」〔「大伝」〕）は、「十翼」〔十の注釈〕の一つで、哲学的に最も重要である。

(3)『易経』と『中庸』の関係については、以下の優れた研究がある。武内義雄『易と中庸の研究』岩波書店、一九四三年。

(4)優れた解説が次の著書にある。Hellmut Wilhelm, *Eight Lectures on the I Ching*, New York: Pantheon Books 1960; Richard Willhelm, *The I Ching or Book of Changes*, translated by Cary F. Baynes, Princeton: Princeton University Press, 1950, 1967.

(5)「説卦伝」（その後半）は、現行の『易経』に見られるように、一連の六十四卦を少々無理に説明し、「雑卦伝」は六十四卦を多方面から注記している。一部の人たちによれば、いわゆる「大象」〔六十四卦の卦につけられた象伝〕もこの層に属している。

(6) Giuseppe Tucci, *Theory and Practice of the Mandala*, translated by A. H. Brodrick, London: Rider and Co., 3rd ed., 1971, pp. 132–133.

(7) C. G. Jung, *Concerning Mandala Symbolism*, translated by R. E. C. Hull, C. W. 9, I, Princeton: Princeton University Press, 1968, p. 711.

(8)『易経』繋辞上伝。この〔『易経』の〕注釈については、第Ⅰ節を参照。

(9) C. G. Jung, *Concerning Mandala Symbolism*, p. 75.

(10)九つの四角それぞれの、上の左隅にある八卦は、「洛書」マンダラの中で同じ位置を占めるものである。

(11)この図像の起源については、今に至るまで多く議論されてきた。ある意見によれば道家起源とされ、別のものはある仏教の隠者に帰す。しかも多くの異なる形態がある。しかし、この問題は本講演の主題にとって重要ではない。いずれにせよ、朱子がここに提示する「太極図」を示し、彼が短いながらも注目すべき注釈〔『太極図説解』〕を書いたことから、哲学的に最も重要かつ有名である。

(12)『易経』繋辞上伝を参照。

(13)これらの名称、太陽・少陽・太陰・少陰は、『易経』のテクストをなす歴史的層のいずれにも見いだされない。つまり、これらは後代に由来するものである。さらに歴史において、いくぶん混乱した状況が少陽と少陰をめぐって生じた。学者の中には、少陰を少陽、少陽を少陰と呼ぶ人もいる。ここでは朱子が確立した伝統に従う。

9　禅仏教における時間のフィールド構造

第四七回エラノス会議（一九七八年）*

I

太古の昔から世界中のあらゆる場所において、人間は、さまざまな生活レベルや多様な生活領域の中で、常に時間の問題に真摯に関わってきました。このことから、時間にはさまざまな角度から接近することができますし、またそのように接近すべきであるように思います。時間への接近可能な全ての方法のうち、私はここで哲学的な方法を採りたいと思います。言いかえますと、時間の哲学という問題として、仏教の時間概念について論じるつもりです。実際、時間という問題が抱える真の大切さは、宗教や哲学において最も目につきやすい形で現れているように見受けられます。宗教的にも哲学的にも、時間とはおそらく、自らが暮らす世界、自らを取り巻く事物、自らの宿命、さらに自らの存在そのものについて、人間が提起した最も重要な、それどころか最も不可解な問題の一つなのです。

「時間とは何か」という最も根本的な問いに対して、さまざまな宗教体系や哲学体系から多様な回答が提出されてきました。時間の構造はさまざまに分析されてきました。禅仏教もまた、宗教と哲学の一派として、同じ問いに対する独自の回答を期待されるのも当然でしょう。

それでは、禅仏教は時間をどのように理解しているのでしょうか。あるいは、禅はどのように時間を経験するのでしょうか。時間と時間意識の基礎的構造とは、禅によれば何なのでしょうか。これが、今年のエラノス会議の総合テーマ「時間の内と外」すなわち時間と非時間性に沿って、私自身が選びました本日の講演テーマです。

時間と非時間性。全体の中で最も摑み所がない部分は、「非時間性」の語にあると思われます。実際、禅について語るときはいつも、人は「無」について考えます。「無」とは、時間の観点からいたしますと、非時間または非時間性という意味になるでしょう。そうしますと、禅仏教におけるリアリティの経験とは、非時間性あるいは時間の外に出て行く経験に当たるのでしょうか。この問題はそれほど単純ではないように思われます。禅についてばかりではなく、一般的にも、宗教体験や形而上的体験、特に神秘体験を語る際に、「非時間性」、「非時間的リアリティ」、「時間の超越」、「時空間の彼方」などの表現がしばしば使われます。神秘家自身はしばしば、自らの経験を「時間を超える」、「非時間を味わう」などと説明します。永遠性はしばしば、こうした意味で受け取られます。それは正しいのかもしれません。と申しますのは、瞑想に深く沈潜しているとき、時間意識が失われるのは確かであるからです。そうした状態が、無時間的であると説明されるのももっともでしょう。しかし、こうした意味における無時間性、すなわち時間意識の喪失それ自体は、たいして異常なことではありません。気絶してしまった人が時間意識を喪失したという意味では、無時間の状態にあると言えるかもしれないからです。さらに仕事や遊びにおいてさえ、それらに熱心に取り組んでいるとき、時間の流れを意識しなくなるのは、日々、経験していることです。このこともまた、明らかに時間意識を喪失する事例の一つです。

時間意識の喪失や時間の忘却は、本当に無時間性の経験なのでしょうか。そのことは、本当に時間を超えたことを意味しているのでしょうか。それについて、仏教は大いに疑問を表明しています。仏教のものの見方では、時間を超越することは全く簡単な問題というわけではありません。むしろ、それは不可能なことです。意識が休止した状態である瞑想において、人は時間意識を喪失するのかもしれませんが、その種の経験は、時間意識の喪失を無時間性と呼ぶと単純に決めない限り、無時間性や時間の超越とは厳しく峻別しなければなりません。しかしながら、そうすることは、特に仏教が代表する宗教的かつ哲学的な立場からいたしますと、大いに誤解を招きかねません。仏教のものの見方からいたしますと、人は無時間性についてあまりにも安易に軽々しく語っているのです。控え目に申しましても、この問題をそうした次元に単純化するのは間違いなのです。なぜなら、その種の単純化によって人は現実の時間との関係を失い、またそのことによって、とても時間的な本質をもつ心理的リアリティの像を歪めてしまいやすくなるからなのです。

仏教によりますと、そもそも、人間が存在する限り、真の意味で「時間を超える」ことは不可能です。なぜなら、人間であれ事物であれ、存在が本質的に時間と連関しているからです。時間の中でなければ、何ものも存在することはできません。存在は時間に深く関わって抜け出すことはできません。あるいは、後でお話しますように、存在それ自体が時間なのです。

仏教は時間を超えようとはいたしません。仏教が関心をもっているのは、むしろ私たちが時間を経験する方法を変容させることです。時間を排除する代わりに――仏教では、人間が存在する限り、時間を排除することは不可能であると言います――、仏教が提唱することは、日常的な認知経験とは全く異なる時間経験の新たな方法なのです。私たちの日常生活で、私たちが知る世界から排除されるものは何もないはずです。全ての事物はそのまま、そこにあり続けるに違いありません。時間もまた、私たちにとって、まさにあり続けるはずです。実際、ただ重要なことは、私たちが全く新しい光の下で事物と時間を見ることを学んで、潜在能力として私たちの内に眠っている形而上的な視覚という独自の能力を活性化させること、その結果、存在の世界と世界に存在する事物が、それらの存在の深遠なリアリティを時間として明らかにするとき、全く新しい展望が拓けてくるということです。重要なことは、もっぱら私たちの時間のものの見方を完全に変容しなければならないということです。しかしながら仏教によると、これら全ては「時間を超える」ことによってではなく、むしろ時間のリアリティを探究するとともに、私たちの時間意識を根柢から変容させることによって可能となります。これがこの講演において、お話ししたいと考えている主要な問題です。

先ほど述べました時間意識の変容は、意識自体の構造そのものの変容によってのみ起こり得るということを指摘することによって、お話を始めたいと思います。しかし、存在の全体およびその本質的な様態における意識の変容が、瞑想による心の組織的な修行によってのみ起こるというのは、仏教全般の最も基本的な教えの一つです。瞑想は、組織的な意識変容について認められる唯一の方法であって、それは、通常の眼差しからは隠れている事物の形而上学的かつ存在論的なリアリティが開示されるような、内的な状態の実現へと導くのです。

しかしながら、仏教の文脈における瞑想は、形而上的な無や無時間性の超越的体験とそのまま同定（もしくは混同）されるべきではありません。このことはサンスクリット語で、瞑想のために用いられる専門用語、すなわち「止観」（śamatha-vipaśyanā）によって示されています。「止」（śamatha）とは、文字通り、止まること、動かずに静まり続けることを意味します。それは感覚的であれ感情的であれ、あるいは認知的であれ、心が生みだす皮相的な動揺を落ち着かせるとともに、心を静寂の状態に保ったうえで現成させる修行のことです。一方、「観」（vipaśyanā または vipaśyanā）は、事物を詳細に、あるいは区別して（vi-）見つめること（paśyanā）、すなわち、全ての事物を区別して、それぞれの個的リアリティにおいて見ることとか認知することを意味します。このように理解される瞑想は、最も典型的な形としてよく知られる、「海印三昧」（サンスクリット語 sāgara-mudrā-samādhi）において実現されます。これは文字通り、海を刻印された瞑想という意味であって、実際に大乗仏教では、最も高度な瞑想の形態を表現しています。世界における諸事物の最奥のリアリティの秘密について、ブッダが弟子たちに明かしたとき、ブッダはこの状態に入っていたと言われますが、『華厳経』「入法界品」（*Gaṇḍavyūha-Sūtra*）は、そのときに、ブッダが語った言葉の記録であると言い伝えられています。

この名称それ自体が示唆しておりますように、「海印三昧」は瞑想における心の状態を無限なる深海の広がりに喩えています。それは完全に穏やかで静謐であり、波の立たない透明な海面は、染み一つない鏡のように、世界における万物のイマージュを映し出します。海水の静謐さを邪魔するような波もなければ、さざ波さえもありません。そこで、万物が少しも歪むことなく海面に映し出されます。それらは全て、真にそのままの姿で、それぞれ本来の根源的リアリティを顕現しています。明らかなことですが、この種の瞑想は、視界に留まるものが全く存在しない「無」の瞑想と根本的に異なるものであり、あるいはむしろ、それとは正反対のものです。

実際のところ、大乗仏教において、そのように理解される全ての真正な類の瞑想の中で、「海印三昧」が最も存在論的です。それは「一」の背景に対して諸事物を明らかにしているからですが、これはいくつかの種類の瞑想が諸事物を「一」の覆いの背後に隠しているのとは対照的です。全ての事物は、形而上的に無区別の無へと融解するどころか、くっきりと際立って、それぞれが自らの存在論的な輪郭を示します。華厳哲学は、まさにその存在論がこの種の経験にもとづいていますが、目に見える現今の状況について、全ての事物は深い「三昧」(samādhi) の状態にあると説きます。心が三昧の状態にあるばかりではなく、諸事物がそれらの姿を心に現すとき、諸事物もまた三昧の状態にあるのです。さらに、この種の三昧が時間と内的な関係をもっているということ、むしろ、それがまさに特有の時間経験の形式であるということに留意することが肝心です。

一見したところ、また皮相的に見てみますと、「海印三昧」は無時間性の経験から成るように思われるかもしれません。無時間的リアリティの領域にあって、全ての事物が無時間の状態において、永遠に維持されていると想像できるでしょう。と申しますのは、ここには何の動きも観察することができないからです。海は深く静まりかえっています。何も動きません。時間が突然、止まったように思えることでしょう。時間がないのです。これからお話することになりますが、何も動きがないところには、時間もありませんし、時間は存在することができないのです。

しかしながら、注意しなければならないのは、「海印三昧」の瞑想で経験される、存在世界全体を覆う静寂は、「万物の同時炳現」(totum simul) の静寂であるということです。つまり、「万物の同時炳現」とは、過去・現在・未来の事物全体がともに、たちまち一斉に形而上的に現実のものとなり、「非時間性の形而上的な段階」と私が呼ぶものにおいて、全ての事物が普遍的な現成の状態で、自らを提示していることなのです。ここで「非時間性」(a-temporality) の語を用いておりますのは、全ての事物が同時に現成することによって引き起こされる大変独特な時間的状況を、全くの無時間性から区別したうえで示すためなのです。確かに「万物の同時炳現」は、こうした形而上的な状態において、諸事物の時間的な流れが全く観察できないという意味では、無時間的です。しかしながら、一斉に全て同時に、現成する過去・現在・未来の諸事物全体は、独自の「フィールド」を形成しますが、それは当然、内的な時間性とともに脈打つ、高度な存在論的な緊張に満ちております。なぜなら、「万物の同時炳現」の非時間的フィールドが、そのゼロ・ポイントにおいても、また全的で形而上学的な現成という究極的な極限においても、時間を表現しているからです。さらに、そのゼロ・ポイントと形而上的な現成の極限という両極のあいだには、行ったり来たりの存在論的な揺れが永遠に続きます。こうした意味で、「万物の同時炳現」の非時間性は、形而上学的な時間性の独特な次元を成しているのです。

こうした事態の典型例というと、日本密教を代表する真言宗の胎蔵曼荼羅でしょう。真言宗の胎蔵曼荼羅は、ここで述べました「万物の同時炳現」を図像として表現したものであり、全ての事物それぞれが最終的な形而上的な現成として、その中で現れている存在の非時間的な次元が、いかに時間性を孕んでいるのかを明らかに示しています。しかしながら、言うまでもないことですが、非時間的なフィールドにおける時間は、私たちの通常の、すなわち瞑想以前の、あるいは非瞑想的な認知が全く慣れ親しんでいない、極めて微妙な形式を帯びております。言いかえますと、非時間性という独特な次元で眺めますと、時間は日常的な心にとっては、ただ単に無-時間であると受け取られるほどに、必然的に劇的な変容を受けるのです。また、このように変容する瞑想的な時間経験こそが、大乗仏教における時間概念の基盤を成しているのです。

しかしながら、これで大乗仏教における時間論について論を尽くしたことにはなりません。と申しますのは、「万物の同時炳現」の非時間的な時間が、形而上的な時間にほかならないからです。それは形而上的には実在ですが、経験的には実在しないのです。仏教の時間論は、時間論としては、必然的に現実の時間性の領域にまで及ばなければなりません。つまり、経験的に実在する時間、あるいは人間が体験する経験的な領域において現成する時間にまで及ばなければならないのです。時間そのものについては、本講演の第二節において、仏教的なものの見方から詳しく説明するつもりですが、仏教の二次元的構造は、本質的に非時間性と時間性から成っております。さらに、時間の非時間的次元は構造的には、そのままで流れ続けることはあり得ません。それは必然的に、経験的な時間の次元の中で現成されなければなりません。

お分かりいただけると思いますが、経験的な時間に関する仏教の概念は、私たちの常識的な時間の見方に近いものです。しかし、存在の経験的な次元においてさえ、仏教的な時間の見方は、常識的とは明確に違っております。と言うのも、思い起こしますと、時間はいまだ三昧という瞑想体験の一部であるからです。仏教者が語るように、経験的世界の只中にあってさえ、事物はいまだ三昧の状態にあります。瞑想以前あるいは非瞑想的な心から見ると、三昧の状態にある事物の存在構造が、何かふつうでないものとして現れるのは全く自然なことです。さらに、事物がふつうでない形で現れると、時間もまたふつうではない形で現れます。こうした点に関する議論が、私の講演の中心部分となります。それが直接的に本講演におけるおもな問題の核心、すなわち、大乗仏教全般、特に禅仏教における時間概念の理論的な特徴に関わっているからです。

しかし、この段階ではまだその詳細に踏み込むことはせずに、経験的な時間という意味では、仏教の時間に関するヴィジョンがかなり特異なフィールド構造によって特徴づけられているという事実を簡潔に指摘しておきたいと思います。このフィールド構造とは、実際、非時間的なマンダラ的フィールド構造の時間的な射映にすぎないのですが、それは非時間的な「万物の同時炳現」のマンダラ的なフィールド構造とは顕著に異なります。時間のフィールド概念は、時間の直線的概念とは対立しますが、時間の直線的概念は、時間の常識的なものの見方であり、ほとんどの人間が共有している時間の見方です。

実際、常識的な表現のレベルでは、時間はほとんど常に、直線的なプロセスとか直線的な延長、すなわち、過去・現在・未来という三つの明確に異なる部分に分けられた直線として現れます。このようにイメージされて、時間は川のように流れています。時間そのものは空虚で独自の内容もなく、時間はだれも知らない所から到来し、だれも知らない所へと向かっていき、始まりのない過去から現在を経て、終わりのない未来へと、永遠に流れ続けていきます。私たちがこの世界で経験する全ての事物、事実さらに事象は、水面に浮かぶ泡やあぶくのようなものです。それらは現れては消え去り、一瞬のあいだも止まらない時間の流れによって運ばれていくのです。より哲学的に言いますと、時間は全ての存在経験の直線的な枠組みです。時間自体は空虚で内容をもたないとはいえ、過去・現在・未来によって、事物事象に関する日常的経験の全体を構造化する最も基本的な経験の枠組みです。

日常的な経験のこうした構造的な枠組みが、それ独自のリアリティを伴う客観的なものであって、私たちの心とは完全に独立したものとみなされるべきであるのか、それとも、私たちの精神の一形態、すなわち、私たちの心に固有の主観的な認知パターンであるのか。こうしたことはもう一つ別の哲学の問題です。このことについては、西洋における現代哲学の観点からみて、いかに重要な問題ではあったとしても、ここでの文脈において考察する必要はないでしょう。なぜなら、仏教がそうした用語で、時間について問いを提示していないからです。本当に仏教に関わっておりますのは、むしろ、この種の概念における時間が、それが主観的であれ客観的であれ、直線としてイメージされているという事実です。

時間の直線的なイメージュは、常識の世界ばかりでなく、どこにでも見いだされます。一つの典型的な例を挙げますと、ニュートンは『自然哲学の数学的原理』において、「絶対的時間」の概念を提唱しましたが、彼は「絶対的時間」を抽象的な点としての一瞬の連続体として、すなわち、外部の世界と全く独立して、本質的に無限に続く一定で均質的な流れとして定義づけました。言いかえると、均質的な一定量の流れは、外部の世界で動きがあろうとなかろうと、それ自体、切れ目なく続いていきます。世界における全ての事物が完全に停止したときでさえも、時間はこれまで通り、その均質的な流れを続けていきます。こうした時間の概念は、明らかに仏教の時間概念とほとんど正反対に対立しています。仏教のものの見方では、時間が直線的な延長ではないからです。時間は均質的な流れではなく、諸事物の存在と密接に関係していますし時間は動きと相互連関していて、動きのないところには時間は存在しません。心とか意識が時間の構造そのものに極めて密接に関わっているという意味で、時間は客観的なものではなく、非常に主観的なものなのです。

こうした点で、時間がやはり直線としてイメージされてはいますが、仏教のものの見方に近いのが、カントの時間概念です。事実、カントは『純粋理性批判』において、「時間は一本の直線の形以外には表現することができない」と述べています。この直線は三つの主要な部分、過去・現在・未来に分けられます。こうして三つに分割され、不可逆的に過去から未来へと延長していくこの直線が、非常に単純な形をしており、極端に内容の貧しい時間のイマージュです。これがカントにとって、感覚的知覚の内的な枠組みです。カントが時間の純粋主観性を強調した点で、彼は仏教に近いのです。しかし、時間の単純な形式的構造が厳密な不可逆性を特徴とする直線であるという点では、カントの時間のイマージュは、仏教のそれとは全く異なります。

仏教者にとって時間とは、先ほど述べましたように、直線ではありません。それはある一定の方向だけに不可逆的に流れる均質な連続性ではありません。むしろ時間とは、存在の広がりであり、内的構造において複雑で、存在論的な内容において豊かな存在論的フィールドが、常に動きながら並置されている状態です。ここでも、時間は流れていますが、あらゆる方向へと流れています。さらに、その流れは可逆なのです。

時間の純粋主観性という点についてさえ、仏教は根本的にカントとは異なっております。仏教のものの見方では、時間は主観的ですが、それは時間が主体に固有の認知経験の枠組みであるという意味においてではなく、時間が元来、「種子《しゅうじ》」（bīja）として知られる心の存在論的「可能性」の所産であるという意味においてです。ところで、この「種子」は無意識の深みで生まれ、多様な存在の形態において、実際の経験の領域に現れます。しかしながら、大乗仏教において、その特徴的な「種子」理論を伴う時間の主観性のテーマは、一連の微妙で難しい問題を提起することになります。特に無意識という心的領域に関わる微妙で難しい問題につきましては、この段階では、適切に考察することができませんが、本講演の後半部分で扱うことにいたします。さしあたり、ほかに明らかにしておくべき予備的な問題がいくつかございます。

仏教における時間の構造について、すでに何度も「フィールド」という語を使ってまいりました。この語によって示したいのは、身体的であれ心的であれ、あるいは霊性的であれ、あらゆる種類のエネルギー空間のことです。それは二つあるいはそれ以上の異なる要因のあいだで、あるいは、次のように表現するのがよいでしょうか、異なるエネルギーの源のあいだで、それらの要因相互の反発力と吸引力という力動的な関係をとおして形成されるものです。このように理解いたしますと、「フィールド」は一つの特別な存在論的な空間であり、そこには反発しながら引かれ合う、排除し合いながら包摂し合う、二つあるいはより多くのエネルギー源の相互作用から生まれる特殊な種類の緊張感が満ちています。仏教者が心に描く時間とは、まさしくこうした意味におけるフィールドなのです。しかしながら、ここで言う「時間」とは、主として現在を意味するという点に注意する必要があります。過去・現在・未来という伝統的な時間区分に関して、少なくとも大乗仏教では、リアルで現実的である――すなわち、現象としてリアルで現実的である、という意味ですが――のは、現在だけです。それに対して、過去と未来は、現在との内的な関係をとおして、ただ第二次的に現実性を獲得しているだけなのです。

こうした関係の中で、時間のフィールド概念と直線的な概念とのあいだの根本的な違いを考察することが重要です。直線的な時間概念によれば、現在は究極的には、過去と未来のあいだを区分する範囲としての一点に還元されます。直線的な体系における現在は、過去という区分の末尾、さらに未来という区分の開始点として以外には、あり得ないのです。そういうものとして、現在とはほぼ持続することもない一瞬にすぎず、それはその表現において、空間的な広がりが全くない一つの点にすぎないのです。

フィールド概念は、全く異なる存在論的なリアリティ経験に基礎を置いておりますので、時間の構造について、全く異なる見解を切り開いてくれます。この問題の存在論的な背景については、後回しにして、ここでは、時間のフィールド概念の最も顕著な特徴について、いくつか簡潔に考察するだけにとどめておきたいと思います。

まず、次のことを述べておきます。つまり、こうしたものの見方では、時間は現在においてのみ、現実性を持つことになる、すなわち、現在こそが真に存在する時間であるということです。さらに、ここでもまた、直線的な概念と同じように、現在が物理的に一点の瞬間であるということです。しかしながら、こうした考察に対しては、すぐさま、もう一つの遥かに重要な考察を付け加えなければなりません。すなわち、仏教の時間論においては、現在というこの物理的な一点が、その内的構造として一つの点ではなく、先ほど説明した意味でフィールドであるということなのです。現在という瞬間点は、内的に相互作用すなわち過去・現在・未来という三つの時間的要因の存在論的エネルギーの相互滲透によって形成されるフィールドなのです。その中に、過去の諸事物が現在と未来の諸事物に内在し、また、未来の諸事物は過去と現在の諸事物に内在し、さらに、現在それ自体が現在と未来に内在しているようなフィールドです。現在という瞬間の構造とは、こういうものなのです。言ってみれば、現在には存在論的な厚みがあるわけです。現在とは、形而下的には、一つの点と瞬間に還元することができますが、それは全ての時間の集結点であり、そのために、全ての存在の集結点であるという意味において、存在論的に一つの広がりです。ただ、仏教のものの見方においては、時間は存在と同一の広がりを持ち、ついには存在そのものとなります。したがって、過去・現在・未来の相互滲透によって形成される時間的フィールドは、存在する諸事物の全体がそれぞれ互いに滲透し合うことによって形成される存在論的フィールドでもあります。その存在論的フィールドでは、存在論的エネルギーのあいだに、時制上の区別があるにもかかわらず、それらは存在世界を形成するに当たって積極的に作用しているのです。

今、お話ししております時間的・存在論的なフィールドは、何も仏教の時間論に限ったことではないと認めなければなりません。経験的な事実として、それは確かにふつうではないものです。しかし、私たちの通常の、瞑想以前あるいは非瞑想的な生活においてさえも、時としてこの種の時間的フィールドに出合います。それは、仮説に従えば、不変で不断であり、均等で均質な流れであるニュートンの「絶対的時間」の中では、起こり得ないでしょう。しかし、いわゆる人間の時間、すなわち実存的な時間は全く異なる性質をもっています。人間の時間の流れは、私たちの実存的意識に最も密接的に関係しており、それは断続的で不均等です。人間の時間は、均質的ではありませんので、私たちの心理的また心的な状態に応じて、時々刻々、そのスピードや重さを変えます。さらには、マルティン・ハイデッガーが言うところの「世人」(das Man)として、決まりきったパターンに実際に「頽落する」ことがなければ、瞬間ごとに、人間の時間は何か独特で新たなものとして経験されます。

何か日常的でないことが起こったとき、特に実存的な意義のある出来事に出くわしたとき、日常生活の領域における時間の不均質性を、特に敏感に感じるものです。そのとき、その特定の時間は、私たちの生涯、存在全体、そして全ての時間の意義が集中する一瞬として経験されます。時間の流れは一時的に止まり、存在の全エネルギーは一点に収縮されます。異常なほどの精神的集中と実存的な密度から成る一つの時点が生まれます。注目すべきことは、異常なほどの集中と密度のこうした瞬間が、個人や人間の私生活に限ったことではないという点です。こうした瞬間は、キリストの十字架上での死の瞬間や、明けの明星のもとでブッダが悟った瞬間などによって例示されるように、人類の歴史において、ときどき比較にならないほど、大きな重みをもって生起します。こうしたそれぞれの瞬間は「カイロス」(kairos)、すなわち、人類の歴史全体の意義をある一点に収縮している歴史的な瞬間です。つまり、このことが、まさに仏教者が「時」の語によって理解しているものなのです。

この点に関して留意すべき重要なことは、ちょうど今、説明した意味で理解される「カイロス」が、私的な経験や個人的な経験のことがらとして受け取られようとも、あるいは、人類全体にとっての歴史的な出来事として受け取られようとも、稀な機会にだけ経験される何か非日常的なものであるということです。しかしながら、仏教は次のような立場を採ります。つまり、時間そのものはこうした「カイロス」の瞬間の連続であって、それはこのようなものとして経験され、このようなものとして生きられ、このようなものとして現実化されるという立場です。そのことを実感したとき、人は悟りに達したことになります。これこそが、時間意識という観点から見ますと、あるいは時間意識という点で、仏教における悟りの体験の内的構造なのです。したがって、仏教では次のように説きます。時間とは無数の瞬間の並置であり、それぞれの瞬間はふつうではない――常識の観点から見れば、「ふつうではない」――存在論的な密度と存在論的な厚みの瞬間であると言います。実際のところ、すなわち仏教の視座から見ますと、こうした点では、ふつうでないことなど全くありません。形而上学的―存在論的なリアリティにおける時間は、ただ単に「フィールド」すなわち「カイロス」の瞬間の連続であり、それ以外の何ものでもありません。このことは、時間が心に時間意識として現れるとき、時間が呈する「ふつう」の形態であり、またそうであるべきなのです。

したがって、仏教によると、時間とは分離した瞬間点の連続です。仏教者が説くように、それぞれの瞬間点はそれ自体、完全に「前後で切断された」独立の単位です。これら独立の分離した単位はそれぞれ、現在の時点であり、さらにこうした現在の時点は存在論的フィールド、すなわち、過去と未来の全ての人間の経験の総体が凝縮された独特な種類の内的空間です。それは全ての事物の相互作用から生起する存在論的な緊張に満ちた内的な空間、すなわち、実存的な単位へと圧縮された全時間なのです。時間とは本質的に、私たちの意識の中で順番に並べられた、こうした分離した現在の瞬間から成る連続なのです。このことが暗示しているのは、私たちが自らの存在の瞬間ごとに、時々刻々と新しく異なる形で現れ続ける存在全体を経験しているということです。講演の冒頭でご説明いたしましたことに照らしてみますと、全く明瞭なことですが、ここで述べたような、多数の「フィールド」として現在の瞬間が連続している状態は、非時間性の形而上的次元で、永遠に実現される「万物の同時炳現」が、時間性の存在次元の中で現実となることにほかなりません。これは時間性という鏡に映った非時間性の射映、いわば自己イマージュそのものなのです。

日本の禅宗では、時間概念が洗練されたこともあり、ここまで、大乗仏教において時間概念の要点であると考えられることについて、その概要を説明しようとしてきました。実際、日本の禅は、少なくとも時間概念の哲学的な扱いにかけては、大乗仏教の展開の長きにわたる歴史的な過程の中で、まさしく最終的な究極の頂点であると考えられるでしょう。ただ、私はここまで意図的に、かなり一般的な用語で、むしろ抽象的な用語を用いて話してまいりました。これからは大乗仏教全般、特に禅仏教における時間概念の分析に対して実存的な深みと理論的な厳密さを与えようと試むに当たり、これまで述べたことを実証するために、より具体的なデータを提示しなくてなりません。

こうした点を考慮いたしまして、まず大乗仏教における時間の概念の歴史的展開について、いくつかの事実を提示し、それから道元が主張した禅の時間構造について分析したいと思います。道元は、最も傑出した十三世紀の禅師であり、おそらく中国と日本の禅の歴史をとおして、最も思慮深い哲学者でした。

時間概念の歴史については、仏教が当初から時間の問題に強い関心を示していたと銘記しなければなりません。実際、ある点においては、ブッダが自らの独特な時間経験にもとづいて教えを創始したと言えるでしょう。なぜなら、いわゆる存在の儚さ、すなわち、世界における全ての事物が絶え間なく変化することが避けられないこと——こうした点に関する明快な認識が、ブッダ自らの回心を促し、彼の宗教的な教えの出発点を形成しましたが、これが結局、時間の問題であったからです。さらに、アビダルマすなわち小乗仏教の諸部派の哲学として知られる最初期の、すなわち大乗仏教以前の段階において、時間はさまざまな部派間における熱い議論の主題でした。特に中心となった問題点は、時間が実在するのか否かというものでした。

講演の時間も限られておりますので、禅の時間概念について、小乗仏教の時代における最初期の歴史資料にまで遡ることはできません。また、時間概念の形成について、道元による最終的な哲学的考察に至るまで、大乗仏教の歴史全体を辿ることもできません。

こうした事情からここでは、華厳と唯識(瑜伽)という大乗仏教の二つの主要な宗派に関心を限定して、これらの時間概念の最も顕著な特徴の概略を述べることにしたいと思います。これら二つの学派のそれぞれが、それぞれの方法で、時間に関する仏教思想の展開の道筋を決定づけました。またそのことによって、仏教における時間哲学を東洋哲学全体の中で独創的なものにすることに貢献しました。簡潔に申しますと、華厳はその存在論において、その特質を示しております。つまり、私たちが今、関心を向けている問題に関する限り、存在の構造と時間の構造とのあいだの本質的な関係をめぐって展開した観念に特徴があります。唯識学派では、時間が日常的に時間として経験される形で表層意識に浮上してくる以前に、それが人間の心の深層で時間が生起する方法を理論的に説明することによって、意識の構造——あるいはむしろ無意識の構造とも言うべきでしょうか——についての独特な分析を基礎にして、時間と意識のあいだに存在する顕著な関係を明らかにしました。これらの問題およびそのほかの関連した問題が講演の第二節の主題になります。

II

さて、大乗仏教における時間の問題の歴史的側面に目を向けるに当たり、まず、瑜伽行派が採った立場について簡潔に述べておきます。この仏教学派は、中国では「唯識」学派として知られております。実際、元のサンスクリット語 vijñapti-mātratā が示すように、「唯識」の語は、文字通り「識のみ」または「意識のみ」という意味ですので、非常に示唆に富む名称です。この派は事実、人間意識の構造に関するかなり独特な分析に関しては、他の仏教宗派と比べると抜《ぬ》きん出ております。

この派のものの見方では、意識とか「心」は、次の三つの異なる層から成る心的領域です。つまり、(1) 六つの感覚と思考能力〔意識〕から構成される表層、(2) 自我意識、すなわち感覚、感情さらに思考の独立した主体としての自己認識から成る中間層、(3) 無意識あるいは潜在意識の深層です。唯識学派の「心」の理論において、中心的な役割を果たすのは、最後に命名されるもの、すなわち「アーラヤ識」(ālaya-vijñāna) と呼ばれる深層です。

この学派の主張の特徴は、存在世界全体が、今しがた述べた三つの連続する層から成る「心」の所産にほかならないということです。したがって、「唯識学派」という名称になっているのです。しかし、このような構造を持つ「心」それ自体の中では、最初の二層、六つの感覚の表層と自我意識の中間層は、それ自体、第三層すなわちアラヤ識の所産です。このアラヤ識はその内的変容をとおして、上部二層を生み出します。そこで、存在世界全体は、内部の世界と外部の世界の両方を包摂しながら、究極的にはアラヤ識の所産ということになります。言いかえますと、全ての事物は、文字通り、「心」における無意識の領域から生起する「現象」なのです。

サンスクリット語の「アーラヤ」（ālaya）という語は「貯蔵庫」、「貯蔵所」あるいは「倉庫」という意味です。したがって、アラヤ識とは、具体的にイメージしますと、内部的なものであろうと外部的なものであろうと、人間が過去に経験したものによって残された全てのカルマ的な結果とか印象が保存されている、一種の貯蔵庫として現れます。身体的な行為であろうが精神的なものであろうが、あらゆる経験は「心」の深層を――この派の専門用語を用いますと――「熏習《くんじゅう》」（vāsanā）して、自らの存在論的な匂いで「香りづけ」ずにはおかないのです。人間経験の「匂い」によるアラヤ識の「熏習」の結果、心理の潜在意識の暗闇の中で、存在論的な可能性や傾向が形成されます。これらの潜在力それぞれは、専門的には「種子」として知られていますが、アラヤ識という貯蔵所に保存されています。それは必要な条件が揃ってはじめて、昼間の意識レベルへと浮上して、認知する主体と認知される客体という二重の形態で出現します。これが唯識学派の説く外部の世界の認知過程ですが、日常言語では、外部の世界の認知過程について、だれか（主体）が何か（客体）を感知するということによって説明されます。実際、主体も客体も、実際には、外部の世界に存在しないのです。外部の世界そのものが客観的に存在することはありません。全てはアラヤ識から生起する存在論的イマージュ（vijñapti）に過ぎず、それぞれはその内部の貯蔵庫に保存された特定の「種子」が現象として現成したものなのです。

唯識の時間論は、「種子」の理論と極めて密接に関わっています。このことが意味しているのは、時間が目に見えない意識の深みから始まること、また時間の本質構造が、専らアラヤ識において「種子」が相互に持っている個別の関係にもとづいていること、さらに「種子」が私たちの経験世界のイマージュを生み出すのに作用する仕方にもとづいているということです。

すでにお話ししましたように、経験的世界の中で事物として認識されるあらゆるものは、それが精神的なものであれ外部的なものであれ、無意識における原初的な潜在性の状態から、意識の表層レベルへと生起する、現成した「種子」によって取られる特定のイマージュ・形態なのです。しかし、これは唯識の存在論の最も特徴的な部分の始まりですが、現成した「種子」は、一瞬たりとも現成の状態において維持されることはありません。次の瞬間には、現成であることを止めてしまうのです。このことが意味するのは、現象的な主体にとって、この瞬間に現象的に現実で現前している事物が、もう次の瞬間には、存在するのを止めてしまうということです。それでは、諸事物が日常的に、ある期間、同じであり続けるような経験的な印象について、どのように説明することができるのでしょうか。唯識学派は、この決定的な問題について、次のように独自の回答を提示します〔左図を参照〕。

　経験的な目には、ある期間、存在し続ける一つの同じ事物（事物Aといたしましょう）に見えるものは、類似の現象的形態が密接に一続きになって、連続して存在するものとして受け取られます。実際には、それは無数の別個の単位から構成される偽りの存在論的な単位であって、こうした単位のそれぞれは、ただ一つの「種子」が現成したものを表現しています。「種子」の現成は、どの場合でも、束の間のものです。たとえば、特定の現象形態（A^1）を生み出す特定の「種子」（a^1）は、一瞬にしてその現成性を失って作用するのを止めます。それは自ら消滅して、もう二度と現成することはありません。そこで、もちろん、それが次に続く現象的形態であるA^2を生み出すことはできません。すなわち、A^2は、「種子」（a^1）とは異なるそれ自らの「種子」（a^2）によって生み出されるのです。

$$A^1—A^2—A^3—A^4— \ldots A^x$$

　ところが、この二つの「種子」、a^1とa^2は、互いに完全に無関係というわけではありません。全く逆なのです。なぜかと言いますと、最初の「種子」a^1が、それ自らの現象形態A^1として現成するとき、それは全く同じ瞬間に、アラヤ識を「熏習する」からです。すなわち、それが現成するまさにそのとき、「種子」は無意識に印を刻み、現成のかすかな結果を残しますが、そのことによって、結果としてそこに即座に、新しい「種子」を生み出します。この二番目の「種子」がまさに「種子」

「種子」a^1 は
現実的な形態 A^1 を
「心」の経験的な層に生み出す。

新たな「種子」を
「心」の深層に生み出す。

a^2 なのです。これは、そのほかの条件全ては同じまま、即座に二番目の現象形態 A^2 を外部の世界において、すなわち、「心」の経験的な次元において生み出すのです。さらに、一連の原因と結果として「種子」が連続して生み出されるこうした過程は、決定的条件が本質的に変わらない限り、無限に続いていきます。これが時間意識の起源なのです。言いかえますと、今述べました、現成した「種子」のあいだの因果関係の瞬間が連続して続いていくということは、これを連続性として捉えるとき、時間的な経過、すなわち時間として表現されることになります。しかしながら、このように生み出される時間は、明らかに、すでにお話しました意識の第二層において形成される現象的自我にとってのみ、存在論的妥当性を持つ主観的な印象にすぎません。直線として表現され、妨げられることなく一方向に向かって進む時間は、唯識学派のものの見方では、ただの妄念、すなわち「心」の自我層に根深く位置する存在論的な妄念なのです。

唯識によりますと、時間に関する真理は、時間が別個の単位の連続であって、それぞれの単位が一つの瞬間点であるということです。そこで、特定の「種子」が特定の形態において、自ら現実に出現するという意味において、それぞれの瞬間は「現前して」います。したがって、現在の内的構造とは、「種子」がアラヤ識から生起して、「心」の現象的次元において、明確な形態でそれ自体を現成するという出来事、および、それと同時に、「種子」がアラヤ識におけるもう一つ別の「種子」を「熏習する」という出来事、それらの出来事が同時に生起することから成っています。さらに、こうした心的な出来事が同時に生起することは、主観的には、自我が外的に存在する客体を知覚するという時間的-存在論的な広がりとして捉えられます。このように、それぞれ独立した出来事である現在という瞬間は、妄念に満ちた心には、あたかも時間と呼ばれるなめらかに進む連続であるかのように見えます。もちろん、このことは、人が悟りに達するとき、時間という幻影は完全に消散してしまうことを意味しております。ただしそれは、この講演の主題とは関係のない問いです。

この講演の目的にとって遥かに重要なのは、次のことを考察することです。つまり、唯識のものの見方では、現在という瞬間点が、単なる一つの瞬間ですが、それ自体の単位に無限の過去と無限の未来とを組み込んでいるということです。これは根本的に「種子」の構造にこそ依っています。アラヤ識に貯蔵された一つの「種子」は、過去のカルマの所産です。カルマそれ自体も、また存在論的な可能性であり、そうしたものとして、必然的に未来を決定します。過去と未来の両方は、現在に影響を与えて、そのあり方を決定づけるという意味において、現在という瞬間にとって内的に現実なのです。現在の瞬間において、過去と未来とが相互滲透しています。現在は、過去と未来の両方によって動かされて、大いに存在論的エネルギーを注がれた瞬間点として自らを現成しているのです。現在とは、このように時間的-存在論的な「厚み」を帯びた瞬間であって、現象的な認知の主体として、客観的に存在する「事物」の形態において、自らのイマージュを感知する「心」にとっては現実なのです。


これが唯識学派の時間哲学を要約した説明です。ここで再度、唯識的なものの見方においては、時間意識が本質的に「種子」の現成という基盤のうえに成り立っているという事実に注目したいと思います。しかしながら、私たちの体験の経験的な次元においては、全ての「種子」が自らを現成するというわけではないことを思い起こさなければなりません。「種子」は無意識の中で生まれますが、必ずしも光さす明瞭な意識の領域へと現れ出てくるとは限りません。「種子」は現成する全ての条件が揃わなければ、自らを現成することがないからです。否定的な状況では、一瞬のうちに現れては消えるいくつかの「種子」が連続して、二つの「種子」のあいだに、瞬間ごとに因果関係を形成しているだけなのです。言うなれば、こうした全ては、厳密にはアラヤ識の内部で起こっています。それは無意識においてのみ、生起している心的な事象なのです。

今や、一つの「種子」が新しくアラヤ識に生まれたと仮定しましょう。あらゆる「種子」は本質的に、瞬間的な性質をもっていますので、二つの連続した瞬間のあいだで、潜在的な状態においてさえ、存続することができません。そこで、この瞬間にアラヤ識に生まれてきたあらゆる「種子」は、次の瞬間には消え去らなければなりません。しかし、それは消え去る瞬間に、もう一つ別の「種子」を生み出します。こうしたことが、現成の全ての条件が揃って、こうした連鎖の最後に存在する特定の「種子」が現実のものになるまで繰り返されます。

アラヤ識の中で、一つの「種子」が新たな「種子」を生み出すこうした過程は、構造的には、二つの瞬間の事象です。それは、すでにお話ししたように、現象的形態において、自らを現成する「種子」によって、新たな「種子」が「熏習」される事象とは対照的です。後者の場合、「熏習」と「現成」とは同時に起こります。全ては一瞬の事象なのです。

ちょうど今、申し上げましたように、二つの瞬間の事象の連続的な出来事、すなわち、現成していない「種子」の連続的な生起は、アラヤ識の内部で起こっていることです。さらに、アラヤ識は無意識の領域ですので、そこで何が起こっているのか、私たちには全く分かりません。つまり、次から次へと連なる「種子」の連鎖が、時間意識を生みだすことはありません。実際、アラヤ識の内部には時間は存在しません。無意識の中で働く存在論的な「種子」が全て、直接的あるいは間接的に時間の潜在力であっても、時間は経験的世界においてのみ現れるのです。

ここで唯識学派から離れて、華厳へと話題を変えることにいたしましょう。華厳思想について語るとすると、どれほど特殊な主題であったとしても、その存在論について語らないわけにはまいりません。存在論は実に、華厳哲学の体系全体の中核であり基盤なのです。こういうわけで、華厳の時間概念を明らかにするために、華厳の存在論について大枠の概要をお話ししたいと思います。この宗派の場合、時間の概念が存在の概念の必然的な結果あるいは拡大として、極めて適確に理解することができると確信しております。

華厳の存在論について、第一に銘記すべき点は、それが全ての存在者の「存在論的な透明性」と呼ぶに相応しい観念のもとに築かれた理論的な構築物であるという事実です。世界におけるそれぞれの存在者は、独特にそれ自体なのです。すでにお話しした「海印三昧」に特有のリアリティの視角にもとづくこの哲学の存在論的体系においては、荘子の世界観を顕著に特徴づける存在論的な「渾沌」のようなものが入り込む隙間は全くありません。それと反対に、ここでは、あらゆるものが各々、独自の輪郭によって明らかに区別されています。事物がそれぞれ互いにぼやけたり区別できなくなることはあり得ないのです。AはA、BはBであって、これらが混同されることはございません。ところが一方、あらゆるものは、閉じた存在である代わりに、そのほかの全てに無限に開かれております。したがって、Aは存在論的にBに対して透明であり、BもまたAに対して透明なのです。すなわち、自らの輪郭をぼやけさせることなく、Aは自由にBへと滲透し、Bもまた同様にAへと滲透していくのです。AとBを超えて、私たちの視野を存在世界全体に広げますと、Aがそのほかの全ての事物、すなわちB・C・D・Eなどへと滲透し、他の事物もそれぞれ一緒にAへと滲透します。そのように言うことによって、同じ存在論的な状況を表現することになります。極端に単純化した形で提示いたしましたが、これが「万物の明瞭な相互滲透」と呼ばれる華厳の存在論の有名な原理〔事事無礙〕によって示唆される状況です。詩的イマージュをとおして、このような存在の視角が時々、次のように表現されることがあります。たとえば、「一つの微塵に、世界全体が包摂される」〔『華厳経』「一一微塵中、見一切法界」、大正蔵九—四一二下〕とか、「一輪の花が咲き、世界全体が春に向けて咲き誇る」〔『井筒俊彦全集』第九巻、四七頁を参照〕などと説明されることもあります。もう少し体系的に、この主題について、お話をいたしましょう。

説明しやすくするために、リアリティが五つの異なる事物、A・B・C・D・Eで尽くされていると仮定しましょう。私たちの目の前にはAが、Aだけがあると仮定します。たとえば、私たちは一輪の花を見ています。この花AはAとして現れています。つまり、Aは明らかに他とは区別されています。ここには、見たところ、ほかには何もありません。しかしながら、華厳哲学によると、このことは、私たちの目の前に、A以外の何もないとは意味しません。この問題の真理とは、むしろB・C・D・Eの全てが、Aを構成するものの内部にあって、常に現前しているけれど

A

B　C　D　E

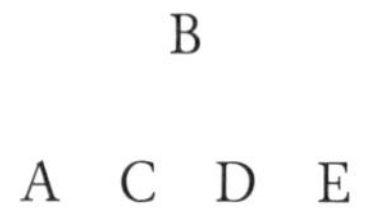

も、それらは隠されている、つまり、存在論的な自己否定の状態にあるということなのです。そうでなければ、Aはそれ自体、Aであることができなくなります。なぜなら華厳によれば、実際に存在するあらゆるものが、世界における他の全ての事物が共同している結果であるからです。Bについても同じことで、AがC・D・Eとともに存在論的な自己否定をとおして入り込むことによって、Bを構成しているのです〔上図を参照〕。ここで、事物の「自己否定」で示したいのは、事物自体が存在論的に無力化あるいは機能停止して、自らを背景の位置に、潜在状態に置き続けるということです。こうして、A・B・C・D・Eのいずれかが、経験的に現前して現実に存在するときはいつでも、残りの全ても、目には見えなくても、そこにあって、その構成に関与しています。こうした意味において、「一即多、多即一」という有名な形而上学的な命題を理解することを華厳は提案するわけです。

この存在論的な事実を視角化するために、華厳では、しばしば独創的な比喩、すなわち、キラキラと輝き合う宝珠〔上図を参照〕が絶えず拡大していく光の網の中で、お互いを映し合っているという比喩が用いられます。たとえば、宝珠の数を五つに限定して、A・B・C・D・Eがお互いに向き合っていると仮定いたしましょう。Aには、B・C・D・Eが映し出されています。そのほかの宝珠でも同様です。つまり、Bには、A・C・D・Eが映し出されていて、そのほかもまた同じということなのです。しかし、これは宝珠が相互に映し合う第一段階にすぎません。

次の段階において、たとえば、A・C・D・Eが映し出されているBが、Aの中に映し出されていることが分かります。その結果、Aの鏡には、B・C・D・EとAそれ自体の映し出されたイマージュが一緒に映っているのです。B・C・D・Eのそれぞれについても同様です。これが、宝珠が相互に映し合う第二段階です。

さらに次の段階においては、A・B・C・D・Eを自らに映し出しているAが、B・C・D・Eのそれぞれに映し出され、それらの全体が再びAに映し出されています。そのほかもまた同様です。五つの宝珠が互いに映し合う過程は、段階ごとにいつまでも続き、ついには、互いに映し映され合って、終わることなく増殖していく壮麗な光の体系が、私たちの前に出現します。「海印三昧」では、存在世界がこのように理解されているのです。したがって、華厳のものの見方では、存在世界はそれ自体、無限の深みや密度の濃い光のリアリティとして現れてきます。また華厳の解釈では、これこそが「一つの極微の塵が生起し、それとともに世界全体が生起する」とか「一粒の砂が世界全体である」などの言葉が持つ真の形而上学的な意味なのです。すなわち、世界において、極めて微細な事物さえも、無限の存在論的な深みをそなえており、その存在論的な深みは、そのほかの全ての事物に映し出されているそのままさに事物も含めて、全ての事物がある事物の中に映し出されることによって構成されているのです。

存在の構成において見いだされるこうした構造が、そのまま時間の構造に射映されているのは当然のことでしょう。実際、時間と存在とのあいだには、構造的に全くずれはあり得ません。と申しますのは、時間が存在と極めて密接かつ本質的に連関しているからです。これがまさに、あらゆる存在の本質的な存在様態なのです。そのために、もし事物間の存在論的な相互滲透がありましたら、事物の時間的な相互滲透もあるにちがいないのです。

これまで見てきたように、華厳存在論の見方では、全ての事物は融通無礙に相互に滲透し合っており、それゆえ、それぞれの事物はそれ自体であることによって、全ての事物であるのです。あらゆる事物には、世界全体が具現しています。この講演の第一節においてお話しした非時間性と時間性のあいだの対比という点から見ると、今取り上げている存在論的な状況は、全ての事物が一つの瞬間の時点に同時に現成するという形で、非時間的な「万物の同時炳現」(totum simul) が時間的に実現したと適切に理解することができるでしょう。華厳宗の最も偉大な哲学者であった法蔵（六四三―七一二）も言っておりますように、「諸事物の完全性は、瞬く間に、直ちに同時に実現する」のです。この言葉を私たちの使う用語に翻訳してみますと、「万物の同時炳現」という非時間的なフィールドが、時間的なフィールドの連続として時間性の次元の中で現成し、それぞれの時間的なフィールドは存在論的に一つの事物であり、時間的に一瞬であるということを意味しています。したがって、それぞれの時間的なフィールドは、それ自体、非時間的なフィールドを映し出しているのです。その際には、非時間的なフィールド構造を自らの内部構造の中で再創造している、すなわち、「万物の同時炳現」を全ての事物の存在論的‐時間的な相互滲透という形で再創造しているのです。その結果、あらゆる個々の事物が世界全体であるように、あらゆる瞬間が全ての時間なのです。さらに、このように理解される瞬間は、日常的な時制の区分という点では、現在ということになります。

　こうした視座から見られる現在——あるいは、もっと正確には、現在という瞬間——は当然、時間的な厚みによって特徴づけられますが、そのことは、あらゆる事物がその内部構造において、存在論的な厚みによって示されるのと全く同じことです。と申しますのは、非時間的な「万物の同時炳現」が時間的に現成したものである、現在という瞬間点が、全ての事物が多次元的に相互滲透し合って、一つに統合される場であるからです。時間性の視点からしますと、このことが意味しているのは、次のようなことでしょう。つまり、現在という瞬間点は、全ての時間区分が相互滲透し合って、時間的な統一へと収斂する場である、ということ以外の何ものでもありません。こうした意味で、またこうした意味においてのみ、現在とは永遠なのです。

　現在という瞬間は、このように全ての時間的区分の統合点です。また、時間は常に現在という瞬間点においてのみ、現実なのです。そのことは、存在世界が現在というこの瞬間点においてのみ、現実であることを意味しております。時間も世界もともに、いつまでも次々と現れては消えるというような瞬間点の連続なのです。あらゆる瞬間点において、全ての時間が同時に現実のものとなり、全ての事物が同時に出現するわけですが、これらは即座に消滅して、次の瞬間がもたらす新たなものに置き換えられるのです。

これまで長い回り道をしましたが、ようやく出発点に戻ってきました。すなわち、道元の『正法眼蔵』によって代表される禅仏教の時間概念に戻ってまいりました。禅仏教の興隆以前、大乗仏教の歴史的展開の中で進展した時間および時間意識に関するいくつかの重要な観念について、これまでの知識を背景にして、この講演の第一節では、道元の時間哲学について、大まかな概要を説明しましたので、ある程度、厳密にまたおそらく深く道元の時間哲学を理解することができると思います。

さて、道元の思想の中核、すなわち、時間に関する最も重要かつ根本的な観念とは、道元の場合、彼独自の表現すなわち「存在-時間」を意味する「有時《うじ》」によって伝えようとしたことであることを示すことで、お話を始めたいと思います。これまでに、特に華厳哲学の説明につきましては、大乗仏教における存在論と時間論が非常に密接な関係にあることを確認してまいりました。このことは、仏教史の初期段階において、すでに仏教に存在していた古い考え方にまで遡ります。それは、時間と事物が絶対的に互いに分けることができないという考え方です。実際、その歴史的展開の中で、仏教は決して時間が事物から独立して存在すると捉えたことがありませんでした。たとえば、空虚な枠組みが、それが存在論的であれ認知的であれ、生成という点で事物事象を構成し、しばらくのあいだ存在し、その後、消滅するようなものとは捉えませんでした。

道元はさらに議論を進めます。時間と事物が相互に分けることができないという仏教の存在論の大前提には満足することができず、直接的に時間を存在と同定し、また存在を時間と同定します。言いかえると、時間が存在であり、存在が時間であると道元は言うのです。存在すること（to “be”）は時間であること（to “time”）なのです。これが「存在-時間」（「有時」）であり、「存在と時間」とは厳密に区別されます。「存在することは時間であることである」（“to be is to time”）——この命題は、存在するものはどれもが時間であり、世界中のあらゆるものが時間であるという命題から、当然の結果として導き出されます。道元は「松の木は時間であり、竹もまた時間である」と語ります。道元にとっては、こうした事実を悟ることが、そのまま悟りの体験、すなわちリアリティに関する絶対的真理の理解へとつながりますが、私たちがそのことに気づくと、道元の発言がでたらめな言葉ではないことがはっきりと分かります。この点について、道元は次のように語ります。

山も時間であり、海も時間である。時間がなければ、山も海も存在しない。非時間的な「今」(すなわち、いわゆる「永遠の今」〔而今〕として、存在の経験的な次元において現成する非時間的な「万物の同時炳現」においてさえ、山や海を無時間的なものと考えるべきではない。時間が消滅すれば、山や海も消滅する。しかし、時間は消滅しないので、山や海も消滅することはない。この真理が理解される瞬間に、明けの明星が、すなわち如来(tathāgata)、ブッダが現れる。……これぞ、時間(の意義)である。時間がなければ、そうした事象は決して起こらない。

〔『正法眼蔵』有時〕

「時間」という語を日常的な意味で理解してしまうと、今引用しましたこの言葉の真の意味は、永遠に私たちには隠れたままでしょう。道元がここで語っている「時間」は「有時」すなわち「存在-時間」であり、それは私たちが少し前に明らかにした存在論的な厚みをもった時間、あるいはむしろ、多次元的に同時に現成した万物の存在論的な厚みとしての時間なのです。別の表現をしますと、ここで言う「時間」の意味とは、時間性の次元において現成した非時間的な「万物の同時炳現」のことです。ここで、少し前にお話ししたことを思い起こしてください。それは時間性の次元における非時間的な「万物の同時炳現」の現成が、常に変わることなく、現在という瞬間点の形で起こるということです。そのことを道元は、「而今」すなわち非時間的な「今」という独特な語によって示したのです。この語は、事物の非時間的な全体性が、時間的に現成する時点としての現在の瞬間を意味しております。

ちょうど今、お話しいたしましたことを正しく理解していただくために、決して見落としてはならないのは、これら全てが瞑想的な覚知のことがらであること、すなわち、「海印三昧」において、心に現れる時間の本質に関わっているという事実です。すでにご存じのように、こうした状況における時間は、二次元的な構造、すなわち非時間性と時間性という二つの次元をもつものとして見られるか、あるいはそのようなものとして経験されます。こうした区別それ自体は、厳密に言うと理論的なものです。なぜなら、瞑想的な体験のことがらとしては、時間がこれら二つの次元において、常に同時に実現されるものであるからです。非時間性は必然的に時間性として現成され、時間性は常に現成される非時間性です。ところが一方では、時間の瞑想的体験には、構造的に互いに区別されるべきこうした側面があるのは疑いえない事実です。まずは、時間の非時間的な次元の構造を分析することにいたしましょう。

この次元を特徴づけているのが、かなり特別な形式における時間の空間化です。確かに、私たちの通常の、すなわち瞑想以前の経験においても、時間は常に多かれ少なかれ、空間化されております。と言うのは、カントが述べたように、可測的な量として、ある種の長さとして時間を表現しようとすると、どうしても空間化が必要になるからです。連続する直線（A→B→C→D→E）として表現された時間は、明らかに空間化された時間です。しかし、いまお話ししております時間の空間化は、全く異なる性質のものです。瞑想以前の、あるいは経験的な表現においては、時間は連続的な流れとして現れます。直線として空間化されますと、時間は常に止むことなく流れていきます。

それと反対に、瞑想的な覚知の非時間的な次元に特有の表現においては、時間は流れる線を描く代わりに、無限の深みと幅を持った空間的な広がりとして開示されます。それは「万物の同時炳現」が空間的に広がったもので、非時間性のマンダラとでも呼べるものです。それは、全ての事物が全く同時に現成しており、全てが中心から等距離に配置されている存在論的な空間であり、そこでは、過去・現在・未来による時間の区別が取り去られて、時制のない静止した状態になっています〔上図〕。しかし、時間が消滅したということでありません。時間は存在するのですが、その流れは今や、一時停止しているだけなのです。時間は流れることができません。全ての事物が究極的な現成の状態にあるところでは、時間の流れる余地がないからです。存在世界全体は、絶対的な静

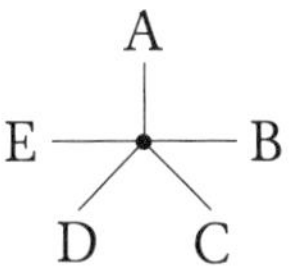

寂に包まれます。今や私たちは時間の非時間的なフィールドの中にいるのです。
この次元における時間について、道元は時間に関する常識的なものの見方と違って、時間がいつも本質的に過ぎ去っていくものであると想像するのは間違いであると指摘しています。道元は言います。「時間を専ら飛び去っていくものだと考えてはならない。飛び去ることだけが時間の作用だと考えてはならない。時間は飛び去るだけだとすれば、常に（私たちを時間から）分断する大きな溝があるだろう（つまり、時間は飛び去って、私たちが取り残されるであろう）。「存在-時間」（「有時」）の真の意味は、めったに理解されない。それは世間の人々が、時間はただ早く過ぎ去っていくと考えがちであるからだ」、と。しかし、過ぎ去らないという時間の側面を理解することは難しいことです。ふつう、私たちは次のように言います。私は昔、一つの事物Aを見ました。私は昨日、もう一つ別の事物Bを見ました。さらに今日、一つの異なる事物Cを見ています。この場合、事物Cだけは実際に存在しますが、AとBはもはやここにはありません。それらは存在していません。Aの時間とBの時間はもう過ぎ去ってしまったからです。このように考えることは、非時間性のマンダラの視点から見ると、昨日と今日のあいだの区別は存在しないという事実を単に無視しています。瞑想的な覚知に開示される存在の形而上的次元においては、私たちが昔見たAと昨日見たBは、この瞬間にも、いまだ私たちと共にあり、私たちが今見ているCの中にも存在することを忘れているのです。
道元は次のように語ります。

山の向こうにある美しい城を目指して、山野に分け入るとする。旅は何日もかかる。私は山々を次から次へと登って下って、ついに城に到着する。自らの旅を思い返すと、山越えそれぞれには、さまざまな日付がある。その結果、あらゆる山には、時制があることになる。今、城内で座りながら振り返って、次のように言う。越えてきた山々の全ては、いまだどこかにあるだろう。けれども、時間的にも空間的にも、全て遠くなってしまった。

〔『正法眼蔵』有時〕

長い距離は私をそれらから引き離します。道元はこうした思考と対照させて、最も高い山の頂上に登り立ち、越えてきた山々を見渡すとき、地域全体を一目で鳥瞰する見方を示して、次のように語り続けます。山々は全て、非時間的な広がりの中で、同時に目に入ってきて、それらには「前」もなければ「後」もない。こうした意味で、全ての山々は私から、すなわち、瞑想中の「心」から、あるいは非時間性のマンダラの「中心」から、等距離にある、と。実際、これが「万物の同時炳現」、すなわち「存在-時間」の非時間的な次元の内的構造なのです。

しかしながら、講演の中で、繰り返しお話ししてきましたように、時間性において自らを現成することは、非時間性の本質に属しています。非時間性のマンダラにおいて、一挙に形而上的に現成する「万物の同時炳現」の中で、揃って一緒に共存してきたA・B・C・D・Eは、自ら非時間的マンダラから離れて、突然、次から次へと永遠の流れの中に出現し始めて、連続する時間的な単位（A→B→C→D→E）を形成します。それは外形としては、日常的で瞑想以前の時間表現である直線に類似しています。ところが、この類似は、ただ形式的なものにすぎません。実のところ、両者のあいだには、著しい違いがあるのです。事物の時間的連続性は「万物の同時炳現」という非時間的フィールドの直接的「時間化」として経験されますが、その時間化そのものは、単独の存在論的な瞬間であるそれぞれの時間的な事物の内的構造において、そのほか全ての存在論的な瞬間が現成する時点であるからです。こうした点において、時間的連続における全ての存在論的な瞬間は、互いに個的に異なっていますが、一つの非時間的な今（「而今《にこん》」）なのです。ところで、非時間的な今とは、「万物の同時炳現」の非時間的フィールドが、時間性という鏡に映して創り出した時間的イマージュにほかなりません。全ての存在論的な瞬間を、非時間的「而今」という単一性へと統合するのが、「心」の瞑想の中核、すなわち道元が語るところの「我」です。それは瞑想的な「我」のことです。したがって、存在の時間的な次元の中で、瞬間ごとに全ての存在論的な瞬間の統合点として働く瞑想的な「我」は、非時間的マンダラの中心として、自らを現すものと全く同じであり、ただ形が異なるだけなのです。それは、非時間的マンダラが自らを時間性の次元において再創造して、時間的連続性の中で展開するとき、マンダラの構成要素は存在論的に、中心から等距離に位置することが当然できなくなるからです。とはいえ、中心自体が失われることは決してありません。マンダラが解体した後でさえ、それは存在の時間的次元にある存在論的な瞬間ごとに、全ての瞬間の統合点である「我」として、姿を変えて自らを保ち続けるのです。

存在-時間〔有時〕の時間的な次元におけるそれぞれの事物事象において、すなわち、それぞれの存在論的な瞬間において、こうした意味で理解した「我」が、時間と存在の全ての単位を統合する中心点として、常に現存していることを強調しながら、道元は前述しました山野を旅する人の話を続けます。道元は次のように語ります。

これは、この問題を解釈する唯一の適正な方法というわけではない（過去に経験したこと、言いかえれば、今では完全に無に帰したことや、少なくとも長い距離によって、自分から離れていることに関する日常的な思惟方法について、このことが語られる）。それは、人が山々を越え、いくつかの河を渡ったとき、旅人の「我」が常にそこにあったからだ。しかし、「我」とは時間である。さらに、同じ「我」が実際、依然として今も現存する。（こうした意味で）時間は決して過ぎ去っていない。したがって、到来することも過ぎ去ることもない時間の側面について、人が山々を越えたという（いわゆる過去の）時間は、（実のところ、過去ではなく、むしろ）存在-時間〔有時〕の「非時間的な今」〔而今〕なのだ。しかし、到来して過ぎ去るという側面についても、「我」は（到来しては過ぎ去るという事物の現象的現れの背後で）常に現実的であり、（ここでも再び、）「我」は存在-時間〔有時〕の非時間的な今〔而今〕である。これが実のところ、存在-時間〔有時〕の本質なのだ。

〔『正法眼蔵』有時〕

したがって、道元の瞑想的ヴィジョンにおいて、私たちの時間的な世界は、過去から未来へ向けて、あるいは道元の語るように、昨日から今日、さらに今日から明日へと、一方向だけに流れるのではなく、今日から昨日へ、明日から昨日へ、さらに今日から今日へというように、全ての方向へ流れる無数の事物の連続から成る世界なのです。さらに、連続しているそれぞれの事物が時間、すなわち独立した現在という瞬間なのです。しかし、これらの存在論的な現在という瞬間のそれぞれは、独立しており「前後際断」であるとはいえ、存在-時間〔有時〕の中心である「我」の現存をとおして、そのほかの全ての存在論的な瞬間を、自らの実存的な合一性へと統合していきます。ここで言う「我」とは、元々は非時間性のマンダラの中心であったものですが、瞬間ごとに、時間性の次元の中で、非時間的な今〔而今〕として、自らを現成しています。したがって、時間性の存在論的な次元における時間は、「万物の同時炳現」の非時間性とは区別されるもので、到来しては過ぎ去るものです。そうでなければ、時間意識は存在しないでしょう。それにもかかわらず、時間には到来もしないし過ぎ去りもしない、というような側面もあります。また、到来もしないし過ぎ去りもしないという時間の側面においては、時間性の構造は、独自の方法で、非時間性の構造を模倣しているのです。

注

＊　第四七回エラノス会議（一九七八年開催）のテーマは、「時間と無時間性」（Zeit und Zeitlosigkeit）。『エラノス会議年報』第四七号、一九八一年所収。

10 イマージュとイマージュ不在のあいだ——東アジアの思惟方法

第四八回エラノス会議（一九七九年）※

I

エラノス会議における「思想と神話的イマージュ」という主題の枠組みの中で、私が取り上げますのは、人間意識のイマージュ形成、あるいはイマージュ創造の根本構造に関わる具体的な問題です。この講演テーマが示唆しておりますように、「イマージュ不在」と「イマージュ」のあいだの関係という点から、この問題を論じてみたいと思っております。実際のところ、「イマージュとイマージュ不在のあいだ」とは、東アジアにおける最も根本的な哲学的思惟パターンの一つを表現しております。また、東アジアにおいて、「イマージュとイマージュ不在のあいだ」という問題をめぐって採る態度の違いによって、ほとんどの哲学の学派の基本的な特徴が明らかになると言えるのではないか、と私は思っております。そのようなわけで、この講演の副題を「東アジアの思惟方法」といたしました。

「イマージュとイマージュ不在のあいだ」という範式それ自体について、「イマージュ不在」の領域と具体的なイマージュの領域のあいだの静的で構造的な関係を考察しようとすると受け取られるかもしれません。これは確かにこの問題への可能な——あるいは、むしろ哲学的に遥かに重要な——アプローチの仕方です。しかし、この講演テーマが示す事態は、それと同じく重要でより力動的な視点、すなわち発生学的な視点から見ると、イマージュがどのようにして「イマージュ不在」という究極的な源から生起するのかという問題として見られるでしょうし、またそのように見なければなりません。こうしたパースペクティヴにおいては、この講演テーマは当然、「イマージュ不在からイマージュへ」というように再範式化されるでしょう。

実際、精神的イマージュの問題につきまして、東アジアの思惟方法全般の特徴となっていますのは、精神的イマージュが「イマージュの欠如」すなわち「イマージュ不在」そのものの独特な創造的営みに帰せられているという点です。こうした見方からいたしますと、「イマージュ」は究極的に「イマージュ不在」に淵源することになります。昼間の明るさの意識へと生起してくる全てのイマージュは、それが心理的であれ形而上的であれ、「イマージュ不在」の領域の暗闇の中ではじめて生み出され形成されます。言いかえますと、イマージュは全て、「イマージュ不在」の自己表現なのです。また事実、これこそが東アジアの哲学の主要な諸伝統によって共有される、イマージュの起源に関する最も根本的な思惟形態です。

しかしながら、これは形式的で極端に一般的な見方にすぎません。イマージュが「イマージュ不在」から発生するという問題に関して、東アジア哲学のさまざまな伝統が展開している主要な方向性について、より具体的な言葉で、現実に決定しようとするときにはじめて私たちは現実の問題に直面することになります。と申しますのは、「イマージュ不在からイマージュへ」という基本的な範式は、全ての学派に共通しておりますが、それぞれの学派が関心を持つイマージュの種類や、イマージュが無感覚の源から生起すると考えられるあり方や、さらに何より最も重要な「イマージュ不在」それ自体のまさに概念化について、学派のあいだで、目立った違いが現実に見受けられるからです。さらには、最も意義深いやり方で、「イマージュ」や「イマージュ不在」の問題が取り上げられる意識のレベルにつきまして、さまざまな思想の学派では、互いに著しい違いがあります。

時間の制約もございますし、東アジアにおける主要な哲学および宗教の諸伝統全ては、大雑把にさえ扱うことはできませんので、それらの伝統の中から三つだけ、すなわち『易経』、老子と荘子の古典的な老荘思想、さらに禅仏教を選びたいと思います。それゆえ、これらの学派の代表的な著作の中で扱われている、「イマージュ不在」からのイマージュの現出という問題を、ある程度、論じることにいたします。そのことによって、イマージュ生起に関する根本的な思惟パターンが、各学派の場合、どのように異なる形態や意義を呈しているのかを見てみたいと思います。事実、これら三つの学派は、明らかに東アジアの思想を代表しておりますから、たとえ私の説明が完全で徹底したものでなかったとしても、「イマージュとイマージュ不在のあいだ」あるいは「イマージュ不在からイマージュへ」という同じ主題に関して、これらの学派が示す差異によって、東アジアのイマージュ理論の主要な特徴を明らかにすることができるだろうと思っております。

当然、予期されることですが、ここに選びました東アジアの哲学に関する三つの学派のそれぞれは、独自のイマージュ理論を展開してきました。あるいは、少なくとも潜在的にその理論を保持しています。またそれらの学派は、現実にあるいは事実上、イマージュの性質に関する顕著に特徴的なものの見方、すなわち、イマージュが「イマージュ不在」から生起するあり方、さらに、いわゆる外的世界の諸事物とのあいだに、イマージュが構築する構造的な関係を説いています。これらの問題やその他の関連する問題群については、講演の後段で詳しく論じることにして、ここでは序論として、イマージュ特有の根本的な様態について、これら三つの学派のそれぞれが採る立場から、三つの学派の特徴を簡単にお話しすることにしたいと思います。

よく知られていますように、『易経』の象徴体系は六十四卦で構成されていますが、これらは公式には、それぞれ「陰」と「陽」として知られる二つの根本的な象徴を数学的に可能な六十四通りに組み合わせたものにすぎません。「陰」は破線で表現され、「陽」は一本線で表現されます。こうして『易経』の象徴は、それが「卦」へと十分に展開しようと、あるいは、「陰」と「陽」という最も基本的な形式に還元されようとも、具体的なイマージュとは全く関わりのない純粋に抽象的あるいは空虚な形式です。そのために、これら抽象的な象徴は、占術体系としての『易経』の意味構造において、「イマージュ不在」の段階を表現しています。このような純粋に形式的な象徴体系として『易経』を見てみますと、『易経』は完全にイマージュのない世界です。

しかしながら、抽象的象徴のイマージュのない体系から、イマージュが生起し、さらに夥しい数のイマージュが生起しますので、『易経』の世界は実際に、イマージュに満ちた世界として印象づけられます。そうなりますと、こうした点で、私たちがすぐに直面する問題とは次のようなものです。すなわち、こうした夥しいイマージュはいかにして「イマージュ不在」から生起するのかということです。この段階では、理論的な説明には立ち入りませんが、ここでは簡単に、『易経』におけるイマージュとは、元々の抽象的な形式から関連した託宣を得る目的で、その抽象的な形式を解釈するプロセスをとおして生起すると述べておきます。すなわち、破線と一本線の抽象的な組み合わせの中に、自分の占いの目的に関わる意味を解釈したり見いだしたりしようとするとき、イマージュが生まれるのです。『易経』の象徴が「発見的」であると言われるのは、『易経』が一見すると、空虚な形式の下に隠された秘密の意味を見つけ出そうと私たちの心を駆り立てますが、一方、このように生み出されたイマージュは「解釈学的」な性格を持っているのです。『易経』のイマージュが解釈学的なイマージュであるのは、それらが全て抽象的ではあっても、「卦」と呼ばれる発見的な象徴が本当に何を意味するのかを見いだしたいという欲求に駆り立てられた解釈的行為の結果であるという意味においてなのです。

老子と荘子の古典的な老荘思想とともに、全く異なった世界に足を踏み入れましょう。確かに、これもまたイマージュに溢れた世界ですが、老荘的な空間を満たすイマージュは、『易経』の卦のマンダラ的な空間を満たすイマージュとは種類が違います。両者は機能を異にするばかりでなく、イマージュが生起してくる「イマージュ不在」そのものが全く異なる性格をもっております。

まず最初に、その象徴は、そのイマージュ化された意味を見いだすよう、私たちを誘いながら、解釈を待っている抽象的で空虚な形式として存在しているのではありません。象徴はまさに当初から、すでに生き生きとした具体的なイマージュです。ここでイマージュは象徴と同一のもので、象徴として機能しています。それは、瞑想をとおして神話創造的な興奮状態へと誘われた心が、直接的に自己表現したものであるという意味において、また、人間の心が神話生成の性質を顕現し始める瞑想体験のある段階で、イマージュが意識という鏡に映った特有のリアリティのヴィジョンを表現しているという意味において、そうなのです。

　こうした全てを簡潔に纏めてみますと、古典的な老荘思想における主要なイマージュは、神話創造的なイマージュです。イマージュが神話創造的ですから、それらは互いに連関して展開していくのと同じように、それ自体でも展開せざるを得ません。イマージュは本質的に象徴的な物語とか、しばしば真正な神話へと展開していく傾向にあります。

　しかし、真に老荘思想を特徴づけ、それをそのほかの類似した現象から区別するのは、老荘思想におけるイマージュの神話創造的な展開が、「存在」の形而上的体験を象徴的に反映し再現しているという事実です。あるいは、むしろそれ自体が形而上的体験の象徴的な自己表現であると言うべきかもしれません。存在の形而上的体験においては、いわゆる経験的世界における全ての事物の存在は、根源的な「無」から生起して、現象的な多様性の領域において次第に自らを確立していくという存在論的なプロセスとして、実際に体験されます。神話創造的であることに加えて、神話創造的な展開の基盤となる「存在」の形而上的体験のために、老荘思想におけるイマージュは、こうした意味で本質的に形而上的です。

　このことによって、私たちの根本的な範式すなわち「イマージュ不在からイマージュへ」が、古典的な老荘思想という個別の文脈において理解される道筋が決定されます。この範式は、老荘思想的なイマージュという特別な形而上的・神話創造的な構造に照らして、また、そうした構造の枠組みの中で理解できるでしょう。「イマージュ不在」は、ここでは形而上的な「無」によって、すなわち、老子の言う「無形」として表現されます。「無形」とは姿形がないということです。無形は全く目に見えません。ところが、こうした無形性の暗闇の只中から、あたかも自己分節という自然法則の力によるかのように、最初は漠然としてはっきりしないのですが、すぐにくっきりと明瞭になる、目に見える姿形が生起してきます。これらの姿形がはっきりと見て取ることができるようになりますと、それらが心に映り、心の中に神話創造的なイマージュが生み出されます。このイマージュが、それ以降、神話創造において固有の道筋を辿ることになります。したがって老荘思想では、「イマージュ不在からイマージュへ」という範式によって指し示されるのは、形而上的な「存在」のヴィジョンの象徴的あるいは神話的な再現です。ところで、この形而上的な「存在」のヴィジョンにおいては、原初的な「無」が自己イマージュをそれ自体から無限に生み出し続け、あらゆる方向へと展開させることによって、現象界として確立されます。こうした展望においては、現象界それ自体は、「現象的」、「経験的」あるいは「形而下的」という語によって、常識的に世界を理解しているものと全く異なるように見えますし、異なる構造を示すように見えるのは言うまでもありません。

イマージュ理論の観点からすると、禅仏教から提示されるものは、何かふつうではない風変わりなものであって、常識的なイマージュ理論の理解からは、極めてかけ離れた遠いものという印象を与えることでしょう。そもそも、禅的なイマージュ理論といったものが存在するのでしょうか。この問いに対して期待される答えは、ただ否定的なもののように思います。それどころか、禅にはイマージュ理論を示唆すると考えられるようなものさえも存在しないと言われるでしょう。それは、禅が原則的に、イマージュと関連づけられるのを拒否するからです。禅仏教をこのように見る方法は、決して根拠がないわけではありません。この点に関して、存在世界に対する禅の基本的な態度は、著しく「醒めている」と言えます。想像も神話創造も受け入れません。禅は徹頭徹尾、非神話的であり、あるいは反神話的でさえあります。しかしながら、このことは、禅が「現実的」であるという意味において、「醒めている」ことを意味しているわけではありません。全く逆なのです。禅の世界観は実際、事物のいわゆる現実的なものの見方と比べますと、極めて対照的です。と申しますのは、ふだん事物の現実的なものの見方であると考えられているものが、禅仏教の立場からいたしますと、事物の真のリアリティに関する故意の認識的な変形あるいは歪曲にすぎないからです。禅によると、いわゆる「現実的」なものの見方によって示されるのは、語の厳密な意味において、現実的であることからは程遠い、事物を夢のように描き出した姿なのです。

こうしたものの見方は、事物の真のリアリティを明らかにする代わりに、私たちの目に夢のようなイマージュの厚い覆いをとおして、事物をひどく歪めて示すことになります。さらに注意すべき点は、禅が「夢のようなイマージュ」について語るとき、それは象徴的、神話的あるいは神話創造的なイマージュだけを意味するのではないということです。事実、外的な事物の心像として心の中に浮かぶと思われる、ありふれた感覚的なイマージュでさえも、禅にとっては、夢のイマージュにすぎないのです。たとえば、一輪の花を花として見て、それを外部の世界にある一輪の花として認識することは、禅の観点からすると、花の夢を見ていることになります。

そうであるとすると、禅はイマージュとは無関係であると言うべきでしょうか。確かに、表面的に一瞥したところ、禅は全てのイマージュを心がでっち上げたもので、日常生活上の目的を除けば、全く使い物にならないか、あるいは確実に有害であるとして、さっさと捨て去るかのように思えます。実際のところ、禅の修行は、少なくともその初期段階において、全ての感覚的なイマージュを方法的かつ体系的に、心から一掃することにあると言えるでしょう。最終的に、完全にイマージュの欠如した状態に到るまで、イマージュが瞑想中に心に浮かぶや、イマージュを次から次へと消去し続けていきます。そのことは厳密に、禅の「イマージュ不在」を意味しています。

しかしながら、このことが全て、禅には単純にイマージュが不要であることを意味していると受けとるべきではありません。それは全く逆なのです。禅が現実をリアリティとして体験するに当たって、イマージュは非常に重要な役割を担っています。確かに、感覚的なイマージュは夢のような現実の像です。一輪の花を一輪の花として見るのは、一輪の花の夢を見ることであって、一輪の花を本当にあるがままに見ることではありません。一輪の花のリアリティを見るためには、禅によりますと、私たちは花を花ではないと見るようにならなければなりません。すなわち、一輪の花の感覚的イマージュを、花がもはや花として見られない「イマージュ不在」の段階へと引き戻さなければならないのです。

しかし、これで禅的なリアリティ体験のプロセス全体が語り尽くされたわけではありません。私たちはさらに一歩進んで、全てのイマージュが溶融しているこの「イマージュ不在」が、どのように具体的なイマージュで、絶えずそれ自体を現成する自らの肯定的な方法をもっているのかを見るように促されます。花ではなくなった花が、一輪の花として、その現実の存在を再び強調しながら、あらためて感覚的経験の世界に現れてきます。しかしながら、肝心な点は、この場合の花が一輪の花の単なる感覚的イマージュではなく、それが一輪の花のイマージュという形態をとって、時々刻々と自らを現成するプロセスにある「イマージュ不在」であるということです。この状態では、花のイマージュと花と呼ばれる事物のあいだに、ずれは全く存在しません。イマージュこそが事物なのです。ここでのイマージュはもはや、心と外部に存在する事物とのあいだを隔てるスクリーンではありませんし、そのことによって心に対して、外部に存在する事物の歪曲された像を示すスクリーンでもありません。むしろ「イマージュ不在」からのイマージュの出現は、直接的にまたそれ自体、事物の出現なのです。

　こうした意味において、さらにはこうした観点から見てみますと、禅的な世界観の構築において、イマージュが機能するあり方は、正確には「存在論的」であると言えるかもしれないと思います。要するに、禅のイマージュとは存在論的イマージュなのです。あるいは、イマージュはこうした立場においてのみ、禅にとって重要かつ意義深いものであると言ってよいでしょう。

　これまで私たちは次のような三種類のイマージュを区別してきました。(1) 解釈学的イマージュ（『易経』）、(2) 神話創造的・形而上的イマージュ（老荘思想）、さらに (3) 存在論的イマージュ（禅仏教）です。私たちの課題は東アジアの哲学における三つの主要な派を代表する三つの体系的で筋の通ったイマージュ理論において、何が述べられているのか、その概要を詳しく述べることにあります。

　しかしながら、こうした課題へと進むまえに、しばらく序論として、現代の哲学状況全般に対して、イマージュの問題が持つ意義と関連性について、少しばかりお話しさせていただきます。

今日の科学と学問の最も注目すべき特徴の一つとして、私たちは人間の心の象徴性に示される並々ならぬ関心を挙げることができるでしょう。象徴化あるいは象徴の形成は、人間の心の秘密の扉を開く鍵として考えられるようになってきました。こうした仮説に基づいて、注目すべき発見がありましたし、新しい考え方や理論がさまざまな学問分野で提案されて、新たな科学の分野さえも急速に発展しています。

科学と哲学におけるこうした普遍的な傾向に迫られて、人間の概念そのものが変わり始めました。実際、「合理的な動物」という、長年にわたるアリストテレス的あるいはスコラ哲学的な人間の定義は、あっという間にその足場を失って、「人間とは象徴を形成する動物である」とか、「人間は神話を形成する動物である」などの象徴論の考え方に立つ新しい定義に、その座を奪われたように思われます。

科学と哲学における現代的な考え方には、このように全般的に象徴的な傾向が著しいのですが、こうした精神に従いますと、人間を仮に「イマージュを創造し、イマージュを用いる動物」として、いくらか広く、かつより一般的な語で定義することができると思います。この定義のほうが、前述した定義よりも一般的で包括的であると思います。それは、「象徴」や「神話」が結局、イマージュの特別な形態にすぎないからです。

イマージュあるいはイマージュ想起は、人間の心の基本的な仕組みに属しており、「精神的なもの」と呼ばれる活動の体系全体を基礎づけています。「イマージュ」という語をその心理学的な意味で捉えますと、イマージュを創造する機能は人間の心の主要な活動であって、人間の心以外の要求には還元できない本質的なものです。生まれつきの固有な要求に駆り立てられて、人間の心は常に絶え間なく、さまざまな意識レベルでイマージュを創造し、それらをさまざまな用途に用いています。眠っているあいだでさえ、私たちの心は夢のイマージュを創造するために働いているほどです。こうした観点から見ると、人間の心はイマージュの氾濫にほかならないのです。

こうした状況を生み出す最も根本的な原因の一つは、人間は全く意味を欠いた世界に生きることに耐えられないという事実にあるように思います。こうした文脈における「意味」とは、「秩序」と同義的です。ところが、いかなる種類のものであれ、秩序を得るためには、存在世界がまず多少なりとも、はっきり区別することができる諸単位に分節されていなければなりません。それゆえ、それらの単位は互いに体系的な関係性の中に位置づけられるようになります。イマージュそれ自体やイマージュ想起は、人間の心がもっているリアリティを分節するための、本来的かつ大いに洗練された手段なのです。

私たちは自らの心の働きに騙されて、意味に溢れた世界に生きていると確信しがちです。ここで意味に溢れた世界とは、最初から秩序づけられ、明瞭に本質的かつ客体的に構造化されており、事物や属性さらに状態や過程を伴って、それぞれの本質によって明確に決定されている世界のことです。しかしながら、実際には、一見すると真正に思えるこの世界の秩序は、主観的な作りごとにすぎません。直接無媒介的な現実、すなわち最初に与えられるものは、数々の感覚的印象のうねりであり、支離滅裂で捉えがたい感覚的データがすさまじく絡まったものです。こうした原初的な状態に放り出されると、私たちのリアリティ体験は「意味をなさない」のです。こうした状況下では、私たちはただ意味のない、すなわち無秩序な世界に生きることになるでしょう。あるいはむしろ、「世界」の語そのものが意味をもたなくなるでしょう。それは、「世界」が全ての事物の有意味的全体を意味しているからです。

しかしながら、心の本質的な仕組みは、語の意味喚起作用の中に構造的基盤をもっている感覚的イマージュを心の中に生み出すことによって、こうした人を混乱させる感覚データのカオスを、秩序ある世界へと瞬時に変容させます。感覚的イマージュがその原初的な機能を開示するのは、支離滅裂な寄せ集めの感覚的印象を一連の認知単位へと変容させ、また、そのことによって、第一段階の秩序を創造するときです。こうして現代の哲学者たちの一派が、直接所与の感覚的経験内容の「象徴的変換」と呼ぶものが始まります。ここで問題になっている

「象徴的変換」とは、イマージュの生成と使用をとおして、それ自体、全く無分節である「直接に与えられるもの」が意味分節するプロセスにほかなりません。

存在分節はこのように感覚的経験レベルで始まります。感覚的イマージュは、このレベルでは分節の手段です。それは秩序ある世界、すなわち原初的に秩序づけられた世界を創造します。そのことによってリアリティは、私たちにとって原初的に有意味的なものになるのです。しかしながら、善し悪しは別として、この事実には深くかつ広範囲に及ぶ哲学的な意味あいがあります。

通常、私たちは自分自身の感覚的経験におけるイマージュの働きを意識していません。私たちは外部の事物と直接、接触していると考えがちです。一本の木が自分の前にありますと、その木が実際に、そこにあると単純に見ています。自分自身とその木とのあいだの空間には、何もないと思い込みがちです。このように思い込んで、自分自身と対象とのあいだに生じるイマージュの改変には、気がついていません。この問題の真相は、私たちが外部の世界に何か——たとえば、一本の木——を見ているときにはいつも、その意味論的な輪郭に従って、事物の姿をさまざまに変えて示すイマージュという覆いをとおして、どうしてもそのように見ているのです。さらに、イマージュの意味論的な輪郭は、対象を指示して言及する際、実際の語法の中で、相互連関し合うようになる全ての語の意味相互作用の所産なのです。

これら全ての要点は、リアリティがどのようなものであれ、私たちにはリアリティを間接的にしか経験できないということです。一本の木のような一つの対象を見る場合でさえも、私たちと直接的経験とのあいだに介在するイマージュをとおして、すでに解釈されたものとして、それを見ています。たとえば、木という介在するイマージュがなければ、木を木として見て認識することはできません。私たちはイマージュのもっこうした変換の働きに気づくことなく、外部の世界における事物が、あたかも私たちが見ている姿そのままに、そこに存在しているかのように、ふつう、それらを客体的なリアリティとして見るのが当たり前だと考えております。過去に数回ほど、このエラノス会議で指摘してまいりましたが、東アジアにおける全ての思想の学派の中で、いわゆる外部の世界の存在論的な状態をめぐる哲学の問題として、この問題に直接的かつ最も真剣に取り組んだのは禅仏教なのです。今しがた、お話ししたことこそ、禅が外部の世界における事物の日常的な感覚的経験を、それが完全に見かけばかりであると言って、直ちに軽んじる理由です。しかし、この点については、後でもっと相応しい場を設けてお話しいたします。しばらくは、お話を始めましたイマージュの本質と機能に関する理論的考察を続けたいと思います。

これまでに述べてきた感覚的イマージュが、人間の心が生み出して用いる唯一のイマージュではありません。そのほかの意識レベルで生み出され、知覚や認知以外の用途に用いられているそのほかの種類のイマージュもあります。しかしながら、ここはさまざまに異なる種類のイマージュについて徹底的に考察する場ではありませんが、実際、この講演の目的としましては、それらのうちの一つこそ重要です。それは神話的あるいは神話創造的なイマージュです。そこで、このことに注目することにいたしましょう。

神話創造的イマージュは、通常のそれ、すなわち感覚的イマージュとは区別されますが、その神話創造的イマージュの特徴を簡潔に明らかにするために、ここで私は二層から構成される非常に単純な意識モデルを提案したいと思います。それは、上層すなわち知覚的認知レベル（A）と下層すなわち深層意識レベル（B）、さらに上層と下層のあいだに位置する中間領域（M）です。

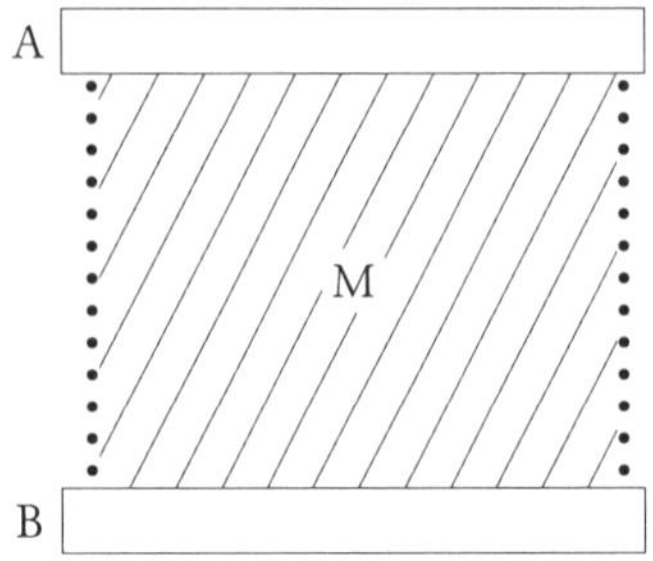

このモデルの上層（A）は、覚醒した意識すなわち「心の表層」を表しており、一般的にはまさに「意識」の語で示されるものです。それは感覚的イマージュがその固有の機能を果たしている意識の領域です。

それに対して下層（B）は、大乗仏教の瑜伽行派の「アーラヤ識」（ālaya-vijñāna）すなわち蔵識に対応するものです。このアラヤ識のいくつかの重要な側面については、昨年、エラノス会議でお話ししました。それが意識の深層レベルです。このモデルの上層について、それを比喩的に「昼間の」意識と表現しますと、下層は意識の黄昏の区域、あるいは夜の闇の内的領域として特徴づけられるでしょう。

こうした暗い意識領域すなわち無意識について、ジルベール・デュランは著書『象徴の想像力』（一九六八年、仏・パリ刊）において、次のような重要な指摘をしております。すなわち、それは、現代科学の重要な学問分野の一つで、彼が「社会学的解釈学」と呼んで、現在、目覚ましく一般言語学モデルを展開している学問領域では、現象界の構造の下に隠れて伏在する「無意識的な下部構造」を認めることで、精神分析学に全く賛同しているというものです。さらにデュランは、「象徴的構造化の器官」として、心の無意識の層に深遠で根本的な意義を付与しています。言いかえますと、デュランによれば、存在世界は、無意識の働きによって象徴的に構造化されているのです。無意識とは特別な心的器官であって、それによって自然そのままの物質的で形而下的な世界が、神話や詩の象徴的な世界へと変形されます。

このことは全て、確かに本当のことでしょう。しかしながら、首尾一貫したイマージュ理論を展開するという観点から見ますと、さらに特に瑜伽行派の観点から見ると、このうえに次の言葉を付け加えなければならない、と思います。つまり、私たちのモデルにおけるB層に対応する無意識の深層領域は、意識のA層における感覚的経験の所産として、固有の明確な形態ですでに与えられている経験的世界を単に象徴的に変容させる機能を果たすだけではありません。むしろ、感覚的経験の世界そのものが、ある意味では、B層の創造物であると考えなければならないのです。

人間の心の構造に関して、瑜伽行派で考えられてきたものの見方によりますと、アラヤ識とは、実際にあるいは事実上、過去に用いられた全ての語によって残された意味の結果の貯蔵庫です。今、「実際にあるいは事実上、過去に用いられた」と言ったのは、ここで問題となる「意味の結果」が、実際に語られた語によって残されたものに限定されるのではなく、それらを名づけることができる限り、すなわち、それらを言語で識別できる限り、非言語的行為によって残される痕跡についてもまた、この句がカバーしているからです。その考え方は、次のようなものです。つまり、人が発言したり行ったりすることは全て、それが内的であれ外的であれ、蔵識と呼ばれる意識の下部構造（B層）に必ずその軌跡を残します。それゆえ、蔵識は言語的にも非言語的にも、語が残した意味の結果の、いわば総貯蔵庫として働きます。そうした意味の結果は、アラヤ識に蓄積されて、瑜伽行派の哲学者が言う「種子《ビージャ》」という形式で存在し続けます。

瑜伽行派のものの見方では、必要に応じていつも自らを具体的イマージュへと変換させる固有の傾向をもっているというのが、種子すなわち心の種子の特徴です。たとえば、いわゆる外部の世界を認識するに際して、いくつかの種子は、意味的に興奮状態になり、自らを即座にイマージュへと変換させて、意識の表層レベルへ、すなわち、私たちのモデルのA層へと浮かび上がってきます。そこでは種子は、感覚的印象のカオス的な流れの中から、特定の認識秩序が生み出されるようなやり方で働きます。その結果、事物は明確な輪郭を伴って現れ、属性が理解され、事象が外部の世界において見られるのです。言うまでもありませんが、「外部の世界」それ自体が、今説明したような種子の象徴的変換の所産なのです。

したがって、意識のA層とB層のあいだには、非常に密接で親密な関係が存在します。A層の働きはB層の働きと分かちがたく連関しています。それは、先ほども確認しましたように、A層の実際の働きが、B層の深みにおいて、イマージュを生成する種子の意味論的発動に構造的に依存しているからです。この問題を少し具体的な言葉で申しますと、種子のイマージュの形成や変容の活動によって働いている意識の表層レベルが存在しなければ、「外部」の事物に関する認識はあり得ないのです。

しかしながら、外部の事物を認識する場合、B層から発するイマージュは、通常、A層にまっすぐ浮かび上がってきて、そのレベルで現れると同時に、「外部」の事物を瞬時に感覚的な形態をとって出現させます。このプロセスが大変速いものですから、まるで意識の二層のあいだには、全く距離がないかのように思えたり、またあたかもあらゆるものがA層だけで起こったかのように思えたりするほどです。イマージュの現存さえも、通常は、特別に注意しなければ気づかないままなのです。

しかしながら、いつも、こうだというわけではありません。A層をB層から分ける距離が時々、明瞭に視野に入ってくるのは、意識のB層が特有のやり方で活動し始めるとき、たとえば、シャマニズム的なエクスタシーや瞑想中の集中状態、あるいは呪術宗教的な興奮の状態にあるときです。この種の場合には、イマージュは外部の刺戟の有無に関わりなく、意識のB層から自然に出現します。イマージュ発生の初期段階で認識できるような外部の刺戟がある場合でさえ、イマージュがいったん生み出されますと、独自の展開過程を独立して辿ることになります。

さらに、これらのイマージュは、感覚器官の活動に適応したイマージュとは全く異なる性質のものであることが明らかになります。それらは神話的、神話創造的、元型的あるいは象徴的なイマージュですが、その特質は、A層の構造的な構成と調和する代わりに、本質的に意識のB層の構造そのものに適合し、さらに直接その構造を反映している点にあります。

したがって、感覚的イマージュは、ほとんどの場合、ありふれた紋切り型のイマージュであり、そのために、その存在がふつう、顧みられない理由の一つであったりします。一方、象徴的なイマージュは、顕著に非凡で空想的かつしばしば奇想天外で奇怪でさえあるという傾向があります。

しかしながら、私が考えておりますイマージュ理論にとって、より重要であり、特に現在の文脈とより直接的に連関している事実があります。その事実とは、感覚的イマージュと違って、意識のB層の暗闇から生起する象徴的イマージュが、A層へと真っすぐに浮かび上がるのではなく、概して二つの層のあいだに留まり続けるというものです。A層とB層のあいだの（前述した図では、Mとして示しています）心の空間は、いわば象徴的イマージュの家であって、そこには数え切れないほど多くの超人的な英雄、天使、悪魔、怪物、神話的な動物などの並はずれた存在がひしめき合っています。

したがって、真の「想像的世界」(mundus imaginalis) あるいは「形象的相似の世界」('ālam al-mithāl) である中間領域は、意識の二層を互いに分けると同時に、互いに結びつけています。この領域を彷徨うイマージュは、際だって——あるいは、時として衝撃的なほど——通常、A層で出会うような型にはまった存在とは異なっているという点で、この中間領域は、意識の二層を互いに分け隔てているのです。ところが他方、どれほど奇怪で異様であったとしても、この中間領域に存在するイマージュもまた、感覚的な形態を示しているという点で、二つの層を互いに結びつけています。意識のA層とB層の分離と結合という、これら二つの側面の矛盾した合一は、「想像的世界」に棲まう諸イマージュにおいて同時に実現しますが、これこそがまさに諸イマージュを「象徴的」なものにするのです。意識の二層間の相互反発や相互引力から生起する個々の意味論的な緊張は、B層がA層に与える作用を最小限に抑え込む日常的な感覚的イマージュから、これらの諸イマージュを特徴として区別するものです。

M領域に属するのに相応しい諸イマージュは、もう一つ別の重要な特性によって特徴づけられます。それは本来、力動的であるということです。このことは諸イマージュが展開するという本来の傾向を表しているとの事実を示しています。本質的に静止的で固定している感覚的イマージュとは対照的に、象徴的イマージュはおとぎ話や伝説さらに神話などのような象徴的な物語へと発展拡大する傾向があります。たとえば、龍のイマージュがいったん形成されると、それは、いわば、そのイマージュを中心として、「神話創造」という独特な雰囲気を醸し出して、こうした中で、「聖なる」物語が龍をその中心的な存在として展開していくことになります。『易経』の第一の卦〔乾卦〕に与えられた龍のイマージュには、最も原初的形態において、象徴的イマージュのこうした神話形成的な性格を認めることができます。より壮大かつ洗練された形態において、象徴的イマージュの展開の例が、『荘子』の中に豊富に見いだされます。

注意すべき点は、神話へと展開するに当たって、象徴的イマージュがM領域において、独特なリアリティのヴィジョン、すなわち、リアリティの象徴的な像を生み出すということです。このように生み出される象徴的リアリティは、身近な事物のリアリティとして、私たちが共通に把握しているものとは驚くほど異なっています。こうしたヴィジョンにおける存在世界は、経験的世界の感覚的分節とは本質的に異なる方法で分節されているように見えます。なぜなら、ここでのリアリティの分節では、方法が異なっているだけではなく、分節がなされる土台となる原則そのものが異なっているからです。象徴的なリアリティの分節は、明らかに実際的あるいは実用的な目的には役立ちませんので、結果として生起する世界観は、私たちの常識に照らしますと、想像上の像すなわち全くの空想に見えてしまいます。しかし、意識のB層とM領域の働きに対して、哲学的のみならず心理学的に深い意義を認める人々にとっては、そうした心的領域における神話創造的な空間に登場する象徴的イマージュは、次のような点において、極めて価値があるものです。つまりそれは、これらのイマージュの霞からぼんやりと立ち現れる事物の姿が、まさしく意識の表層レベルで確立された感覚的リアリティに比べて、心的にはるかに現実的であり、人間の運命と存在により深く関わるリアリティの原初的な構成を表しているという点です。言いかえますと、M領域のイマージュによって現れる世界のヴィジョンは、意識の深層次元で見られるようなリアリティの直接的な反映であり、したがって、本質的に意識のA層から離れられない経験的な目の視野には、隠れたままの存在の原初的構造を顕わにするのです。この点につきましては、後ほど『荘子』における象徴的イマージュの形而上学的地位について論じるときに、詳しく説明いたします。

III

さて、講演の冒頭でお話しいたしました基本的な構想に従って、『易経』や『老子』、『荘子』という古典的な老荘思想、さらに禅仏教に目を向けることにしたいと思います。これらはそれぞれ、東アジアの思想の重要な側面を代表しており、潜在的にそれら自体の中に、独自のイマージュ理論を包摂しています。最初に取り上げるのは『易経』です。

今日、『易経』という名で知られる古代中国の占術書は、複数の部分から構成されますが、それらは異なる出所のものが、数世紀にわたる歴史的な形成過程の中で、異なる時代に『易経』の体系に組み込まれたものです。しかしながら、こうした歴史的・文献学的な全ての考察は、この講演の主題と本質的には関わってきませんので、この点については、ひとまず措いて、ここでは共時的な視点から、『易経』に取りかかりたいと思います。その際、『易経』を異なる部分が並列的に配置されて、纏まりのある全体へと統合された複合体として扱うことにいたします。

こうした共時的な視点から見ますと、『易経』の主要な占いの文は、具体的には六つの主要な部分から構成されております。つまり、この体系においては、それぞれの部門に対して、以下のような順序で特定の場が割り当てられております。

一つの「卦」(1)は、たとえば、䷫のように、直線〔陽爻〕と破線〔陰爻〕を含む六本の線から構成される抽象的な象徴です。『易経』の占術という点で、それは最初に占者に与えられる非言語的な神託ですが、一方、『易経』の哲学という点では、それは非言語的なかたちで形而上的あるいは心的な元型を示しています。ご存じのように、『易経』には、こうした元型の指標すなわち「卦」が六十四個あります。

この非言語的象徴は、次の段階において、すなわち、「卦名」(2)に至って、初めて言語化されます。たとえば、

卦 ―→ 卦名 ―→

彖辞《たんじ》（彖〔卦辞ともいう〕）―→ 彖の説明（彖伝）

象辞《しょうじ》（象〔爻辞ともいう〕）―→ 象の説明（象伝）

前述しました特定の「卦」の名は「姤」であり、それはおおよそ想定外の出会いという意味です。この「卦」によって抽象的かつ漠然と示される元型あるいは元型的な状況は、この段階における名、すなわち「出会い」を表します。銘記すべきは、名が表されますとすぐに、あるイマージュが現れるということ、すなわち、一人の女性（一つの「陰」の破線）が五人の男性（五つの「陽」の直線）に出会うというイマージュが現れるのです。

　非言語的象徴の言語化のプロセスは、まだまだ続きます。さらに、「象」すなわち卦辞(3)の段階において、『易経』は占術の面から、その名によって具体的に意味されるものを言語的に明瞭なものにします。ここで神託の言葉が与えられます。また、それは「象伝」すなわち卦辞についての説明(5)によって、さらに解説が加えられます。

　神託のうち、「卦」によって象徴される総体的な状況を示す「象」とは対照的に、「象」すなわち「象辞《イマージュ・ワード》」(4)は、「卦」の状況の全体内で、一部の状況の本質に関わる部分的な神託ですが、これは「卦」を構成する六本のそれぞれの線によって象徴されます。象辞は「象伝」(6)によってさらに詳しく説明されます。

　「象伝」と「象伝」は明らかに注釈にすぎませんし、また『易経』の大半を占める注釈部分の一部として扱うのが適切です。そのために、「象伝」と「象伝」を除いたうえで、『易経』の主要な占術文献、あるいは『易経』における神託の原初的集成が、次の四つの節、すなわち「卦」、「名」、「象」さらに「象」、から構成されると言わなければなりません。

　この講演の目的に照らして、ここで注目すべき重要なことは、前述しました順序に配置された『易経』の主要な占術文献のこれらの四つの節が、つまり、「卦」に始まり「象」で終わる四つの節が、占術体系として言語化のプロセス、すなわち、当初与えられた非言語的な神託が、次第に完全な言語的な神託へと変容していくプロセスを表しているという点です。個々の場合、それは非言語的なものの言語化のプロセスです。ここで言う言語化とは、言語的な解釈という意味です。言語的な解釈とは、『易経』の場合、先ず第一に、語をとおしてイマージュを生成することであり、より正確に言えば、象徴的イマージュを喚起することです。そこで、原初的な「イマージュ不在」がイマージュになるのです。

この講演の中で、その使用を提案した意識の構造モデルの観点では、「卦」における「イマージュ不在」がイマージュへと変容することは、M領域、すなわち、A層とB層とのあいだの心的な空間において、常に起きていることが認められるでしょう。さらに、このように生み出されたイマージュは、前述しましたように、本質的に「解釈学的」です。それは、本来的にイマージュを伴わない「卦」が、言語的解釈の漸次的なプロセスをとおして、象徴的に展開して生み出されたものであるという意味においてです。

「卦」の解釈についてお話しした目的は、「卦」の抽象的な形態によって与えられた空白を満たすために、象徴的イマージュが意識のB層から出現するプロセスを明らかにすることにあります。このプロセスは、専ら構造的な事象として描かれておりますが、その際まず、これらの抽象的形態がいかにして確立されたのか、さらに『易経』の歴史的形成の中で、いかにして言語的な神託がこれらの抽象的形態に結びついたのかに関しては、全く触れないままでした。『易経』イマージュの、特に「象徴的」な性格をとりわけ明らかにするためには、その問題の歴史的な側面に関して、少し言葉を付け加えておかなければなりません。

この点に関しては、次の点に留意する必要があります。それは、私たちが知っている中国史の最古の時代において、占術の方法は、宮廷に仕えるシャマンの官人たちが専ら司っていたということです。六十四卦という正式な体系の構築、ならびに言葉で公式化された神託の形式における主要な言語化は全て、宮廷のシャマンに依っていました。遠い昔には、こうしたシャマンたちは、厳密に言いますと、特別にすなわち専門的に占術の仕事に携わっていました。シャマニズムとのこうした歴史的な関係によって、「卦」に結びついたイマージュや「卦」が喚起するイマージュの象徴性が帯びる独自の性格の大部分が説明されることになるでしょう。言いかえますと、『易経』に実際に記録されている「卦」のイマージュはそれぞれ、一見すると無意味な六本の線の組み合わせ、すなわち「卦」そのものに意味を見いだそうという心的衝動に駆り立てられ、シャマニズム的な興奮状態にある心の深み——私たちの専門用語では、「意識のB層」——から、かつて現れ出た象徴的イマージュなのです。

私たちの意識モデルによりますと、A層とB層とあいだの中間領域は、『易経』のイマージュの存在と活動に相応しい場所ですが、それは占術に全面的に集中した心の態度によって生じる濃厚なシャマン的な雰囲気に溢れています。こうしたイマージュは、外部の世界における事物を認識する目的に役立つために、A層へと浮かび上がっていくことはありません。その代わりに、それは中間領域に留まって、そこで全く異なった機能を果たしています。すなわち、人間とその宿命が見えない糸と不可避的に結びついているリアリティの原初的で元型的な輪郭とそのまま一致して、存在世界を象徴的に再構築するという機能を果たしているのです。

この地点で、『易経』の神託の原初的集成が、原初的な「沈黙」を言語へと転じさせるとともに、「イマージュ不在」をイマージュへと転じさせるプロセスを表現する象徴体系として、どのように構成されているのか、という私たちの共時的な考察に立ち戻ることにいたしましょう。事物全体は「卦」の解釈学的な展開として、すなわち、イマージュを生み出すことをとおして、自然発生的な自己解釈のプロセスとして見なされるかもしれません。

事実、『易経』の頁を開く人はだれでも、自分自身が溢れるイマージュの世界に入り込んでいることに気づきます。そこで出会うのは、ふつうのありふれた事物と存在のイマージュから、怪物や聖霊や幽霊といった風変わりで異様な姿までの、あらゆる種類のイマージュです。

しかしながら、全く不思議なことに、初期段階における『易経』の体系は、完全にイマージュを欠いた、穏やかな絶対的沈黙の世界です。と申しますのは、何度か指摘しましたように、『易経』に最初に与えられ、全ての出発点となったのは、二つの主要な象徴、それぞれ「陰爻」と「陽爻」と呼ばれる破線と直線の数学的組み合わせから成る、抽象的な構造が全体として組織されたものなのです。それは「卦」と呼ばれる六十四個の、純粋に形式的で抽象的な象徴の体系であり、それら自体は意味論的に空虚であり、それ自体、イマージュを欠いております。

事実、第四十四卦（「姤卦」）䷫の表層の下に、いったん解き放たれると、確実に暴れ回るような生まれついての性格をもつ痩せた豚の、生き生きとしたイマージュが隠れていると、だれが考えることができるでしょうか。しかし、このことが実際、「象」すなわち「象辞」が、こうした個別の線の意味内容を言語化するやり方なのです。『易経』には、次のように記されます。

最下部の破線〔陰爻（初六）〕。
金属製の車止めに繋がれた車輪。
前に動こうとすれば、凶に見舞われよう。
痩せた豚は、実に暴れ出すことだろう。

さらに、この同じ「卦」の抽象的な形態を見るだけで、全体として、「占辞」によって明確に示されるような、危険なほど慎みがなく淫らな姿態の女性のイマージュを、だれがそこに認識できるでしょうか。
しかしながら、実際のところ、空虚でイマージュを欠いた形態から、象徴的イマージュが出現することに関しては、こうしたことが「卦」という体系の基本的な構造なのです。あらゆる「卦」は、本質的に包括的なイマージュに翻訳可能であり、一方、構成要素である六本の線それぞれは構造上、あるイマージュや一連のイマージュ群を独特の方法で呼び起こすように構成されています。こうしたイマージュは、「卦」によって先ず喚起される包括的なイマージュを展開したり拡張したり、あるいは分枝しています。ここで留意しなければならないことは、このことが可能となるのが、六十四卦のそれぞれが外面的に空虚ではあっても、内面的に元型的な形態であるという事実です。その元型的な形態は、意識のB層の元型的な喚起によって引き起こされる、止むことなき心的エネルギーの変換から生起する象徴的イマージュに満たされます。したがって、「卦」から生じる具体的イマージュの出現とこれを構成する線は、これら抽象的な形態の象徴的変容あるいは自己解釈の結果なのです。それは「想像的世界」の一側面として、リアリティの元型的構造が自己開示することにほかなりません。

「卦」の形態に関する象徴的かつ言語的解釈は、すでに述べました「卦名」の段階で始まります。ある「卦」に特定の名を与えることは、イマージュ不在からイマージュへの転換のプロセス全体の出発点です。特定の名が与えられますと、「卦」は即座にイマージュを喚起します。これは非常に自然でありふれたことに見受けられます。それは、その名が必然的にある意味をもち、さらにその意味が必然的にあるイマージュを呼び起こすからです。しかし、『易経』の象徴体系の具体的な脈絡においては、事態はそれほど単純ではありません。「卦名」の段階におけるあるイマージュやイマージュ群の喚起は、「卦」の名称を示すのに使われる漢字特有の絵文字的な喚起力によって複雑なものになります。みなさまもご存じのように、『易経』における「卦」の名称は、数ある漢字のうちの特定の一文字〔または二文字〕によって示されます。多くの場合、これらの漢字はまさに究極的には、ラテン文字のアルファベットの組み合わせと同様、極限にまで形式化された音声記号です。しかしながら、時々、漢字が絵文字として機能することがあります。そうした場合、こうした漢字は非常に特徴的な方法で、イマージュの出現に直接、影響いたします。

ここで、ごく単純な事例から一つ取り上げますと、第四十七卦の「困」は逆境、すなわち、出口の見えない逆境に陥った人間の意気消沈した暗い気分を意味します。この語を示す漢字は「困」であり、一本の「木」（の上部は木の幹とそこから伸びる枝を、下部は木の根の分岐を表します）とその木を全面的に取り囲む囲いから構成される絵文字です。この漢字は、自然な成長が完全に妨げられている木を絵のように表しています。さらに、このことは必然的に、この名から生じるイマージュによって引き受けられる具体的な形態を決定し、それに影響を与えることになります。

ここでもう一つ、いくぶん複雑な例を見てみましょう。取り上げるのは第五十卦ですが、その卦名は大釜を意味する「鼎」です。この語を示すのに使われる漢字は「鼎」であり、これも本物の大釜、大きな銅の器を構造的に表す絵文字です。こうした大釜は食事を料理するのに使用され、調理された食事は宗廟で、王によって祖霊に供えられたり、饗宴で宮廷の賓客に出されたりと、宗教的あるいは呪術的な力が吹き込まれていると信じられた貴重な器具です〔上図を参照〕。

さらに一度、こうした基本的なイマージュが確立されると、この卦䷱の抽象的な構造は、そのイマージュにしたがって解釈されます。一番下の「陰」の破線は大釜の脚を表し、真ん中にある三本の「陽」の線は胴の部分を、その上の「陰」の破線は耳を、最後に一番上の「陽」の線は大釜を運ぶのに付いている環の部分を表します。

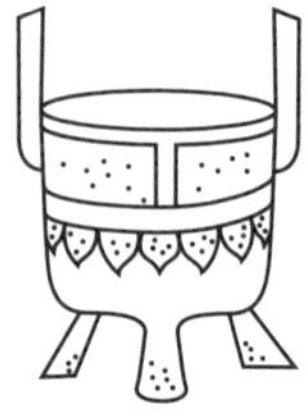

絵文字の助けを借りることなく、卦名の意味自体が「卦」の隠された象徴を作動させることも時としてあります。つまり、六本の線という公式の構造から、想定外のイマージュが立ち現れ、独自のやり方で全体的または部分的なイマージュに作用するのです。第六十二卦の「小過」は、おおよそ「小さなものの優位」という意味ですが、それはその形態䷽そのものによって、空高く舞い上がろうとする小さく弱い鳥のイマージュを呼び起こします。真ん中の二本の「陽」の線は鳥の体を示しており、上部と下部にある二本の「陰」の破線二組は、引き裂かれた二つの羽を象徴しています。ところが、これらの羽は全く「陰」の要素でできており、それらが生まれつき弱いことを暗示しています。その鳥は高く舞い上がることはできませんし、また、そのようにすべきではないのです。こうした状況は、次の解釈の段階、すなわち卦辞——「卦」に付随する占術の文言——の段階で、はっきりと言語化されます。それは、次のとおりです。

（現在の状況は）小事には良いが、大事には良くはない。

飛び立つ鳥はその鳴き声を後に残す（すなわち、鳥は空高く飛びすぎている）。

空高く飛びすぎるのは良くない。降りてくるのが良い。

講演の時間的な制約もございますので、これ以上、詳細な内容に踏み込むことはできませんが、「卦」のイマージュ創造のメカニズムが、名付けの段階においてさえ、どれほど繊細に構築されているのかについては、十分にお伝えすることができたと思います。このように喚起されるイマージュは、以前に申しましたように、次の解釈の段階をとおして、引き続き拡大され展開していきます。さらに、そのプロセスの頂点に到達するときまで、はじめはイマージュ不在の純粋に抽象的で数学的な排列であったものが、象徴的イマージュの色彩溢れた世界へと変換していくのです。

IV

これで『易経』を離れて、老荘思想の古典を代表する二人、老子と荘子のイマージュの世界に入っていくことにいたします。

全ての象徴的なイマージュは本来的に進展することに注目することで、お話を始めることにいたしましょう。つまり、象徴的なイマージュはその本質構造として、可能であれば物語、説話や神話へと進展し発展していく顕著な傾向を示しております。『易経』では、象徴的なイマージュはこうした傾向を十分に示すことができませんでした。それは、『易経』においては、主要なテクストが短い神託の言辞から成っており、そうした形式そのものが、象徴的なイマージュが連続する語りへと拡大することを妨げざるを得ないという『易経』の性格のためです。しかし、こうした不利な状況下にあってさえ、「卦」の六本線が表す六つの段階をとおして、いくつかのイマージュが、どうにか物語のような、あるいは神話のような言説の形式へと進展することができました。典型的な例としては、第一卦の龍のイマージュが挙げられます。六段階をとおした、「卦」の構造的進展に描かれる龍が、未成熟な状態から完全に成熟した状態へと次第に成長する様子は、明らかに一つの神話創造です。しかし、龍の内的成長の物語については、あまりに短くて単純ですので、真正の神話とは呼ぶことができません。そのうえ、この種の例は、むしろ『易経』では稀です。ほとんどの場合、イマージュは展開できるだけの余裕を与えられておりません。つまりふつうは、孤立して展開しないままになっているのです。

老荘思想、とりわけ『荘子』によって、進展するイマージュが妨げられることなく、あらゆるところで象徴的な話や神話へと発展していくイマージュの世界へと、私たちは入っていきます。

老荘思想のイマージュが真に神話創造的であるということは、非日常的な象徴的イマージュが、私たちのモデルにおけるB層に対応するものから、絶えず豊富に出現して、M領域を満たすのを暗示するばかりではなく、心の象徴的空間の中で、私たちが日常生活で見慣れた感覚的イマージュ間の経験的関係と全く異なる関係を、象徴的イマージュがそれら自らのあいだで形成しているということも暗示しています。さらに、こうした非経験的な状況のもとで、これらイマージュは独自の過程を経て、生来の元型的パターンに従って自発的に展開していきます。簡潔に申しますと、これが老荘思想における神話創造の形式的な構造です。

しかし、老荘思想の神話創造を真に特徴づけ、それをそのほか全ての類型の神話生成から明確に区別されるのは、老荘思想の場合、神話的イマージュの出現と展開が常に独特の存在の形而上的経験によって裏打ちされているという事実です。老荘思想の神話創造は、「無」から現象的「有」が現れ出るという、リアリティに関する形而上的ヴィジョンを直接映し出しています。さらにこのプロセスは、正確に申しますと、「イマージュ不在」の段階からイマージュの段階へのリアリティの展開プロセスとして記述してもよいでしょう。

「無」あるいは「イマージュ不在」は、経験的には瞑想の極限において実現されるものですし、荘子にとっては、全ての事物が全的な無区別状態になる形而上的溶融に当たります。こうした「無」あるいは「イマージュ不在」が表現されるのは、いくぶん逆説的ですが、象徴的イマージュの神話創造的な展開の可能性を自らの内に秘めた「渾沌」というイマージュ不在のイマージュにおいてなのです。「渾沌の神話」と称される神話はまさしく、次のとおりです。

〈南海〉の〈帝〉の名は〈短時間〉(「儵」)であった。

〈北海〉の〈帝〉の名は〈一瞬〉(「忽」)であった。

中央の〈帝〉は〈渾沌〉と呼ばれた。

かつて、〈短命(儵)帝〉と〈一瞬(忽)帝〉は〈渾沌帝〉の地において出会い、〈渾沌帝〉は二名の帝を申し分ないほど歓待した。そこで、〈短命〉(「儵」)と〈一瞬〉(「忽」)は、〈渾沌〉の恩に報いようと次のように慎重に相談した。「全ての人間は、七つの穴が開いていて、見たり聞いたり食べたり呼吸したりしている。〈渾沌〉だけは、一つも穴が開いていない。さあ、私たちで彼の顔にいくつかの穴を開けよう！」そこで、彼らは毎日、穴を一つずつ開け続けて、七日目に、〈渾沌〉は死んだ。


(『荘子』応帝王篇)


「渾沌」の死に関するこの老荘思想の神話は、二つの側面をもっており、それぞれが二つの異なる源——神話学的な源と形而上学的な源——に遡りますが、そのことに注目することは興味深いことです。これら二つの方向性の第一に当たる神話は、古代の神話世界と直接に関連しています。こうした世界は、たとえば、山と海に生息すると信じられていた神話上の怪物や精霊を描いた有名な中国神話の書『山海経』に見られます。

この書の記述によると、「渾沌」は見るも恐ろしい怪鳥の姿で、のっぺらぼうの顔という外見をしています。


さらに西方、三百五十里のところには、天山と呼ばれる山がある。この山では、金や玉が多く採れる。ここでは青雄黄も採れる。英水はここから出でて、西南へと流れて、湯谷へと注いでいる。

さて、この山には、神聖な鳥が住んでいて、その姿は黄色い袋のようで、燃えさかる炎のごとく赤く、六本の脚と四つの羽が生えている。この鳥は完全に無定形で(「渾沌」)、目もなく、のっぺらぼうである。ところが、この鳥は歌と踊りに長けている。

この神話は、明らかにシャマニズムに起源をもっています。歌と踊りが得意な鳥の姿をした怪物と聞いて、すぐに思い出すのは、シャマンをエクスタシー状態に導くため、歌と羽を使った踊りがしばしば重要な役割を果たすシャマニズム儀礼です。そのほかに、「鳥」は何もない、のっぺらぼうな顔をしていると言われますが、それはトランス状態に入ったシャマンにおいて実現される内的な「虚」を表現する象徴的な方法です。顔がのっぺらぼうであると言われる「渾沌帝」は、確かに神話学的な側面では、エクスタシー状態にあるシャマンが視るこの種の幻覚経験と極めて密接に関わっています。

しかしながら、他方、『荘子』における「渾沌」のイマージュには、もう一つ別の哲学的な側面もあります。その側面において、「渾沌帝」ののっぺらぼうな顔は、原初的で「渾沌とした」「有」の合一性を象徴する神話的イマージュです。それは全ての事物がその現象的境界をゆるめて、相互に融合して互いに混ざり合い、ついには究極的に、形而上的な「無」の闇へと消えていくような存在論的状態を象徴する神話的イマージュです。また、こうした「無」の形而上学という点では、「渾沌帝」の死は、「有」の世界、すなわち現象的な区別と差異の世界が、まさに「死」、すなわち形而上的「渾沌」の崩壊によって出現するやり方の象徴的な提示にほかなりません。老子は次のように述べています。

〈無〉は〈有〉の究極の源であり、
〈有〉は経験世界における万物の源である。
天下の万物は〈無〉から生まれる。

（『老子道徳経』第四十章）

このように老子は述べていますが、「有」を生み出すためには、さらに「有」をとおして、天下の万物を生み出すためには、「無」は死ななければなりません。六つの穴を顔に開けたとき、その場で「渾沌帝」が死んだということは注目すべきことです。それまで「渾沌帝」の顔はのっぺらぼうだったのです。目も耳も鼻も口もなく、見分けのつくものは本当に何もなかったのです。このことが象徴的に語っているのは、原初的状態におけるリアリティは絶対無分節であるということです。それが分節化されるや否や、形而上的な純粋性は失われて、存在分節が多様性の溢れる世界を生み出します。その中では、事物は互いにそれぞれ区別され、そのことによって互いに対立しています。形而上的な「無」の死と現象的事物の誕生という、これら二極のあいだに、荘子は常に止むことなく演じられる、存在をめぐる宇宙的ドラマを見るのです。この点に関して、「渾沌」の顔に穴を穿ち、そのことによって彼を殺すという「致命的なミス」を犯した二人の皇帝の名は、「儵」と「忽」であって、それぞれ「短時間」と「一瞬」を意味しております。このことは明らかに、二人の皇帝が永遠に存在するものがない現象世界を象徴していることを示唆しておりますが、それは触れておくべき興味深い点でしょう。

しかしながら、経験的世界の出現に関して「生」と「死」について語ることは、ある独特の神話創造的な見方から、この問題を提示することにほかなりません。哲学的に、またより厳密に言いますと、ここには「生」も「死」もないのです。と申しますのは、「無」と「有」は究極的には一であって、二つの異なる角度から眺めた同一のものであるからです。老子は次のように述べています。

永遠で真正な〈無〉の中に、人は〈道〉の計り知れない神秘を見る。一方、永遠で真正な〈有〉の中に、人は〈道〉の様々な帰結を見る。これら二つは、元来は一であり等しい。しかし、いったん外に出ると、それらは異なる名前（すなわち〈無〉と〈有〉）を帯びるのだ。これら二つが絶対的に等しいものである原初の状態において、〈道〉は〈神秘〉と呼ばれる。それはまさに、全ての神秘の中の〈神秘〉である。

（『老子道徳経』第一章）

したがって、老子の目から見たリアリティは、明らかに二つの正反対の側面、すなわち、「無」と「有」をもっています。「無」は何の姿形もない形而上的な領域です。この点について、老子はそれを「無名」と呼んでいます。

「無名」とは「イマージュの欠如」、すなわち「イマージュ不在」に当たります。しかし、瞑想中の心は、この「イマージュの欠如」の測りがたい深みにおいて、微かではっきりはしませんが、「何か」の現前を感じとるのです。

深遠で底なしで、それ〔道〕は万物の祖先のようでもある。
何もないけれども、〈何か〉がそこにいるかのようだ。
……
深い淵の水のようで（すなわち、表面には何も見えない）、
しかも〈何か〉がそこに隠れているかのようだ。
私には、だれがそれ〔道〕を生み出したのか分からない。
しかしその〈像〉は、〈神〉の前から存在していた。

（『老子道徳経』第四章）

老子はここで、非常に印象深い詩の言葉で、「無」が「有」へと転ずる形而上的体験における微妙な点を記述しようとしています。そこには今までのところ、目に見えるものは何もありません。名もありませんし、イマージュもありません。ところが、そこには「何か」がある、すなわち、形のない「形態」、名をもたない「名」、イマージュを欠いた「イマージュ」があるように感じられるのです。

さらに、こうした神秘的なイマージュを欠いた「イマージュ」から、元型的なイマージュが現れ出てきます。最初はぼんやりとして、ほとんど感知できないほどですが、成長して展開していくにつれて、ますますはっきりした形態を採り続け、ついには「天下の万物」を表す無数の感覚的イマージュとして、現象的な「有」の次元に

おいて、自己展開することになります。

しかしこれらのイマージュは、こうした展開の最終段階に辿りつき、それらが表層レベルすなわち意識のA層において、変わることなく分節されるまえに、神話創造に特有の自由な象徴的変容が行われる広大な領域、荘子によりますと、実に「無限なほど広大な領域」を通り抜けます。そこでは絶対的な自由の雰囲気の中で、イマージュのあいだに、自力で神話創造的なリアリティの像を描きながら、それら自らの象徴的展開の規則性に従って、イマージュが互いに結びつき混ざり合い、さらに滲透し合います。老子や荘子の立場から見ますと、これらの神話創造の姿は本質的に元型的なものであり、感覚や知覚さらに理性によって与えられるものよりも、忠実にあるいは根本的にリアリティの真の構造を反映しております。

V

さて、ここから禅に話題を向けていきますが、心がイマージュを生み出すメカニズムの問題に関して、禅と老荘思想とのあいだの最も根本的な違いに注目することから、お話を始めることにいたします。これまで見てまいりましたように、老荘思想の世界は、象徴的イマージュの世界、つまり「イマージュ不在」と感覚的イマージュの領域のあいだに広がる広大な中間領域の中で、神話創造的に象徴的イマージュがそれ自体、姿を現す世界です。これまで、私たちが用いてきました意識の構造モデルからいたしますと、こうした状況については、老荘思想の場合、長い距離が意識のB層とA層を互いに隔てていると簡潔に記述することができるかもしれません。すなわち、B層で生まれ出た元型的イマージュは、A層という現象的な表層にそのまま浮かび上がってくることはありません。その代わりに、これらのイマージュは途中に居残って、M領域において、それら自らの独特な神話創造的な世界を創造する傾向があるのです。

これとは逆に、禅仏教では、意識の二つの層のあいだには、このような距離は認められません。B層はA層に直結しているのです。中間領域も存在しませんし、あるいは仮に存在したとしても、瞬きしているあいだに通り過ぎてしまい、象徴化の余地すらありません。ましてや、神話生成などあり得ないのです。「イマージュ不在」は常にイマージュにおいて表現されますが、イマージュが展開していくことはなく、瞬間的に現れては消えていきます。「イマージュ不在」から出現するイマージュはそのまま、まっすぐに日常的経験の次元へと突き進み、そこで即座に現象世界を創造します。有名な『般若心経』の冒頭においては、こうした禅的な観点が、次のように簡潔に記されています。すなわち、現象世界は形而上的「空」にほかならず、形而上的「空」もまた現象世界にほかならないのです。

ここでは、老荘思想との対比において、禅のイマージュ論の特徴をいっそう明らかにするという目的のために、以前にお話ししました二種のイマージュ、すなわち、(1) 象徴的・神話創造的なイマージュ、(2) 認知的・存在論的なイマージュとのあいだの理論的な区別について振り返っておきたいと思います。

第一のイマージュは、私たちのモデルにおいてM領域として示される心的空間に特有のイマージュから構成されます。それらはM領域において、その固有の居場所を見いだすような性質を帯びたイマージュです。それらのイマージュは、内的領域の境界内に留まりながら、神話創造的に発展し展開するのです。「龍」はこうした種類のイマージュの典型例です。後ほど明らかになりますが、それは本質的にM領域に属しています。こうしたイマージュの本質は、このイマージュが意識のA層へと昇ったり、意識が経験的世界において、ある特定の事物を感知したりすることを妨げています。たとえ偶然にそういうことがあったとしても、このイマージュは経験的世界において、錯覚や幻想を生み出すだけで、存在論的基盤をもたないのです。

これとは逆に、認知的・存在論的なイマージュについては、それらもまた神話創造の要素としてよく用いられますが、それらは意識のA層へと直接に浮かび上がって、そこで外部のリアリティの現象的経験を引き起こすという本来の機能をもっています。たとえば、大地や太陽さらに樹木などのイマージュは時々、神話の重要な構成要素として出現しますが、それらの機能は、主として本質的に認識的かつ存在論的な性格をもっています。すなわち、これらのイマージュは、感覚的データの混沌とした不確定なものを現象的な事物の多かれ少なかれ確実な姿へと瞬時に変容するのに役立ちます。手を加えないままの不定形のリアリティが限定的な存在の構造へと変容することは存在論的・認識論的なプロセスですが、これによって、いわゆる外部の事物が分節化されて、それぞれそのような事物として認識されることになります。

さて、禅仏教はと申しますと、第一の種類のイマージュすなわち象徴的・神話創造的なイマージュに全く関心を示しません。禅が特段の関心を寄せるのは第二のイマージュです。そのことは認知的・存在論的なイマージュをとおして、経験的世界における事物を認識することが、禅にとっては根本的に重要なことがらであることを意味しております。しかしながら、このことは経験的世界それ自体を、一般的に理解されているように「認知すること」が重要であるという意味に受けとるべきではありません。全く逆なのです。常識で理解されているような事物の認知は、禅では全くの妄念として軽んじています。現象界の究極的な基盤としての形而上的「無」とそのまま瞬時に関わってこそ、初めて「認知」は真正なものと考えられます。

したがって、ここでもまた、「空」とか「無」という周知の禅概念に引き戻されます。と申しますのは、禅それ自体によりますと、イマージュの存在論的・認識論的な性格に関する問題について、禅が採る立場の哲学的意義は、禅仏教の専門用語である「無」の語が実際に意味するものに関する正確な理解にもとづいてはじめて理解できるからです。

しかしながら、禅における「無」の本質については、過去に数回、エラノス会議で解明しようと試みましたので、それについて再び詳細に説明するのは差し控えたいと思います。ただ、次の事実にだけは注目していただきたいと思います。つまり、禅仏教の考える「無」には、二つの根本的な側面があり、それらは理論的に互いに区別されているという事実です。すなわち、それらは意識の状態に関わる側面とリアリティの形而上的な状態に関わる側面です。

「無」のこれら二つの側面のうち、最初の側面、すなわち、意識の「空性《くうしょう》」に関しては、この文脈における

「意識」の語は、瞑想的な覚知――全ての認識活動が一時停止し、全ての心的動揺が沈静している深い瞑想にある心――という意味で理解されるべきであるという点に注意しなければなりません。ここで現成される「無」とは特別な内的状態であって、そこでは、意識の全領域に満ちわたっている精神的エネルギーが――「内部」あるいは「外部」の世界における特定の対象にではなく、それ自体に集中するというだけのことで――強い集中状態に保たれます。言いかえますと、意識の領域全体は、どこにも焦点を定めずに、それ自体に集中しています。そうした状態にある心は、本来的に静止したままです。しかし、それは否定的な意味で、単に空っぽだとか空虚だということではありません。と申しますのは、静止という覆いの下では、心は高い次元の内的緊張感に満ちており、いつ何時どこへでも動き出せる準備が整っているからです。端的に申しますと、これこそが禅的瞑想の頂点において実現される「無」の本質構造なのです。

しかし、禅で理解される「無」には、事物の存在論的な状態に関わるもう一つ別の側面もあります。ここでは「無」は、「有」が「ないこと」、すなわち、リアリティの究極的な形而上的次元を意味しています。こうした点では、その次元は、存在論的な無限定あるいは無分節という独特の領域として理解されますが、この領域の中では、リアリティはさまざまに固定化され限定された諸形態へと分節される以前の、原初的で形而上的な静止状態にあります。瞑想的な覚知において理解される「主体的」な「無」の場合のように、ここで問題としている「客体的」な「無」もまた、表面的には全く空虚なものですが、内的には存在論的に充満しています。と申しますのは、大量の創造的、すなわち自己分節的なエネルギーがその内部に閉じ込められているからです。こうした点において、禅の「無」は、荘子の形而上的な「渾沌」や老子の「無名」と本質的に同じなのです。

しかしながら、今しがた「無」の二つの側面のあいだに、「主体的」と「客体的」という区別をいたしましたが、こうした区別は単に理論上のものであると言わなければなりません。禅の観点からいたしますと、この問題の核心は、ここで理論的分析のために設定した二種類の「無」は実際には全く同じであって、これらは一つの統合的で切れ目のない全体を構成しています。禅では、これを簡潔に「心」とか「無心」と呼んでおります。したがって、「無」や「無心」は、心的なものと形而上的なものが究極的に無区別である原初的な合一なのです。すなわち、それは全ての形態の「意識」がそこから生起する意識のゼロ・ポイントであると同時に、全ての形態の「存在」がそこから生起する存在のゼロ・ポイントなのです。

　このように理解される心的かつ形而上的「無」を、禅が内部に一点すらない一筆書きの円という形で視覚化しようとすることはもっともなことです。

『碧巌録』の公案第一則に見られる有名な叙述、すなわち、「無限なる空虚のように、聖も何もない」（「廓然無聖」）もまた、同じ観念に関する典型的に禅的な表現の一つです。

　こうした瞑想的・形而上的な無の領域では、事物のイマージュが起こりえないのは明らかでしょう。こうしたリアリティの次元において理解される「無」はイマージュを欠いています。それは「イマージュ不在」なのです。しかし、この「イマージュ不在」は見たところ、心的なものと形而上的なものが均衡を保った、絶対的に動きのない状態ですが、内的には、驚くほどダイナミックな性質をもっています。時として、この均衡が失われて、その深みにおいて、存在論的な振動が起こります。そのとき、「イマージュ不在」のフィールド全体に滲透している集中的な内的エネルギーが、猛烈な勢いで日常的経験の領域へとなだれ込んできます。さらに、「イマージュ不在」がこのように動き始めるときには常に、それは力強く活発なイマージュとして現れます。この種のイマージュの出現はそれ自体、事物の存在論的な出現なのです。事物は瞬間的にイマージュへと変容する「イマージュ不在」の自己顕現力で出現します。しかし、日常的な心はふつう、こうした特別な資格に気づくことはなく、ただそこに形而下の事物があると「知覚する」か、多くの場合、その言葉を耳にするだけなのです。

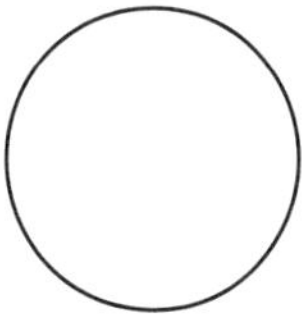

　聴くがよい！　かつて一人の僧が趙州に、「インドから来た禅の祖師の意義は何ですか」（すなわち、「禅仏教の究極的真理とは何ですか」）、あるいは「無とは何で

すか」）と尋ねた。
　趙州は、「庭前の柏樹子」と答えた。

（『無門関』第三十七「庭前柏樹」）

この問答全体は、次のように表現し直しますと、もっと理解しやすくなるでしょう。

　問い　「真正な禅的理解において、〈無〉とは何ですか。」
　答え　「庭前の柏樹子。」

　こうした特別な文脈において、「柏樹子」とは、趙州の「心」から、すなわち、その僧の問いによって動き出した趙州の「イマージュ不在」から、出現したイマージュです。この公案を読む人々は、「イマージュ不在」が瞬時に、あたかも稲妻が走るがごとく、自らをあるイマージュとして現成させる時点を即座に把握するよう期待されます。しかしながら、禅の観点から見ますと、こうした形でのイマージュの出現は、前にも述べましたように、同時に存在論的な事象でもあります。「イマージュ不在」からすぐに浮かび出てくるイマージュは、原初の「無分節」から分節化された事物の現象形態と同じであるという意味で、それは存在論的な事象です。形而上的「無」は無分節状態から生起し、かくかくしかじかの事物として、すなわち、具体的で感覚的に確実な何かとして、「有」の経験的次元にその姿を現します。
　円の空っぽな空間、すなわち、形而上的「無」を示す円に、一つの点が出現するということです。
　こうした状況における点は、「無」のフィールド全体に広がる存在論的エネルギー全体の焦点です。しかし、円内における一点の出現は瞬時の事象にすぎません。この点が時間的に展開していくことはありません。経験的世界に出現するとすぐに、元々の何もない状態へと戻っていきます。ところが、同様の点が途切れず連続して出現することによって、それが日常的な心において、形而下の事物が多かれ少なかれ、現前に永遠に存在するという印象を生み出すことになるのです。

禅仏教のものの見方においては、こうしたことが、現象界におけるあらゆる事物の存在論的な構造です。あらゆる事物は、あらゆる瞬間において独自のイマージュなのです。こうしたイマージュは「イマージュ不在」から出現したものであり、それは「無分節なもの」が特に分節された形態であり、それは「無」へと再び消えていきます。つまり、「柏樹子」は、無限に広大な「無」の円から、ただ一瞬だけ、立っているのです。

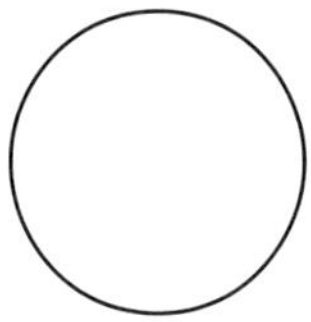

注

* 第四八回エラノス会議（一九七九年開催）のテーマは、「思想と神話的イマージュの世界」(Denken und mythische Bildwelt)。『エラノス会議年報』第四八号、一九八一年所収。

11

存在論的な事象の連鎖
——仏教の存在観

第四九回エラノス会議（一九八〇年）※

I

私の講演テーマは「存在論的な事象の連鎖」というように、やや不格好な表現ですが、その代わりに哲学的でない言語に翻訳して、「世界における全ての事物の相互連関」というような日常的な語句を用いますと、もっと自然で聞き慣れた表現に簡単に言いかえることができるでしょう。しかしながら、本日の講演の主題として、私はあえて意図的に特別な表現を選びました。それは、講演テーマが大乗仏教の華厳哲学に関するものであることを示すためです。

「事物」の代わりに、「事象」の語を用いる理由について、この段階では、華厳によれば、世界には厳密に「事物」が存在しない、すなわち、あらゆるものが実際、「事象」であるということだけをお話ししておきたいと思います。ふつう常識で「事物」と考え、また日常言語でそのようなものとして話しているものは、正確には、存在の瞬間の密接した連続から成る存在論的な事象あるいは存在論的プロセスにすぎないのです。全てこのことについて最も目立っているのは、この派の哲学者によると、存在世界全体がこのように理解される存在論的事象の巨大な連鎖であるばかりでなく、この世界で出会う唯一の「事物」の一つひとつがそれ自体、存在論的事象の縮小的な連鎖であるということです。ここには、語の厳密な意味で、単一のあるいは単純な事物はありません。一方、あらゆる事物は存在論的な事象であり、それ自体、無数の存在論的事象の複合体なのです。なぜなら、あらゆるものは存在論的にそれ以外のあらゆるものと連関しており、あらゆるものはそれ自体の内に、それ以外のあらゆるものを含んでいるからです。こうした存在論的な事態は、華厳が特徴的な専門用語、すなわち、文字通り「事と事が礙《さまた》げ合うことがないこと」を意味する「事事無礙」によって示されます。つまり、それは何ものもその現前によって、それ以外のものの存在を妨げることがない状態、あるいはもっと積極的に範式化いたしますと、全ての事物の完全に自由な相互滲透、すなわち、全ての事物が相互に完全な自由さで滲透し合っているという存在論的な視座です。どの事物にも、質料の不透明さとか滲透の不可能性はありません。言うまでもなく、ここで「事物」と翻訳する「事」の語は、この文脈では、すでに簡潔に説明しましたように、またこの講演の中で、もっと理論的に詳しく説明しますが、存在論的な事象という意味でございます。

全ての事物が相互滲透しているという華厳哲学は、まもなくご理解いただけるかと思いますが、東洋の存在論のとても独特な形態であり、仏教思想史全般でも独特で匹敵するものがありません。しかし、「事事無礙」という思想それ自体は、哲学の世界に対応するものがないわけではありません。それどころか、一つの類型として洋の東西を問わず、さまざまな哲学伝統において、異なる名称のもとで多くの異なる形態が見られます。「渾沌」という老荘思想の形而上学を、私はエラノス会議でしばしば取り上げてまいりましたが、それは一つの良い具体例です。ライプニッツのモナドロギーも、もう一つ別の具体例です。新プラトン主義者のプロティノスの神秘的な形而上学は、ギリシア哲学の伝統の中で典型的な例を示しております。

プロティノスが『エンネアデス』において、エクスタシー的な熱狂の状態から、「上方の」事物に関する美しいヴィジョンを伝えようとするような場合、とりわけ、華厳哲学の経典的典拠である『華厳経』に精通している仏教者にとって、新プラトン主義の哲学者が大乗仏教における華厳の主要な思想をよく知っていたにちがいないことを想起させるような数多くの節が見いだされることは、全く注目すべき事実です。まことに、プロティノスが示している幻想的な体験は、全て確実に彼自身のものです。しかしながら一方、彼がいかにインドの精神性に熱い関心をもっていたのかを私たちは知っています。さらに、プロティノスがアレキサンドリアで活躍した紀元後三世紀は、たまたまインドにおいて、大乗仏教の哲学的営みの活力あふれた興隆期に当たる時代でした。事実、『エンネアデス』や『華厳経』で実際に使用されているイマージュやシンボルは、互いによく似ていますので、今日、日本の仏教学者の中には、プロティノスが大乗仏教の影響を受けたこともあり得ると考えている研究者もいるほどです。

私には、まだそうした大胆な立場を採るだけの準備ができておりません。いずれにいたしましても、その問題は本日の講演に関するかぎり、おもな関心事ではございません。しかしながら、全ての事物の相互滲透という華厳哲学への優れた序のために、この講演の目的にとって、特に興味深く適切であると思えるプロティノスの一節を引用することで、講演を始めたいと思います。

純粋な知性の世界、すなわち、人間の心の神秘的変質の最高点において、超越的意識にのみ理解できるように開示される、形而上的な存在の次元の眩しい美にうっとりした神秘家の眼をとおして見られる、形而上的な事態について語りながら、プロティノスは次のように言います。

あちらでは（ἐκεῖ すなわち、存在の超越論的次元においては）……、すべてが透明で、暗い翳りはどこにもなく、遮るものは何一つない。あらゆるものが互いに底の底まですっかり透き通しだ。光が光を貫流する。ひとつ一つのものが、どれも己れの内部に一切のものを包蔵しており、同時に一切のものを、他者のひとつ一つの中に見る。だから、至るところに一切があり、一切が一切であり、ひとつ一つのものが、即、一切なのであって、燦然たるその光輝の世界は際涯を知らぬ。ここでは、小・即・大である故に、すべてのものが巨大だ。太陽がそのまますべての星々であり、ひとつ一つの星、それぞれが太陽。ものは各々自分の特異性によって判然と他から区別されておりながら（従って、それぞれが別の名をもっておりながら）、しかもすべてが互いに他のなかに映現している[1]。

仏教者の目から見ると、この引用文は文字通り、仏教者が個人的な経験によって知っていたり、あるいは華厳の師の言葉から学んだかのように、「全ての事物の相互滲透」に関する生き生きとした、最も正確な記述になっております。これらプロティノスの言葉が、たとえ毘盧遮那仏《びるしゃなぶつ》（Vairocana-Buddha）、すなわち、その巨大な像が『華厳経』の聖なる空間の中心的な位置を占める、全てを遍照する光の仏の口から出たものであると言われたとしても、仏教者のだれもが、その言葉の中に不適切なものを見いだすことはないでしょう。と申しますのは、華厳仏教で理解されている「全ての事物の相互滲透」が、瞑想する仏や菩薩の「浄化された」意識の前に広がる存在論的な光の形而上的次元を言おうとしたものであるからです。そうした次元では、全ての事物が物質的な不透明さを脱却して透明になり、遮るものや礙《さまた》げるものも何一つなく、あらゆるものが全てほかの事物を映し、また自由に全てほかの事物に滲透し、さらにほかのものに対して自ら滲透させます。そして究極的に、全てを包摂する宇宙的「光」の合一へと融合するのです。

この講演の目的は、中国の華厳仏教の傑出した思想家たちによって哲学的に洗練された、全ての事物の相互滲透に関するこうしたヴィジョンを明らかにすることにあります。みなさまの中には、よく覚えておられる方もあるかと思いますが、このエラノス会議において、私はこれまで数回、華厳についてお話をしてまいりました。しかしながら、それらの議論は多かれ少なかれ、散発的で断片的なものでした。私はこれまで華厳思想の主要な存在論的な考え方を有機的に構造化されて纏まった全体として、体系的にお話ししようとはいたしませんでした。今回は、唐の時代における最も優れた華厳哲学者、法蔵（六四三—七一二）を案内人として取り上げて、このことを厳密に行ってみたいと思います。

華厳宗ばかりでなく大乗仏教全般におけるあらゆる一流の哲学者のうちで、法蔵はイランの精神性と大変興味深い結びつきをもっていたというだけでも、極めて珍しい人物として目立っております。法蔵は中国における華厳宗の第三祖で、賢首《けんじゅ》大師（文字通り、「智慧の首」の意味）という名誉称号で一般的に知られており、だれもが一致して華厳哲学を大成した思想家であると認めています。彼の著作に大いに依拠しなければ、華厳について学んだり語ったりすることはできません。法蔵は事実、華厳仏教の展開の頂点において、その哲学的精神を示しております。

法蔵は全ての面において、本物の中国哲学者でした。彼は中国に生まれ、中国人として中国で育ち、唐王朝における学問文化の中心地、大都市の長安で、中国の仏教徒として学び修行を積みました。しかし実際のところ、彼はイラン人でした。少なくとも民族的には、ソグド人でした。この並外れた人物には、本質的にイラン人の血が流れていたのです。その当時、中国ですでに利用することができた大乗仏教の数多くの経典の中でも、法蔵が『華厳経』を自らの形而上学の典拠として選択したことは、彼の精神的かつ哲学的な形成において、古代イランの精神性を特徴づける神的な光の圧倒的なイマージュの影響を受けていたことを示しているように思われます。

と申しますのは、『華厳経』の仏である毘盧遮那仏は、万物を遍照する仏であるからです。サンスクリット語のヴァイローチャナ（vairocana）は、「照らす」とか「輝く」を意味する語根 √vi-ruc に由来していますが、一般的に太陽の輝きを意味するのに用いられております。また『華厳経』それ自体において、それはジュニャーナ・アーローカ（jñānāloka）、すなわち、絶対的な源から生じて四方八方に広がり、さらに存在世界の無限に広範な空間の拡がり全体に行きわたる「瞑想的知の光」を象徴しています。言いかえると、それは創造的エネルギーでもって、存在空間全体に浸み込んで酔わせる形而上的な光の遍在を示す象徴的イマージュなのです。

法蔵がその中心に仏の姿をもつ経典を、大乗仏教の最も基本的な文献として選んだという事実は、おそらく単なる偶然ではありませんでした。彼の心の精神構造には、万物を遍照する光の仏の眩しく輝くイマージュへと抵抗しがたいほど、駆り立てる何かがあったにちがいありません。そのイマージュに、ゾロアスター教における光の輝かしい神、アフラ・マズダを想起することは不思議ではないでしょう。このことは全て、今までのところ、した。

まだ推測にすぎません。しかし一方、歴史的な事実として、大乗仏教がまずインドの北方で展開し、それからイラン文化が堂々と隆盛をきわめた中央アジアで展開したことを忘れてはなりません。さらに厳密に言いますと、『華厳経』の名のもとに、今日のように纏められた経典群が元々作られたのは、この仏教世界の領域においてでした。

さらに、このうえに、もう一つ別の推測が許されるとすれば、以前にお話ししたように、それは、『華厳経』にその哲学的な表現を見いだし、中国、韓国さらに日本へ伝播した大乗仏教の主要な流れの一つが、学問的にも神秘主義的にも、後になってイスラームやユダヤ教の哲学の歴史的形成に深く影響を与えることになる、プロティノスの神秘哲学に影響を及ぼしたかもしれないというものです。もしそうだとすれば、私たちはさまざまな方面に由来して、東洋と西洋における多様な哲学形態へと分かれる形而上学の普遍的パターンへと収斂していく精神的・哲学的な考え方が相互滲透あるいは相互融合することについて、著しく彩り豊かな見方をもつことでしょう。そうしたヴィジョンを背景とした比較哲学は、これまで探究されなかった人間の思想の諸側面を明らかにし始めるかもしれません。

しかし確立された真理として提示するには厳密な文献学的検討を要しますから、そういった推測の領域からは、このあたりで離れることにしましょう。ここでは、より控え目で確実な根拠を求めて、仏教の華厳宗の法蔵やそのほかの代表的な哲学者たちによって考えられた、全ての事物が相互滲透しているという教説の存在論的・形而上学的な構造をできるだけ客観的に分析することに専念したいと思います。

II

ここからすぐに主題に入る代わりに、華厳および大乗仏教のこの宗派〔華厳宗〕が経典的典拠とみなし、そのうえに哲学体系全体を構築した『華厳経』について少し説明することから始めたほうがよいと思います。また、華厳哲学がインドや中国に広がる長い仏教思想史において占めてきた位置について、ごく簡潔に明らかにしておきましょう。

まず、「華厳」の語は中国語です。それは二語すなわち「華」と「厳」から成っていますが、前者は「花」を意味し、後者は「儀礼的装飾」を意味します。元来、この語は根本経典のAvataṃsakaというサンスクリット語に由来しており、その中国語訳です。つまり「アヴァタンサカ」(avataṃsaka)というサンスクリット語が、さまざまな色彩の花からできた花環とか花冠、輪の形をした装飾品を意味しているのです。この経典に特有の「想像的な」文脈では、これらの花は全て、「ムーラ・ブッダ」(mūla-Buddha. 根本仏)すなわち原初的あるいは形而上的仏——歴史的人物としてのブッダではなくて、絶対で精神的な実在としてのブッダ——から生じる無数の仏や菩薩の象徴として機能するとされております。それはちょうど、春になって花を咲かせる草花のようなものです。それらの壮麗な開花は世界の空間を満たします。こういうわけで、この経典の名は「アヴァタンサカ」であり、その中国語が「華厳」なのです。

これまでにもお話ししたように、現在、『華厳経』として知られるものは、元来、多かれ少なかれ、同じ傾向の小経典群であって、時代も場所も異なり別々に成立しましたが、後代に一つの経典に纏められました。それは紀元後二〇〇年から三五〇年までに、あの有名な『法華経』(*Saddharma-puṇḍarīka-sūtra*)よりも少し後に、どこか中央アジアで最終的な形式を整えるようになったと言われております。『華厳経』は二回、漢訳されました。最初の漢訳は四一八―四二〇年、北インドの仏教僧ブッダバドラ(Buddhabhadra. 佛駄跋駄羅)によって翻訳され、二回目の漢訳は六九五―六九九年、中央アジアのホータン(Khotan. 于闐)出身の仏教僧シクシャーナンダ(Śikṣānanda. 実叉難陀)によって翻訳されました。華厳宗が中国で形成されたのは、これらの漢訳経典にもとづいていました。ここで付言したいのは、『華厳経』の大変な重要性にもかかわらず、それがインドでは、いかなる特定の「派」も生み出さなかったということです。中国においてのみ、それは学派を生み出し、その学派では、この経典のもつ全ての微妙な存在論的・形而上学的な意味あいを明らかにし、それらを立派に壮大な哲学体系へと洗練したのです。そのことについては、これからお話をしたいと思います。

III

研究対象の特徴を明らかにしようとするとき、過度に一般化することがいかに危険であるか、私はよく知っております。しかしながら、少なくとも東洋哲学者たち全般に特徴的な共通点の一つとして、存在論的な境界をとおして、あるいはそうした境界を外して、事物を見るという独特の能力をもっていることを確かに指摘することができます。同じことを次のように少し違った仕方で言うことができると思います。つまり、東洋哲学者の多くを特徴的に「東洋的」と思わせるのは、彼らが二つの異なる次元——時には自然な存在論的境界によって限定される次元において、時には、全ての限定から完全に自由であるような次元——において、事物を見るようになった人々だからであるという事実です。老子は有名な『老子道徳経』の第一章において、次のように言っております。

絶対的な無執着の目で、〈聖人は〉〈道〉の神秘なる真実を見る（絶対的に非限定を望む）。執着の目で、彼は〈道〉の限定されたかたちを見る。

経験的世界——老子が言うような、自然な執着の世界——において、人が自分の周りに認識する各々の事物は、超えることができない自らの境界内で、あるいはその存在論的な限界内で密接に制限されています。これは最も基本的な論理的思考の原則によって示されるもの、すなわち、いわゆる同一律と矛盾律、それ以外の何ものでもありません。つまり、AはAですし、AはBではありません。このことが事実、経験的世界の基本的な構成を決定づけています。人はふだん、そうした世界に生きているのです。この種の世界に囲まれておりますので、人はそこを超え出ることはできません。そうした中で自然に、全ての種類の事物を理解するわけですが、それらの中には、愛情を感じることもあれば憎悪を感じることもあります。常識の人間の目に映る世界を特徴づけているこうした事態が、ここで引用しました『老子道徳経』の一節〔第一章〕において、「執着」とか「欲望」〔欲〕の語によって意味されることがらです。言いかえますと、常識の人間はあらゆる事物をその固有の存在論的な境界を外すことなく見ているのです。

しかしながら、『老子道徳経』の同じ一節が明確に示すように、異なる種類の人間、すなわち「聖人」がいます。聖人は事物を全く異なる存在次元において、完全に自然な境界や限定を外して見ることができます。仏教では、このことは「シューンヤター」(śūnyatā) すなわち形而上的な「空」の状態において、事物を見ることができるブッダとか菩薩の立場に対応しております。ところで、「空」の語は、ここで説明するような特別な専門的意味で理解されます。

ところが、これで話が終わるというわけではございません。と言うのは、この種の人間は、事物をその境界から離れて見ることができるばかりでなく、これらの事物の各々を、全ての存在論的な限定を伴う元来の分別のある枠組みへいわば引き戻して、それらを再びその経験的な形式で見ることができるし、実際見ているからです。そうすることによって、以前の経験的世界へ再び戻ることができるのです。しかし、すぐに明らかになりますように、今や経験的世界は、表面的にはそれまでと同じ経験的世界ですが、実際には、「空」という中間の段階を経ることで、徹底的な内的変質を経ていますので、全く異なる世界なのです。ふつうの人々の目をとおして見られる元々の経験的世界と、いったん消失し、今や聖人の目のまえで再生した経験的世界とのあいだには、深遠で本質的な相違が存在します。なぜなら、後者がいまだ「空」で充満しており、今や前段階で通過した形而上的な「空」と識別される形而下的な「空」として積極的に機能しているからです。聖人の意識に映る経験的世界は、形而下的な事物の形態で現れる、現象化した形而上的な「空」です。これが華厳哲学の出発点です。つまり全ての事物の相互滲透という華厳の教説は、現象化された「空」として認識され、実際そのように体験される経験的世界の構造に関する理論的省察の所産なのです。経験的世界は、それが形而上的な「空」の状態を経た後、哲学的にあるいは存在論的にどのように見えるのか。簡潔に申しますと、それが華厳哲学の主要な関心事なのです。

Ⅳ

さて、ちょうど今、華厳の思想家たちが経験的世界にアプローチする特別な視角について述べましたが、そのことを大乗仏教の哲学史の見地から言い直してみたいと思います。それは大乗仏教の全領域内で、華厳宗によって占められる歴史的な位置を、みなさまに知っていただきたいと思うからです。そのことをご理解いただけませんと、本日の講演の後半でお話しする華厳の存在論の本当の意義をご理解いただくのは難しいでしょう。しかし、ここではもちろん、極めて簡潔な要約をお話しするだけです。話題があまりに大きいものですから、詳しい内容に入ることはできません。

こうした視点から、また心に抱いているこうした目的から、まず、大乗仏教の運動全体が、堂々とした否定——経験的な事物や経験的世界それ自体の存在論的なリアリティの徹底した否定——でもって始まっているという事実に注目したいと思います。経験的世界へのこうした否定的な態度の根拠は、ちょうどお話しした、まさに「空」の理解にあります。

ところが、存在論的な否定としての「空《くう》」は、ふつう英語の対応語として示される語（たとえば、emptiness, void, vacuum, nothingness）によって意味論的に喚起されるものと無条件に同定されてはなりません。それは、「空」がただ単に非存在を意味するわけではないからです。何かが「空」であるということは、純粋に否定的な意味で、それが空っぽであるとか、無いとか、空虚であるということと同じではないのです。しかしながら実際は、こうした意味論的な混同が特に一般的な仏教理解において常になされてきました。

事実、大乗仏教はしばしば、あらゆるものが「空」である、すなわち、空っぽで、無いもので、非存在であり、まさにニヒルである、と主張する徹底した存在論的ニヒリズムとして提示されてきました。そのような否定的な印象は、この世界における全ての事物の儚さや非実在に関する、厭世的な記述に満ちているどの大乗経典をたまたま読んでみても強くなります。たとえば、『維摩経』(*Vimalakīrti-nirdeśa-sūtra*) における次の一節を取り上げてみたいと思います。

全ての事物は生起しては消滅していき、永遠に存続するものはない。それらは妄想、雲、稲妻の閃光のようである。どの事物も存続することはない。それらのどれも一瞬のあいだでさえ、留まることはない。存在するものはどれも、実際、非存在である。つまり、それは夢にすぎず、空中の陽炎《かげろう》にすぎない。

このような一節——よく似た例は、経典のほどんどあらゆる箇所に見られます——が、人生や存在への厭世的な見方へと導くことはよく理解できることです。歴史的には、それはニヒリズムの感傷的な調子によって特徴づけられる独特な類型の庶民仏教を生み出しました。

しかしながら、こうした全てのことは、経典で用いられる否定語の誤った(あるいは多分、皮相的な、と言うほうがよいでしょう)解釈にもとづいておりますが、それは結局、「空」というキータームそれ自体の誤解に根ざしております。

まず、大乗仏教の経典的文脈において、「空」の語が、「無自性空」(niḥsvabhāva-śūnyatā)、すなわち、自己存在的で自己充足的なリアリティの否定という意味における「空」を意味することを認識しなければなりません。「空論」(śūnyatā-vāda) とは、経験的な事物の非実在とか非存在に関する主張ではありません。なぜなら、それが経験的な事実のことがらとして、経験的世界の存在を認めているからです。それは経験的世界が実在であるとさえ言います。ただし、この主張にすぐにもう一つの言説を付言して、それは絶対的にではなく、ただ相対的にまた関係的にのみ実在であると言います。別の言い方をしますと、事物は自己充足的に、また他とは独立して実在であるわけではない、ということです。その主張の要点は次のとおりです。この世界において、実在するものはない。それはまず、独立した事物の形態で、それを断定する心の認知的な営みに本質的に関係したものであり、また第二に、相互関係の無限に複雑な存在論的体系の一つの単位なのです。

したがって、大乗仏教の視点から見ますと、あらゆるものはその存在論的実在すなわち自性を剝奪されております。存在世界全体は、それ自らの「自性」(svabhāva)すなわち自己充足的なリアリティを剝奪されているのです。このことが「空」の語がおもに意味する内容です。全ての事物は、こうした独特な意味で「空」なのです。その肯定的な側面においては、こうした意味で理解される「空」はまた、全ての事物の究極的リアリティ(tathatā)です。『八千頌般若経』(*Aṣṭasāhasrikā-prajñāpāramitā-sūtra*)には、次のように記されています。

これら全ての事物は、どれも実際には存在していない。それらの実際のリアリティ(prakṛti)は、リアリティをもたないもの(aprakṛti)から成る。それがリアリティをもたないということこそが、そのリアリティである。それは、全ての事物が唯一の特性をもっているからである。また、全ての事物の唯一の特性とは、特性をもっていないことである。

この『般若経』やそのほかの般若経典群では、ここに記されている全ての事物の存在論的なリアリティは、肯定的に形而上的な「清浄」(śuddhi)や「汚れからの絶対的自由」(pariśuddhi)と呼ばれます。さらに悟りは、全ての事物のこの究極的な形而上的清浄さを実現することにあります。

これまでに「空」が、否定的に存在論的「空虚」として考えられるのであれ、肯定的に形而上的「清浄」として考えられるのであれ、それを事物の存在の単なる否定と混同すべきでないことはご理解いただけたことでしょう。それは、ここで否定されているのが、これまで提示したように、専ら現象的存在者の本質的な自己充足性であるからです。ここで言う現象的存在者とは、いわゆる外部の世界において、全ての事物の密接に編まれた網目とともに、私たちの意識と全く独立して、客観的に存在する個々の存在です。

しかし他方において、私たちの周りで認識する感覚的な事物と関連して、「空《くう》」(śūnya, śūnyatā)の語が、現象世界の存在の全的で無条件な否定に向けて、著しく否定的な意味あいをもっていることを否定するものではありません。さらに明らかなことは、その語がまず、厳密にその否定的な意味あいのために、大乗仏教の中心的なキータームとして選ばれたということです。事実、般若経典群という総称で知られ、また歴史的に、小乗仏教の存在論的な実在論に反して生起した大乗仏教という大きな動きの嚆矢《こうし》となった大乗仏教の最初期の経典群では、「空」の語は常に否定的に用いられており、ニヒリズムという実存的情緒の感傷的な表現として誤解されがちです。「全ての事物は空である」(「一切皆空」śūnyaṃ sarvam)。この文章は、しばしば『般若経』の哲学全体の最も簡潔な要約で、これだけで全てを想像することができると言われます。この一文は私たちに多くのことを教えてくれます。これまで私たちは歴史的な事実として、いかにこの「空」の概念が大衆の仏教の展開に刺戟を与えたのかを見てまいりました。

また実のところ、初期の大乗仏教において、最も偉大な人物であったナーガールジュナ(龍樹)は、般若経典群にもとづいて哲学化し、文字通り、その歴史的展開におけるその後の道を決定づけましたが、「空」の否定的な側面を殊の外、強調しました。彼は事実、「空」否定主義という徹底した道を辿った人物で、それを論理的可能性の極限にまで推し進めました。ナーガールジュナは存在論的な「病い」から一般の人々を救うための実践的な手段(upāya)として、この道を辿ったと言われています。ところで、その存在論的な「病い」とは、人々が経験的世界においてそれを素朴に認めることであり、現象的な事物の実在を本質的に実体的な存在として、人々が自然に無批判的に抱いている信仰のことです。しかしながら、彼の本当の意図は、個々の事物の存在論的な実体が実際には自己存在的な事物であると論駁することにありました。それは全ての事物の普遍的な相互依存性、すなわち、「縁起」(pratītya-samutpāda. 全ての事物の「相互依存的な生起」)という専門的なキータームによって示される、仏教哲学全般にとって最も重要な存在論的な事実の理解へと導くためでした。

「縁起」の原理に立脚している経験的世界の存在論的構造は、この講演の後半部分の主要な話題になります。ここでは、私がこの文脈で関心を抱いております問題の理解にとって、特に必要なことだけに限定してお話をしたいと思います。「縁起」(pratītya-samutpāda)は合成語です。最初の要素(pratītya)は、文字通りには、「(他者)の方に行くことによって」とか「(他者)のもとに赴くことによって」を意味し、第二の要素(samutpāda)は「生起すること」とか「出現」を意味します。このように合成された語は、大乗仏教の典型的なものの見方、すなわち、存在世界における事物が、瞬間ごとに存在論的関係の無限に巨大な網目を形成しながら、相互依存して一挙に生起するというものの見方を表現しています。あらゆる一つの事物は生起するとき、「他の全ての方へ行く」のです。しかし、明らかに、「他の方へ行くこと」による以外に生起することができないもの、すなわち存在することができないものは、必然的に本質的な自己存在を欠いています。こうした意味において、あらゆる事物は「自性を欠いて」(svabhāva-less)いるのです。なぜなら、ここで「他の方へ行くこと」が単にそれ自らの本質的な存在をもっていないことを意味するからです。厳密に言うと、事物が自らの本質的な存在をもっていないために、それは「他の方へ行」かなければなりません。しかし、注目すべきことに、それが「行く」全ての他の事物もまた、本質的なリアリティをもってはおりません。

それと同時に、あらゆる事物がこのようにだけ、すなわち、全ての他の事物と本質的に関係しかつ依存しながら生起する、あるいは存在することができるとしても、それはほんの一瞬だけ、存在できるだけであるということに注目しなければなりません。諸事物の結び目である存在論的な関係の網目が、二つの連続する瞬間のあいだ、同じままではないからです。その網目内で、原子にまで生じるごく僅かな変化でさえも、すぐに網目の構造全体に影響を及ぼさざるを得ませんし、その網目が変化するならば、あらゆるものもそれに応じて変化します。したがって、網目はその内的な構成において、瞬間ごとに変化し、その中のあらゆる事物は、それに応じてその存在を変化させ続けます。その存在を新しくし続ける、と言うべきでしょうか。ナーガールジュナのものの見方においては、このことが全ての事物の存在論的な状態についての究極的真理であり、このことがナーガールジュナの理解している「空」です。全ての事物の「空」とその「縁起」が、ここでは全く互いに同義であることは明らかです。ナーガールジュナは自ら、次のように言っております。

縁起して起こったことのない事物は一つも存在しない。そのために、空でない事物は一つも存在しない。
Apratītya-samutpanno dharmaḥ kaś cin na vidyate.
Yasmāt tasmād aśūnyo hi dharmaḥ kaś cin na vidyate.
（『中論』第二十四章・第一九詩）

冒頭でも申しましたように、「事物」の語にふつう付随する意味は、このような存在論的な状況において、必然的に徹底した内的変化を経なければなりません。ちょうど今、見ましたように、全ての事物はここでは、それらの自然で本質的に固定的な存在論的な境界線を剝奪されているからです。もし事物がこのように本質的な固定性を失い、そのために独立した存在としての存在論的な自己充足性を失いますと、それはふつう「事物」と考えられるものではなくなります。逆説に聞こえるかもしれませんが、ここで「事物」であるものは存在しませんし、また存在し得ません。常識で「事物」と呼んでいるものは、実際には、数え切れない瞬間的な出来事としての存在論的「事象」にすぎません。それらの瞬間的な出来事はともに、瞬間ごとにその配置を変える全ての存在論的な関係の宇宙的な網目プロセスを構成しているのです。

それでは、経験的事実としての具体的な事物の存在は、どのように説明できるのでしょうか。いわゆる外部の事物は実際、そこに、私たちの現前に、私たちの周りにあります。私たちは常にそれらに出合い、それらを認識し、それらと関わっております。

この問いに対して、ナーガールジュナが与えた答えを簡潔に言いますと、次のようなものです。外部の世界において、私たちは全ての事物が、それぞれ独自の「自性」によって固定されて、しっかりと構成された実体であると思っています。私たちのふだんの意識が生来そのようにできているので、言語の欺瞞的な影響のもとでのみ、私たちの意識は機能しています。この文脈における「言語」とは、コミュニケーションや自己表現の言語、あるいは言語の伝達表現の機能のことではありません。それはむしろ認知の言語あるいは言語の認知的機能のことです。こうした点において、言語とは、私たちが幼少の頃から用いてきた全ての語の意味論的なイマージュ、あるいは意味の貯蔵所として表現することができるでしょう。それは仏教の唯識派が「アーラヤ識」(ālaya-vijñāna)と呼ぶもの、すなわち「蔵識《ぞうしき》」という心理的深みに本来の場所を持ち、その深みから絶え間なく出てきて、私たちの意識的な心の認知的活動の方向性を決定しています。言語のおもな機能は、本来的に分けられない形而上的リアリティの全体を、多かれ少なかれ、「蔵識」に貯えられた語の意味論的構成にしたがって、さまざまな存在論的な区分に分けることです。その結果、いわゆる外界において、私たちはいわゆる事物を認知するのです。ふだんの条件のもとで、私たちは事物を意識してはいますが、その事物を生み出した言語的な「蔵識」(あるいは、言語的な無意識)の作用のことは全く意識しておりません。そのようにして、私たちは事物が外部の世界において、私たちの心から全く独立して、互いに客観的に存在していると想像しがちなのです。言語の無意識的作用をとおして、外部の世界にさまざまな事物を独立した存在として据えることによって、私たちはそれらが客観的な存在であると確信することになります。このことは厳密に言えば、仏教が人間の心の持病、すなわち「執着」とみなすことであり、より相応しく言いかえると、「外的な事物への執着」(arthābhiniveśa)なのです。

言語的な無意識のこうした特別な側面に関して、ナーガールジュナは「意味論的な多様化」とでも訳すことができる語「プラパンチャ」(prapañca)を実に意義深く用いております。一般的なサンスクリット語では、「プラパンチャ」とは多様性、多様化、何かが種々様々な形で現れることを意味していますが、ナーガールジュナの哲学においては、専門用語として、おもに語の意味にしたがって、リアリティを多様な存在に分別することを示しております。ナーガールジュナによると、それは私たちの存在論的な妄想、すなわち外部の世界における多様に分別された事物に対する私たちの曲解した認知、そのまさに源なのです。

業と煩悩が滅びることによって、人は解脱の状態に到達する。
業と煩悩は分別（vikalpa）から起こる。
全ての分別は戯論《けろん》（prapañca）にもとづく。
戯論は空（の理解）によってのみ滅びる。

（『中論』第十八章・第五詩）

ここでナーガールジュナが、全ての事物の形而上的「空」を、リアリティの言語以前の状態、すなわち、事物が意味論的に異なる独立した存在へと多様化される以前のリアリティと同定していることは興味深いことです。『中論』の同じ章のもう少し先で、ナーガールジュナは特に強調して、「分別を離れており、異なったものではない。これこそが究極的リアリティを特徴づけるものである」（nirvikalpam, anānārtham, etat tattvasya lakṣaṇam〔『中論』第十八章・第九詩〕）と言っています。

したがって、ナーガールジュナの哲学の構造全体の中心軸を成す「空」の概念それ自体が、言わば一種の意味論的な曖昧さやアンビヴァレンスに取り囲まれていることが分かります。以前にも見ましたように、一方では、ナーガールジュナは極めて率直に「空」を、全ての事物の根本的で究極的な存在論的状態である「縁起」と同定しました。その際、もちろん、前述したような意味で、すなわち、存在論的なプロセスとか出来事という意味で、「事物」の語を用いました。ここでの根本的な考え——あるいは、ヴィジョンとでも言ったほうがよいでしょう——は、存在論的な関係が絶えず変化する網目の形態で、本質的に相互依存的な存在単位が普遍的に流出しているというものです。しかしながら、他方では、ちょうど見たように、ナーガールジュナはまさに同じ「空」を、絶対的に分別を離れた、違いをもたない究極的リアリティとして、簡潔に言えば、「無」とか「無性」である究極的リアリティとして特徴づけております。「空」のこれら二つの、明らかに対立する側面は、どのようにして一つにすることができるのでしょうか。ナーガールジュナ自身はこの問題を解決しないままであったようです。

少なくとも、彼はその問題を完全に満足のいくやり方では解決しませんでした。したがって、「空」をいかに解釈するのかは大きな問題ですが、それはさまざまな方向で、また多様な形態で、インド、チベット、中国、韓国さらに日本において、大乗哲学の長い歴史を貫いて展開してきました。ある意味において、全ての事物が互いに滲透し合っているという華厳の教えは、それらの形態の一つ、すなわち、中国仏教のこの宗派が、インドのナーガールジュナによって最初に提示された「空」という議論の余地のある問題を解決するために提起した、独特な形態を示していると言うことができるでしょう。それでは、どのように華厳の哲学者が具体的にそれを解決したのでしょうか。それが私のお話の後半部分のテーマです。

V

こうして華厳宗は、ナーガールジュナから「空」という複雑な考え方を決定的に重要な存在論的な問題として引き継ぎました。ただ、ナーガールジュナは問題を提示しましたが、最終的な解決を示しませんでした。ナーガールジュナは異議なく「大乗哲学の父」と呼ばれております。実際、彼はアビダルマ仏教以後の歴史的展開の最初期において、最も偉大な人物でしたが、その一貫した否定の論理から、大乗仏教の哲学全体が出発しました。大乗仏教の全ての多様な宗派は、それがインドであれ中国であれ、あるいは日本であれ、歴史的に、少なくとも直接的ではないにしても間接的に、彼に遡ります。華厳宗も例外ではありません。

さて、華厳の哲学者が直面したナーガールジュナの「空」の問題は、哲学的には、「空」の語それ自体に与えられるべき正しい解釈に集中しました。ナーガールジュナが用いたその語の意味論的なアンビヴァレンスについては、すでに指摘しました。つまり、一方では、形而上的な非-多様性、すなわちリアリティの絶対的一性、他方では、経験的な諸事物の限りない相互連関。これら二つの状態は、どのように知的な「空」体験の合一性へと調和できるのでしょうか。

可能性のある、おそらく、最も自然な解決の一つは、「空」に二つの異なる次元——現象以前の次元と現象的な次元——を認めることでしょう。「空」はその二つの次元のあいだに内的なずれもなく、同時に経験することができます。現象以前のものはそれ自体、現象的ですし、現象的なものはそれ自体、現象以前的です。これからお話ししますように、これは根本的にナーガールジュナの「空」の考え方の解釈について、華厳が採った方法です。その点を別の方面から年代順に見ると、ナーガールジュナによって説かれ始めた「空」の哲学が、中国で歴史における特殊な展開の一つの中で、全ての事物は互いに滲透し合っているという思想を生み出し、華厳の存在論として知られるようになった、と言うほうがよいでしょう。

このようにして展開したナーガールジュナの「空」哲学は、インドでは「如来蔵」思想（Tathāgata-garbha-vāda）として知られる別の思想の流れの影響を受けました。この思想の流れは、理由はよく分かりませんが、一つの独立した宗派を形成しなかったとはいえ、実際のところ、当時は極めて活発なものでした。その如来蔵思想と直接に接触することによって、ナーガールジュナの哲学は、特に形而上的な側面における「空」の語の理解に関して、すなわち、絶対無分節あるいは絶対無分化の意味における「空」の理解に関して、大いに修正されました。このように意味論的に修正されて、「シューンヤター」の語は「無」とか「空っぽ」を意味する中国語の「空」で、中国仏教の世界へもたらされたのです。

ここで問題になっている「空」の語の意味論的な修正は、大雑把に言うと、次のように起こりました。元来、その語はおもに否定的な意味での「無分節」を意味し、全ての現象的（すなわち経験的）形態の全的否定とか全的削除を意味しておりました。如来蔵思想の影響を受けて、この「無分節」という否定的な主旨が肯定的になりました。「無分節」は存在論的な充実、つまり、それ自体は全く無分節かつ同質でありながら、無限数の存在論的な形態へと分節できる、全てを包含する形而上的実在という肯定的な意味を獲得するようになったのです。

「空」の意味論的構造に、そのような微妙で根本的な転換をもたらした如来蔵とは、どういうものなのでしょうか。如来蔵思想について十分な説明をするだけの時間はございませんし、また、本日はそういう場でもございません。しかし、如来蔵の概念それ自体については、少しばかりお話しさせていただく必要があるように思います。

まず、申し上げたいことは、この思想の下に伏在している考え方がとても逆説的なものであるということです。すなわち、「空」（śūnyatā）が実際には、「不空」（a-śūnyatā）である、あるいは「空」（śūnya）が「不空」（a-śūnya）であるというものです。もっと正確に言いますと、「空」はその根源的な構造において、それを「不空」へ転換させるような肯定的な側面をもっているのです。その特別な側面において、「空」は全ての存在論的な潜在性の形而上的な貯蔵所、すなわち存在の究極的な充実、としてイメージすることができます。それは幾分、スーフィー哲学者が「神的意識」の形而上的状態に言及するとき、イブン・アラビーの言う「秘めた宝」（kanz makhfī）のようなものです。「空」それ自体は、絶対的一であり無分節でありながら、その内に無限の現象形態へと自己展開していく存在論的可能性を包含しております。それは私たちに、老子が『老子道徳経』で言っている宇宙的な「橐籥《ふいご》」をも想起させます。すなわち、「それはからっぽでありながら、尽きることがない。動けば動くほど、ものが出てくる」のです（『老子道徳経』第五章）。限りなく果てしなく現象する事物が、「シューンヤター」という底知れぬ「空」から、それと同数の自己限定として生起してくる。それはあたかも典型的に老子の術語を援用しますと、「万物の祖先」（「万物之宗」）であるかのようだ、というのです（『老子道徳経』第四章）。「如来蔵」とは、こうした肯定的で常に創造的な「不空」の側面で見られる「空」以外の何ものでもありません。さらに付け加えて銘記すべきことは、「空」としての「不空」が開示される現象的・存在論的な形態が、厳密に言って、前述した全ての事物の「縁起」であるということです。

「如来蔵」（Tathāgata-garbha）の語それ自体は、こうした点で大変示唆的です。最初の構成要素である「如来」（Tathāgata）は、文字通り、「このように（tathā）来た（āgata）」とか「このように行った（gata）」を意味し、それはブッダの呼称の一つですが、経典の至る所で、その語を目にします。大乗哲学の専門用語として、それはブッダを示します。この場合のブッダとは、歴史的な人物のことではなく、むしろ全ての事物の形而上的基盤、存在世界における全ての事物を生み出す究極的な源としてはたらく精神的活力の形而上的な実在のことで、それ自体、経験的な認知領域で観察することができる全ての区別や限定を超えております。言いかえると、それはブッダ本人ということでなく、「仏性」すなわちブッダの精神的・形而上的なリアリティです。この点に関しては、イスラームの「ムハンマド的リアリティ」(ḥaqīqah Muḥammadiyah)、すなわちムハンマドの内奥の実在という概念と比較することができるでしょう。それはブッダとよく似たやり方で、イスラームの預言者ムハンマドに最も顕著な具体化が見られたという点で、ムハンマドに帰されますが、歴史的な人物としての預言者ムハンマド自身ではない、全ての事物の普遍的で宇宙的な形而上的リアリティを示しております。

　第二の構成要素である「蔵」(garbha)は「胎」を意味し、さらに広くは、他のいかなるものをも入れる容器を意味しています。それはまた、容器に入れられた事物を意味しますし、容器がたまたま胎である場合、それは胎児を意味しております。したがって、合成語のTathāgata-garbhaは「如来の胎」とか「胎内に隠された如来」を意味しますが、その語のより哲学的な意味は、当然、現象的可能性の状態における現象以前の「仏性」です。「如来蔵」について語る哲学者の基本的な論点は、現象世界におけるあらゆる事物には、仏性が含まれているということです。『如来蔵経』に記されているように、「全ての存在者は自らのうちに、仏性を包含している」(Sarvasattvās tathāgatagarbhāḥ)のです。

　この主張のおもな言及は宗教的なものです。それは単純に、全ての人間が例外なく、涅槃に到達してブッダになる可能性を生まれながらに与えられていることを意味しております。しかしながら、その哲学的な意味あいは、特にそれが純粋に否定的な意味で理解される、前述のナーガールジュナの命題「全ての事物は空である」(「一切皆空」)(śūnyaṃ sarvam)に向けられる場合には明らかです。その考え方によりますと、「そうではない、全ての事物が空であるというのは真実ではない。全く逆である。この世界におけるあらゆる事物は「如来蔵」(Tathāgata-garbha)である。すなわち、あらゆる事物は存在論的リアリティを孕んでいる」ことになります。もしあらゆる事物がこのように存在論的リアリティを与えられているなら、それは経験的世界における全ての事物が、とりわけ現象以前の形而上的リアリティ、すなわち「仏性」の現象形態であるからでしょう。この世界におけるあらゆる個々の事物がもし語の日常的な意味における「事物」でないとすれば、それは存在論的な「事象」なのです。なぜなら、どの瞬間における一切のものも「仏性」の直接的な「生起」あるいは出現であるからです。こうした状態の「仏性」は現象的に「汚され」また「覆われて」いて、その自然で本質的な純粋性（prakṛti-pariśuddhi）において理解できないのです。『アングリマーラ経』（*Aṅgulimāla-sūtra*）にも記されているように、「ちょうど月と太陽が、雲で覆われると地上に光を照らすことはできないが、雲が消散すると光を発する本性が十分に顕現するように、仏性という太陽と月の証明も同じことである。」こうした考え方に同意した途端に、私たちはすでに華厳哲学の独自の領域へと足を踏み入れるのです。

ちょうど今、述べたことを支える証拠として、現象世界の下に伏在する形而上的、非現象的なリアリティを肯定的に認める理論的必然性について、華厳宗の第五祖の宗密《しゅうみつ》（七八〇―八四一）が書いた一節を引用したいと思います。この一節において、宗密が三論宗（「空論」の三つの主要文献にもとづく宗派）の非妥協的な批判というかたちで、自分の見解を提示していることは興味深いことです。三論宗は中国におけるナーガールジュナの宗派を代表しており、「空」概念の極めて否定的で虚無主義的な解釈を特徴としています。その一節は、次のようなものです。

ここに、全ての事物の存在論的実在を否定する、三論宗によって採られる立場についての私たちの批判がある。この宗派が主張するように、もし主体（すなわち認知的な意識）と客体（すなわち外的世界で認知される事物）がともに絶対的に非存在であるならば、だれがこのまさに無を知る者なのだろうか。もしあらゆるものが絶対的に誤りで、夢のように根拠がないのであれば、それでは、全てこれらの夢のような錯覚は、どこから生起するのだろうか。私たちの世界に存在すると観察することができるこれら全ての事物は、当然、誤った形態である。しかし、もし実際に存在するものがなければ、誤った形態さえも現れることができない。

（水と波という有名なメタファーにおいて）実際に存在する水があるからこそ、波という誤った形態が起こる。同様に、（鏡とイマージュという、しばしば言及されるメタファーにおいて）もし鏡がなければ、誤ったイマージュがいかに鏡に現れるのであろうか。夢と夢の対象の非実在に関する語りにおいて、三論宗は確かに正しいが、それは眠っている人が実際に存在するときにのみ、夢が現れるということを忘れている。もしあらゆるものが「空」であれば、全ての現象的な事物はどこから生起するのであろうか。したがって、私たちは三論宗の教えが、実際に存在すると信じられている現象的な事物への自然な執着を、人間の心から排除することだけを目的としていると知るようになる。

（『原人論』）

ここでは、ナーガールジュナの「空」が、世界に存在する全ての形而上的な根拠へ、すなわち、果てしない自己分節をとおして全ての事物になり、そのために必然的に現象世界に滲透し行きわたり、それに本来的に属する絶対的リアリティへ、と完全に変形されています。しかしながら、こうした観察にすぐにもう一つ別の重要な観察を付け加えなければなりません。それは、そうした肯定的な理解においてさえ、「空」がたとえ「聖書の神」のように高尚で超越的なものであったとしても、「空」はある「事物」、一つの独立した存在として表現されるべきではないということです。もしそのようにすれば、華厳哲学は明らかに仏教の範囲をはみ出してしまうでしょう。なぜなら、仏教全体が一貫してきっぱりと、いかなる種類の具象化にも反対の立場に立っているからです。仏教は語の日常的な意味において、それが現象であれ現象以前であれ、経験的であれ形而上的であれ、「事物」の現実的な存在を認めません。むしろ、こうした文脈において、「空」あるいは「仏性」は、至る所で限りなく多様な現象形態で「生起する」、永遠に現実で、いつも活動する力動的な精神エネルギーとして表現されなければなりません。

これらの予備的考察でもって、これから華厳的存在論の詳説へと進んでいきたいと思います。

VI

華厳哲学の最も顕著な特徴は、それが現象世界に主要な強調点を置いていることです。別の言い方をしますと、それは専らというわけではありませんが、おもに私たちの日常の経験的存在において、直接、関わっている具体的な事物の存在論的な状態や構造を説明することに関心があります。このことは事実、華厳の実在論について語るとき、しばしば言及されることです。しかし、これはもちろん、華厳が扱う経験的あるいは形而下の事物が、ちょうど私たちの日常的意識に現れるような経験的な事物であることを意味すると受けとるべきではありません。華厳が関心を抱いているのは、「三昧」(samādhi) の状態で実現される深層意識にのみ開示される経験的事物の深層構造です。と申しますのは、華厳の哲学者たちのものの見方においては、日常的な認知経験における表層意識に現れる経験的な諸事物が、まさにそれらの誤ったイマージュや形態であるからです。それらはその存在論的リアリティを表現してはおりません。それに対して、華厳が明らかにしようとする事物の存在論的構造とは、日常的意識の視野から本質的に隠蔽されているそれらの真の構造です。『華厳経』(前述した *Avataṃsaka-sūtra* の漢訳経典) とそれゆえに華厳哲学が、ブッダの悟りの体験の内容を記述すると言われているのは、こうした意味においてなのです。

それでは、その深層構造においては、経験的事物はどのように見えるのでしょうか。このことが、これから扱おうするおもな問題点でございます。

冒頭で申しましたように、華厳哲学は、傑出したイラン系の中国の哲学者でソグド人の法蔵によって理論的な洗練の最高点にまでもたらされました。また華厳哲学は経験的意識に現れるようなものではなく、悟った人すなわち覚者や菩薩の観照的な覚知に現れるような経験的世界の存在論的な状態や、経験的世界を構成する個々の事物の本質への関心によって特徴づけられることも指摘いたしました。そうした観点から、法蔵が洗練した存在論的体系の構造を説明するために、華厳哲学の系統で法蔵を継承した華厳宗の第四祖、澄観《ちょうかん》（七三八―八三九）によって提示された、単純ながらもかなり厳密なアプローチの仕方に従って、お話を始めたいと思います。澄観の体系は「四つの存在領域」（「四法界《しほっかい》」）の教説として大変有名です。この語句は、「存在」が四つの異なる存在論的な領域に分けることができる、もっと単純に言って、互いに識別できる四つの異なる世界が存在する、というような主張と受け取られるべきでないことは留意すべきです。実際に意味されているのはむしろ、同じ一つの世界を見る四つの異なる見方があるということ、さらに、これら四つのものの見方のそれぞれが、個別の意識の「深み」に全く対応して、主体的に経験的世界のイマージュを生み出すということです。こうした理解でもって、ここで澄観が提示したこれら四つの「法界」について簡潔に説明します。

(1)　第一は、感覚的な事物（「事」）の法界です。これはいまだ深層意識が拓かれておらず、そのために、事物の深層構造を覗き見ることができない、ふだんの人々の日常的な世界観を表現しています。ここで機能している表層意識は、ただ経験的あるいは現象的な多様性の世界だけを認知しています。そうした世界では、全ての存在論的な諸単位は明らかに、はっきりと互いに識別され、それぞれが最後まで個別性や独自性を主張して、互いに対立しています。

私たちがこの存在と意識の次元に留まっているかぎり、事物の相互滲透を立証する機会はありません。相互滲透の代わりに、事物は互いに礙《さまた》げ合います。存在論的な障礙《さまたげ》は実際、根本的に経験世界を特徴づけているものです。事物が混入し相互滲透するためには、それら事物は何よりもまず、透明でなければなりません。しかし、経験的な諸事物は、この次元でそれらが示しているように、それらの各々がそれらへと流れてくる他の事物に対して、厳格に自らの本質的な境界線によって保護されているという意味で、全て堅固で不透明なのです。大雑把に言いまして、それが「事法界」の構造です。

(2) 前述した四法界のうち、第二の法界は絶対的な形而上的リアリティ（「理」）です。これは形而上的無分節の、全てに滲透し全てを包摂する一性であって、そこから全ての現象が生起してくる、リアリティの現象以前の根拠です。それが無分節であるということは、同時にその中には、絶対的に何も存在しないことを含意しています。すなわち、それは究極的な非現象的なリアリティの次元であり、その中で、全ての現象的な事物がそれらの本質的な区別を喪失して、一性あるいは無へと還元されるのです。明らかに、華厳存在論の主要な原理としての「理」は、以前に説明した二つの根本的な側面、すなわち肯定的な側面と否定的な側面、および全てを無効にする側面と全てを創造する側面、における「空」以外の何ものでもありません。その否定的な側面において、「理」はいわゆる経験的な事物が「無-自我」「無-実体」あるいは「無-本質」であるという事実、要するに、全ての事物が究極的に無であるという事実の根拠になります。しかし、その肯定的な側面を見ると（そこではそれは仏性と同一ですが）、これら全ての無-自我あるいは無-実体の事物は無分節のリアリティが分節された形態であり、それ自体、実在としてみなされる正しい主張をしていることが分かります。また「理」のこうした肯定的な側面は、それが存在論的な原則として独立して考えられるとき、華厳存在論の体系において、第三の領域として澄観が分類したものの理解へと直接、私たちを導きます。

(3) 第三の法界は、「理」と「事」の自由で無礙の相互滲透〔理事無礙〕の領域です。ちょうど申しましたように、仏性としての「空」は、この段階では、宇宙的なエネルギーの普遍的で境界なき広がりであると理解されます。それはそれ自体、絶対的に同質で無分節ですが、経験的な事物がそこから全て、その限定的な形態として生起するような仕方で、存在世界全体を創造し続けるのです。現象世界の生起はそういうことですが、独立の異なる（異なる、すなわち、存在論的に互いに別個の）存在として成立しているように見える個々の事物全てには、同じ「理」が同質的に滲透しているのです。言いかえますと、経験的世界における全ての異なる事物は、それらの各々（すなわち、あらゆる「事」）が一つの絶対的リアリティ（すなわち「理」）を全的に完全に具現化しているという点では、全く同じものなのです。

私たちの経験的世界が絶え間ない変化と限りない区別の世界であることは明らかです。実際、何事も繰り返されることはありません。空間的に、この世界には「二つの同じもの」は存在しません。時間的には、一瞬たりとも、同じままであるものは存在しません。こうした意味において、世界は瞬間ごとに新しいのです。瞬間ごとに、あらゆるものは独特な存在論的「事象」なのです。しかし他方では、これら全ての異なる、絶えず変化する事物は、ただ一つの同じ「理」の異なる、絶えず変化する分節形態にすぎないのです。現象的多様性の世界において、「事物」として観ることができる全ての異なる形態に滲透している単一の「理」を実際に目撃する認知的な行為は、「理事無礙」という華厳思想を支える基盤なのです。

(4)　四法界のうち、第四番目の最後の法界は、「事」と「事」の相互滲透〔事事無礙〕の法界です。「事」と「事」の相互滲透とは、経験の日常経験的次元において、あらゆるものがそれ以外のものへと相互に存在論的に滲透していることを意味します。事実、今や哲学者は、自分の変形した意識がそれらを全く変形したものとして見る以外は、出発したのと全く同じ場所、すなわち最初の法界である「事」の世界、日常経験的な世界に再び戻ってまいります。以前には、最初の法界において、これらの事物全ては暗くて不透明で、互いに礙げ合っていました。今や実質的な不透明さはなくなり、明るさと透明さがその場所を占めています。また宇宙的な光の普遍的な拡がりの中で、事物は自由に妨害されることなく、互いに融合し始めます。それゆえ、全存在世界は互いに滲透し合う光の複雑な織物のように見えます。

「事」と「事」の相互滲透は、最も原初的で深遠な仕方で華厳哲学を特徴づけながら、華厳哲学によって到達される最高点を表現しています。華厳存在論の構造全体は、こうした考え方を踏まえて、法蔵によって構築されました。私たちは「事」と「理」という二つの基盤で成り立つ、この存在論的体系の全般的な構造を理解しましたので、この講演の最後の部分へと進ませていただきます。ここでは、法蔵自らが行った見事な解明に従って、全ての事物の相互滲透というテーマをより理論的に分析してみたいと思います。

Ⅶ

法蔵によって考えられた全ての事物の相互滲透という考え方は、経験的世界における事物の本質について、次の三つの基本的な主張から成る存在論的体系として、うまく提示できるかもしれません。

(1) 外界に存在している（ように見える）経験的事物の各々は元来、本質的に非存在、「空《くう》」すなわち「空虚」なのです。それはリアリティの現象的次元において、全ての事物のあいだを支える複雑な相互連関の収斂点の範囲内でのみ、存在であると考えられるべきなのです。もっと簡単に表すと、この世界には、他のものと独立して存在するものはないということです。あらゆるものはその現象的な存在に関して、それ以外のものに依存しています。全ての事物は互いに相互連関しています。全ての事物は相互に生起しています。極めて小さい花でさえも、その存在は世界におけるそれ以外の全ての事物が生起する力に負っております。地球、大気、日光、雨、昆虫、鳥、人間などのように、直接に隣接する事物によって行使される直接的な影響に始まって、存在論的な関係の連鎖は世界の究極的な限界にまで広がっています。実際、全世界は直接的にまた間接的に、全ての事物のあいだの入り組んだ関係のネットワークの只中に立つ一輪の花の生起にも寄与しています。花は春に咲き、全世界は満開になります。花は春であり、それは全ての事物の春なのです。

ここで私たちは、本質的に関係的あるいは連関的な世界、すなわち、その中で全ての事物が生起し、相互連関や相互依存において存在するような世界のイマージュをもつことになります。この講演の中で、一度ならずお話ししましたように、日常言語において「事物」と呼ばれるものは、そうした状況では事物ではありませんし、事物ではあり得ないのです。むしろ、それは存在論的な「事象」です。したがって、こうした展望において、世界とは種々に多様に相互連関した存在論的事象のしっかりと構造化された連鎖です。それゆえ、そのごく小さい部分における極めて些細な変化でさえも、そのほかの全ての部分に影響を与えざるを得ないのです。微塵の埃が生起し、世界全体は構造的必然性によって動かされます。華厳哲学の専門用語では、前述したサンスクリット語の pratītya-samutpāda に対応する「縁起」と呼ばれるものは、全ての事物のこの力動的で同時的、相互依存的な生起や存在以外の何ものでもありません。

　この全てについて銘記すべき最も重要な点は、縁起を事物間の因果関係と混同すべきではない、あるいは思い違いすべきではないということです。なぜなら、縁起が事物——たとえそれが何であれ——の生成を原因と結果の関係によって説明することを意味していないからです。因果的思考は、たとえその線が実際には曲がりくねっていたとしても、基本的に直線的です。こうした思考類型は、ある事物をXとすると、そのXの生成について、その原因の鎖（E、D、C、B）を最初の原因（A）にまで辿ることによって説明しようとします。

$$X \rightarrow E \rightarrow D \rightarrow C \rightarrow B \rightarrow A$$

　それに対して、縁起的な思考類型は、事物Xの存在について、それと関係があって、Xを存在させるために共働し、その存在を保持する全ての事物（A、B、C、D、E、…）によって説明します。私たちの視野が世界の究極的な限界に到達するまでは、これらの事物の中に、Xにとても密接なものもあれば、疎遠なものもあれば、もっと縁遠いものもあるでしょう。それゆえに、世界における全ての事物は、密接と疎遠という全ての程度において、Xと密接にあるいは疎遠に関係していると見られるのです。

　しかし、華厳の視点から、事物のまさに存在論的状況を図式的に再現するには、描写はいまだ完全ではありません。この特別な場合、Xの構成要因の役割を担うとみなされ、したがって、全てが中心点Xの周りに集中し、それへと収斂する事物（A、B、C、D、…）の各々が、（たとえば、Xと）入れ代わって、Xそれ自体を含めて残りの全てを、それ自らの構成要因として回転させる、もう一つ別の中心点として表現されるからです〔次頁図〕。

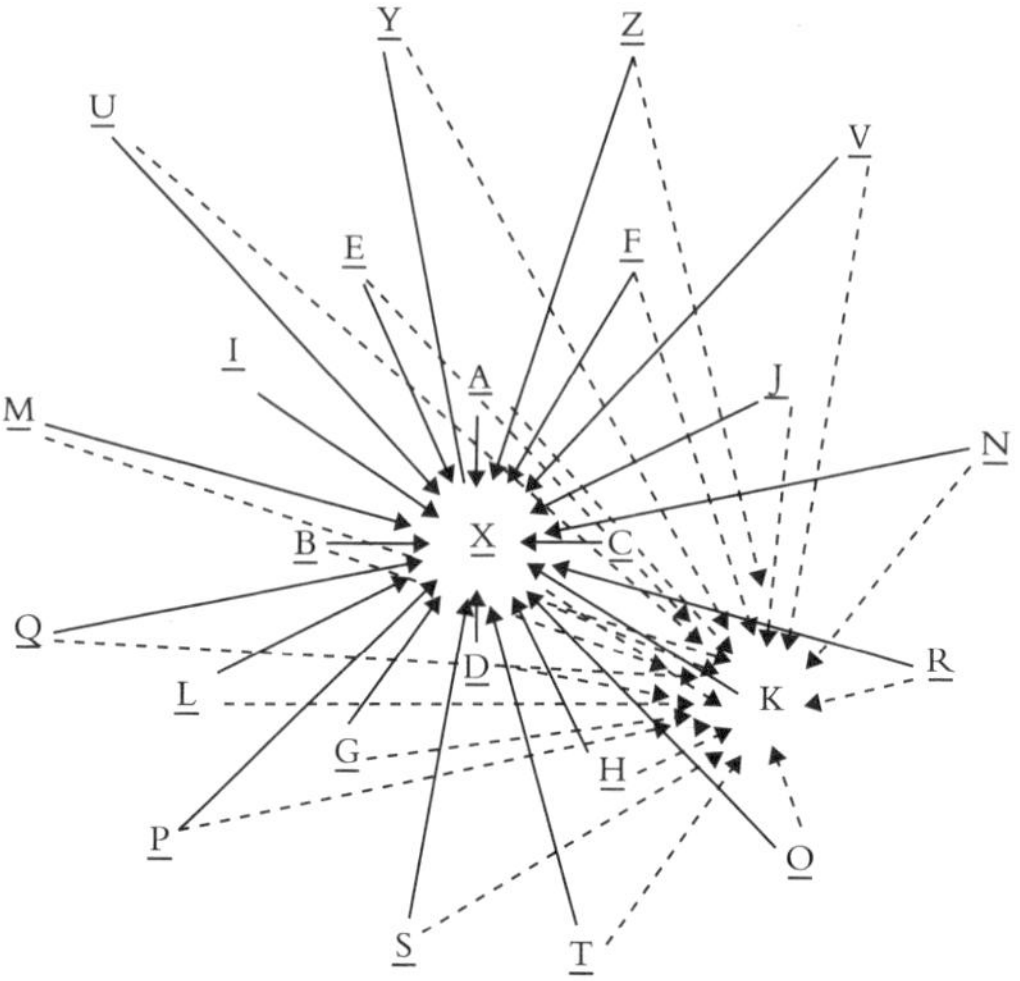

限りない数の群れを成す多次元的な存在論的関係の体系を構成する、こうした性質の図式だけが、縁起の観点から見た事物の真の構造を正しく表現できるでしょう。またそうした図式だけが、華厳の存在論、すなわち全体性における世界が、多重に相互連関した事物の限りなく広い多層的構造であるという存在論の中心的な考え方の正しい視覚化として華厳哲学者によって受け入れられるでしょう。

(2) 華厳の存在論のこうした最初の命題は、より形而上学的な性格を持つ第二の命題によって裏打ちされています。したがって、複雑な存在論的な関係のネットワークとして現象世界を生起させ、またそれを維持する作用において、全ての事物は相互依存し相関関係にあるばかりでなく、このネットワークの構成単位の各々は、以前に説明した仏性すなわち「理」として肯定的に機能する、形而上的な「空」あるいは無分節の原初的な配置なのです。世界における多様な事物の形態で、一つの絶対的リアリティがこのように現象として、あるいは経験として出現することは、華厳哲学では専門的に「性起《しょうき》」すなわち「仏性の生起」と呼ばれております。

注目すべきことに、「性起」の教義を説くことによって、華厳哲学は少なくともこの特別な側面において、東洋哲学の多くの学派が共有し、東洋のあらゆるところで、さまざまな形態でその代表的なものが存在する元型的な思惟パターンに従っていることを明らかにしております。ヴェーダーンタ哲学はそのよく知られた例ですし、無名が限りない有名になるという視座を説く老子の古典的な老荘思想はもう一つの例です。典型的な場合としては、「顕現」(tajalli) すなわち絶対的リアリティの「自己顕現」の概念にもとづいて構築されたイブン・アラビーのイスラーム形而上学にも言及できるでしょう。そのおもな考え方は、「一者」が絶対無限定あるいは無分節の原初的な形而上的状態から「下降し」、それ自体を現象的「多」の世界へと分節していくというものです。具体例はたくさんありますので、ここでは数え切れません。

華厳の場合、「性起」が前述した「縁起」と極めて密接に連関していることに気づくことが重要でしょう。あるいは、むしろ前者は直接、後者へと展開しているのです。言いかえると、全ての事物は一つの絶対的リアリティ、仏性あるいは「理」が自らを可視化させた多くの異なる現象形態にすぎませんので、いかなる事物が、いかなる場所で、またいかなる時間に生起するにしても、その事物と同時に全ての事物も、あるいは実際に、まさにその事物の中に生起します。「理事無礙」が意味しているのは、まさにこのことなのです。華厳哲学の存在論的な頂点を示す「事事無礙」は、理事無礙の基盤があって、初めて適確に理解することができるのです。

(3)　こうして私たちは、華厳存在論における第三の主要な命題、すなわち、全ての事物が互いに無礙であるということに到達いたします。この概念は法蔵によって数多くの異なる仕方——すなわち、時には素朴な庶民的なやり方で、また時には洗練された哲学的な仕方——で説明されました。

最下層の、すなわち最も素朴な説明のレベルでは、法蔵はリアリティの形而上的・存在論的な構造について、彼が厚遇されて高い地位に就いていた宮廷に立っていた黄金の獅子像を具体的で目に見える例証として用いながら明らかにしました。哲学的な素養のない一般の人々に話をするとき、この例をとおして法蔵が行う説明は、極めて簡単で理解しやすいものでした。

ここに黄金の獅子があります、と法蔵は話を切り出します。それは全く純金でできています。獅子の体の耳、目、足、頭などの各部分は、個々の器官や身体の一部として互いに異なってはいますが、それらは全て、一つの同じ材料すなわち黄金をさまざまに限定するもの、あるいは構成するものです。この後者の側面については、獅子の体のどの部分も、そのほかの部分と同じです。それらが黄金であるというまさにその事実によって、獅子の体の全ての部分が互いに「融合する」ことになります。すなわち、法蔵によりますと、あらゆる一つの部分はそれ自体の内に、その体の全ての部分を包含しています。たとえ一本の毛においても、獅子の体全体が包含されているのです。

言うまでもなく、この例証においては、黄金は「理」を象徴しています。それは永遠にそれ自体、同じままでありながら、それにもかかわらず、限りなく柔軟で、異なる形態で柔軟に現れます。黄金でできた獅子のさまざまな体の部分の出現は「性起」、すなわち、現象世界において、様々な個々の事物の形態でもって、仏性（すなわち「理」）が生起することを象徴しています。一方、これらの異なる部分が、獅子の体の統合的全体を構成するうえで、互いに共働しているという事実は、「縁起」(pratītya-samutpāda)、すなわち、全ての事物の「相互依存的な生起」を象徴しております。

次に純粋に一般的な説明と純粋に哲学的な説明のあいだの中間的レベルの説明がありますが、それは哲学を学んだけれども、感覚的イメージによって以外、まだ形而上学的な考え方の意味を十分に把握できない人々の理解の程度に合わせたものです。仏や菩薩たちの深層意識に映し出される、全ての事物の相互滲透を可視化するために、法蔵は巧妙な装置を用いました。燃えている燭台の周りに、彼は十枚の鏡が互いに向かい合うように設置して、それら全てを燭台の方へ向けたのです。八枚の鏡は燭台を取り囲むように、一枚の鏡は燭台の上の方に、もう一枚は下のほうに置きました。このように配置すると、中心にある火は、自然にそれぞれの十枚の鏡の中に映し出されます。各々の鏡に映し出される火は再び、そのほかのそれぞれの鏡の中に映し出され、さらにあらゆる鏡は、映し出される火それ自体も含めて、それが残りの全ての鏡に映し出されるままに、全ての鏡に映し出される全ての火を映し出します。したがって、火の相互映発はいったん始まりますと、どこまでも止むことはありません。このように傍観者の目の前で、限りなく深くかつ広く広がっていく火の多層が現前したのです。

事物の形而上的・存在論的な構造はこのようなものであって、全ての事物は礙《さまた》げ合うことなく相互滲透している、と法蔵は説明しました。真ん中に置かれた燃えている燭台の火が、全ての鏡に映し出され、その各々の鏡は中心の火のそれ自身のイマージュを創出する——それが「性起」なのです。それぞれの鏡に映し出される火はそれ自体、独立しており、一つであり、独特なもののように見えますが、その現実の構成においては、多様であり複雑です。なぜなら、その中に、言わば、全ての鏡に映し出される全ての火が含まれているからです。それが「縁起」です。一が全であり、全が一である。全が全の中にあるのです。単一の原子には、無限の層から成る全世界が含まれています。これは華厳がリアリティの「因陀羅網《いんだらもう》」(Indrajāla) 構造と呼ぶものです。それは、互いを映し出すとともに、互いの中に映し出される、数えきれない宝珠から成ると言われる「インドラ神の網」の神話的イマージュに関して説かれるものです。

いっそう抽象的で、哲学的に形式化された思考レベルでは、法蔵はそのことに関して、多少異なる説明をしました。法蔵が次のように語り始めたと考えてみてください。いま私たちの目の前に、三つの経験的かつ感覚的に異なる事物があるとします。すなわち、AとBとC、たとえば花と鳥と石です。「性起」と「縁起」の原理によって、これら三つの事物は各々それ自体の中に、全く同じ存在論的な構成要素 (a, b, c, d, e, . . .) を包含しています。これら全ての存在論的な構成要素が本当は、一つの無分節的な存在の自己分節にすぎないからであり、またこれら全てが同時に生起し、相互作用し、互いに共働し、積極的にAとBとCそれぞれの生起に関わっているからです。

それでは、Aが経験的にAであり、BでもCでもないということ、あるいは、もっと具体的に言えば、花は花であり、明らかに鳥とか石から識別されるとは、どういうことでしょうか。こうした問いに対して、法蔵は構成要素の存在論的な「有力」と「無力」によって答えます。Aすなわち花の場合、花が鳥や石とともに共有している全ての構成要素のうち、特定の構成要素、たとえばaがたまたま「有力」である、すなわち積極的、自己主張的、支配的であるということで、したがって、残りの全てを「無力」にしている、すなわち消極的、隠退的、表面下に隠れている、ということです。

同じようにBの場合、B（鳥）は鳥として自己主張します。それはA（花）やC（石）と共有している限りない数の構成要素から見ると、特定の要素、たとえば（花や石においては「無力」なままである）bが、たまたま「有力」で支配的になり、そのほかの全ての要素を「無力」の状態にしているということです。全く同じことがC（石）についても当てはまります。

A（a, b, c, d, e, …）
B（a, b, c, d, e, …）
C（a, b, c, d, e, …）

したがって、AとBとC（花、鳥、石のそれぞれ）は、ちょうど絶対的リアリティ（「性」）が無分節の状態から、私たちの日常的経験の世界における分節の状態へと生起（「起」）するとき、絶対的リアリティによって実際に取られる三つの異なる形態なのです。AとBとCのあいだで観察できる現象的な差異は、各々の場合、同一の存在論的な要因（a, b, c, d, e, . . .）の異なる布置に依るものです。存在論的な要因それ自体は、無限にさまざまな配置や傾向において現れる以外は、絶えず全ての場合、同じものです。経験的世界において、一つの事物（たとえば、花）をもう一つ別の事物（たとえば、鳥）から区別するうえで、決定的な役割を担っているのは、共有される存在論的な要素のうち、どれがたまたま「有力」であるのか、またどれが「無力」であるのかということだけです。事物において、たまたま「無力」であるような要素は顕現しないで、ただ「有力」で支配的な要素だけが経験的に現実化します。それにもかかわらず、「無力」な要素はそこにあります。それら全ては、言わば、事物の現象的な存在の下から、まさに事物として支える事物の深層構造の一部としてあるのです。

したがって、法蔵のものの見方では、形而上的・存在論的な深層構造における存在は、垂直的にも水平的にも連続体なのです。区別された存在論的な単位としての個々の事物は、形而上学的な連続体が私たちの経験的意識に現れたことにほかなりません。もしこれらの事物がそれぞれ自身の実在性を伴って、互いに個々に分離したものとして私たちの目に現れるならば、それは私たちの経験的意識の認知能力が、何かを知覚するとき、その「有力」な要素だけに焦点を絞り、残りの全ての要素が視野の外に隠れてしまうような本性をもっているからです。このようにして、事物Aはもう一つ別の事物Bとは異なるものとして知覚されます。それに対して、仏とか菩薩にとっても、現象的存在のことがらとして、Aは明らかにAであり、BはBではあるのですが、仏とか菩薩の目から見ますと、AはBと同じで、両者のあいだには本質的な区別はありません。と言うのも、このことは「悟り」の目があらゆるものの中に、「有力」な要素ばかりでなく、全ての「無力」な要素も同様に知覚するという事実から生じるのです。

事実、法蔵によると、仏とか菩薩は、全てを見通す視野が事物の全ての「無力」な要素を「無力」の暗闇から明るみへともたらし、たった一つのものの見方で、それらをその「有力」な要素と並んで理解することができる人です。しかし、事物がこのように「有力」であれ「無力」であれ、全ての存在論的な構成要素で見られ、それが現実の開けた領野へもたらされると、それはもはや特定の個的な事物ではありません。つまり、それは世界全体なのです。と申しますのは、世界全体がその事物の中に現成しているからです。華厳哲学の立場から、そうした状態で見られるいかなる事物も、仏によって見られた事物であるばかりでなく、それ自体が仏であるということに気づくことは最も重要です。全ての存在論的な構成要素が「有力」になった状態で見られる花は、もはや花ではありません。それは世界です。それは仏なのです。こうした意味において、全ての事物は潜在的に仏であると言われ、また全ての事物――瞑想中のヨーガ行者だけでなく、世界全体における全ての事物も――は、永遠に深い三昧（samādhi）の状態にあると言われます。さらに、このことは全ての事物の相互滲透の考え方が導いてくれる最終的な言明です。

注

＊ 第四九回エラノス会議（一九八〇年開催）のテーマは、「極限と境界」（Grenzen und Begrenzung）。『エラノス会議年報』第四九号、一九八一年所収。

（1）*Enneades* V, 8, translated by S. McKenna, New York: Pantheon Books, p. 425 を参照。少し修正を加えた。ギリシア語原書については、*Plotini Opera* II, ed. P. Henry et H-R. Schwyzer, Paris, p. 384 を参照〔この邦訳文は、『井筒俊彦全集』第九巻、九一〇頁に収録されている井筒俊彦訳に依っている〕。

12 天空の飛遊
——神話創造と形而上学

第五一回エラノス会議（一九八二年）※

I

今年のエラノス会議の総合テーマは「神々と人間の遊び」ですが、このテーマを聞かれて、みなさまには数年前、ホイジンガが提案したホモ・ルーデンス（homo ludens. 遊ぶ人）の概念を想い起こされることでしょう。それは、ホイジンガがこの概念の視点から、人間文化に関する独特な理論を説いたからです。彼は遊びや遊戯性を根本的な文化カテゴリーとして確立したうえで、歴史を貫いて世界中で、人間文化の多くの、あるいはほとんど全ての重要な要素の根柢に、遊戯性という性格が力強く存在していることを示すことに成功しました。

実際のところ、人間は生まれながらに、遊びや遊戯性への性向をもっているように思われます。それはあたかも人間が、遊びを持たない人間としては存在できないかのようです。どの生活の領域でも、人間は遊びます。人間がしばしば宗教や信仰といった生真面目さの中にさえ、遊戯性という要素を持ち込むのは、不思議なほど特徴ある事実の一つです。

こうした事実の一例として、私は最初に、話の主題として禅問答の問題を取り上げたいと思います。それは、みなさまもよくご存じのように、全ての大乗仏教諸派の中でも、禅が自然な遊戯性の傾向、すなわち「禅の笑い」とか「禅のユーモア」として広く知られる傾向によって特徴づけられるからです。実際、とても真剣なものを期待して、禅仏教に接する人々は、禅者の言動に見られる真剣さとはしゃいだ快活さの奇妙な混ざり合いに失望しがちになります。禅師は遊びが好きだと言えるかもしれません。優れた禅師の場合、特にそうなのです。さらに、禅に非常に特徴的な遊戯性はそれ自体、「問答」と称する独特の表現形態、禅の対話を生み出しました。「問答」とは文字通り、質疑応答を意味しますが、それは本質的に精神的なゲーム以外の何ものでもありません。禅師がその厳粛さにもかかわらず、いやむしろ、より厳密に言いますと、その極端な厳粛さのゆえに、言葉とか言語ゲームといった遊戯的な交換という外的な形式で、内的体験を表現しようとする傾向があることは興味深いことです。こうした言語ゲームは、一般的に言いまして、二人の対話者のあいだの緊張に満ちた精神的な状況という目に見えない深みの中で、実際に起こっていることが自然に演劇化されたものです。「問答」という共有の場にさらされる内的経験を劇のように明らかにすることによって、二人の「演者」は互いの精神状態を同時に探りながら、それを共に演じるのです。

講演の冒頭で、私は禅仏教における遊びの要素について触れましたが、それは、ここで禅的対話の問題をさらに詳しく探究するためではございません。そうではなくて、私の意図はむしろ、本日の講演の主要なテーマに選んだ「天空の飛遊」に関わる遊戯性の特質を明らかにすることにあります。ごく限られた宗教とか宗教的なものの領域内でさえも、数多くの全く異なる種類の遊びが存在するという事実に、みなさまの注意を喚起したいと思ったのです。「問答」に関わる禅師によって示される遊戯性は、実際、「天空の飛遊」に見られるような遊戯性とは本質的に著しく異なっております。

「天空の飛遊」は一つの精神的な体験として、典型的なシャマニズム的現象であることに注目することから始めたいと思います。確かに一つの文化的なテーマとして、それは民話、神話、叙事詩、神秘主義さらに形而上学など、文学、宗教、哲学の広汎に多様な諸形態の中に現れています。それらの中には、高度に芸術的あるいは知的に洗練されたレベルで、「シャマニズム」という語の意味に一般的に結びつけられるような、粗野なまでに「原始的な」慣習と明らかに関係をもっていないものもあります。しかし、根源的な心理体験としての「天空の飛遊」は、それがどのような形態で現れるとしても、シャマニズムの土壌に深く根を持っているものです。それこそが、シャマニズム的な精神性と呼ぶものの所産、すなわち、シャマニズム的心性の独特な遊戯性を自己表現した典型的な形態の所産なのです。

これまで示唆しましたように、「問答」の中で騒がしく精神的な自由を楽しむ禅師の遊戯性と、「天空の飛遊」の中で恍惚として内的自由を楽しむ専門的なシャマンの遊戯性とのあいだには、顕著な相違が存在しております。まず、遊びの場が全く異なっています。禅師が遊ぶ場所は経験的世界、すなわち日常的存在の具体的で形而下的さらに感覚的な世界であり、その世界において、私たちの日常生活が営まれています。一方、シャマンはただ想像の世界でのみ、遊ぶことができます。日常生活の世界に背を向けて、その世界を「超越して」、シャマンは神話創造的なイマージュの世界へと舞い上がります。そこでのみ、想像の世界（mundus imaginalis）という天空の高みにおいて、シャマンは「天空の飛遊」を楽しむことができます。言いかえれば、シャマンが遊ぼうとするとき、その精神的な遊びのために、前もって注意深く用意された「聖なる」空間を必要とします。それに対して、禅師は遊びのために、世俗的な世界から完全に隔離した特に聖化された場所を必要とはいたしません。禅的人間に要求されるのは、ただ意識の全的転換のみ、つまり、心を無心へと転換することだけなのです。精神的に照らされた無心という目で見ますと、ふだんから見慣れている自然や事物さらに人々を伴う経験的世界それ自体が即座に、禅的人間が思う存分に遊ぶことができる、限りなく果てしない空間へと転換いたします。日常的な世界が遊びの場になります。有名な禅の諺にあるように、まさに「平常是道」になるのです。

こうした全てのことは、部分的には少なくとも、ここで問題にしている遊びの種類が、禅の場合、純粋かつ厳密に人間的であるという事実に依っております。これは、禅とシャマニズムのあいだのもう一つ別の意義深い相違点です。禅的対話は、人と人のあいだの真剣かつ遊戯的な言葉の交換です。それは、たとえ神であれ霊魂であれ、非人間的な要素が絶対に関わることのない本質的に人間の遊びなのです。この遊びには、いかなる領域外の存在も関わる余地はありません。

それに対して、シャマニズムには、いつも、人と霊魂のあいだの——また同時に、真剣かつ遊戯的な——人格的な関係があります。シャマニズム的な遊戯は、人間だけで行うことはできません。神も霊魂もまた、それに関わらなければなりません。それは人と霊魂が共同で行う遊戯、すなわち人間的なものと神的なものの真の協働であるからです。

そうした非日常的な遊戯が適切に行なわれる場所は、神的存在にとって、あまりに粗末で具体的、すなわちあまりに世俗的である形而下的な世界ではあり得ないのは明らかでしょう。神や霊魂は本質的に「想像的な《イマジナル》」性格をもっていますので、それらは人の心の深みで実現される「想像的」で聖化された空間においてのみ、遊ぶことができます。しかし、日常的な人間には、そうした場所を気の向くままに創造することはできません。ただ専門的に修行を積んだシャマンだけが、莫大な心的活力を賦与されて、それを行うことができるのです。専門的なシャマンは自らの魂の深みから、「想像的」空間を創り出す特別な能力をもつ非日常的な人間です。この「想像的」空間へとシャマン自身が入り込みますと、シャマンは完全に神話創造的な人物に変貌します。さらに、神や霊魂もその空間に招き入れられて、シャマンが上演する空想的なドラマに加わるのです。

こうした意味において、シャマニズム的な遊びは、徹頭徹尾、心理事象です。それは人間の心の深みの構造的特質を離れては全く考えられません。それは基本的に原初的なイマージュの遊びですが、潜在意識の内奥から直接に喚起されて、昼間の意識の領域へと立ち昇ってきて、自律的、「想像的」に輪郭を作り出す心の力によって、完全にまたは部分的に具体化されます。この講演の主題である「天空の飛遊」は、ちょうど簡潔に説明しましたように、心理事象のカテゴリーに属しております。

もっと具体的な言葉で、この心理事象、すなわちシャマニズムと密接な関係にある「天空の飛遊」の内的構造を説明するために、ここでは実例として、古代中国における注目すべきシャマニズム的な作品、すなわち英語で一般的に「楚の挽歌」（Elegies of Ch'u）として知られる『楚辞』を分析してみたいと思います。それは楚の国に起源をもつ長短の詩集で、シャマニズムの「想像的」精神に満ちています。漢王朝の時代に収集されてから、中国文学において、紀元前三世紀および四世紀の古代中国に行きわたっていたシャマニズム的なイマージュや観念の貴重な記録として、今日まで伝えられております。

楚の国は、揚子江の中流域に存在した南中国の大国でした。沼地、川、暗い森、中国で最も大きな湖で神秘的な洞庭湖《どうていこ》といった広大な地域に広がり、シャマニズムの伝統や慣習で有名な国でした。楚国における社会のおもな機構は、宮廷生活や国家政策の政治制度から一般人の日常生活の形式に至るまで、完全にシャマニズム的な霊魂の支配下にありました。

『楚辞』はこの国の代表的な数人の詩人の作品から成りますが、全ての詩人は顕著にシャマニズム的な精神性をもっていました。それらの詩人の中で、主要な人物は屈原です。彼は紀元前三四三年頃から二八三年に生きた有名なシャマン詩人でした。そのほかの詩人は、彼の弟子か後代の彼の信奉者でした。

この楚の詩集は、古代中国におけるシャマニズムに関する歴史資料として価値があるばかりでなく、より一般的に、私たちの批判的な見解から見ましても、詩的な洗練の極致という形で、普遍的で絶えず再起するシャマニズムのいくつかのパターンを示しています。そういう点で極めて重要です。さらに、この講演の特別な目的にとって特に興味深いことは、この名詩集に収録された作品の中に二つの著しく長い詩があり、それらがともに全く同じテーマ、すなわち「天空の飛遊」を扱っているという事実です。全く意義深いことに、それらのうち、一つの題目は「遠方の国々への流浪」（「遠遊」）ですが、それは明らかに「天空の飛遊」を意味しております。この詩を屈原自身のものと考える人もありますが、今や一般的に、漢王朝における屈原の無名の信奉者あるいは模倣者による作品であると信じられております。この詩を屈原の真作から決定的に区別する最も顕著な特徴は、その否定できない老荘思想の色合いにあります。後で述べますように、終わりに近づくにつれてこの詩は、純粋な老荘思想の形而上学に合一しますが、これはシャマニズム的な精神性から形而上的な精神性への重要な移行を示すことになります。

二つの詩のうち、もう一つ別の詩は明らかに屈原の真作です。その詩には、一見したところ「天空の飛遊」とあまり関係のない題目、すなわち、おそらく「自らの悲しみとの出会い」を意味する「離騒」が付いているとはいえ、そのテーマは原初的なイマージュの奇妙な世界へのシャマンの魂の神話創造的な旅なのです。三七五行から成るこの長いシャマニズム的な叙事詩は、「天空の飛遊」のあいだに、屈原の身体離脱した魂が体験する非日常的な事物事象を描写しています。ともあれ、「離騒」は中国文学の名作であると考えられております。

『楚辞』全体をシャマニズム文学の貴重な集成として読みますと、明らかに、確かに相互に区別される二つの異なるシャマニズムの形態があります。それはさらに理論的に中国文化という境界を越えて、普遍的に応用可能な二つのシャマニズムの基本型へ練り上げていくことができるでしょう。ここで論じやすくするために、それらをそれぞれ類型Aと類型Bと呼ぶことにいたします。類型Aは、憑依の興奮状態に入って、霊魂を自分自身に呼び降ろすシャマンによって特徴づけられます。したがって、その状態において、シャマンは呼び降ろした霊魂との遊びをしばらく楽しむことになります。それに対して、類型Bは、シャマンが独自に自らの遊びを演じる場合です。いかなる神も霊魂も呼び降ろす必要はありません。この場合、シャマン自身が神話創造的で、半ば神格化された英雄であって、日常的な世界における日常的な人々の些細な世話や不安から遥かに離れた領域外の世界の中で、自らの「想像的な」体験を楽しみます。神話創造的な遊びは、ついに「天空の飛遊」になるのです。

しかしながら、『楚辞』のシャマニズムを特徴づけるもの、これを世界の他地域における類似した大部分の現象と峻別するのは、それがシャマンの「日常的」な側面、すなわち非シャマニズム的な側面への重要な関心を示しているという事実です。言いかえますと、それは非日常的な「想像的」体験の主体としてのシャマンの能力を持つシャマンばかりでなく、経験的世界において、すなわち日々の存在の次元において、生きている日常的な人間の能力をも有するシャマンに関係しているのです。また、このことは『楚辞』の詩人のものの見方によりますと、シャマンの人格には観察することのできる裂け目があると言うことに等しいのです。一人の人格の中には、並んで生きる二つの異なる人格が存在しているわけです。すなわち、一方では、経験的な時空間の制約を超えた「別」世界において、永遠に生きようとするシャマン。他方では、シャマンは自らの意思や希望に反して、幾千のほかの日常的な人間や事物と——個人的にも社会的にも——密接に関わり合って、形而下的な世界の境界内に監禁されて存在することを強いられる日常的な人間です。シャマンは自分自身の人格内において、シャマンとしての自分と日常的な人間としての自分のあいだに、著しい相違があることを強く意識します。『楚辞』に記述されているように、シャマンを悲劇的な人物にするのは、この鋭く感じられる内的な——実存的で心理的な——裂け目なのです。シャマンは憑依の高みでは幸せです。そういう状態に留まっているかぎり、この世の悲しみや苦痛については忘れることができます。しかし、高みの状態はいつも短時間しか続きません。すぐに、本当にあまりにすぐに日常生活のみじめな現実へと押し戻されます。そこでは再び、彼はただの日常的な人間となるのです。

シャマンが自らの人格の中で感じるこうした実存的な矛盾——興奮と衰弱のあいだの絶えざる変動、さらには、一方の「想像的な世界」の魅惑的な美と、他方の物質的な現実の世界の耐え難い卑俗さのあいだに、シャマンが認める鋭い対立——これら全ての要因によって、シャマンは自分自身が本質的に曖昧な人間であることを意識せざるを得なくなります。すなわち、自分が二つの中心をもつために、内的な生がばらばらに引き裂かれている人間であること、つまり、二つの自我が互いに鋭く対立している人間であることを意識せざるを得なくなるのです。シャマニズムそれ自体は、少なくとも『楚辞』に示されている形態においては、「想像的な」世界と形而下的な世界という、互いに調和のない二つの異なる世界を交互に生きなければならない、という心理的構造をもつ人間の悲劇的なドラマにしかなり得ないのです。

これから述べますように、楚のシャマニズムの悲劇的な本質は、類型Aと類型Bの両方に見いだすことができます。しかし、それがより明確に現れて、主体的にシャマン自身によって耐えられない実存的な苦痛として、より激しく経験されるのは、類型Bにおいてです。シャマン詩人の屈原は、類型Bの最も代表的な人物ですが、とりわけ、シャマンの悲劇的な運命を個人的に具現しています。

日常的な日々の生活の次元において、屈原は道徳的純粋さをもつ人物でした。彼はかつて楚国において、高位の官吏の立場にあり、華麗な宮廷生活を送りました。しかし、まさに妥協なき道徳的な実直さと王への献身と忠誠心のために、彼はまもなく、宮廷の人々の側からの激しい憎悪や中傷の犠牲になり、ついに、国の未開の辺境地方へと追放されました。しかしながら、都で一見、輝かしい生活を送っていたときでさえ、彼は自分自身が事物の世俗的な秩序からは全く隔絶した部外者であると感じていました。この世界の地平を超えた「別の」世界の存在、すなわち、眩しい美と精神的な純粋さの「想像的」な世界をよく知るようになって、彼は道徳的汚濁にまみれた経験的世界になおいっそう憂鬱になりました。

全世界は混乱して濁っている
私だけが純粋で澄み切っている
ほかの全ての人間は酔っぱらっている
私だけが醒めている
だからこそ　至る所で　私は人々の社会から遠ざけられている

いっそ　身を投げよう
湘江《しょうこう》の渦巻く水の中へ
いっそ　私は魚の腹の中に　墓を見つけよう
私はいかに世俗世界の埃《ほこり》に耐えることができるだろうか

私の汚れない白い身体を覆いながら

（屈原に帰される「漁父」より）

これは、屈原が自らの周りで見ている人間の風景です。この世界のどこにも、慰めになるものはありません。それについては、彼の弟子である詩人の宋玉《そうぎょく》（紀元前二九〇？―二二二？）が、屈原のために次のように詠っている詩もあります。

木々を鳴らす秋風は　何と悲しいことだろう
舞い落ちる葉で　色あせた葉で　また枯れた葉で
……
悲しみの満ち潮で　私はここで　すすり泣いている
増大する寒気が私の身体に浸み込むように
……
より良い時に生まれなかったことが悲しい
気を狂わせるようなこの時代に生まれたことが
……
多くのことが悲しみと苦痛の原因である
明るい秋月を見上げては　深いため息が出る
星の下を歩き回っていると　夜が明ける

（「九辯」より）

これが全く遊びとか遊戯性の余地を残さない、実存的で心理的な緊張の雰囲気に充ちた世界であることに注目すべきでしょう。その状況全体は全く悲劇的です。隔絶された存在の拷問のような苦痛から遁れるため、シャマンに残された唯一の道は、一挙に経験的世界を離れて、「想像的」世界という全く異なる存在の次元へと入ることです。それは、経験的世界において、自分の周りで見慣れている全ての事物や事象が、自らの目の前で突然、姿を変え、神話創造的な形態を帯びて、神話創造的なふるまいをしながら現れてくるシャマン自らの世界です。そのために、この神話創造の「他」界へと、屈原は行くことを決心します。こうして彼は、享受できる唯一の遊びの形態である「天空の飛遊」へと出発するのです。

しかしながら、この「飛遊」の本質を直接、分析していく代わりに、少しばかり時間をかけて、もう一つ別のシャマニズムの類型において、何が起こるのかを見てみたいと思います。以前にも述べたように、『楚辞』には、類型Aと類型Bという二つの異なるシャマニズムの類型があります。また、それに対応して、二つの異なる「想像的」世界があり、理論的には互いに区別されているはずです。屈原はただ類型Bの傑出した師であるにすぎず、一方、これからお話しする類型Aについては、彼はただ共感的な傍観者にすぎません。この類型のシャマニズムにおいて起こっていることを、彼は外側から見たうえで、それに魅惑的な詩的表現を与えますが、彼自らがそれに関与することはありません。それは彼自らの個人的な経験には属していないからです。

類型Aの楚のシャマニズムは、『楚辞』において、「九歌」の題目のもとで集められた一群の短い詩によって代表されます。元来、極めて低いレベルのシャマニズムの精神性を表す民謡であるこれらの九つの歌は、原始的な信仰や卑猥さの混乱によって汚された楚国の庶民のあいだに流行していたのを、屈原が見いだしたと言われています。中国文献学の権威ある伝統によると、原文の詩の低俗な言葉やイメージを洗練したものに置き換えて、それらを芸術的に完成した真の詩へと磨き上げたのは屈原でした。このように洗練した形態で、それらは「九歌」という題目の屈原自らの著作として、今日まで伝わってきたのです。

さて、この類型のシャマニズムの特徴とは、シャマンが厳格に決められた儀礼の手続きを経て、神を天から呼び降ろそうとすることにあります。それに成功すれば、呼び出された神はシャマンに下降し、彼に取りついて心身をともに転換させます。今やシャマンは異なった人格になります。シャマンは文字通り、「自分自身を離れる」

のです。完全に変換されたシャマンの意識にとっては、対象世界も全く変換されたように見えます。シャマニズム的な酩酊状態においては、彼には全ての事物が神話創造的な形態に見えるのです。ここに経験的世界は、その原初的な「想像的」リアリティを開示し、想像的世界として現れます。

この講演の文脈から見ると、想像的世界とは本質的にシャマニズム的興奮にある意識の心理的な創造です。それはシャマンの心の心的活力によって映された「想像的」な覆いをとおして見た存在の世界です。しかし、シャマンにとってそれは明らかに存在論的な価値をもっており、日常的な人々が現実で客観的な世界とみなすもの以上に遥かに現実的で、客観的に現実の世界なのです。彼の目には、今やリアリティを欠いているように見える「俗なる」世界と対比すると、それは「聖なる」ものであるために、実際に現実なのです。

シャマニズム的な想像的世界は、シャマン自らにとっても、また彼の経験に多かれ少なかれ関わる全ての人々にとっても、「俗なる」世界の真只中へと呪術的に呼び出された「聖なる」場所です。それはシャマン自らが入り込み、彼が呼び降ろした神々との遊びを楽しむことを許される、聖別化された空間です。しかし、彼がそうするには、「聖なる」空間をまず最初に喚起しなければなりません。と言うのも、神はシャマンとともに一時的に遊ぶ目的のために、十分に準備された特定の場所がある場合にのみ、永遠の住まいから喜んで降りてこようとするからです。一般に「シャマニズム的な降霊会」として知られているのは、こうした本質をもつ「想像的」リアリティを効果的に喚起するために、特に考案された呪術儀礼的な手段以外の何ものでもありません。それでは、いくつかの具体例をとおして、実際に「シャマニズム的な降霊会」で何が起こるかを見るため、「九歌」に注目することにしましょう。

「東皇太一《とうこうたいいつ》」という題名が付いている「九歌」の最初の歌において、男性のシャマンは、自分が中心的な役割を演じる「シャマニズム的な降霊会」のことを述べています。元来、東方の星の名称である「偉大なる一」（太一）は、楚国の宗教体験において、最高位の神として崇拝されていました。

縁起の良い日であるし　日がらも良い
つつしんで　私たちは東皇に喜んでいただける儀礼を始める
私の長い刀を　翡翠で飾られた柄で摑むと
私の帯の宝石が　ちりんちりんと鳴る
玉《ぎょく》の重みで　床の上のござを押えながら
香しい植物の束を持って
下に撒き散らしたランの葉で肉を捧げて
ここに私は肉桂色の酒と山椒を効かせた飲み物を差し出す
太鼓が振り上げた撥《ばち》で叩かれる
遅く優しいリズムで　歌い手は歌う
管絃が大きな音で合奏される
神に取りつかれて　女性のシャマンは美しく着飾って踊る
会堂は花の香りに満ちている
五声が大きく鳴り響く
すると　神は喜んで　幸せに休む

ここに記述される特別な神降ろしでは、万事が明らかにうまく行っています。全ての参加者、すなわち神も人間も幸せで喜んでいます。ある種、この世のものとも思われぬ陽気がその場を支配しています。しかしながら、必ずしもいつも、こうだというわけではありません。しばしば――あるいはほとんど一般的に――この種のシャマニムズ的な遊びは、特に終わりへ向けて、暗い雰囲気へと沈んでいきます。類型Aの楚のシャマニズムは一般的に、むしろ陰鬱な性格をもっています。私がこの講演のこの箇所で論じたいと思っております話題と特に関連していのは、「九歌」のこうした暗い側面です。

類型Aのシャマニズムに関する遊びの要素の悲劇的な性格を明らかにするために、まず、次の事実に注目しなければなりません。それは「九歌」の中で、屈原によって詩的に描写された「シャマニズム的な神降ろし」において、男性の霊魂や男神がふつう女性のシャマンによって呼び出され、一方、女性の霊魂や女神は、通例では男性のシャマンによって呼び出されるという事実です。神や女神の呼び出しは、同時に「聖なる」空間の呪術的な顕現なのですが、祭儀的あるいは儀礼的な厳格さで遂行され、精神的にも物理的にも用意周到に、滞りなく念入りに行われます。こうでなくては、神あるいは女神を天からシャマンに下降させて、彼または彼女に「憑依」させることはできません。

すでに具体的な例によって見ましたように、招魂の祭儀それ自体は、シャマニズム的な遊戯の一部――あるいは始まりの段階――です。儀礼的に要求される行為を段階ごとに遂行しながら、シャマンは遊び続けます。それによって、シャマンは聖なる遊びを組み立てます。祭儀の中でシャマンと共にあって手助けする人々は、シャマンと一緒に遊びます。儀礼を見聞きする群衆として、儀礼に参与することを許される部外者でさえも、舞台の上で演者たちと遊ぶのです。もちろん、呼び出された神もまた、シャマンと一緒に遊びます。

「九歌」に記述されている招魂の祭儀の一つにおいて、一例を挙げると、男神を呼び出したいと思う女性のシャマンは、まずはじめに、汚れのない儀礼的な清浄さの状態に自らを置きます。彼女は自分の身体を香りの高い植物の香りがする水で浄化し、華美に彩られた衣服を身に着け、燃える香料の香りの中で、手に甘い香りの花を持って、歌や太鼓や横笛を伴って優雅な舞を踊ります。

ここに「雲中君《うんちゅうくん》」という題目の詩の一節がありますが、それは女性のシャマンとその神すなわち雲中君との出会いを物語っています。その女性のシャマンは、次のように歌い始めます。

私はランの花が入った水浴をした

私の髪を　香りのする水で洗った
華美に彩られた衣服を着る
私は花のように甘く美しい

ここで注目されますように、この女性のシャマンは、自分について儀礼的に浄化されているばかりでなく、誇らしげに、自分は心をそそるほどに綺麗である、手に持っている香りの高い花のように美しいと言います。そのような状態で、彼女は自分の「王」の下降を待っているのです。彼女の意図は全く明らかです。彼女は天から王を呼び降ろして、王とともに愛の遊び、恋の逢瀬ができるようにしたいと願っています。その女性のシャマンが彼女自身と神のあいだに実現しようとする個人的な関係は、アーサー・ウェイリーが言うように、「一種の情事」です。

そして実際に、神は彼女の召喚に応じて姿を現し、長くうねった遠まわりの曲線を描きながら空から下降してきます。そこで神は、自らの真のイマージュを顕すのですが、それは見たところ、巨大な蛇という「想像的」な形態をとっています。雲中君は、天上の蛇すなわち龍になります。

螺旋のようにくねくねと　神は天から降りてくる
降りてきて　神は私の身体を見つける
輝き煌めきながら　神は世界を照らし出す
永遠の光の果てしない煌めきのもとで

このように神の個人的な存在によってキラキラと照らし出される「聖なる」空間において、女性のシャマンは神に「憑依される」という最高の喜びに身を委ねます。それはシャマニズム的で神話創造的な合一、すなわち一種の一時的な聖婚です。それは神と人間のあいだの「情事」の極致であり、アーサー・ウェイリーの独特な表現を借りると、「一種の予言的な蜜月」です。

しかしながら、不幸にも、その喜びは長くは続きません。合一は常に短くて一時的な体験です。シャマンと神との恋愛関係は、少なくともシャマンの視点から見ると、必然的に悲劇的な性格をもっております。次の詩の中で、女性のシャマンが自ら記しているように、その体験もそうした性格のものです。

キラキラと輝きながら　神は
しばらく留まるために　私のところへ降りてくる
あまりにもすぐに　突然　神は舞い上がり
雲のあいだに　遥か遠くへ消えていく
去っていった主を恋い慕って
私は何度も　深いため息をつく
私の心は悩み　憂鬱になり
私はここで　悲しく辛いまま

注目すべきことに、この詩の中に記されている事象の中で、私たちが目にしたものが、『楚辞』における類型Aのシャマニズム的経験の最も根本的パターンを示しているということです。ほとんどの場合、神は気まぐれで、「約束したことを行わない」でシャマンをがっかりさせるか、あるいは、シャマンのもとに降りてはくるのですが、束の間の合一の喜びを味わわせたかと思うと、突然、居なくなって、シャマンに耐え難い愛の苦悶を抱かせたりします。

神は気まぐれで、愛人をすぐ一人にします。このように、シャマンは自らその状況を記しています。シャマニズム的意識の理論の見地に立つと、私たちはこのことについて、シャマニズム的自我の主体的な「神格化」は極めて短いあいだしか続かない、と異なる説明をするでしょう。合一の状態のあいだ、シャマン自らは全く神になっています。彼の神化された自我によって、彼は神という愛人とともに恋愛という遊戯を楽しむという立場に置かれます。悲劇はシャマンが神化された状態に長いあいだ留まることができないことにありますが、シャマンが経験的意識へとすぐに戻ることができないということにもあります。シャマニズム的に表現すると、シャマンがいまだ十分に「世俗化されて」いない場合を除くと、彼はもはや十分に「憑依されて」いないのです。言いかえますと、シャマンは言わば、神格化と世俗化のあいだを揺れ動きながら、主体的にアンビヴァレントな状態にあります。したがって、シャマンの自我は、一時的な聖婚あるいはシャマニズム的興奮の神的「憑依」の残光の中で依然、半ば神のままですが、恋人が戻ってくるのをイライラして待ちわびながら、自己神格化の再度の機会を待ちわびながら、恋人に捨てられて苦悶しながら彷徨うことになるのです。

II

類型Bの楚のシャマニズムに注目しますと、類型Aで実現していたものとは顕著に異なる「想像的」世界に出会うことになります。二つの類型のあいだには、数多くの重要な違いが見いだされますが、それらの中で最も顕著で決定的なのは次の点です。類型Aにおいては、ちょうど述べたように、あらゆることがらはシャマンが神を呼び出すことで始まります。儀礼的な召喚の手続きをとおして、シャマンは神を呼び降ろそうとします。万事うまく行けば、神は喜んで、あるいは誘われて、シャマンに下降して「憑依し」、彼を忘我させ変質させて、束の間の合一の喜びを体験させます。こうしたことは、大雑把ながら「九歌」から分かることです。

それに対して、これから検討する類型Bにおいては、シャマンが招魂の祭儀を行う必要性は特にありません。なぜならこの場合のシャマニズムとは、シャマンが神を自分自身のもとへ呼び降ろすことではないからです。神は下降するように求められません。その代わりに、シャマン自らが上昇します。神が上から降りてくる代わりに、シャマン自らが昇天します。昇天しているあいだ、シャマンが経験することの個人的な内容を説明する場合、「天空の飛遊」という神話創造的な叙事詩になります。このように「天空の飛遊」が、この類型のシャマニズムの中心テーマの一つ――あるいは、中心テーマだと言うべきでしょうが――を成しております。少し前に述べたように、『楚辞』には、高度に洗練された詩的形態で、まさにこのテーマを扱っている二つの重要な作品があります。屈原による「離騒」すなわち「私自らの悲しみとの出会い」と、漢王朝の詩人による「遠遊」すなわち「遠方の国々への彷徨い」です。

覚えておられるかと思いますが、類型Aにおいては、シャマニズム的自我は「想像的」体験の主体として、神に「憑依されて」いるあいだ、神秘的合一の時間だけ、十分かつ完全にシャマン化されています。すなわち「神格化されている」のです。しかし、それ以外の場合には、不確かで不安定な状態にあって、半ば神格化されたまま、神と人間のあいだを彷徨っています。そうした存在論的に曖昧な状況においてさえ、シャマンの意識はたいてい酔ったままで、いまなお「想像的」興奮の状態にあります。そうでありながら、シャマンは強くかつ痛いほどに、自分の自我が神の神的自我とはっきり切り離されていることを自覚しています。この場合のシャマニズムは必然的に、二人の異なる人物、すなわち、二人の異なる自我――一方は神であり他方は人間である二人の異なる自我――によって、互いの合一と分離のあいだを揺れ動きながら、共に演じるドラマという形式を採らなければなりません。

その状況は、類型Bのシャマンとは全く異なります。シャマンはまず、彼が呼び降ろす神とか霊魂によって「憑依される」ことで「神格化される」必要はありません。なぜなら、彼はいかなる外的な力からも完全に独立していて、自分の内的な状態を神話創造的な興奮状態へと至らせることができるからです。自分自身の心理的エネルギーを独特な仕方で一点に集めることによって、シャマンは思いのままに、いかなるときにも自らを「神格化する」ことができる、すなわち、自分の意識をシャマン化することができるのです。いったん存在がこの次元に至ると、一度、彼は自らの世界――すなわち自分の心が自分自身の周りに創造し投影し続ける空想的なイマージュの世界――の主人になります。彼の心の深層の薄暗がりに、ふつうは閉じ込められている根源的なイマージュが喚起され、潜在意識的な制約を離れて意識の表層レベルへ次々と出現し続けます。心が創り出すこうした「想像的」な構成は、形而下的リアリティの世界を超えた遥か彼方の国に存在する、数多くの神話創造的な存在として、主体的にシャマンによって体験されます。

そうした状態にあるシャマンは、もはや私たちがふだん、その語で理解しているような人間でないことは明らかです。別の表現をすると、このように理解される「想像的」世界における非日常的な体験の真の主体は、具体的で統合的な人格としてのシャマン自身ではありません。むしろ、それはシャマンの内的部分、彼の精神的メカニズムの中心軸である伝統的に「魂」と呼ばれてきたものです。しかしながら、重要な点は、こうした文脈における「魂」とは、心的に清浄な、身体との形而下的な全ての関係から完全に解放された、人間存在の生命的な原理という意味で理解されなければならないということです。

実際のところ、シャマニズムやそのほかのよく似た宗教的あるいは精神的な現象について語るとき、しばしば、「エクスタシー」という語が語られます。「エクスタシー」は、文字通りには「(何か)から生起すること」を意味するギリシア語の「エクスタシス」(ékstasis)に由来しますが、シャマニズムの文脈では、シャマンが「自分から出ていく」という独特な経験を意味します。より具体的には、シャマンが事物の経験的な秩序の中に留まっているかぎり、身体と密接に合一していた魂の、身体からの分離が「想像的に」実現することを指します。このように全体から得られる結論は、シャマニズム的な経験の主体、すなわち、シャマニズム的なドラマの英雄は、魂と身体、内的なものと外的なものの人格的な合一としてのシャマンであるというよりも、むしろ半分の内的なもの、すなわち身体的な家から遊離し、全ての物質的な付属物を脱ぎ捨てた魂なのです。

もちろん、第一節でもお話ししたように、ここでも「天空の飛遊」の体験で頂点に達する類型Bのシャマニズムに特に言及しながらお話ししております。シャマニズムそれ自体の観点から見ると、『楚辞』に見られる楚のシャマニズムばかりでなく、シャマニズム全般についても、この種の「想像的」体験は、人間において「魂」と呼ばれる心理的・霊的な実在が存在していること、またそれがこの世界において、一時的に付着している形而下的な装置から本質的に遊離できるということを前提としないかぎり、うまく説明することができません。そういうわけで、ここで私は古代中国における「天空の飛遊」の概念の下にある特殊な形態のシャマニズム的な魂の理論について、簡潔にご説明したいと思います。

古代中国人によって共有されていた信仰によりますと、あらゆる個々の人間は二つの異なる存在、すなわち、身体と魂から成り立っておりますが、魂それ自体は二つの異なる存在を一時的に合一させたものです。言いかえると、魂《たましい》は実際、二つの魂《たましい》、すなわち「魂《こん》」と「魄《はく》」から成り立っています。時として、これらが英語に翻訳されるとき、それぞれ、高次の魂あるいは霊的な魂と、低次の魂あるいは身体的な魂として翻訳されることがあります。

「魂《こん》」は元来、生命を支える呼吸の原理を示していますが、よく知られている「陰陽」理論によると、「陽」の性格をもっています。それ自体は、人間の「高次の」すなわち精神的な機能を担っています。一方、「魄《はく》」は元来、血のイマージュと結びついており、「陰」のカテゴリーに属していて、「低次の」すなわち身体の物質的かつ動物的な機能を担っております。

このように「魂」と「魄」は本質的に、互いに対立するものであって、それらのあいだの合一の絆は、極めて不安定で希薄なものです。人間が生きているかぎり、その二つは身体の中で、互いに結びついていますが、死の瞬間に、それらは身体を捨て去ると同時に、互いを見捨てます。すなわち、「魂」は本当の住処である天へ戻り、「魄」は地に戻って、そこで身体とともに朽ちるのです。

ところが、シャマニズムの観点から見ると、「魂」と「魄」は、物理的な死を迎える以前であっても、もちろん永遠というわけではありませんが、一時的に身体を離れることができますし、実際に離れる性格をもっています。これを銘記しておくことは重要でしょう。まさにこのようにして、シャマニズム的「エクスタシー」が可能になるのです。ただし、「魂」が身体から同じく一時的に不在になるようなことは、しばしば起こります。たとえば、人が意識を失ったときとか、眠っているときに夢の中でいろいろな事物を経験するような場合です。ふつうの人々の場合は、「魂」はたいてい、連れの「魄」から分離して、身体から飛び立ちます。こうしたことは、シャマンの場合にも、しばしば起こるように思います。しかしながら、修行を十分に積んだ本物のシャマンは、「魂」と「魄」の内的な合一を損なうことなく、すなわち、それらを互いに分離させることなく、自分の身体から「魂」を意のままに送り出す特別な技法を修得した人なのです。

たとえば、『楚辞』における「大招《だいしょう》」という題名の詩には、もう一人別のシャマンの放浪する「魂」をそのシャマンの身体へ呼び戻そうとする、専門的なシャマンのことが詠われています。そこで用いられている実際の言葉は「魂魄」です。召喚する者は「魂」と「魄」から成る全体に、次のように申し入れます。

おお！　魂魄よ　戻ってこい
汝はあまり遠くまで　うろつくべきではない

しかしながら、「魂魄」であれ、あるいは「魂」だけであれ、どちらの場合でも、また体験のあるシャマンの場合でさえも、魂の身体からの一時的な遊離は当然、魂それ自体と身体の両方を深刻なほど危険な状態に置く傾向があります。魂は確かに身体の束縛から解放されて、理論的には少なくとも、「想像的」体験の主体として行動することができます。しかしながら、それは全ての身体を持たない魂が「天空の飛遊」のような至高の精神的な喜びを享受できることを意味するわけではありません。全く逆なのです。たいていの場合、身体を離れた魂は、専門的なシャマンの魂でさえも、「天空の飛遊」を始めるだけの十分な強さをもたなくなります。それどころか、それはあらゆる種類の危険や恐ろしい存在で満ちた、奇妙で暗い場所へと押し流されがちになります。屈原の弟子によって、身体から歩み出た主人の魂を呼び戻すという目的で作られたと言われる「招魂」の詩では、招魂する人は次のように語って呼び戻し始めます。

おお！　魂よ　戻ってこい
汝本来の住処（すなわち身体）を離れて
汝はどうして世界を隈《くま》なく彷徨《さまよ》っているのか
汝の喜びの場所を捨てて
汝はどうして凶兆の事物に会うことを選ぶのか

さらに、事実、招魂する人は、歩き回る魂が流浪する中で出会う恐怖について、真に迫った記述を与え続けます。彼の言葉は毒々しく恐ろしい原初的なイマージュの世界——心の潜在意識的な深みから投影された「想像的」風景——を呼び起こします。それは経験的世界では出会うことのない怪物や奇妙な存在が住んでいる領域外の世界として「想像的に」示されます。たとえば、顔に入れ墨をし、歯を黒く染めた人々がいて、人肉を自分たちの神に捧げ、人骨から塩味のすり身を作っています。千仞の背丈がある巨人たちがいて、人間の彷徨う魂をむさぼり食うために探しています。それぞれ九つの頭を持っている人間たちがいます。また、背中が曲がり、額には鋭い角、三つの眼に虎の頭をした、雄牛のような身体を持った怪物もいて、血の付いた親指を挙げながら、強風のように人間を追いかけ、人肉に美味を見いだしています。九つの頭を持つ巨大な蛇もいて、素早く動き回り、人間をのみ込んで、自らの心を満たしています。象のように巨大な赤蟻もいますし、瓢《ひょう》箪《たん》と同じぐらい大きな蜂もいます。

この詩が読者の敏感な心に及ぼす、暗くて恐ろしい魅惑を再現するために、この世界の記述をこれ以上続ける必要はないでしょう。ほかならぬ講演の目的のために、魂がいったん身体を遊離するといかに危ない状態になるのか、すでに十分に示してきました。魂はたいてい、その途上に恐怖が想像以上に待ち構えている、極めて危険な存在領域を彷徨っているのです。

しかしながら、こうしたことは、あまり才能のないシャマンやふつうの修行を積んでいない人々の場合にのみ当てはまります。専門家でない人々のあいだでも、ここで問題になっているようなエクスタシー体験を生まれながらに持っている人が存在することに注目しなければなりません。しかし、そうした場合、身体から魂が遊離する体験が繰り返されますと、たいてい、または頻繁に精神的な病いに陥ります。その状況は経験を積んで高度な力量をもつシャマンとは全く違っています。と申しますのは、そうしたシャマンは専門的な手際の良さで、他者の魂ばかりでなく、自らの魂も制御する方法を知っているからです。

より優れた精神的な力量をもつシャマンは、エリアーデ教授が言うように、「人間の魂にかけては偉大な専門家」です。もちろん、シャマンは自分の魂の真の主人です。彼は身体から魂を思いのままに遊離させて、地上世界の境界を超えて、遠隔地へも魂を送ることができます。そうすることによって、以前に描写しましたような地獄に迷いこむことなく、彼は「神話創造」の世界で、魂に「想像的」彷徨を享受させることができるのです。こうして、遥か彼方の国におけるシャマンの魂の神話創造的な彷徨は「天空の飛遊」という形態を採ることになります。早速、「離騒」に話題を向けましょう。これまでにもお話ししたように、これは万人が認める中国文学のこのジャンルにおける傑作、すなわち、『楚辞』の最も優れたシャマン詩人であった屈原による長詩ですが、自らの「天空の飛遊」体験を語っております。

その詩は、屈原が自分自身を経験的世界に生きる俗人として記すことで始まります。最初に申しましたように、類型Bの楚のシャマニズムの場合、必ず一人の個人の中に、二人の人格が共存しており、これらが自我意識の二つの異なる層を成しております。別の表現をすると、シャマンの自我は、意識の二つの異なる次元において、交互に実現できるのです。自我意識の二つの次元のあいだの関係は、極めて微妙かつ力動的で、しかも流動的なのです。自我意識のこうした二重構造を明確に意識しているために、シャマンは絶えず高度な内的緊張状態にあらねばならないのです。

その詩の冒頭部分において、屈原は宮廷において、政治的な陰謀や個人的な羨望、憎悪や恨みの渦中にあって、意地の悪い卑劣な人々によって四方を囲まれた世俗世界に生きているので、自分が惨めな状況にあると観ています。彼だけが倫理的に清浄であり、公正で正直なのです。彼の周りの世界は全く腐敗していて堕落しています。彼は自分自身と世界を第一人称で語ります。ここで言う第一人称とは、シャマニズム的－神話創造的な自我と区別される経験的自我の自己表現にすぎません。

全ての人々は　互いに追いかけながら　貪欲に利益を求めて突進する
彼らの胃は満たされているが　彼らは満腹を感じていない
私の心を彼ら自身の心の基準で判断すると
彼らは羨望と悪意でもって　私と競いたいと思っている
富と名声を求めて　彼らは逆上を重ねる
………
私だけは毎朝　モクレンから落ちる雫を飲む
夕方には　菊から落ちた花びらを食べる
私の心が依然　清浄で汚れがないのであれば
私が飢えのために気絶せざるを得ずとも　私には重要ではない

そのように、彼は誇りと自信をもって言います。しかし同時に、彼は心から生じる深い悲しみの感情を抑えることができません。彼はとても悲しい、限りなく悲しくて苦しいのです。全く絶望して、涙が頬を流れます。彼は次のように歌います。

絶望のあまり　私は何度も重いため息をつく
こんな不運な時代に生まれたことを悲しみながら
柔らかな蓮の花びらを引き抜いたのは　湧き出る涙をぬぐうため
川のごとく流れる涙で　滴る私の上着の前面を濡らした

（デイヴィッド・ホークス訳）

これらの、またそのほか多くの類似の詩歌において、詩人のシャマンによって記される経験的で非シャマニズム的な自我は、明らかに日常的な存在世界においては、自身が恐ろしい苦痛の主体になります。屈原のように、飛び抜けた霊的感受性や精神的な敏感さを生まれもったシャマンの場合、ここで描写したような種類の強い情緒的な緊張があるだけで、自我意識が突然に、生の不幸に耐えなければならない経験的な次元から、全く異なる次元、つまり自我意識が神話創造的な叙事詩の「英雄」へと変容するような「想像的」次元へと変転するのに十分である点に注目することはとても重要です。その瞬間まで事物事象の「客観的」で形而下的な秩序であったものが、今や全く異なる光の中に現れることになります。彼のシャマニズム化された目には、世界は真の想像的世界へと変貌したように見えます。

こうして、シャマン――あるいはもっと正確に言えば、シャマニズム的-神話創造的な自我――は「天空の飛遊」を始めるのです。

四頭の角のない龍を私の不死鳥の車につないで
一陣の風で突然　私は空へ舞い上がる
朝には　東の聖なる山から出発して
夕方には　西の神々の庭に到着する

これらの聖なる領域で　私はしばらく休みたい
しかし　太陽は素早く進み　日が傾く
そこで　私は太陽の御者に減速するように命じる
遠くに見える日没の山へと進まないように言いながら
なぜなら　今　私の心の中にある旅は　限りなく長くて遠いから
真の友人を求めて　私はあちこちに行きたい
そこで　太陽の沐浴場で　私の龍馬に水を飲ませて
東方の宇宙樹に　私の手綱を結びつけて
私は西方の日没樹の小枝を折って　それで太陽を押し返す
そこで　私はほんのしばらくの間　さまようのを楽しむ

シャマン詩人の旅はこのように続きます。私が今、翻訳した一節は、まさにその冒頭部分です。三百行以上から成る詩は長すぎて、全てをご紹介することができません。ここでの目的のためには、そうする必要もございません。屈原のシャマン化された魂が神話創造的な世界において体験したことについて、その印象をいくらかでもお伝えできたとすれば、それで十分なのです。この講演の視点からしますと、遥かに重要なのは次の事実です。それは神話創造的な飛遊の最中においてさえも、魅惑的なイマージュのあいだを楽しげに（そのように見えます）彷徨い、次から次へとわくわくさせる出来事を重ねながらも、実際のところ、シャマンは必ずしも幸せではなく、満足していないという事実です。むしろ、シャマンは基本的に不幸です。と申しますのは、彼が道中で出くわす多くの不愉快な状況は別としても、体験的な自我意識が時々、全く予期せずに、彼のシャマニズム的自我に固有の領域へとはみ出して、想像的世界の純粋な楽しみを汚すからです。その結果、シャマンの自我は二つの次元——神話創造的な次元と経験的な次元——のあいだを絶えず揺れ動く状態にあります。二つの内的次元相互による消耗戦は、「天空の飛遊」のあいだ、ずっと続き、最後に体験的自我が勝利をおさめ、「飛遊」は悲劇的な大敗に終わるのです。

したがって、その詩の終わりへ向けて、屈原は自らの魂が快活に楽しく天の輝きを楽しむ様子を描写しますが、突然、彼の魂は俯《うつむ》いて、楚の国、すなわち故郷をちらりと見るのです。郷里への高まる切望に引かれて、魂は地上へ降りてきて、落胆し憂鬱になって身体へ戻ります。明らかに、こうした象徴的な表現が暗示しているのは、シャマン化した自我意識がたやすく非シャマン化されるということです。

もう十分だ！　国には　私を理解してくれる賢人はいない
私の故郷のことを考えても無駄だ
政治を良くするために　私と一緒に働いてくれる人はいないので
むしろ　私に彭咸の道を歩き　永遠の住居にいる彼と一緒にいさせてほしい

これらは、屈原の彷徨う魂が彼の身体へ戻ったときに、彼が語る言葉です。これらの言葉でもって、その詩は終わります。最後の歌で言及される彭咸《ほうかん》は、川に身を投げたと言われる古代の伝説的なシャマンの名です。屈原は実際、両腕に重い石を抱えて、川に身投げして自殺しました。

以前にも述べたように、『楚辞』には、シャマン詩人の手になる、もう一つ別の長い詩「遠遊」(「遠い国に彷徨うこと」)があり、「天空の飛遊」についても記述されています。これら二つの詩は、全く同じテーマを扱い、イマージュも類似していますし、また形式的な構成もよく似ていますが、非常に重大な違いがあります。相違点は、「遠遊」が基本的に道家思想の著しい特徴をもっている作品であるということです。それは形式的には完全にシャマニズム的ですが、その下に横たわる哲学としては明らかに老荘思想的であり、老荘思想の精神性のシャマニズム的な自己表現として特徴づけられるでしょう。

この詩におけるシャマニズムの最も顕著な特徴は――もしそれがシャマニズムであれば――、それが描写する「想像的」世界が悲劇的な感情の雰囲気に全く汚されていないということです。ここで遊離した魂は、「離騒」においていて、「天空の飛遊」の中でつまずいたようには、つまずきません。事実、あらゆることがうまく行きます。そして、その詩の最後で、シャマンは地上に存在する自分自身へと引き戻される代わりに、なお一層高く昇っていき、純粋なシャマニズムでは考えられないような、精神的な完成の段階に到達します。詩人自らが誇らしげに、次のように言明します。

下方へ　無底の深みにおいて
大地が見えない
上方へ　空の限りない広がりにおいて
天が見えない
………
私は今　泰初《たいしょ》に近づく

古典的な老荘思想に精通しておられる人々はすぐに、これが厳密に言って、荘子の世界を「想像的に」描き出したものであることに気づかれるでしょう。まずはじめに、「万物の原初的な起源」（「泰初」）とは、老荘思想の真正の術語で、「存在」の究極的で形而上的リアリティとしての「非存在」を意味しております。「泰初には、無がある、有も名もない。それは形而上的一が起こるところである。一はあるが、いまだ形はない」。このように（『荘子』外篇、天地篇において）老荘思想の哲学者は言います。

すると、泰初にかなり接近しているシャマンはもはや純粋なシャマンではありません。彼は老荘思想の哲人、すなわち老荘思想の「真人」に姿を変えています。

「存在」の形而上的リアリティの高みにおいてさえ、真人が「天空の飛遊」を楽しむことができるということは、この講演の目的にとって特に意義深いことです。言いかえると、真人は「天空の飛遊」という神話創造的な形態において、「存在」が現象となる以前のリアリティに関する形而上的体験を可視化する、あるいは「想像する」ことができるのです。しかしながら、この種の神話創造的-形而上的体験の秘密を垣間見るためには、楚のシャマニズムの地平を超えて、真正の老荘思想の世界へと足を踏み入れなければなりません。こうして、私たちは『楚辞』から『荘子』へ向かうことになります。

『荘子』を開きますと、最初から、老荘思想の「天空の飛遊」に関する極めて印象深い象徴的‐神話創造的な記述に出会います。シャマニズム的な神話創造の世界において、天への「上昇」によって魅惑的な美のイマージュのあいだで、ただ単に彷徨うことを楽しみたいと思う楚のシャマンとはちがって、老荘思想家は直接、「万物の原初的起源」(「泰初」)へと上昇しようとします。その天への上昇には、明らかに形而上学的な目的があります。それは無数の事物へと分節される以前の、前存在論的な絶対無分節状態、すなわち究極的リアリティにおける「道」として老子が語る、形而上的な「無」の状態に到達することです。老子の唯一の意図は、「道」の次元に到達して、それと同一化し、さらにその位置から振り返りながら、自分の下に広がる経験的世界の眺めを上から楽しむことにあります。簡潔に述べますと、老荘思想の「天空の飛遊」の本質と構造はそのようなものです。

これらの内容を予備的に心に留めておいていただいて、荘子が彼自らの「天空の飛遊」あるいは「万物の初めにおける逍遥の遊び」と彼が呼ぶ体験をどのように神話創造的に記述しているのかを見ることにしましょう。荘子は次のように語り始めます。

北極の暗い神秘的な海において、鯤《こん》という魚がいた。

大きさが巨大であったので、それが実際、幾千里の大きさであるのか、
だれも知らなかった。
今やこの魚は、鵬《ほう》という名の鳥へと変わった。
鵬の体がとても大きかったので、それが実際、幾千里の大きさであるのかを、
だれも知らなかった。
今や、その鳥が突然、元気に飛び立つ。
見よ！　その翼は空を覆う巨大な雲のようである。
海の撹流を引き起こす風の猛烈な嵐を利用して、
その鳥は南の暗い神秘的な海へ旅をしようとする。
南の海は天の池である。
斉諧《せいかい》（その名のとおり、宇宙の調和のようなものを意味する架空の人物）、
奇妙な事象や不自然な事物に関する有名な記録者は、次のように言う。
「鵬は南の暗くて神秘的な海へ向けて出発するとき、その翼で三千里にもわたり、
水の表面を打ち始める。それから、九万里の高さまで、つむじ風に乗って
昇っていく。それから、休憩するまでの六カ月のあいだ、飛び続ける。」

〔『荘子』内篇、逍遥遊篇〕

今や、「鵬」という鳥は空におります。舞い上がって、目まいがするほどの高さから、その巨大な鳥は飛行しながら――それは言うまでもなく、「想像的」-形而上的な飛行です――、私たちの大地を見下ろしています。すなわち経験的世界、無区別な「一」すなわち「万物の原初的起源」の底から生起する存在論的な区別の世界を見下ろしているのです。存在論的「多」と形而上学的「一」――この宇宙的な鳥は、後者の視点から、前者を見ています。前者は、この鳥の目には、どのように見えるのでしょうか。この問いに対して、荘子は私たち地上の存

在者が認識している経験的世界の風景とその鳥が上から見ている同じ経験的世界の風景のあいだの鋭い対立を明らかにすることによって答えております。ぼんやりした遠いところからは、存在の世界はもちろん、全く違った姿に見えます。鳥と私たちの経験的世界を隔てるこの距離が象徴的に示しているのは、現象以前の形而上的リアリティの姿と、存在を認知的に経験する私たちの日常の中で、こうしたリアリティが見せる現象形態のあいだの基本的な相違です。

私たちの「世俗的な」日々の経験に現れる経験的世界は、荘子が言っておりますように、極めて「汚れた」場所であって、人間関係の渦の中で次々と泡立ってくるあらゆる種類の物質的利益や貪欲を伴います。こうした風景全体は、地獄のような雰囲気で厚く覆われています。それは上空の永遠の晴朗さとは顕著な対照を成しています。しかし青空は、厳密に言うと、その鳥が今「想像的な」旅を楽しんでいる空間です。『荘子』からの引用を続けることにいたしましょう。

（私たちが住んでいる世界をちょっと眺めてみよ。そこに何が見えるか。）陽炎が立ちのぼり、塵埃が舞い、生きとし生けるものが犇《ひし》めき合って呼吸している。

一方、上空は深い蒼《あお》さの無限の広がり。この蒼穹《そうきゅう》は空《そら》の本当の色なのだろうか。それとも、空が美しく蒼いのは、私たちから遠くにあるからだろうか（確かに、空がそんなに蒼く見えるのは距離があるからにちがいない）。そこで、もしこの鳥が今、高みから見下ろすならば、私たちの世界も空と同じように、やはり蒼いものとして見えるだろう。

〔『荘子』内篇、逍遥遊篇〕

ちょうど空が地上にいる私たち人間にとって蒼いのと同じように、地上は空を飛んでいるその鳥にとっても、単純に蒼いのです。このことの象徴的な意味は明らかでしょう。荘子はここで、彼が著しく印象深い経験——私たちの「汚れた」世界が、記述できないぐらいに澄みわたった美しいものへと完全に変形したように見えるエクスタシー的な体験――をとおして知るようになった存在論的な渾沌《カオス》の「想像的な」姿を提示しようとしているのです。それは、経験的世界における全ての多種多様な事物が形而上的「一」の「蒼い」広がりの中へと溶け込もうとする存在論的レベルで、経験的「多」によって創出される「存在」のヴィジョンです。ところで、形而上的「一」の「蒼い」広がりにおいては、諸事物は相互の本質的な区別から脱することによって、互いに合一することになり、自らの「原初的起源」(「泰初」)へと戻ろうとします。

老荘思想の聖人の「天空の飛遊」とは以上のようなものです。老荘思想の聖人と前述した楚のシャマンとのあいだの顕著な違いは、老荘思想の聖人の「想像的な」経験には、悲劇的な意味が全く欠如していることにあります。それに対して、すでに見ましたように、楚のシャマンは「想像的な」飛遊において、実存的な悲劇の英雄です。楚のシャマンの「天空の飛遊」は悲劇的です。それは、彼が経験的世界という悲惨な境遇へと再び戻らなければならないからです。一方、老荘思想の聖人にとっては、「飛遊」からの「回帰」はありません。彼には立ち戻る場所がないのです。物理的には、もちろん、彼もまた「飛遊」から経験的世界へ戻ってきますが、彼が立ち戻ってくる経験的世界はまさに「飛遊」のあいだ、彼がいた同じ精神的な世界なのです。「万物の原初的起源」の形而上的経験は、完全に彼の経験的世界のものの見方を変形させてしまうのです。また、このように形而上的に変形された世界こそが、彼の「日常的な」世界なのです。それは荘子自らが言っておりますように、「全く無の村」(「無何有之郷」)です。彼のような人間にとっては、経験的世界における存在は純粋な遊びであり、事物のあいだを「自由に彷徨うこと」です。日常生活それ自体が「天空の飛遊」なのです。

正確にあるいは本来的には、シャマニズム的な精神性の典型的な形態、すなわち、人間の心理の「想像的な」経験としての「天空の飛遊」は、一つの普遍的な現象です。それは、世界中の異なる文化史において多様な姿で現れる、文学、神秘主義さらに宗教の普遍的かつ繰り返されるテーマです。それはイスラームのような、ふつうシャマニズムと関連していない宗教伝統においてさえも見られます。私は特に九世紀の傑出したペルシアのスーフィーであったバーヤジード・バスターミーの有名な「天昇」(mi'rāj) のことを思い浮かべていますが、それは「天空の飛遊」の極めて興味深い事例なのです。バスターミーの「天空の飛遊」は、ちょうどお話しした荘子の場合と同じように、形而上的-「想像的」なものですが、形態と内容の両面で著しく異なっております。それはイスラームという厳密な一神教的脈絡において生じる精神的な現象であるからです。ただ、本日はもう時間がなくなりましたので、この問題を扱うことを差し控えなければならなくなりました。

注

＊ 第五一回エラノス会議（一九八二年開催）のテーマは、「神々と人間の遊び」(Das Spiel der Götter und der Menschen)。『エラノス会議年報』第五一号、一九八三年所収。

解説

エラノス会議と井筒「東洋哲学」

澤井義次

本書は、東洋思想・イスラーム哲学の世界的碩学、井筒俊彦（一九一四―九三）がエラノス会議において、一九六七年から一九八二年までの十五年間におこなった十二回の英語講演を邦訳したものである。井筒は一九六〇年代以後、一九七九年にイランのイスラーム革命のために帰国を余儀なくされるまでのおよそ二十年間、研究の場を慶應義塾大学からカナダのモントリオールにあるマッギル大学へ、さらにイランのテヘランにある王立哲学アカデミーへと移し、海外で研究生活を続けた。井筒がカナダのモントリオールへ研究の場を移した一九六〇年ごろまでは、わが国において、彼は『コーラン』（岩波文庫、一九五七―一九五八年）をアラビア語原典から最初に邦訳したイスラーム研究者として一般に知られていた。しかしその後、海外に滞在していた期間、英語で数多くの著作を発表したこともあって、井筒の名はわが国におけるよりも、むしろ海外でよく知られるようになった。

海外に滞在した期間、特に一九六七年以降、井筒はエラノス会議に招かれ、ほとんど毎年、スイスのアスコナで開催されたエラノス会議で講演をおこなった。その時期に、東洋思想の古典的テクストの意味論的な〈読み〉にもとづいて、「東洋哲学」という独自の哲学的思惟を次第に醸成していった。井筒は一九七九年に帰国した直後、その一端を講演において明らかにした。それは岩波市民講座の講演「イスラーム哲学の原点」（上・下）であった。その講演では、彼が構想した「東洋哲学」の一つの具体的な思惟形態として、イスラーム哲学を提示した。その講演録は『イスラーム哲学の原像』（一九八〇年）として出版された。さらに彼は『思想』（岩波書店）の一九八〇年六月号から一九八二年二月号まで、論文「意識と本質」を連載し、その一連の論文を中心として『意識と本質』（一九八三年）を出版した。また『意味の深みへ』（一九八五年）、『コスモスとアンチコスモス』（一九八九年）さらに『超越のことば』（一九九一年）など、次々と日本語で著書を出版した。それらの著書において、井筒の哲学的思惟の基盤を成していたのは、彼がエラノス講演をとおして蓄積した研究成果であった。井筒が構想した「東洋哲学」は、日本の多くの読者の心を惹きつけてきたが、本書の読者は井筒のエラノス講演の中に、井筒「東洋哲学」の萌芽、および東洋思想の古典的テクストに関する彼の具体的な解釈を読み取ることができるであろう。本書は井筒哲学を理解するうえで、きわめて貴重な文献であると言わなければならない。

十年ほど前になるが、私はエラノス会議刊行の『エラノス年報』(*Eranos-Jahrbuch*) に収録された井筒の十二篇の英語論文を発表年代順に、慶應義塾大学出版会の「井筒ライブラリー・東洋哲学叢書」(The Izutsu Library Series on Oriental Philosophy) の第四巻として、英文著書 *The Structure of Oriental Philosophy: Collected Papers of the Eranos Conference*, 2 vols., Tokyo: Keio University Press, 2008 を責任編集させていただいたことがある。井筒ライブラリー・東洋哲学とは、井筒の没後、彼の学問の継承発展を意図して生まれたものである。井筒豊子夫人の助言を得ながら、その著書を編集させていただいた私にとって、その編集の過程は、井筒が思索した東洋の哲学的思惟の構造、および伝統的な東洋思想テクストの意味論的分析の特徴を掘り下げて探究する又とない機会であった。そうした意味で、その邦訳である本書は、私にとって井筒の著書の中でも、特に感慨深い一冊になっている。

このたび、本書の出版によって、二十年にわたる海外での滞在期間に、井筒が思索した哲学的思惟を日本語で読むことができることになった。本書の出版によって、『井筒俊彦全集』でも埋められなかった、いわば空白の二十年を埋めることができ、全集とあわせて、ようやく井筒「東洋哲学」の全貌が明らかとなる、と言っても過言ではない。さらに本書とともに、海外における井筒の研究活動を具体的に把握するためには、井筒豊子夫人の『井筒俊彦の学問遍路――同行二人半』（慶應義塾大学出版会、二〇一七年）が重要な手助けになるだろう。この著書は、井筒の二十年にわたる海外での研究活動について、絶えず同行していた豊子夫人の目から見た井筒の研究や日常生活の一端を端的に語っている。読者には、本書とともに一読をお薦めしたい。

エラノス会議と井筒俊彦

一九八七年八月、井筒の推薦もあって、私はエラノス会議に参加する機会を与えていただいた。それは五六回目のエラノス会議で、翌八八年に五十余年の歴史を閉じる前年のことであった。エラノス会議の前日、スイスのアスコナに到着した後すぐに、エラノス会議の主催者のルードルフ・リッツェマ夫妻から、エラノス会議の歩みについて親しく話を聞くことができた。翌日からのエラノス会議では、会場がアスコナのマッジョーレ湖の岸辺にあることから、湖岸に打ち寄せる波の音を背景に、十人の研究者の講演を聴講した。そのとき、エラノス会議での講演を波の音とともに聴きながら、井筒がおこなったエラノス講演の様子を私は心に思い浮かべていた。

エラノス会議とは、エラノス財団によって組織運営され、毎年八月下旬、スイスのマッジョーレ湖畔のアスコナで開催された。この会議は一九三三年、オランダ人女性のオルガ・フレーベ゠カプテイン（Olga Fröbe-Kapteyn 一八八一―一九六二）によって創立された。この集まりを「エラノス」（eranos）と命名したのは、『聖なるもの』（*Das Heilige*）の著者として世界的に有名な宗教学者、ルードルフ・オットー（Rudolf Otto）であった。フレーベ゠カプテインは四十代で、父親から膨大な遺産を受け継いだ。彼女は哲学、宗教（特にインドの宗教）、深層心理学に関心を抱いていたこともあり、オットーに東洋と西洋の対話の場となるような会議の開催について相談した。そのとき、オットーはその会議名を「エラノス」と命名した。「エラノス」（ἔρανος）とは古典ギリシア語で、食事を共にしながら歓談する「会食」を意味する。フレーベ゠カプテインは一九二八年、スイスとイタリアの国境に近いマッジョーレ湖畔に、会議場として「エラノスの館」（Casa Eranos）を建てた。また会議場「エラノスの館」の横には、食堂ならびに宿泊施設として「ガブリエッラの館」（Casa Gabriella）と「シャーンティ（安らぎ）の館」（Casa Shanti）も建設した。こうして一九三三年、第一回エラノス会議が開催された。当初、一九三五年に開催された第三回のエラノス会議で終わる予定であったが、その後、一九四〇年代に世界大戦のために中断したものの、引き続き一九八八年まで毎年、五十余年にわたって開催された。ちなみに、一九八八年以降も、「エラノス会議」と呼ばれる会議が開催されているが、その会議は井筒が参加したエラノス会議と名称こそ同じであるが、その開催の意図や方針はかなり異なっている。

エラノス会議の円卓

エラノス会議には、二十世紀を代表する研究者たちが集い、フレーベ゠カプテインが念願したように、その会議は宗教、神話、哲学をめぐる思想が交錯し統合し合う対話の場となった。エラノス会議は、明確なプログラムを持たないことをモットーとしていた。それは特定の結論を得ようとしなくとも、自ずと進むべき方向が開かれていくとの考え方にもとづいていた。エラノス会議に参加したおもな講演者としては、心理学のカール・グスタフ・ユング(Carl G. Jung)、宗教学のミルチャ・エリアーデ(Mircea Eliade)、神話学のカール・ケレーニイ(Karl Kerényi)、生物学のアドルフ・ポルトマン(Adolf Portmann)、イスラーム学のアンリ・コルバン(Henry Corbin)、ユダヤ神秘主義のゲルショム・ショーレム(Gershom Scholem)、心理学のジェイムズ・ヒルマン(James Hillman)など、二十世紀の学界をリードした実に多彩な顔ぶれであった。日本からは井筒の後、宗教学の上田閑照、臨床心理学の河合隼雄が講演をおこなった。彼らは全て、エラノス会議が明確なプログラムを持たなかったこともあり、講演時間の制約にあまり縛られることなく、思う存分、それぞれ専門的な知見にもとづく講演をおこなった。

一九六七年、井筒はこのエラノス会議の講演者の一人として招かれた。彼は要請されるままに、一九八二年までほとんど毎年、禅思想をはじめ、東洋の宗教や哲学について講演をおこなった。この経験はその後の井筒の研究活動に大きな影響を与えることになった。井筒はエラノス会議の様子を次のように記している。

毎年、八月末になると、志を同じくする約十人の学者、思想家が――その多くは夫人同伴で――集まって来て、湖面を眼下に見はるかす台地に据えられた円い大きな石の食卓(それをエラノスでは「円卓」table ronde と呼んでいた)を中心に十日間寝食を共にし、その期間中にそれぞれが、自分の専門領域で別々に用意して来た研究や思索の成果を特別の会場で披瀝する。話の内容は、その年その年の共通テーマの範囲をあまり逸脱しないかぎり絶対自由。講演会場は、「円卓」のある家と同じならびの湖水の岸辺にあり、聴衆は岸に打ち寄せる波の音をバック・ミュージックにして講演者の言葉に耳を傾ける。（井筒俊彦「『エラノス叢書』の発刊に際して——監修者のことば」『時の現象学Ⅰ』エラノス会議編、日本語版監修・井筒俊彦・上田閑照・河合隼雄、エラノス叢書1、平凡社、一九九〇年、一七—一八頁）

ここに引用した井筒の文章からも、当時のエラノス会議の雰囲気がよく伝わってくる。エラノス会議における講演の言語は、英語・ドイツ語・フランス語の三つのうちのどれかであった。聴衆のほとんどはそれらの言語を理解する知識人であった。会議の半ばに当たる日曜日の夕食後には、ヨーロッパの室内楽団による演奏会が開催されるなど、人々は充実した楽しい十日間をすごした。井筒は晩年、「今から振りかえって見ると、まことに夢のように楽しい、しかし私自身の学問形成にとってこの上もなく実りの多い人生の一時期であった」（「『エラノス叢書』の発刊に際して」、一九頁）と述懐している。

エラノス会議に講師として参加するようになった時期から、井筒は次第に「自分の実存の「根」は、やっぱり東洋にあったのだ」と感じて、東洋の思想に深く関心を向けるようになった。その頃から、井筒は現代世界の思想状況の中で、東洋思想の諸伝統を「東洋哲学」の名に価する有機的統一体へと未来志向的に纏め上げたいとの思いを抱くようになった。エラノス会議において、一九六七年以降のほとんど毎年、東洋思想の古典テクストに関する講演を積み重ねるに伴い、彼は「東洋哲学」の枠組みを次第に意識するようになった。したがって、エラノス会議での講演は、独自の哲学的思惟の構築にとって大変重要な契機となったと言えるであろう。

エラノス会議における井筒の講演テーマ

井筒はユダヤ思想やイスラーム思想ばかりでなく、インド思想、仏教思想、中国の儒教思想や老荘思想さらに日本の思想など、実に広範囲な哲学思想に精通していた。一時期は三十か国語以上の言語に通暁していたことは、あまりに有名である。エラノス会議における講演では、井筒は禅の思想をはじめ、インド思想や仏教思想さらに中国思想など、東洋思想の古典的テクストの意味論的な「読み」にもとづいて、存在と意識に関する東洋哲学の構造を明らかにしようと試みた。井筒はエラノス会議のことを振り返りながら、次のように記している。

特に一九六七年、エラノス学会の講演者の一人に選ばれてからは、一九八二年までほとんど毎年、夏のスイス、マッジョーレ湖畔で東洋哲学のあれこれを主題とする講演を行うことを、むしろ楽しみとするようにさえなってきた。それら全部を合わせると、草稿や筆録が手元に残っているものだけでも、かなりの量にのぼる。たまたまこの時期（エラノス会議に招かれた時期）は、東方への憶いが私の胸中に去来しはじめ、やがてそれが、東洋思想をもう一度、この時点で、ぜひ自分なりに「読み」なおしてみたい、そして、できることなら、東洋哲学の諸伝統を現代世界の思想の現場に引き入れてみたいという希求（野望？）にまで生長していった二十年でもあった……。（「事事無礙・理理無礙」『井筒俊彦全集』第九巻、三頁）

井筒はエラノス会議において、東洋の宗教や思想について講演を続ける中で、「東洋哲学の諸伝統を現代世界の思想の現場に引き入れてみたい」との希求を抱くようになったのだ。井筒の思いは現代世界の思想状況の中で、東洋思想の諸伝統を「東洋哲学」として纏め上げることにあった。彼はエラノス講演において、東洋の伝統的な思想テクストを貫く思想構造を「東洋哲学」の名によって具体化させようとしたのである。

ここでエラノス会議において、井筒がおこなった十二回の講演テーマおよび発表年を記しておこう。

第一回「老荘思想における絶対的なものと完全な人間」（一九六七年）
第二回「禅仏教における自己の構造」（一九六九年）

第三回「禅仏教における意味と無意味」(一九七〇年)
第四回「東アジアの芸術と哲学における色彩の排除」(一九七二年)
第五回「禅仏教における内部と外部」(一九七三年)
第六回「儒教の形而上学におけるリアリティの時間的次元と非時間的次元」(一九七四年)
第七回「素朴実在論と儒教哲学」(一九七五年)
第八回「『易経』マンダラと儒教の形而上学」(一九七六年)
第九回「禅仏教における時間のフィールド構造」(一九七八年)
第十回「イマージュとイマージュ不在のあいだ――東アジアの思惟方法」(一九七九年)
第十一回「存在論的な事象の連鎖――仏教の存在観」(一九八〇年)
第十二回「天空の飛遊――神話創造と形而上学」(一九八二年)

井筒はエラノス講演の原稿を準備するのに、ほぼ一年の歳月をかけた。豊子夫人の話によれば、「井筒は講演原稿を早くから準備し、少なくとも三カ月前には、講演原稿を仕上げるんです。そして直前になって、最終的に自分の原稿に手を入れるんです」とのことであった(拙稿「井筒俊彦先生ご夫妻との思い出」『井筒俊彦全集』第九巻月報、五―六頁)。この事実は、井筒がエラノス会議に講演者として招かれて以来、ほとんど毎年、エラノス会議で講演することをいかに重視していたのかを示唆している。たとえば、ユングがエラノス会議での講演をとおして、深層心理学理論を展開していったように、井筒もエラノス講演を続ける中で、独自の「東洋哲学」構想を展開していった。ちなみに、井筒豊子夫人の次の述懐をとおして、井筒夫妻がほぼ毎年、夏の終わりに過ごしたエラノス滞在の様子を窺い知ることができる。

エラノスは十日間くらいで終わりますがそのまま十日でも二十日でもずっと滞在してよいということで、エラ

1979 年夏のエラノス会議にて
井筒が板書しているのは本書 422 頁の図

ノスのカサ・シャンティ〔宿泊施設「シャーンティ（安らぎ）の館」〕にしばらくいました。そのかわり、料理人はいなくなりますから、自炊をする。自分でスイスのいろいろな食材を買ってきて、楽しいのです。（井筒豊子『井筒俊彦の学問遍路』四七頁）

エラノス会議が終わった後、井筒夫妻はしばらく、エラノスの宿泊施設「カサ・シャーンティ」に滞在して、エラノスでの生活を楽しんだ。豊子夫人の話から、そのときのお二人の様子が目に浮かぶようだ。そうしたお二人の滞在は、エラノス会議で井筒が読んだ講演原稿を『エラノス年報』に掲載できるように仕上げるためであった、と井筒夫妻から聞いたことがある。

さて、井筒がエラノス会議における講演の中で、具体的に取り上げた主要なテーマを列挙してみよう。禅の思想、中観思想や華厳思想の存在論、唯識思想の意識論、インドのヴェーダーンタ哲学、老荘思想、二程子や朱子の思想、『易経』の思想、楚辞のシャマニズムなど、実に多岐にわたっている。これらのテーマは全て、晩年の『意識と本質』などの著書において主要な論点を成している。とりわけ、ここで注目すべき点は、井筒の十二回のエラノス講演のうち、論題として禅の思想を一九六九年から四回連続で、合計五回（一九六九、一九七〇、一九七二、一九七三、一九七八）取り上げていることである。それらの講演テーマは、「禅仏教における自己の構造」（一九六九年、会議の共通テーマ「人間のイメージの意味と変化」）、「禅仏教における意味と無意味」（一九七〇年、会議の共通テーマ「人間と言語」）、「東アジアの芸術と哲学における色彩の排除」（一九七二年、会議の共通テーマ「色彩の世界」）、「禅仏教における内部と外部」（一九七三年、会議の共通テーマ「対応の世界」）、「禅仏教における時間のフィールド構造」（一九七八年、会議の共通テーマ「時間と無時間性」）であった。また、禅以外の講演テーマを掲げた講演でも、井筒は東洋思想の特質を論じるにあたり、絶えず禅の思想との連関性において議論を展開していることは注目に値する。たとえば、一九七九年のエラノス会議での講演テーマは、「イマージュとイマージュ不在のあいだ――東アジアの思惟方法」であった。講演テーマそれ自体は直接、禅思想に言及してはいないが、井筒は講演の中で、『易経』や『老子』および『荘子』の思想とともに禅の思想を取り上げ、その思想構造と特徴を論じている。

井筒が十二回のエラノス講演において、禅の思想を論題の中心に据えたことには大きな理由があった。それは一九六七年、井筒がエラノス会議の講演に招かれたとき、禅の思想を説き明かしてほしいと、主催者、ルードルフ・リッツェマ氏からの要請を受けていたからである。井筒がエラノス講演に招かれる十余年前、禅の研究で世界的に知られた鈴木大拙（一八七〇―一九六六）がエラノス会議に招かれていた。大拙は井筒がエラノス会議に招かれる前年、一九六六年に亡くなっている。大拙は一九五三年と一九五四年の二年連続で、禅の思想について講演した。大拙のエラノス講演のテーマは、「禅仏教における自然の役割」（一九五三年、会議の共通テーマ「人間と大地」）、および、「禅における新たな意識の覚醒」（一九五四年、会議の共通テーマ「人間と変化」）であった。エラノス会議の聴衆は、禅の思想に感銘を受けていた。人々はむしろ、禅思想に関する講演そのものよりも、井筒の言葉を援用すれば、「大拙のなかに躍動する「人《にん》」に触れて」、深い感銘を受けたようである。ところが、大拙の講演は聴衆の大部分にとって「煙に巻かれたような感じで、本当はよくわからなかった」。しかし、聴衆たちは鈴木大拙の講演について、「わからないが、何か深いものがそこにある、あるに違いない、と感じた」という。井筒がエラノス会議に講師として招かれたとき、彼はこの話を会議の主催者から聞いた。そこで主催者からは「そこのところを、なんとか説き明かしてはもらえないだろうか、という要求」が出された、と井筒は述懐している（『井筒全集』第九巻、三五五頁、および第六巻、四二〇―四二一頁）。

井筒がエラノス講演に招かれた当時、禅の思想への関心は世界的に大変高まっていた。エラノス会議に招かれた彼は、禅思想の研究において、大拙の後継者という位置にあったと言ってもよいだろう。その当時、世界では、井筒の言葉を援用すれば、「東西文化パラダイムに関わる興味ある事態」が生起していたのだ。井筒は『コスモスとアンチコスモス』（一九八九年）において、次のように記している。

今から約三十年前（一九六二年）、私が日本を離れて外国の大学に籍を移した頃、人間的主体性のあり方についての禅の立場に、多くの知識人たちの関心が向きつつあることを私は発見した。みんなが鈴木大拙の著作を読んでいた。この人たちが禅の立場をどう理解したかは別として、神と人という二つの主体性の鏡映関係から生起する理論的葛藤が直接に指向する方向――今ではそれが、解体的であるにせよ構築的であるにせよ、いわゆるポスト・モダニズム的思想展開であることが明らかになったのだが――を離れて、何か全く別の方向に、「我」のあり方にたいする全く新しいアプローチを模索しようとする人たちであった。わけても、一九六九年度のエラノス講演の聴衆の間にはそういう関心が非常に顕著だった。禅をよく知っているわけではない、しかしそこに何か自分たちの内心の要求に呼応するものがありそうだと感じて、禅独特の「我」の把握の仕方に強い関心を、少なくとも旺盛な知的好奇心を、抱く人々、そんな人々にたいして、私は禅の「我」観を説き明かさなければならなかった。（「禅的意識のフィールド構造」『井筒俊彦全集』第九巻、三六五頁）

井筒がエラノス講演において、特に禅の思想をテーマとして取り上げた背景には、エラノス会議の主催者からの要請があったばかりでなく、その当時、世界的に禅思想への関心の高まりに伴う、いわゆる「東西文化パラダイムに関わる興味ある事態」が存在していた。そうした世界の思想動向を、井筒は適確に把握していた。井筒はみずみずしい精神的創造力を内包する禅の思想を東洋哲学の根源的思惟形態の一つとしてとらえ、その思想が限りなく豊饒な思想的可能性を示していることを、みずから主体的かつ思想的に覚知していた。ちなみに、禅の思想への関心が世界的に高まる思想動向の中で、禅思想に関する井筒の哲学的思索が、四つのエラノス講演（一九六九、一九七〇、一九七二、一九七三）を含むかたちで、一九七七年、テヘランのイラン王立哲学アカデミーから、*Toward a Philosophy of Zen Buddhism* (Tehran: Imperial Iranian Academy of Philosophy, 1977. 邦訳書（野平宗弘訳）『禅仏教の哲学に向けて』ぷねうま舎、二〇一四年）として出版された。

井筒はエラノス会議において、東洋の古典テクストの意味論的分析に関する講演をおこなっていく中で、すでに示唆したように、次第に「東洋哲学」という壮大な哲学的な試みを具体的に意識するようになった。禅思想ばかりでなく、そのほかの伝統的な東洋思想についても、古典テクストの意味論的解釈を展開していった。具体的に言えば、儒教の形而上学をめぐって、三年連続（一九七四、一九七五、一九七六）で講演をおこなった。それらの講演テーマは「儒教の形而上学におけるリアリティの時間的次元と非時間的次元」（一九七四年、会議の共通テーマ「時代の変化における規範」）、「素朴実在論と儒教哲学」（一九七五年、会議の共通テーマ「世界の多様性」）、『『易経』マンダラと儒教の形而上学」（一九七六年、会議の共通テーマ「一と多」）であった。これら儒教思想に関する講演の中で、井筒が特に注目した古典テクストは『易経』であった。『易経』は儒教の五つの経典（五経）の一つで、自然界や人間界の全ての事象を六十四卦に象徴化した世界の縮図である。それはまさに「易経マンダラ」というイマージュ空間を成している。井筒はこのように東洋思想の古典テクストが開示するコスモロジーの構造を明らかにし、そのことによって東洋思想の根源的思惟形態の一つのパターンとその意味論的構造を提示したのである。

また華厳哲学についても、一九八〇年に中観思想や唯識思想と比較しながら、その思想構造に関する講演をおこなった。そのときの講演テーマは「存在論的な事象の連鎖――仏教の存在観」（一九八〇年、会議の共通テーマ「極限と境界」）であった。井筒によれば、『華厳経』に描かれている華厳的存在論の極致は「事事無礙」にある。それは日常的経験世界における全ての事物事象が互いに滲透し合って、相即渾融するという考え方である。このエラノス講演において、井筒は華厳の哲学的思惟が素朴実在論的な意味における「事」の否定から出発して、存在の深層レベルの「理」に至り、そこから返って「事」の肯定に至るという思想構造を論じた。さらに中国のシャマニズム文学の最高峰をなす『楚辞』の思想テクストについても、井筒は一九八二年のエラノス講演において、禅思想や『荘子』と比較しながら論じた。そのときの講演テーマは「天空の飛遊――神話創造と形而上学」（一九八二年、会議の共通テーマ「神々と人間の遊び」）であった。古代中国のシャマン的詩人の心的経験としての「天空の飛遊」は、典型的にシャマニズム現象であるが、井筒はそのシャマン的詩人の「想像的」イマージュ体験の意味構造を明らかにしたのである。

東洋思想の共時的構造化と「精神的東洋」

井筒が晩年、しばしば強調したように、西洋哲学は一つの有機的統一体の自己展開として全体を見通すことができる。それに対して、東洋思想には「全体的統一もなければ、有機的構造性もない。部分的、断片的にならばいざしらず、全体的に西洋哲学と並置できるような纏まりは、そこにはない」（「意識と本質」『井筒俊彦全集』第六巻、三〇六頁）。このような東洋における諸伝統の思想的状況を踏まえて、井筒は東洋思想の「共時的構造化」を構想した。この「共時的構造化」を、井筒は次のように説明している。

この操作は、ごく簡単に言えば、東洋の主要な哲学的諸伝統を、現在の時点で、一つの理念的平面に移し、空間的に配置しなおすことから始まる。つまり、東洋哲学の諸伝統を、時間軸からはずし、それらを範型論的《パラディグマティク》に組み変えることによって、それらすべてを構造的に包みこむ一つの思想連関的空間を、人為的に創り出そうとするのだ。（「意識と本質」『井筒俊彦全集』第六巻、三〇七頁）

こうした理論的操作によって成立する思想空間は多極的重層的構造を成している。その構造的分析をとおして、井筒は東洋の哲学的思惟の根源的パターンを取り出し、その根源的思惟パターンを基盤として、「東洋哲学」を意味論的に構築しようとした。井筒によれば、言語は元来、意味分節を本源的機能とする。意味分節とは、意味による存在の切り分けのことである。「分節」とは「分別」（vikalpa）という仏教用語とほぼ同義であるという。対象を分節する、すなわち切り分けることによって、コトバははじめて意味指示的に働くことができる。日常的経験世界における全ての事物事象、またそれを眺める私たち自身も全て、言語的意味分節によって生起した有意味的存在単位にすぎない。こうした存在現出の根源的な事態を、井筒は「意味分節・即・存在分節」と呼び、また、言語的意味分節理論を「東洋哲学――少くともその代表的な大潮流の一つ――の精髄」と考えた（「意識の形而上学」『井筒俊彦全集』第十巻参照）。
井筒のこうした哲学的試みは、東洋の思想伝統を文献学的に研究するばかりでなく、東洋思想の諸伝統をみずからの意識に内面化することによって、そこに成立する東洋哲学の磁場の中から、新たな哲学的思惟を展開しようとするものであった。こうした「東洋哲学」の構想を、井筒はエラノス講演を続ける中で次第に強く意識するようになった。井筒のそうした意識はエラノス講演をとおして、個々の東洋思想テクストに関する意味論的考察を積み重ねていく中で具体化していった。
それでは、ここで井筒が構想した「東洋哲学」において、「東洋」とは何を意味するのかを明らかにしておこう。そのことは彼の哲学的思惟の根本構造を理解するうえで重要であろう。井筒は哲学者・今道友信との対談「東西の哲学」（『思想』一九七八年一月号）において、次のように述べている。

ぼくの考えている東洋ということがいまでは地理的な東洋じゃなくなってきているんです。根源的に精神的といいますか、形而上的といいますか、ともかくそういう東洋なんです。それはやっぱりぼくがペルシャ思想なんかやった影響じゃないかと思いますが、つまりスフラワルディー的考え方なんです。十二世紀ペルシャの哲学者スフラワルディーが「東洋哲学」ということを考えていた。（『井筒俊彦全集』第五巻、一五頁）

スフラワルディーは自らの哲学の根源的なあり方を「東洋」の探求として構想していた。アラビア語で「東洋」は「マシュリック」（Mashriq）と言われる。「マ」は「場所」を意味し、「シュリック」は「黎明の光」を意味する。したがって、「東洋」とは「暁の光がさしそめるその場所」であり、スフラワルディー的に言えば、「黎明の光」の中で哲学することが「東洋」の探求ということになる。さらに井筒は続けて、次のように言う。

スフラワルディーが探求したような「東洋」、精神の黎明の場所、というのは結局は意識を鍛錬して、常識的な、日常的な、経験的な、生まれたままの状態においておかないで、徹底的に訓練して、それで意識の深層を開いて、そういう開かれた深い意識の層の鏡に映ってくるような実在の形態、そのあり方を探求していく。意識の深層の解明といいますか、開示といいますか、そういう意識に開かれてくる実在の構造を研究する。研究するといったら客観的になってしまいますが、そうではなくて、むしろ主体的にそれのなかへとけ込んで、それのなかで生きていく、そういうことを許すような哲学伝統というものをぼくは考えているんです。それがぼくにとっての「東洋」なんです。(『井筒俊彦全集』第五巻、一六頁)

井筒は『意識と本質』の副題を「精神的東洋を索めて」と表現したが、彼の意図は、一つには「スフラワルディーが探求したような「東洋」」の探求、あるいは「意識の深層の解明」にあった。そのことが井筒にとっての「東洋」、すなわち井筒「東洋哲学」の基盤であった。さらに井筒は、彼の言う「東洋」の意味を明確に語っている。

そうなると結局、西はスペインのグラナダまで行ってしまうんですね。それどころかグラナダから、悪くすればジブラルタル海峡をこえてもっと向うへもいきかねない。それからいわゆるアラブ国家、アラブ文化圏とインド、トルコ、ユダヤ、それからペルシャ、そして中国、チベット、日本などが全部一つになって、それが精神の黎明の場所みたいな感じにぼくの心には映ってくるわけなんです。そういうものを自分としては主体的に東洋と考えて、それの哲学性を探求してみたい、そういうふうに考えるんです。だからあくまで私の東洋であってふつうの地理的な東洋ということじゃないんですね。地理的な東洋というのはほとんどぼくにとっては定義できないし規定もできない。規定しても意味がないことなんです。(『井筒俊彦全集』第五巻、一六―一七頁)

井筒自らが言うように、彼が言う「東洋」とは、「ふつうの地理的な東洋」ではない。さらに、司馬遼太郎との対談「二十世紀末の闇と光」(『井筒俊彦全集』第十巻、六〇五―六三八頁)の中で、井筒は「元来「東洋」というのは一つの理念であって、べつにそんなものが世界のどこかに客観的に存在しているわけじゃない。こちらがどう理念的に措定するかという問題です」と述べている。こうした考え方にもとづき、井筒は歴史的伝統を離れ、また地理的な東洋を離れて、彼独自の「精神的東洋」を主体的に探求していった。つまり、井筒はギリシアから中近東、インド、中国、日本までを「一つの理念的単位」として措定して、それを「東洋」と呼び、「その世界に通用するひとつの普遍的なメタ的な言語」を構築しようとしたのだ。

井筒「東洋哲学」と哲学的意味論

井筒は一九六七年、エラノス会議の講師として招かれたとき、その会議の主催者ルードルフ・リッツェマ氏から、彼の専門領域を「哲学的意味論（Philosophical Semantics）としてよろしいか」と尋ねられた。そのとき、井筒は「全く予想もしていなかったレッテル」に少し驚いたという。井筒のこの言葉は、その当時、彼がいまだ自分自身の方法論を「哲学的意味論」として自覚していなかったことを示唆する。しかし、「「哲学的意味論」――それは私が最近胸にいだいてきたイデーを他のどんな名称にもましてよく表現しているように思われた」と後日、述懐している。エラノス会議の講師として招かれるまでの井筒は、一九五六年に出版した英文著書『言語と呪術』（*Language and Magic*）にも見られるように、意味論的パースペクティヴを構想していたものの、その学的関心は思想ばかりでなく、広く社会や文化にも向けられていた。それまでの井筒は「意味論的社会学、あるいはより一般的に文化の意味論的解釈学とでもいえるようなものを方法論的に作り出してみたい」と考えていた。ところが、エラノス会議に講師として招かれた時期を境にして、井筒は「哲学的意味論」を自らの方法論として意識して、東洋思想の意味世界の解明へと専心していった。

井筒にとって「意味論」（semantics）とは、「或る言語のキー・タームを、その言語を会話や思考の道具としてだけでなく、より一層重要な、周りを囲む世界を概念化し解釈する道具として用いるひとびとの世界観（Weltanschauung）を概念的に把握することへ最終的に至るために、分析的に研究すること」（井筒俊彦『クルアーンにおける神と人間――クルアーンの世界観の意味論』鎌田繁監訳・仁子寿晴訳、慶應義塾大学出版会、二〇一七年、七頁)であった。井筒はまず、クルアーンなどのイスラームの意味論的研究において、主要な宗教文化的概念の分析によって、イスラームの意味世界を個々のキー・タームの意味に沿って叙述した。それがエラノス会議に参加するようになった時期以後、彼の学的関心は次第に東洋の思想テクストが開示する意味世界をそれぞれのキー・タームの意味に沿って明らかにしようとする、いわば東洋思想の意味論的研究へと移っていった。

東洋思想には実にさまざまな側面があって、どの側面に焦点を合わせるのかによって、その全体像がかなり違ってくる。このことを井筒はよく認識していた。言語と存在の原初的連関性に注目した井筒は、東洋思想の存在論を根柢的に規定する二つの主要な哲学的立場に注目した。まず、最初の立場は、言語と存在とのあいだに一対一の実在的対応関係を認めるものである。それは物が実在し、それを言語(名)が実在対応的に指示するパースペクティヴを提示する。もう一つ別の立場は、言語の存在分節的な意味機能によって生み出された事物事象が個別的な語の意味の実体化にすぎないとみなすものである。東洋には、言語と存在の関係をめぐって言語否定的な立場があり、それは言語の実在指示性を否定する。主体的な関心から、また彼の意味論的な視座から、後者の立場に特に関心を抱いていた井筒は、エラノス講演において、ナーガールジュナ以後の大乗仏教思想、老子や荘子の道家思想、シャンカラのヴェーダーンタ哲学などを取り上げて、その思想構造の特徴を論じた。彼は晩年、次のように語っている。「人格神の信仰を入れないで、純粋に形而上学的「一者」で終始した方がすっきり哲学できる」(『井筒俊彦全集』第六巻、三一五頁)。彼の哲学的思惟の原点は、幼少期以来、最も身近に親しんでいた禅的体験とその思想にあった。井筒はエラノス講演でも、いわゆる「人格神」の信仰や思想にほとんど言及していない。このことは、彼の「東洋哲学」の本質的特徴を明らかにするうえで注目すべき点である。

井筒は「流出論」と言われる思想を展開したプロティノスを代表とする新プラトン主義を高く評価した。新プラトン主義はすべての対立を越え、すべてを包摂する「一者」から段階的に現実の世界が現れることを説く。新プラトン主義の流出論に影響を受けたイスラーム哲学に井筒が強い関心をもっていたことも注目に値する。プロティノスの思想は、絶対無分節で無限定な実在が言語的「意味分節」によって、多様な現実の存在世界が有意味的存在単位として現出するという井筒の意味論的枠組みに通底するパースペクティヴ性をもっている。井筒の意味論的視座によれば、言語的「意味分節」（＝意味による存在の切り分け）は言語の本源的機能であり、実存的意識の深層をトポスとして、無数の有意味的存在単位がそれぞれ独自の言語的符丁（＝名前）を負って現出する。このように井筒の言語的意味分節論は「意味分節・即・存在分節」によって特徴づけられる。

「東洋哲学」における存在と意識の重層的構造

さて、十二回のエラノス講演をとおして、井筒が終始一貫して強調した東洋の哲学的思惟の最も根本的な特徴とは、東洋の哲人たちが日常的経験の世界に存在する事物を事物として成立させる境界線を取り外して、事物を見ることを知っていたということである。東洋の哲人は、いわば「複眼」で存在のリアリティを見ることを覚知していた。事物相互間を分別する存在論的な境界線を、荘子は「封《ふ》」とか「畛《しん》」（原義は、耕作地の間の道）と呼んだが、東洋の哲人たちは「畛」という境界線を外して見ると同時に、一度はずした枠をはめ直して見ることを実践したと井筒は言う。そうした境位では、「多」が「多」でありながら「一」であり、「有」が「有」でありながら「無」である。たとえば、最初のエラノス講演「老荘思想における絶対的なものと完全な人間」（一九六七年）では、井筒は老荘思想を形而上的体験によって獲得された非日常的な直観に根ざしたものとして捉え、老荘思想がいわゆる「完全な人間」のエクスタシー的直観による体験の理論的洗練化の結果であると論じている。荘子のいわゆる「渾沌」では、全ての事物は「一」であるが、それは「渾沌」に心を置いた「完全な人間」によってのみ直観されると井筒は言う。

さらに一九八〇年のエラノス講演「存在論的な事象の連鎖」では、井筒が主体的にも学問的にも特に関心をもっていた華厳の思想を取り上げている。華厳思想では、存在論的境界線によって互いに区別されたものは「事」と呼ばれる。ところが、「理事無礙」の段階になると、そこでは、「事」の意味もおのずと柔軟になる。禅の思想によれば、限りのない存在の分別相が、一挙に無分別の空間へ転成する境位が自覚されるとき、その境位は「無」と呼ばれる。

「廓然無聖《かくねんむしょう》」とか「無一物」という禅の言葉が示唆するように、この「無」は意識と存在の分節以前を意味する。禅の思想でいう「無」は、華厳思想によれば、「事」に対する「理」に当たる。また、中観思想で言えば、それは「空」（śūnyatā）に相当する。このように、井筒は東洋の伝統的な諸思想に通底する本質的構造を見いだそうとした。東洋哲学全般にみられる重要な特徴として井筒が強調したのは、東洋の哲人たちが伝統的な修行を重ねることで、深層意識の次元を体験的事実として拓き、その深みの地平に身を据えながら、存在リアリティの多層的構造を眺めることができるという点であった。東洋の哲人たちは意識を表層と深層の重層構造として捉え、それら二つを同時に機能させることで、存在世界の表層と深層を、いわば「二重写しに観る」ことができるという。このように東洋思想の伝統では、表層意識を超えた深層意識を認めて、人間の認識主体の意識的深化を説く。井筒「東洋哲学」では、存在と意識の重層構造がその哲学的思惟の本質を成している。

東洋の思想伝統には、禅宗の坐禅とか、ヒンドゥー教のヨーガ、宋代儒者の静坐、『荘子』の坐忘など、いろいろな伝統的な修行形式がある。それらは意識の深層を拓くためのものである。井筒はイスラーム哲学をはじめとする東洋思想の原点の一つとして、形而上的体験と哲学的思惟の根源的な結びつきを考えた。客観的現実の多層と主観的意識の多層とのあいだに一対一の対応関係が成り立っている。つまり、表層意識では現実の表層だけが見えるのに対して、意識の深層には現実の深層が見える、と言う。このように井筒は、存在と意識が多極的重層的に連関する東洋哲学の構造論を展開したのである。

エラノス講演において、井筒は意識と存在の密接不可分の構造を「意識と存在の構造モデル」として具体化した。その構造論における井筒の鍵概念は、すべての存在分節の根源である絶対無分節の状態を示す「意識のゼロ・ポイント」あるいは「心理のゼロ・ポイント」であった。それは「意識・即・存在」という形而上的体験の事実によって、同時に「世界のゼロ・ポイント」あるいは「存在のゼロ・ポイント」である、と井筒は言う。たとえば、一九七四年のエラノス講演「儒教形而上学におけるリアリティの時間的次元と非時間的次元」において、中国宋代の儒者たちが実践した意識訓練の方法、すなわち、「静坐」と「格物窮理」について論じている。井筒によれば、「静坐」とは心内のざわめきを鎮め、同時にそれと相関的に心外すなわち存在世界のざわめきを鎮める修行のことであり、「窮理」とは、静まり澄み切った心によって経験的世界の事物を見つめながら、それらの事物の根源的な「本質」の自覚に到達しようとする「本質」探求の道を意味する。「静坐」も「窮理」も理論的には、『中庸』の「未発」「已発」の概念に基礎を置いている。ここで「未発」とは心の未発動状態、井筒の言う「意識のゼロ・ポイント」であって、それが同時に存在世界の未展開状態、彼の言う「存在のゼロ・ポイント」を意味する。「已発」は「意識のゼロ・ポイント」から何らかの方向へ発動した状態の心であると同時に、「存在のゼロ・ポイント」から様々な事物事象として展開した存在世界のあり方を意味する。このように井筒の意味論的視座によれば、心と世界は全く同じものであり、両者のあいだには、存在論的差異は見られない。

「意識のゼロ・ポイント」と「存在のゼロ・ポイント」によって言説される意識および存在の構造モデルは、井筒「東洋哲学」の構想を意味論的に支える重要な枠組みである。「意識のゼロ・ポイント」と「存在のゼロ・ポイント」の語は、エラノス会議における講演の中で、次第に鍵概念として洗練されていった。一九七九年二月にイランから帰国した直後、岩波市民講座の講演「イスラーム哲学の原点」において、井筒は意識と存在の相関的構造を「意識零度・存在零度」や「意識と存在の構造モデル」という鍵概念によって論じている。井筒によれば、瞑想修行によって意識の深層が開示されるとき、そこに「意識のゼロ・ポイント」即「実在のゼロ・ポイント」の絶対無分節の状態が生起するのだ。

東洋思想の伝統では、「存在のゼロ・ポイント」はさまざまに呼ばれてきたが、多くの場合、言語以前が存在の絶対究極的あるいは絶対無分節的な境位とされてきた。井筒は言う、その境位を肯定的に根源的「有」と措定するか、あるいは、否定的に根源的「無」と措定するかによって、東洋の形而上学は大きく二つに分かれる、と。それらは「有」の形而上学と「無」の形而上学である。ただ、井筒「東洋哲学」の視座において、存在の根源たる「存在のゼロ・ポイント」を絶対無分節の境位として捉えるとき、それら二つの形而上学は本質的に同じ意味論的構造をもつ。東洋思想において、「実在のゼロ・ポイント」は、井筒によれば、老荘思想の「道」、易の「太極」、大乗仏教の「真如」や「空」、禅仏教の「無」などのキー・タームによって表現される。

このように井筒の「東洋哲学」構想は、エラノス講演における古典的思想テクストの意味論的〈読み〉の積み重ねをとおして次第に具体化していった。本書の読者は、十二篇のエラノス講演の中に、井筒が晩年、『意識と本質』などの著書の中で展開した哲学的思惟の萌芽、および東洋思想の古典的テクストの具体的な意味論的解釈を読み取るであろう。本書は井筒「東洋哲学」を理解するうえで重要な意義をもつばかりでなく、「東洋哲学」構築へ向けての、井筒の精魂を傾けた哲学的思惟の結晶であるとも言えるだろう。

〈付記〉この解説は、先に発表した二つの拙稿、すなわち *The Structure of Oriental Philosophy*, vol. 2, 2008 における編者エッセイ Editor's Essay: "Izutsu's Creative 'Reading' of Oriental Thought and Its Development" および「東洋思想の共時的構造化へ――エラノス会議と「精神的東洋」」（澤井義次・鎌田繁編『井筒俊彦の東洋哲学』慶應義塾大学出版会、二〇一八年）にもとづき、それらの内容を大幅に書き改めたものである。

監訳者あとがき

本書の刊行は、ほぼ五か年にわたる私たち共訳者による共同作業の成果である。共訳者は古勝隆一さん、金子奈央さん、西村玲さん、そして監訳者の私の四名である。古勝さん、金子さん、西村さんは各専門の研究領域における優れた研究者であり、この難解な邦訳作業を積極的に推進してくださった。さらに慶應義塾大学出版会・編集課の片原良子さんも、邦訳原稿を厳密にチェックしてくださるなど、いろいろとご尽力くださった。この共訳者のみなさまの真摯な協働があったからこそ、ここに本書をようやく出版することができた。心よりお礼を申し述べたい。

邦訳作業を進めるうえで、まず、私たち共訳者のあいだで、役割分担を決めて取りかかった。役割分担は次のとおりである。

第一論文「老荘思想における絶対的なものと完全な人間」（澤井義次担当）
第二論文「禅仏教における自己の構造」（金子奈央・西村玲担当）
第三論文「禅仏教における意味と無意味」（金子奈央・西村玲担当）
第四論文「東アジアの芸術と哲学における色彩の排除」（金子奈央担当）
第五論文「禅仏教における内部と外部」（金子奈央担当）
第六論文「儒教の形而上学におけるリアリティの時間的次元と非時間的次元」（古勝隆一担当）
第七論文「素朴実在論と儒教哲学」（古勝隆一担当）
第八論文「『易経』マンダラと儒教の形而上学」（古勝隆一担当）
第九論文「禅仏教における時間のフィールド構造」（金子奈央担当）

第十論文「イマージュとイマージュ不在のあいだ――東アジアの思惟方法」（金子奈央担当）
第十一論文「存在論的な事象の連鎖――仏教の存在観」（澤井義次担当）
第十二論文「天空の飛遊――神話創造と形而上学」（澤井義次担当）

私たちが本書の邦訳に着手したのは、二〇一四年の春であった。まず、金子さんと西村さんは共同で禅仏教に関する論文の翻訳に着手してくださった。私は老荘思想やシャマニズムなどに関する論文の翻訳に取りかかった。さらに井筒のエラノス講演には、中国思想に関係した論考が多いことから、中国思想研究がご専門で、井筒の英訳著書*Lao-tzŭ: The Way and Its Virtue*（Keio University Press, 2001）を責任編集したときにも大変お世話になった、古勝さんに儒教思想に関する論文を翻訳していただいた。訳稿の作成のうえで、重田みちさん（京都造形芸術大学非常勤講師、芸能史・能楽論研究）と小野純一さん（専修大学非常勤講師、イスラーム思想・哲学）にも、いろいろとお力添えをいただいた。翻訳草稿が出来上がった段階で、私たち共訳者のあいだで、各論文の翻訳原稿を互いにチェックし合いながら、訳語などを少しずつ確定させていった。

邦訳作業に着手した二〇一四年四月からは、三か年の予定で科学研究費・基盤研究（B）の第一期共同研究プロジェクト「井筒・東洋哲学の構築とその思想構造に関する比較宗教学的検討」（研究代表者・澤井義次）が始まった。科研費による井筒「東洋哲学」に関する本格的な宗教学的研究と併行して、翻訳作業を進めることができたことは誠に幸いであった。ところが、翻訳作業を進めていたとき、西村玲さんが急逝されるという悲しい知らせを受けた。西村さんは金子さんと共同で翻訳作業を進めてくださっていたし、科研費による井筒「東洋哲学」研究プロジェクトにも、毎回、研究協力者として参加してくださっていた。それだけに、西村さんの急逝を中々、現実として受けとめることができなかった。しかし、私たち共訳者は心を奮い起こし、鋭意、翻訳作業を進めていった。そして一昨年（二〇一七年）の年末には、京都で古勝さんと金子さん、編集課の片原さんとご一緒に、井筒のエラノス講演集に関する訳語などを確定し、翻訳原稿の作成プロセスを経て、昨年（二〇一八年）の初夏に、全ての論文を一応、翻訳し終えることができた。翻訳作業と併行して、二〇一七年四月からスタートした科学研究費・基盤研究（B）の第二期共同研究プロジェクト「井筒・東洋哲学の展開に関する比較宗教学的検討」（研究代表者・澤井義次）において、井筒哲学の理解をよりいっそう深める機会を与えていただけたことも大変有難かった。

全ての翻訳原稿について、共訳者の古勝さんと金子さんとご相談のうえ、私は監訳者として出来るかぎり首尾一貫した文章に訳稿を整えるために、全ての翻訳原稿について加筆修正させていただいた。その際、井筒俊彦（野平宗弘訳）『禅仏教の哲学に向けて』（ぷねうま舎、二〇一四年）も参照させていただいた。そのうえで、私のほうで加筆修正した翻訳原稿について再度、共訳者の古勝さんと金子さんにご確認いただき、翻訳原稿を完成させた。さらに昨年（二〇一八年）の年末から今年一月にかけて、私は古勝さんとご一緒に三回にわたって初校ゲラを踏まえながら、鋭意、邦訳チェックをおこなった。そのあいだ、金子さんは本書の索引・参考文献リストを作成してくださった。最後に今年の一月末、再校ゲラが出た段階で、古勝さんと金子さんとご一緒に、慶應義塾大学出版会で最終的な邦訳確認をおこない、さらに古勝さんとは再校ゲラのチェックをおこなった。このように本書は、私たち共訳者の共同作業によって生み出されたものである。邦訳に際しては、本書が講演集であることから、学問的な厳密さを保ちつつも出来るだけ平易で読みやすい文章になるように心がけたが、邦訳に誤りや読みづらい点があるとすれば、全ての責任は監訳者の私にあることを記しておきたい。

最後に、本書の出版に当たって、多くの方々のお力添えをいただくことができた。まず、東京大学名誉教授の鎌田繁氏には、訳稿について宗教学の立場から貴重なご意見をいただいた。心よりお礼を申し述べたい。また駒澤大学教授の小川隆氏には、共訳者として優れた研究者の金子奈央さんと西村玲さんをご紹介いただいた。そのご厚意に心から謝意を申し述べたい。さらに、一昨年（二〇一七年）の四月に逝去された井筒先生の豊子夫人からは、本書の刊行へ向けて、絶えず励ましのお言葉をいただいていた。本書の出版を心待ちにしてくださっていただけに、本書を手に取っていただけないのはとても残念であるが、陰ながらきっと喜んでくださっていると思う。さらに、井筒俊彦全集と英文著作翻訳コレクションの出版を積極的に推進してこられた慶應義塾大学出版会の元・会長、坂上弘さんからも、いつも励ましの言葉をいただいてきた。心よりお礼を申し述べたい。本書の刊行に際して、遅々として進まない翻訳作業をやさしく叱咤激励していただき、また訳稿のチェックにも適確な助言をいただいた片原良子さんに、心よりお礼を申し述べたい。

二〇一九年二月

澤井義次

井筒俊彦（いづつ　としひこ）
1914年、東京都生まれ。1949年、慶應義塾大学文学部で講義「言語学概論」を開始、他にもギリシャ語、ギリシャ哲学、ロシア文学などの授業を担当した。『アラビア思想史』『神秘哲学』や『コーラン』の翻訳、英文処女著作 *Language and Magic* などを発表。
1959年から海外に拠点を移しマギル大学やイラン王立哲学アカデミーで研究に従事、エラノス会議などで精力的に講演活動も行った。この時期は英文で研究書の執筆に専念し、*God and Man in the Koran, The Concept of Belief in Islamic Theology, Sufism and Taoism* などを刊行。
1979年、日本に帰国してからは、『イスラーム文化』『意識と本質』などの代表作を発表した。93年、死去。『井筒俊彦全集』（全12巻、別巻1、2013年–2016年）。

井筒俊彦英文著作翻訳コレクション
東洋哲学の構造――エラノス会議講演集

2019年4月1日　初版第1刷発行
2023年6月15日　初版第2刷発行

著　者――――井筒俊彦
監訳者――――澤井義次
訳　者――――金子奈央・古勝隆一・西村玲
発行者――――大野友寛
発行所――――慶應義塾大学出版会株式会社
〒108-8346　東京都港区三田2-19-30
TEL〔編集部〕03-3451-0931
〔営業部〕03-3451-3584〈ご注文〉
〔　〃　〕03-3451-6926
FAX〔営業部〕03-3451-3122
振替　00190-8-155497
https://www.keio-up.co.jp/
装　丁――――中垣信夫＋中垣　呉［中垣デザイン事務所］
印刷・製本――萩原印刷株式会社
カバー印刷――株式会社太平印刷社

Printed in Japan ISBN978-4-7664-2459-1

訳者紹介

澤井義次（さわい　よしつぐ）
天理大学宗教学科教授。専門は宗教学・インド学・天理教学。
おもな著作に『シャンカラ派の思想と信仰』（慶應義塾大学出版会、2016 年）、『宗教學的省思』（増補版、台灣宗教與社會協會、2017 年）、『井筒俊彦の東洋哲学』（鎌田繁との共編、慶應義塾大学出版会、2018 年）、Izutsu Toshihiko, *The Structure of Oriental Philosophy*, 2 vols（編著、Keio University Press, 2008）など。

金子奈央（かねこ　なお）
公益財団法人中村元東方研究所・専任研究員。専門は宗教学・宗教史学。
おもな著作に「日本における唱衣法の継承と変容の一端」（『日本仏教綜合研究』第 15 号、2017 年）、「宗教共同体における死と私有財産」（『宗教研究』91（2）、2017 年）、ベルナール・フォール『仏教の仮面を剥ぐ』（末木文美士との共訳、トランスビュー、2016 年）など。

古勝隆一（こがち　りゅういち）
京都大学人文科学研究所准教授。専門は中国古典学・中国哲学。
おもな著作に『中国中古の学術』（研文出版、2006 年）、『目録学の誕生』（臨川書店、2019 年）、訳書に井筒俊彦『老子道徳経』（慶應義塾大学出版会、2017 年）など。

西村玲（にしむら　りょう）
元公益財団法人中村元東方研究所・専任研究員。専門は日本思想史・仏教学。
おもな著作に『近世仏教思想の独創――僧侶普寂の思想と実践』（トランスビュー、2008 年）、『近世仏教論』（法蔵館、2018 年）。訳書に浄慧『中国仏教と生活禅』（共訳、山喜房佛書林、2017 年）など。

事項索引

※ま行

※や行

※ら行

※わ行

人名・作品名索引

※ま行

※や行

※ら行

※わ行

参考文献

荒木良雄「源氏物語象徴論――特に女性の呼び名について」(『国文学 解釈と鑑賞』第 13–3 号、1948 年 3 月)
池田龜鑑・秋山虔校注『紫式部日記』(高木市之助ほか監修『日本古典文学大系』19) 岩波書店、1958 年
伊藤英三『禅思想史体系』鳳舎、1963 年
伊原昭『平安朝文学の色相――特に散文作品について』笠間書院、1967 年
大淵忍爾『道教史の研究』岡山大学共済会書籍部、1964 年
小川環樹・山本和義『蘇東坡集』(吉川幸次郎・小川環樹監修『中国文明選』第 2 巻) 朝日新聞社、1972 年
郭慶藩輯『荘子集釋』北京、中華書店、1961 年
金原省吾『東洋美術』河出書房、1941 年
木藤才藏・井本農一校注『連歌論集・俳論集』岩波日本古典文学大系 66、岩波書店、1972 年
近藤光男『蘇東坡』(『集英社漢詩大系』第 17 巻、集英社、1964 年
佐藤通次『仏教哲理』理想社、1968 年
武内義雄『易と中庸の研究』岩波書店、1943 年
寺田透・水野弥穂子校注『日本思想大系　道元』上・下、家永三郎ほか編『日本思想大系』12・13、岩波書店、1970—1972 年
西谷啓治『宗教とは何か――宗教論集』一、創文堂、1961 年
西山松之助・渡辺一郎郡司正勝校注『近世芸道論』日本思想大系 61、岩波書店、1972 年
増田英男『仏教思想の求道的研究』創文社、1966 年
増田正造『能の表現』中公新書 260、中央公論社、1971 年
矢代幸雄『日本美術の特質』岩波書店、第 4 版、1954 年
柳田聖山(訓註)『臨済録』其中堂、1961 年
山田無文『私は誰か？』春秋社、1966 年

Bachelard, Gaston, *The Poetics of Space*, translated by Maria Jolas, Boston: Beacon Press, 1969〔ガストン・バシュラール『空間の詩学』岩村行雄訳、思潮社、1969 年／筑摩書房、2002 年〕.
Blyth, R. H., *Haiku*, vol. 1., *Eastern Culture*, Tokyo: Hokuseidō, 5th ed., 1967〔R・H・ブライス『俳句』村松友次・三石庸子訳、永田書房、2004 年〕.
——, *History of Haiku*, vol. I. Tokyo, Hokuseido Press. 1963.
Chang, Chung-yuan, *Creativity and Taoism*, New York: Julian Press, 1963.
Hirst, R. J., ed. *Perception and the External World*, New York: Macmillan, 1965.
Izutsu, Toshihiko, *A Comparative Study of the Key Philosophical Concepts in Sufism and Taoism*, vol. II, Tokyo: Keio Institute of Cultural and Linguistic Studies, 1967.
Johnston, William. *The Still Point: Reflections on Zen and Christian Mysticism*, Perennial Library, New York: Harper & Row, 1971.
Jung, C. G., *Concerning Mandala Symbolism*, translated by R. E. C. Hull, C. W. 9, I, Princeton:

Princeton University Press, 1968.
Jünger, Friedrich George, *Sprache und Denken*, Frankfurt am Main: Vittorio Klostermann, 1962.
Lee, Irving J., *How to Talk With People*, Intl Society for General, 1984.
Lévi-Strauss, Claude, *Structural Anthropology*, translated by Claire Jacobson and Brooke Grundfest Schoepf, NewYork: Doubleday, 1967〔クロード・レヴィ゠ストロース『構造人類学』荒川幾男ほか訳、みすず書房、1972年〕.
Maspero Henri, *Le taoisme: mélanges posthumes sur les religions et l'histoire de la Chine*, Paris 1950〔アンリ・マスペロ『道教』平凡社ライブラリー 321、川勝義雄訳、平凡社、2001年〕.
Minnich, Helen Benton, *Japanese Costume and the Makers of its Elegant Tradition*, Rutland, Vt; Tokyo: C. E. Tuttle, 1963.
Morris, Ivan, *The World of the Shining Prince: Court Life in Ancient Japan*, a Peregrine Book; Y83, Oxford: Penguin Books, 1969〔アイヴァン・モリス『光源氏の世界』筑摩叢書 154、斎藤和明訳、筑摩書房、1969年〕.
Okakura, Kakuzo, *The Book of Tea*, New York: Dover Publications, 1964〔岡倉覚三『茶の本』村岡博訳、岩波書店、1929年〕.
Pandeya, R. C., *The Problem of Meaning in Indian Philosophy*, Delhi: Motilal Banarsidass, 1963.
Ruby, Lionel, *The Art of Making Sense: A Guide to Logical Thinking*, Philadelphia: J.B. Lippincott, 1974.
Russell, Bertrand, *The Problems of Philosophy*, Oxford: Oxford University Press, 1954〔バートランド・ラッセル『哲学入門』生松敬三訳、角川書店、1965年〕.
Sirén, Osvald, *The Chinese on the Art of Painting*, New York: Schocken Books, 1963.
Suzuki, Daisetz T., *Sengai, The Zen Master*, with Editorial and Prefatory Notes by Eva Van Hoboken, London: Faber & Faber, 1971〔鈴木大拙『仙厓の書画』月村麗子訳、岩波書店、2004年〕.
Suzuki, Daisetz, *Essays in Zen Buddhism*, Third Series, London: Rider & Co., 1970.
Tanaka, Ichimatsu, *Japanese Ink Painting: Shubun to Sesshu*, The Heibonsha Survey of Japanese Art 12, New York: Weatherhill; Tokyo: Heibonsha, 1972.
Tucci, Giuseppe, *Theory and Practice of the Mandala*, translated by A. H. Brodrick, London: Rider & Co., 3rd ed., 1971.
Wilhelm, Hellmut, *Change: Eight Lectures on the I Ching*, Bollingen Series 62, translated by Cary F. Baynes, New York: Pantheon Books, 1960.
Wilhelm, Richard, *The I Ching or Book of Changes*, translated by Cary F. Baynes, with Foreword by C. G. Jung, Preface to the 3rd ed. by Hellmut Wilhelm, Bollingen Series 19, Princeton: Princeton University Press, 1967.